비교와 연동으로 본
19세기의 동아시아

비교와 연동으로 본 19세기의 동아시아

2020년 2월 14일 제1판 1쇄 인쇄
2020년 2월 21일 제1판 1쇄 발행

엮은이   배항섭, 이경구
펴낸이   이재민, 김상미

편집   이상희
디자인   달뜸창작실, 정희정

종이   다올페이퍼
인쇄   천일문화사
제본   길훈문화

펴낸곳   너머북스
주소   서울시 서대문구 증가로20길 3-12
전화   02) 335-3366, 336-5131 팩스 02) 335-5848
등록번호   제313-2007-232호

ISBN 978-89-94606-58-3 93910

이 책은 2018년 대한민국 교육부와 한국연구재단의 지원을 받아 간행되었다
(NRF-2018S1A6A3A01023515).

이 책은 2018년 대한민국 교육부와 한국연구재단의 지원을 받아 간행되었다
(NRF-2018S1A6A3A01022568).
이 책은 한림대학교 한림과학원의 개념소통 연구시리즈의 하나입니다.
한림과학원은 본 시리즈를 통해 개념소통 관련 주요 연구를 기획하고 소개합니다.

비교와 연동으로 본
19세기의 동아시아

배항섭 · 이경구 엮음

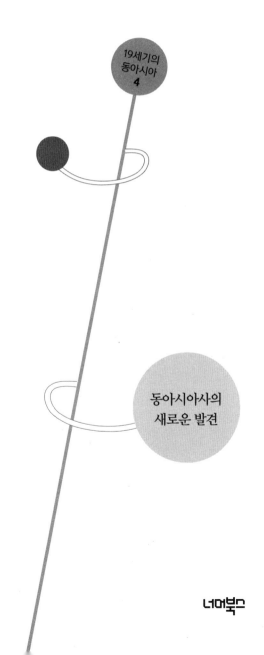

19세기의
동아시아
4

동아시아사의
새로운 발견

너머북스

차__례__

머_리_말 _

비교와 연동, 동아시아사의 새로운 발견

¹ 비교사와 연동이라는 맥락

성균관대학교 동아시아학술원에서는 2012년 1월부터 한국연구재단의 지원(HK 및 HK+사업)을 받아 '19세기의 동아시아'를 주제로 한 세미나를 개최해오고 있다. 그동안 80여 회의 월례세미나와 10여 차례의 학술회의를 개최했으며, 그 결과를 '19세기의 동아시아'라는 시리즈로 엮어내고 있다.

'19세기의 동아시아' 연구모임이 추구하는 문제의식은 서구중심주의와 근대중심주의를 극복하고 '서구'와 '근대'를 상대화함으로써 새로운 역사상을 구축하는 데 있다. 물론 모든 연구자가 여기에 동의하는 것은 아니지만, 과거와는 다른 새로운 방법론을 모색하고 한국사와 동아시아사, 나아가 세계사를 재인식할 필요가 있다는 점에 대해서는 논의가 모아지고 있다고 생각한다. 이미 앞서 발간된 책들에서도 언급했듯이 근대 세계는 '근대' 서구에 의한 전근대와 비서구의 정복을 통해 형성되었다. '보편적 이성'이라는 이름으로 수행된 그 과정은 공간과 시간에 대한 정복이 동시에 진행되었다. 그 결과 '근대적' 진화론적 역사관과 그에 입각한 '보편적 역사'는 비서구인들의 인식까지 지배해버렸다. 이에 따라 전근대와 비서구의 역사적 경험은 죽임을 당하였고, 거기에 내포되었을 수도 있는 다양한 가능성, 특히 근대 너머를 상상할 수 있는 가능성들도 압살되고 말았다.

그러나 현재 글로벌한 차원에서 전개되고 있는 다양한 문제들은 우리에게 '근대'의 너머, '서구'의 너머를 상상할 것을 요구하고 있다. 대표적인 것 가운데 하나가 민주주의의 위기이다. 동서를 막론하고 글로벌한 세계가 맞이하고 있는 작금의 정치 현실은, '서구'와 '근대'가 이루어낸 가장 대표적인 성취인 것으로 이해되어온 민주주의가 헤어나기 어려운 위기에 처해 있음을 보여주고 있다. 한국의 경우 대통령의 탄핵을 이끌어낸 촛불집회기 "시민과 의회가 이렇게 하면 최고권력의 실패를 평화적으로, 규율을 지키면서도 효과적으로 시정할 수 있는지를 보여주는 본보기가 되고 있다"는 평가를 받으며, 독일 에버트재단이 주는 2017년도 인권상을 수상한 바 있다. 그러나 그 이후 전개된 '다양한' 대중집회는 한편으로는 대의제 민주주의의 실패를 폭로하면서, 다른 한편으로는 '광장민주주의'가 어떻게 오염되고 왜곡될 수 있는지를 보여주고 있다. '근대'에 들어 '서구'가 발명했다는 민주주의를 넘어서는 가능성을 상상하지 않을 수 없는 현실이다. 우리가 서구중심주의와 근대중심주의의 극복을 동시에 겨냥

하는 것은 이 같은 이유 때문이다.

이 책은 동아시아사에 대한 비교사와 연동하는 동아시아라는 맥락에서 작성된 글들을 모은 것이다. '19세기의 동아시아' 연구 모임은 기왕에도 '연동하는 동아시아', '비교사로 본 동아시아'와 같이 동아시아 역사의 상호연관성과 비교사적 접근을 강조해왔다. 일국사적 범위를 넘어 서로 연동되는 모습, 그리고 일국사적 현상에 대한 비교사적 접근은 '동아시아사'에 대한 이해를 심화할 뿐만 아니라 동아시아 각국의 역사에 대해서도 지금까지와는 다른 이해를 가능하게 할 것이라는 판단 때문이었다. 지금까지의 역사 연구에서도 동아시아 각국 간의 상호 교류나 접촉이라는 점이 외면되어온 것은 결코 아니었지만, 여전히 많은 현상이나 상황을 특정 국가나 지역에 갇힌 것으로, 다시 말하면 다른 국가나 지역과는 단절된 것으로 이해해왔다. 그러나 어느 한 나라의 역사만 안다는 것은 그 나라의 역사조차 제대로 이해할 수 없다는 것을 말한다. 한국이든 어느 나라이든 일국사적 이해는 이웃나라와의 연관성이나 해당국의 다양한 역사적 경험이 가지는 의미를 풍부하게 파악하기 어렵다는 점에서 명백한 문제와 한계가 있다. 비교사와 지역 간 연동이라는 맥락의 접근은 다음과 같은 새로운 가능성을 내포하고 있다.

먼저 비교사이다. 어떤 나라의 어떠한 역사적 경험이든 다른 나라와 비교사적으로 접근될 경우 그렇지 않았을 때와 전혀 다르게, 혹은 전혀 새로운 방식으로 이해될 수 있다. 특히 비교를 통해 확인되는 공통점과 차이점은 그 자체만으로도 의미가 없지 않지만, 필연적으로 그것을 초래한 배경이나 시대상, 나아가 서로 얽혀 그 당시 사회와 체제를 구성하던 다양한 요소에 대한 전체적 파악을 요구하게 된다. 그러한 요구에 응답하는 과정이 결국 각국의 역사에 대한 더 깊고 넓은 이해로 이어지리라는 것은 불문가지일 것이다. 연구 대상에 대한 한층 깊고 넓은 이해가 역사나 그 것을 만들어간 인간(혹은 인간과 자연의 관계 등)에 대한 우리의 생각을 다 시금 되돌아보게 하는 단서가 될 것이며, 역사의식을 좀 더 새롭게 가다 듬거나 바꾸어나갈 수 있는 가능성을 열어갈 수 있을 것이다.

다음은 연동이라는 시각이다. 역사는 바라보는 시야에 따라 달라진다. 이는 단지 사관이나 세계관과 연결된 인식론적 차원의 문제만이 아니다. 연구하는 대상을 포괄하는 범위를 어떻게 설정하느냐에 따라 역사적 경 험이나 현상에 대한 이해는 매우 다를 수 있다. 역사적 사건이나 현상들 을 세계사적 차원에서 바라볼 것을 강조하는 연구자들의 지적처럼 지역 의 관점은 지역 역사를 만들고, 세계적 관점들은 세계사들을 만들어내 기 때문이다. 일국사적 관점에서 바라볼 때는 일국의 국경 안에서, 자국 의 정치 혹은 경제적 맥락 속에서만 이해되던 현상, 혹은 다른 나라나 다 른 지역과의 관련성에 대해서는 거의 관심을 가질 수 없었던 것들도 국경 을 넘어서는 지역이나 세계사적 차원으로 시야를 확장해보면 일국사 안 에 한정된 것이 아님을 보여주기도 한다. 일국사를 넘어서는 시각은 특정 한 현상들이 일국사 안에만 국한된, 단절적인 것이 아니라 사실은 좀 더 넓은 연관성 속에서 혹은 부분적으로라도 다른 지역이나 다른 나라와 얽 혀 있는 산물임을 드러내기도 하는 것이다. 이는 국가-지역-세계 간의 상호관계성을 보여주는 것이지만, 다른 한편 특정한 국가 혹은 국가 내부 의 작은 지방에서 발생하는 역사적 현상이나 상황들이 반드시 그 나라나 그 지방에만 영향을 미치는 것이 아니라, 그 범위를 뛰어넘어 지역과 세계 전체에 영향을 미칠 수도 있음을 의미하기도 한다.

　물론 동아시아의 역사적 현상이나 경험을 비교사적으로 접근하거나 혹은 상호 연동·교류라는 맥락에서 이해하는 것이 만병통치약이라는 것은 아니다. 그러나 적어도 지금까지 동아시아 각국의 역사 연구가 대체로 일국사적 틀 안에서 이루어져왔다는 점을 고려할 때, 적어도 지금까지와는 다른 이해, 나아가 새롭게 대두되는 과제나 도전들에 대한 대응 방안을 모색하기 위해서라도 시도해보아야 한다고 생각한다. 사족을 달자면, 조선 후기의 학자 박제가는 유득공의 『발해고』 서문에서 조선 바깥의 세계에 눈을 막고 귀를 닫아버린 조선 선비들의 편협성을 질타한 바 있다. 세계화와 다문화의 시대, 지금은 사정이 얼마나 달라졌을까? 다른 장소에서 살아간, 또 살아가는 사람들의 생각과 삶의 방식, 그들이 남긴 것들에 대한 관심은 서로 간의 차이에 대해 더 익숙해질 수 있도록 할 것이라는 점에서도 비교와 연동 혹은 교류라는 시각은 매우 유의미하다고 생각한다.

2 이 책의 구성과 내용

　이 책은 3부로 구성되어 있으며, 각기 3편씩 모두 9편의 글이 실려 있다. '1부 비교: 국가·사회를 둘러싼 생각들'에 실린 세 편의 글에서는 민중운동의 정당성과 지식인의 사유, 그리고 호적을 통해 본 사회의 구성원리 등을 비교하고 있다. 매우 다양한 주제를 다루지만, 동아시아에 대한 비교사적 접근을 통해 각 사회가 가진 이념이나 체제, 사유방식의 특징을 더욱 선명하게 이해하는 단서들을 제공하고 있다.

배항섭의 「19세기 동아시아 민중운동과 폭력」은 19세기 동아시아 삼국의 민중운동에서 보이는 폭력의 강도를 민중운동을 정당화하는 사상적 기반과 연결하여 비교사적으로 접근한 글이다. 세 나라 모두 19세기 들어 민중운동이 활발해졌다는 점, 민중운동의 핵심 원인이라는 면 등에서 공통점도 있지만, 민중운동 주체 측이 반대세력, 곧 관리를 비롯한 지배층에게 가하는 폭력의 강도, 특히 인명살상의 정도라는 면에서 매우 큰 차이가 있음을 주목하였다. 결론적으로 세 나라 가운데 태평천국을 비롯한 중국의 민중운동이 인명살상의 강도 면에서 한국이나 일본에 비해 압도적으로 강했으며, 이는 서구 중세 말의 천년왕국운동과 유사한 모습을 보여준다. 이 글에서는 이러한 폭력성의 차이를 민중운동의 사상적 기반에 세속적 권력을 초월하는 신이라는 존재의 유무에서 찾고자 하였다. 또한 폭력의 강도 면에서 보이는 차이가 민중운동이 기존의 지배체제나 이념을 완전히 부정하였는가, 그렇지 않았는가 하는 문제와도 매우 깊은 관련이 있는 것으로 이해하였다.

이경구·이예안의 「'중화' 해체의 두 가지 길」에서는 18세기 후반 한국과 일본에서 화이관에 심각한 문제를 던진 지식인 홍대용과 스기타 겐파쿠의 사상에서 보이는 공통점과 차이점을 비교하였다. 이들은 각기 「의산문답醫山問答」과 『광의지언狂醫之言』이란 문제작을 남겼고, 보수 지식인들과 논쟁했다는 점, 두 저술이 19세기 후반 이후에야 주목받고 과학과 실학의 강조에 활용되었다는 점에서 공통적이다. 그러나 홍대용은 사대부 출신으로 성리학에 소양이 깊었고, 중국을 경유해서 얻은 서학에서 깊은 영향을 받았다. 화이관에서 벗어난 후 결론은 시세를 강조하는 상대주의적 인식이었다. 그에 비해 스기타는 전문가인 의사였고 네덜란드 의학서를 직접 번역하였으며, 인체 해부를 통해 전통 지식의 허구성을 간파했다. 그의 결론은 실증으로 얻은 경험 지식의 중요성이었다. 두 사람의 차이는 19세기 한국과 일본 사상계의 방향을 보여주는 하나의 시금석이다. 한국은 보편적 철학 담론이 여전히 강세였고 전문학과 어학에 대한 관심은 적었다. 그러나 일본은 분과 학문과 실용학이 발전하였고 뒤이어 기술문명에 대한 지대한 관심이 생겨났다.

손병규의 「류큐왕국과 조선왕조 족보의 비교 연구」는 류큐의 가보에서 보이는 가족·가계의 계승과 결집 양상을 조선의 족보와 비교한 글이다. 류큐의 왕부王府에서는 17세기 말부터 사족士族들에게 족보를 작성하게 하여 정기적으로 그들의 출생 및 신상 변동 사항을 공인해주는 방식으로 신분제적 지배를 추구했다. 원칙적으로 한 사람의 후손만이 가계를 계승하여 사족 신분을 용인받았다. 형제 가운데에는 분가하여 새로운 야[家]를 창립하는 경우도 있었지만, 대부분의 형제와 그 후손들은 본가의 가계에 종속적으로 편입되어 있었다. 류큐에서 친족조직이 대규모로 확대된 것은 왕국이 멸망하여 신분적 지배가 없어진 뒤였다. 한편 조선왕조는 국가에서 작성하는 호적에 선조의 계보를 기록하는 방식으로 신분제적 지배를 실현했지만, 호적에는 양반이 아닌 신분층도 등재되었다. 조선의 족보는 이러한 국가의 신분정책에 대응하여 사족들이 스스로 신분을 드러내기 위해 작성되었다. 조선왕조의 족보는 사족 사이에서 형성된 선별적 혼인 네트워크에 기초하여 배타적 결합을 꾀한 결과물이었다. 그러나 족보가 작성될 때마다 새롭게 등재되거나 그 반대로 배제되는 가계가 생겨났기 때문에 그 과정에서 부계적 친족집단의 결집도는 상대적으로 취약해질 수밖에 없었다.

'2부 비교와 연동: 경제·사회의 구성과 운용'에 실린 세 편의 글도 모두 비교사적 접근 내지 연동하는 동아시아라는 시각을 보여주고 있다. 연동과 비교라는 시각으로 동아시아사를 새롭게 조명하고자 하였으며, 또한 연동과 비교의 맥락 속에서 각국의 역사상이나 정치적·경제적 구성원리의 특징을 잡아내고자 했다.

권내현의 「17~18세기 조선의 화폐 유통과 은」은 17~18세기 조선의 화폐 유통을 한중일 삼국 사이의 은 유출입 문제와 연동하여 파악한 글이다. 17세기 이후 조선으로 본격 유입되기 시작한 일본 은銀은 조선과 중국 사이의 무역에서 국제 화폐로 사용되었고 국내 상거래에서도 회폐로 활용되었다. 조선에서는 지역·계층에 따라 포목·미곡·동전·은으로 구성된 다층적 화폐 시스템이 운영되었지만, 왕조 정부에서는 화폐 구조를 동전 중심으로 일원화하기 위해 상평통보를 주조·보급하였다. 여기에 더해 일본 은의 유입이 감소하면서 화폐로서 은의 기능은 점차 위축되었다. 조선에서는 국내산 은으로 보완하고자 했지만, 문제는 조선에서 중국으로 은의 유출이라는 원심력이 구심력보다 항상 강하게 작용했다는 점이었다. 조선 내부에서는 청나라에 대한 반감과 경제적 피해론을 명분으로 조선 은의 중국 유출을 반대하는 분위기가 팽배하였다. 조선왕조 정부는 국내산 은의 유출을 강력하게 규제하고 국내 고액 거래에서 은의 화폐 기능을 회복하려 하였다. 하지만 대청 외교와 무역에서 은을 대체할 상품을 찾기 힘든 상황에서 국내산 은의 유출 규제는 실효를 거두기가 어려웠다. 또한 국가 공인의 규격화된 은화 발행 시도도 은의 유입과 생산 감소, 은의 지속적 유출에 대한 우려 때문에 현실화하지 못하였다.

홍성화의 「동아시아 근세 시장구조와 농촌공업」은 청대 강남과 에도시대의 시장구조와 농촌공업을 비교한 글이다. 1부에 편성될 수도 있는 글이지만, 전체적인 구성을 고려하여 경제·사회를 다루는 2부에 배치하였다. 중국과 일본 모두 16세기 중후반 전 세계적인 범위의 은銀경제에 편입되면서 도시·중간지대·농촌시장이라는 세 가지 패턴의 시장구조를 가지게 되었다. 다만 중국에서는 도시도 발달하였지만, 시간이 지날수록 중간지대와 농촌시장 쪽이 더 발달하였다. 반면 일본에서는 농촌 정기시가 쇠퇴하고 대도시도 성장이 그쳤지만, 중간지대인 자이고마치在鄉町가 발달하였다. 이러한 차이는 면방직업의 발달에도 차이를 가져왔다. 농가에서 면방직업이 본격적으로 개시된 것은 중국이 일본보다 2세기 이상 빨랐지만, 19세기가 되면 일본에서는 선대제에서 매뉴팩처로 이행해간 반면, 중국에서는 여전히 소농들의 강고한 '방직결합'이 유지되어 있었다. 중국의 경우 발달한 농촌 시장을 기반으로 독립 소생산자가 시장과 긴밀한 관계 속에서 경영주체로서 지위를 유지할 수 있었기 때문에 선대제 상인에게 종속되는 것을 회피하는 경향이 강했다. 반면, 일본에서는 농민층 분해가 일어나는 속에서 시장 네트워크로부터 고립된 농민·임금노동자들의 열악해진 경제상황이 그들에 대한 선대제 상인의 지배력을 강화하는 계기가 되었기 때문인 것으로 파악하였다.

문명기의 「보갑의 동아시아」는 일본의 식민지 대만 통치나 만주국, 남경 국민정부의 대륙 통치에서 일종의 연쇄적 성격을 띠며 활용되었던 보갑제를 비교사적으로 살핀 글이다. 일제하 대만에서 '성공'한 보갑제가 만주국이나 민국 후기 중국에서는 효과를 거두지 못한 점에 대한 의문을 해결하기 위해 다음의 점들에 주목하였다. ① 보갑제의 직무 범위·내용과 실행 정도, ② 보갑 간부의 원천인 지역유력자의 존재양태와 성격, ③ 국가기구(특히 경찰기구)의 보갑제에 대한 지휘·감독 양상이다. 결론적으로 '보갑제'라는 동일한 제도적 설계가 서로 다른 결과를 가져온 것은 각 지역의 정치적·사회적 조건과 뗄 수 없는 관계가 있었음을 주장하고 있다. 대만에서 실시된 보갑제는 청대 보갑제를 세 가지 면에서 질적으로 변모시킨 것이다. 첫째, 경찰 조직이 보갑체제를 감시하고 이끌 수 있게 했다. 둘째, 대만 총독부가 현지 엘리트들을 협력자로 길들일 수 있었다. 셋째, 경찰 지원 조직에서 일반 행정 지원 조직으로 보갑제의 역할을 확대하였다. 그러나 만주와 대륙에서는 국가가 충분한 경찰력을 찾을 여유가 없었다. 마지막으로 식민지 대만의 보갑제는 청의 보갑제가 아니라 여러 면에서 근세 일본의 자율적 기층사회인 무라村와 유사한 점이 많다는 지적은 비교와 연동을 통한 접근과 관련하여 시사해주는 바가 크다.

'3부 연동과 교류: 사유와 문화' 역시 세 편의 글로 구성되어 있다. 세 편 모두 중국과 조선 사이의 사유 내지 담론이나 이미지 등이 어떤 식으로 연동되고 상호 교호관계에 있었는지 하는 점들을 살피고 있다.

먼저 조성산의 「연암그룹의 이적夷狄 논의와 『춘추』」는 연암그룹의 이적 논의와 『춘추』 의리와의 상관성을 밝히고자 한 글이다. 중국 고전에서 보이는 '의리'에 대한 생각과 조선 후기 유교지식인들의 '이적' 논의가 가지는 상관성을 시공을 초월하여 연결해 이해한 것이다. 이를 위해 이 글에서는 우선 『춘추』가 가졌던 이적관이 『공양전』의 문화적 화이론과 『춘추좌전』, 『호씨춘추전』의 종족적 · 지역적 화이론의 두 가지 양상을 보인다는 사실에 주목하였다. 연암그룹의 이적관은 『공양전』이 가졌던 문화적 화이론에 충실하였다. 이것은 '자천이시지自天而視之'의 관점을 가졌던 명대明代 육즙陸楫과 사조제謝肇淛의 논의와 궤를 같이하였는데, 중화와 이적 모두 인간적 존엄성과 보편성을 공유했다는 의식으로 요약할 수 있다. 이러한 사유는 중국, 조선, 일본 사상계에서 동시적으로 보였다. 이 사실을 통하여 연암그룹 이적관을 동아시아적 사유의 연계성 속에서 파악할 수 있다. 연암그룹의 이적관은 당시 동아시아의 사상적 변화에 조응하면서 나온 결과였다. 이 연구를 통하여 연암그룹의 사상적 계보 또한 더욱 선명해질 수 있을 것이다.

고연희의 「19세기 조선에 수용된 중국의 역사적 인물 도상」에서는 중국의 역사 속 인물이 일정한 조형이미지로 19세기 조선에 전달되는 양상 및 그 영향력에 대하여 검토한 글로 역시 한중 간에 연동되는 역사를 다루고 있다. 분석 대상이 된 것은 19세기 고종대 왕실 도서관 집옥재에 소장되어 있던 중국판화서적에 실린 역사적 인물상들이다. 『만소당죽장화전』, 『육수당화전』, 『무쌍보』를 비롯한 인물화보에 실린 인물들은 장량, 항

우, 소무, 엄광, 제갈량, 도연명, 곽자의, 이백, 문천상 같은 남성들만이
아니라 우희, 제영, 반첩여, 강시처, 반소(조대가), 소혜(소약란) 등의 여인
들도 실렸으며, 여성만을 수록한 인물화보도 수입되어 있었다. 선정된 남
녀 인물들을 일괄하면, 특별한 능력과 인격으로 명성을 남긴 인물들이며
한과 당대를 중심으로 한 고대 인물이 많다는 점이 특징적이다. 인물의
형상화에는 흥미로운 일화의 서사성이 시각화되는 공통성이 드러나며,
남성의 용감성 혹은 지적 능력, 여성의 아름다움과 문식文識이 강조되고
있다. 이는 당시 소설 주인공 남녀의 형상화와 유사한 현상이다. 특히 인
기가 높은 여성인 반소와 소혜의 이미지가 모두 독서상讀書像으로 고착
되어 독서여성상의 전례를 보여준다. 이 글은 청대 판화서적의 보급 속
에서 허구적 도상icon으로 정립·고착된 중국의 역사적 실존인물들에 대
한 이미지가 동아시아 공동의 시각적 기억으로 확산되고 있었음을 시사
해준다.

이행훈의「동아시아 공덕·사덕 담론과 근대 주체 기획」은 근대 주체 기
획의 한 단면을 파악하기 위해 동아시아 근대 공덕·사덕 담론을 한중일
간의 사상적 연쇄라는 맥락에서 분석한 글이다. 한국 근대 공덕과 사덕
담론은 량치차오의『신민설』에 영향받은 바 크다. 또 량치차오는 메이지
일본에서 국가·제도적으로 진행된 공덕 양성 운동의 영향을 받았다. 그
러나 일본은 국가에 충성하는 국민의 자질로 공덕을 강조했지만, 량치차
오는 중국의 유교가 사덕에 치우쳐서 공덕이 결여되었다고 진단하면서
신민이 지녀야 할 정신의 핵심으로 애국심을 꼽았다.「논사덕」에서는 중
국의 고유한 문화적 자산의 효용과 사덕이 공덕의 기반이 된다고 하여 유

교에 관한 입장을 바꾸었지만, 국가 이익에 복무해야 한다는 도덕 효용성의 관점을 폐기한 것은 아니었다. 대한제국기 신문과 잡지에서는 일본과 량치차오의 논조를 수용하여 근대 국가 수립의 장애물로 공덕의 결핍을 지목하였다. 이때 공덕은 개인의 영역을 넘어선 '대아', '신국민'이 지녀야 할 국가사상과 국민정신을 가리켰다. 한편으로 공덕은 개인과 가족, 국가 사이의 '사회'라는 공적 영역의 탄생과 맞물려 있으나 20세기 초반 동아시아 공덕 담론은 민족과 국가에 대한 충성과 애국심으로 수렴되는 양상을 보였다.

이 책은 그동안 한림대학교 한림과학원과 공동으로 개최한 학술회의('19세기의 동아시아 – 변화와 지속, 관계와 비교 2'와 '19세기 동아시아의 국가와 사회')에서 발표되었거나, '19세기의 동아시아' 연구 모임의 월례 세미나에서 발표되었던 글을 수정·보완하여 편집한 것이다. 이 책은 이미 발간된 『동아시아는 몇 시인가?』(너머북스, 2015)와 『19세기 동아시아에서 다시 생각한다』(너머북스, 2017), 『19세기 동아시아를 읽는 눈』(너머북스, 2017)에 이은 네 번째 성과물이다. 이 책이 한국사와 동아시아사에 대한 새로운 이해를 촉발하고, 새로운 역사인식을 만들어나가는 데 작은 도움이 되길 바란다.

2020년 2월
필자들을 대신하여 배항섭 씀

1

비교 :

국가·사회를 둘러싼 생각들

19세기 동아시아 민중운동과 폭력
-정당성의 사상적 기반에 대한 비교를 중심으로

◎

배항섭

1 민중반란의 시대−동아시아의 19세기

19세기가 시작될 무렵부터 동아시아 삼국, 곧 한국, 중국, 일본에서는 민중운동이 빈발하였다. 한국에서는 18세기 후반부터 향촌사회에서 지방관과 향리들의 권력이 강해진 반면, 이전까지 향촌사회를 주도하던 양반 엘리트들의 힘이 약화되면서 지방관과 향리들의 부정부패가 심해지기 시작하였다. 19세기에 들어서는 소수 가문이 권력을 독점하면서 매관

매직이 성행하는 등 통치 질서가 문란해졌다. 이에 따라 1860년대부터 민란이 자주 일어났고, 1894년에는 동학농민전쟁이라는 큰 민중반란이 일어나 1년여 간 지속되었다.

중국에서는 18세기 후반부터 정치·경제·사회 분야에서 여러 문제가 심화되었다. 인구가 급증해 토지가 부족해졌고, 가뭄과 홍수 등 자연재해가 빈발하면서 기근에 시달리는 백성들이 많아졌다. 인구가 증가함에 따라 관직에 진출하려는 사람들도 많아졌지만 관직의 수는 고정되어 있었기 때문에 치열한 경쟁을 낳았다. 이러한 사회적·경제적 문제에 따라 백련교白蓮教의 난을 비롯한 크고 작은 반란이 각지에서 이어졌다. 19세기 중반에 발발한 태평천국운동은 민중운동의 절정을 이룬 일대 사건이었다.

일본에서도 18세기 후반부터 막번幕藩 영주의 기능이 약해지면서 그들에 대한 민중의 신뢰가 점점 상실되어갔다. 19세기 중반에는 심각한 기근이 들어 하쿠쇼 잇키百姓一揆와 촌방소동村方騷動 등이 잦아지면서 막번 영주의 무력함이 드러나 민중의 '공의公議 이탈'이 매우 심각해졌다.

이와 같이 19세기는 동아시아 삼국 모두에서 민중운동이 활발해진 시기였다. 비슷한 시기에 민중운동이 자주 일어났다는 점 그리고 민중운동의 핵심적 원인이 관리들의 부정부패에 있었다는 점 등의 공통점이 있지만 차이점도 있다. 가장 두드러진 차이는 민중운동 주체 측이 반대세력과 관리를 비롯한 지배층에게 가하는 폭력의 강도, 특히 인명살상의 정도이다. 세 나라 가운데 중국의 민중운동에서 행해진 인명살상의 강도가 한국이나 일본에 비해 압도적으로 강했다. 한국과 일본은 중국에 비해 현저히 약했지만, 양자 간에도 간과하기 어려운 차이가 보인다. 이러한 차이는 반란군이 민족 갈등 때문에 혹은 새로운 종교를 내세우며 지배체제나 이념을 완전히 부정하고 새로운 왕조를 만들고자 하였는가, 그렇지 않았는가 하는 문제와도 매우 깊은 관련이 있는 것으로 보인다.

이 글에서는 반란군이 근거했던 정당성의 기반을 각국의 '정치문화'와 연관하여 이해해보고자 한다. 지배체제나 지배이념과도 밀접한 관련이 있는 '정치문화'는 "특정한 공동체에서 개인이나 집단의 정치적 활동의 성격을 규정하는 정치적 담론과 실천에서 보이는 경향"을 말한다. 또한 각 사회에서 제기되는 요구들의 내용, 그것을 공식화하는 제도적 절차, 압박하는 전략들을 규정할 뿐만 아니라 요구들을 해결하거나 조정해나 가는 과정에서도 구속력 있는 원칙과 권능을 제공한다.[1] 이러한 정치문 화는 치자와 피치자 모두의 정치적 생각과 행동을 규정하는 기준이 되는 만큼 민중운동에서 보이는 민중의 행동을 이해하는 데도 중요한 의미가 있다.

한편 비교사의 목적은 역사를 일국사적 범위에서 벗어나 한층 넓은 시 야에서 접근하고 또 다른 나라와 주고받은 역사적 경험을 상호 관련 속에 서 바라보려는 데 있다. 여기서는 무엇보다 비교를 통한 새로운 발견이 역사에 대한 더 깊고 넓은 시야를 열어가고, 일국사적 관점에서는 미처 생각하지 못했던 새로운 분석방법을 마련하는 계기가 될 수 있기를 기대 해본다.[2] 또한 19세기 동아시아 민중운동에서 보이는 폭력의 강도를 각 국의 정치문화와 관련해 이해하는 일은 민중운동에 대한 새로운 연구방 향을 열어가기 위한 하나의 계기가 될 것이다.

2 19세기 동아시아 민중운동과 인명살상

1) 한국

19세기에 들어 조선에서는 이전 시기와 비교할 수 없을 정도로 민란이 자주 일어났다. 민란은 특정한 고을의 농민들이 주로 조세의 과다한 징수나 조세와 관련된 관리들의 부정에 항의하여 일어난 민중운동이다. 조세 문제와 관련하여 불만이 있는 주민 가운데 먼저 대표들이 모여서 의견을 교환한 다음 더 많은 주민의 의견을 모으기 위한 집회를 개최하였다. 집회는 주로 사람들이 많이 모이는 장날 장터에서 열렸으며, 사전에 통문을 돌려 그 사실을 주민들에게 알렸다. 집회에서는 수령에게 청원할 요구사항이 정해지고, 관청에 가서 탄원서를 올릴 대표자들이 선임되었다. 대표들은 관청에 가서 탄원서를 올리지만, 대부분 수령들은 그 내용을 받아들이지 않았다. 오히려 대표자들에게 태형을 가하고 그들을 수감하거나 쫓아냈다.[3]

민란은 이와 같이 주민 가운데 일부 주도자들이 중심이 되어 주민들의 의견을 수렴해 청원서를 작성한 뒤 수령에게 올렸으나 그것이 받아들여지지 않았을 때 일어났다. 19세기 이전에는 민란이 거의 일어나지 않았지만, 19세기 중반부터 매우 자주 일어나기 시작하였다. 전국 70개 이상의 고을에서 일어난 1862년의 임술민란이 가장 대표적이다. 민란을 일으킨 민중은 일부 죽창으로 무장한 사례도 있었지만,[4] 대체로 몽둥이를 들었으며, 수백 명 내지 수천 명이 가담하였다. 그러나 특정 군현의 범위를 넘어 다른 군현과 합세하는 사례는 없었고, 왕조 정부에서 국왕이 보낸 조사관(안핵사安覈使)이 오면 해산하는 것이 일반적이었다. 민란이 지속된 기간은 길어야 1개월 전후가 대부분이었고, 어느 민란에서도 왕조체제를 부정하려는 흔적은 없었다. 국왕은 여전히 존경의 대상이었고, 부정부패와 혼란을 바로잡아줄 구원자였다. 따라서 국왕이 임명한 지방관에 대한 공격도 제한적이었다. 부정부패가 심각한 지방관에 대한 민중의 공격은 욕을 하거나 때리는 정도에 그쳤다. 또 관리로서 자격이 없다는 의미로 가마에 실어 고을의 경계 밖으로 내다버리기도 했다. 그러나 지방관을 죽인 사례는 한 건도 없었고, 실정을 조사하기 위해 국왕이 파견한 관리가 도착하면 민란을 멈추는 것이 일반적이었다.[5] 이러한 민란의 양상은 1894년 동학농민전쟁이 일어날 때까지 이어졌다.

그러나 민란이 일어난 많은 곳에서 평판이 나쁘거나 관리들의 부정부패에 연루된 부자들, 특히 향리들이 몽둥이에 맞아서 혹은 밟혀 죽는 사례는 적지 않았다. 향리들은 국왕이 임명하는 것이 아니라 지방관이 임명하는 하급 관리로 지방 관청에서 조세 업무 등 실무를 담당하였다. 예컨대 1862년 3월 진주에서 부패한 관리와 부당한 조세징수에 항의하는 민란이 일어났을 때 난민들은 진주병영에 쳐들어가서 부패한 하급 관리 권준범 등 두 명을 몽둥이로 때려죽인 후 불에 태웠다. 또 권준범의 아들 권만두가 아버지를 구하려 하자 그도 밟아 죽였고, 다음 날에는 진주 향리 김윤구를 잡아 몽둥이로 때려죽인 후 불에 태웠다.[6] 진주민란 당시 난민들은 22개 면에서 향리와 부자들의 가옥 126채를 불태우거나 파괴하였고, 78호로부터 돈이나 재물을 빼앗았다.[7]

이밖에도 같은 해에 경상도 개령에서 일어난 민란에서도 난민 수천 명이 관아를 공격하였다. 이들은 먼저 청원서를 올렸다가 체포되어 수감되어 있던 주민들을 석방하였다. 이어 향리와 포교 네 명을 죽여 관아 마당에서 불태웠으며, 창고에 있던 각종 문서들을 불태워버린 후 거리로 나가서 가옥 수십 채를 불에 태웠다.[8] 충청도 회인, 전라도 순천과 장흥, 제주도 등에서도 향리나 난민을 배신한 자들을 죽이고 관청 건물 혹은 향리나 부자들의 집을 파괴하거나 불태우는 일이 일어났다.[9]

민란이 일어났을 때 집중적으로 공격을 받은 사람은 평판이 나쁜 향리들이나 부유한 지주, 상인들이었고 불태워지거나 파괴된 집도 그들의 것이었다. 향리나 지주층은 난민들과 갈등관계에 있었지만 모든 향리나 지주들이 공격당한 것은 아니었다. 예를 들면 1894년 경상도 고성에서 조세를 추가로 더 거두는 데 반발하여 민란이 일어났다. 조세를 추가로 더 거두기로 결정한 사람은 현재의 지방관이었지만, 그 원인은 그 이전부터 누적되어온 향리들의 부정부패에 있었다. 따라서 난민들은 현재의 지방관에게는 우호적인 태도를 취하며, 다만 그 이전에 향리들이 도둑질한 세금의 총액을 조사할 것을 요구하였다. 그러면서 이들은 불공정하다고 알려진 향리들의 집, 그리고 그들과 공모한 부자들의 집을 공격하여 가옥 25채를 불태웠다. 그러나 난민들은 평소에 행동이 선량하였고 주민들에게 우호적이었던 향리의 집에 대해서는 "절대로 공격하지 말라"고 하며 공격을 자제하였다.[10]

이와 같이 민란은 많게는 수천 명이 가담하고 1개월 정도 지속되기도 했으며 많은 민가나 관청 건물에 방화하기도 했지만,[11] 난민들에 의한 살상행위는 많지 않았다. 반란이 진압된 후에도 체포된 반란 주모자들에 대한 왕조 정부의 처벌도 엄혹한 것은 아니었다. 무엇보다 난민들이 왕조와 지배이념을 부정하지는 않았기 때문이다. 진주민란에서는 체포된 반란군 가운데 주도자 유계춘柳繼春(?~1862) 등 3명만 참수되었고, 26명이 유배되었으며, 42명은 석방되었다.[12] 전라도 함평에서 민란을 일으킨 후 약 1개월에 걸쳐 향리들은 물론 지방관까지 몽둥이로 구타하는 등 1862년의 민란 가운데 가장 과격한 행동을 보였던 정한순 일당도 6명이 처형되는 데 그쳤다.[13]

1894년 4월에 일어난 동학농민전쟁은 그 이전의 민란과 달리 군현 단위를 뛰어넘어 거의 조선 전역에 걸쳐 일어난 대규모 민중반란이었다. 반란은 최고지도자인 전봉준全琫準(1855~1895)이 체포된 1895년 1월 이후에도 이어졌지만, 대체로 1895년 1월 말이면 대부분 지역에서 끝났다. 동학농민군은 민란의 난민들과 달리 몽둥이가 아니라 죽창은 물론 관청이나 전투 중 관군에게서 빼앗은 총이나 칼로 무장하였다. 그러나 동학농민전쟁을 다른 나라의 대규모 민중운동과 비교할 때 두드러진 특징 가운데 하나가 반란군에 의한 인명살상이 상대적으로 많지 않았다는 점이다. 현재 남아 있는 사료로 볼 때 전투 과정이 아니라 특정 지역을 점령한 이후 혹은 행군하는 과정에서 농민군이 사람을 죽인 사례는 다음 몇 가지뿐이다.[14]

1894년 5월 말 전주를 향해 진군하던 농민군은 전라도 원평에서 농민군의 해산을 설득하는 국왕의 글을 가지고 온 중앙관리 이효응과 배은환을 살해하였다.[15] 그러나 이것은 우발적인 사건이었고, 농민군도 즉시 이에 대해 사과하였다. 사건이 일어난 직후 전주성을 점령하고 있던 농민군은 중국과 일본 군대가 조선에 진주하였다는 소식을 듣고 정부의 군대와 화해 교섭을 하였다. 중국과 일본 군대를 철수시키기 위해서였다. 이때 농민군 지도부에서는 초토사剿討使 홍계훈에게 글을 보내 앞서 관리 2명을 살해한 일을 사과하였다. 그들이 국왕의 글을 가지고 온 것이 아니라 농민군을 공격하기 위한 군사를 모집하려는 것으로 알았기 때문이라고 하였다.[16] 말하자면 자신들이 의도적으로 그런 것이 아니라 국왕의 명령을 받고 효유하러 온 관리임을 알지 못하였기 때문에 일어난 우발적 사건이라는 점을 강조한 것이다.

1894년 10월 1일 봉기한 서산·태안 지역 농민군들이 서산 군수 박정기, 태안 지방관 신백희와 중앙정부에서 파견된 관원 김경제를 장터로 끌고 가서 목을 베어 죽였다.[17] 이들은 모두 동학교도들을 탄압하여 그 지역 농민군 간부 30여 명을 체포해 수감해두었으며, 이들을 곧 처형할 계획이었다. 또 다른 사례로는 10월 17일 농민군 최고지도자 가운데 하나인 김개남金開南(1853~1895)이 남원 부사 이용헌을 전주에서 체포하여 처단한 일이 있다. 이용헌은 백성들에게 성을 탈취하라고 부추겼으며, 이웃 고을인 운봉에서 활동하던 농민군 진압군과 연합하여 남원에 주둔하던 김개남의 농민군 부대를 협공하려는 계획을 꾸민 일이 있었다. 이 때문에 그는 김개남에게 큰 미움을 샀다.[18] 또 김개남은 '남쪽 지방을 여는 왕[開南王]'이라고 자칭하였다는 소문이 있다는 데서도 짐작할 수 있듯이 조선왕조를 부정하는 경향이 강한 인물이었다.[19]

1895년 1월 농민군이 장흥성을 공격하여 점령한 후 장흥 부사 박헌양을 처형한 일이 있으며,[20] 이외에는 전투 과정에서가 아니라면 관리들이나 양반지주들을 직접 처단한 사례가 거의 없고,[21] 집단으로 살해한 사례는 전무하다. 다만 1894년 10월 23일 강원도 홍천에서 관군에 패배하여 도주하던 농민군 진지에서 시체 8, 9구가 집단으로 발견된 일이 있다. 관군은 이 시체들이 관군이나 반농민군이 아니라 농민군에게 잡혀온 평민들이라고 하였으나 정확히 알 수 없다.[22] 또한 천주교도 가운데는 큰 피해를 당했거나 매질을 당해 죽은 신도가 여럿 있다는 기록도 있다.[23] 그러나 방대한 자료를 망라하여 『천주교 전주교구사』를 쓴 김진소 신부에 따르면 농민군 가운데는 천주교도들의 동학 입도를 강요한 사례도 있고, 천주교도들이 농민군에게 체포되어 집단적으로 고문을 당한 사례도 있었다. 또 천주교당이 농민군에게 공격을 당해 금전적 피해를 입은 사례도 적지 않지만 농민군이 천주교도나 신부를 살해한 사례는 없다.[24] 오히려 농민군이 프랑스인 신부를 수행하며 보호하기도 했고, 천주교 교우촌을 농민군의 약탈로부터 보호한 사례도 적지 않았다.[25] 전근대에 종교를 기반으로 일어난 서구의 반란에서 이교도에게 이처럼 관대한 사례는 보기 어렵다.

동학농민군이 살상행위를 꺼린 것은 심지어 전투 중 관군 수십 명을 전사하게 한 일에 대해 관군에게 유감을 표명한 사실에서도 확인할 수 있다. 1894년 11월 대전 근처에서 동학농민군과 충청지역 지방군이 조우하여 전투를 벌였다. 이때 농민군이 크게 승리하고 관군 70여 명이 전사하였다. 농민군 지도자 전봉준은 12월 공주 우금티 전투에서 패배하여 논산으로 후퇴한 뒤 관군에게 서로 싸우지 말고 힘을 합하여 일본군을 물리치자고 호소하는 글을 보냈다. 그 내용 가운데 우금티와 대전 전투에서 서로 살상한 행위에 대해 "매우 후회한다"는 표현을 써가며 유감을 표명했다.[26] 이때 농민군들이 일부 관군을 불에 태워 죽였다는 보고도 있지만,[27]

전봉준의 글은 전투 중이라 하더라도 인명을 살상하는 행위는 농민군 스스로도 정당화하기 어려웠음을 시사한다.

규율을 어긴 농민군에 대한 처벌에서도 인명을 함부로 살상하지 않은 점은 마찬가지였다. 규율 위반에 대한 처벌이 죽임으로까지 가는 사례는 드물었다. 상대적으로 '과격한' 행동을 보였던 김개남이 1894년 8월 25일 휘하의 농민군 한 명이 오수 찰방 사무실에 들어가 은가락지를 빼앗은 사실이 확인되자 즉시 목을 베어 막대기에 매달아 행렬 앞에 세워 농민군을 경계한 사실[28] 외에는 그 사례를 찾기 어렵다. 이러한 사실은 농민군이 규율을 엄격하게 지켰음을 보여주는 것이기도 하지만, 극단적인 규율 위반이 아닐 경우 '처형'하지는 않았음을 보여주는 것으로 역시 농민군이 가지고 있던 인명존중 의식을 드러낸 것이라 생각한다.

그러나 왕조 정부 측에서는 동학농민전쟁을 사악한 이단종교를 믿는 무리의 반역행위로 받아들였기 때문에 민란에서와 달리 농민군을 가혹하게 탄압하였다. 동학농민전쟁 발발 초기부터 조선 정부에서는 농민군 주도층을 죽이라고 지시하였고, 이러한 지시는 1894년 10월 시작된 제2차 봉기 때는 더욱 노골적으로 바뀌었다.[29] 많은 농민군이 체포되는 즉시 총살되었으며, 심지어 농민군에 가담한 사람의 아버지나 어머니까지 장형杖刑을 가하거나 총살하는 사례도 발생했다.[30]

2) 일본

에도江戶 시대 일본의 민중운동에서도 인명살상이 거의 일어나지 않았다. 에도시대 대표적 민중운동은 하쿠쇼 잇키百姓一揆이다. 도쿠가와 막부 초기인 16세기 말부터 17세기 초까지의 잇키는 병농분리 과정에서 특권을 상실한 토호층이 중심이 된 무장봉기였다. 이들은 영주의 군대와 전투를 벌였다. 1637년 기독교도가 중심이 된 시마바라島原의 난 이후 이러한 잇키는 종식되었다. 이후 잇키는 소강상태를 유지하다가 18세기에 들어 백성들이 중심이 되어 다이묘에게 인정仁政을 요구하는 하쿠쇼 잇키가 조금씩 나타나기 시작했고, 18세기 후반에는 더욱 자주 발생하였다.[31] 잇키는 조세와 관련한 영주나 무라야쿠닌村役人들의 가혹한 징세와 부정 등이 원인이 되어 일어났다.

하쿠쇼 잇키의 핵심적 요구는 다이묘大名들에게 인정을 요구하는 것이었다. 대부분 무라村를 단위로 혹은 몇 개의 무라가 연합하여 일어났으며, 무기로 삼은 것은 주로 농기구와 같은 생산 도구였다. "감히 인명을 해치는 무기[得物]를 지녀서는 안 된다"라는 원칙이 존재하였기 때문에 죽창이나 총 등의 무기는 부분적으로만 등장하였다. 농기구는 살상을 위한 것이 아니라 공격 대상자들의 재물을 파괴하기 위한 도구였다. 죽창을 비롯하여 도건이나 총 등의 무기가 본격적으로 등장한 것은 막부체제기 붕괴되고 메이지유신이 시작된 이후 '새로운 정부에 반대하는 잇키(新政反對一揆)'에서부터였다.[32]

따라서 에도시대 민중운동에서는 반란군의 인명살상 행위가 거의 보이지 않았다. 물론 에도시대 민중운동에서 살상 무기가 등장하지 않았던 것은 아니다. 근세 전기 민중 저항의 한 형태라고 할 만한 쵸우산(逃散)에서도 많은 총포가 등장하였다.[33] 그러나 총포를 사용하여 공격하거나 인명을 살상하는 사례는 없었다. 쓰다須田努에 따르면 에도시대에 일어난

잇키 총 1,430건 가운데 폭력(무기를 사용하여 신체에 공격을 가하는 것)이 행사된 사례는 15건, 가옥에 방화한 사례(가재家財를 모아놓고 방화한 사례 등은 제외)는 13건에 불과하였다고 한다. 그나마 폭력이 행사된 사례 가운데 14건, 방화 가운데 11건은 19세기 일어났다. 19세기 이전의 잇키에서는 폭력과 방화 금지라는 행동이 하나의 관습으로 자리 잡고 있었던 것이다. 쓰다는 종래의 민중운동 연구자들이 이러한 사례를 예외적인 것으로 취급한 점을 비판하고, 19세기 들어 백성들의 잇키에서 보이는 행동 양식의 변화에 주목하였다. 그에 따르면 19세기 들어 백성들은 영주들이 자신들의 책무를 수행하지 않거나, 그런 것으로 인식되면 소원訴願을 수반하지 않은 채 곧장 야쿠쇼役所나 부잣집 등을 때려부수거나 방화하는 우치코와시打ちこわし를 시작하였다고 한다. 우치코와시에서는 무기를 휴대한 사례들이 나오기 시작했고, 잇키 과정에서 인명살상이 수반되기도 했다.[34] 또 메이지유신 이전부터 잇키에서 가옥 파괴와 방화가 빈발하기 시작하였고, 영주들도 이에 맞서 반란군을 총으로 살상하기 시작하였다.[35]

메이지유신(1868) 이후에는 폭력의 강도가 더 심해졌다. 1878년(메이지 11) 10월 가나가와神奈川에서 농민 수십 명이 지주의 집을 공격한 사건이 발생했다. 이 지주는 경제적으로 어려움에 몰린 농민들이 토지를 저당 잡히고 돈을 빌려간 것을 악용하여 농민들의 토지를 빼앗아버렸다. 분노한 농민들은 대포를 쏘아서 지주의 집에 방화한 후 공격하여 지주와 그의 가족 그리고 고용인 7명을 살해하였고, 4명에게 부상을 입혔다. 이때 농민들은 지주의 목을 잘랐고 다른 사람들은 소방도구인 도비구치鳶口로 머리를 때려죽이거나 불에 태워 죽였다. 이러한 공격과 인명살상은 백성일

규나 '세상을 바로잡는'(요나오시世直し) 잇키, 신정반대일규에서도 보이지 않은 예외적인 참극이었다.[36] 이러한 사례에도 불구하고 전체적으로 일본 민중운동에서는 후술할[37] 중국이나 서구의 민중운동에 비해 인명살상이 매우 적었고 집단적 살상은 거의 없었다. 이와 같이 에도시대 일본의 대표적 민중운동인 하쿠쇼 잇키의 인명살상은 오히려 조선에 비해서도 더 적었음을 알 수 있다.[38]

그러나 부락민과 일반 백성 간의 투쟁에서는 양상이 매우 달랐다. 에도시대부터 평민이 사는 무라의 백성과 천민 집단인 부락민部落民 간에도 대립과 갈등이 있었다. 부락민의 거주지는 일반 무라와는 완전히 분리되어 있었고 신분적 차별도 그만큼 격심하였다. 이는 조선과 매우 다른 점이었다.[39] 양자는 서로 연대하여 권력에 저항하기도 했지만, 신분적 차이나 경제적 이해관계의 차이 등으로 갈등하고 대립했다. 역시 19세기에 들어서는 양자 간의 갈등이 인명살상으로 비화되기도 했다. 예를 들면 1832년 조슈長州에서는 농민과 부락민 간에 가죽 운송을 둘러싼 대립이 격심해졌다. 그 결과 농민들이 부근의 부락들을 공격하여 집을 불태우고 부락민을 살해하는 일이 일어났다.[40]

메이지유신 이후 민중운동에서는 천민들의 거주지인 부락민에 대한 백성들의 집단적 공격과 살상이 더욱 심하게 나타났다. 1871년(명치 4) 정부에서 부락민 해방령을 내려 부락민과 일반 백성의 신분이 동일해지자 이에 불만을 품은 원래 평민층인 무라 백성들이 새로 평민층이 된 부락민을 공격하여 집을 불태우고 살상하는 일이 벌어졌기 때문이다. 1872년 1월 후카쓰深津현, 오카야마岡山현에서 해방령에 반대하는 옛 평민들이 관청의 대포와 탄약을 빼앗아서 새로운 평민들의 주택을 불살라버리고 여성을 포함한 다수를 살상하는 일이 일어났다. 메이지유신 이후 '새로운 정부에 반대하는 잇키(新政反對一揆)'에서는 난민들이 무기를 들고 봉기하는 것이 하나의 특징이었지만, 대포나 소총을 실제로 사용하는 일은 거의 없었다. 그런데 오직 신구 평민 간 대립으로 발생한 이 사건에서만 구평민들이 대포를 사용하였다. 이는 메이지 초기의 신질서에 대한 거부뿐만 아니라 에도 시기부터 쌓여온 신분적 차별감정이 매우 뿌리 깊었음을 반영하는 것이다.[41] 1873년 미마사카美作 혈세봉기에서는 부락 주택 263호가 불타고 51호가 파괴되었으며, 사망자는 18명이었다. 지쿠젠筑前 죽창봉기에서도 1,500호 이상의 부락 주택이 불탔다.[42]

메이지유신 이후 민중운동에서 보이는 피차별 부락민에 대한 집단적 공격은 동학농민전쟁이나 19세기 한국의 민중운동에서는 볼 수 없는 현상이다. 신분 간 장벽이 일본만큼 뚜렷하지 않았던 한국의 민중운동에서는 평민과 천민 간에 집단적인 신분적 갈등이나 상호 공격은 없었다. 일본처럼 평민과 천민들의 거주지가 분리되어 있지도 않았다. 천민들은 양반의 집에서 노비처럼 생활하는 경우도 있었지만, 평민과 천민은 같은 마을에서 독립된 가정을 꾸리고 서로 도우며 농사를 짓는 경우가 대부분이었다. 가축을 도살하는 백정이라는 신분이 일부 있었지만, 역시 평민들과 집단적인 갈등이나 대립을 일으켜 양자가 서로 공격하는 일은 없었다. 오히려 평민과 천민은 서로 합세하여 민중운동을 전개했다. 1862년의 임술민란에서는 노비가 준비과정에서부터 핵심적 인물로 등장하며, 전개과정에서도 향리들의 가옥 공격 등을 주도하기도 했다.[43] 1894년 동학농민전쟁에서도 평민과 천민이 같은 부대를 꾸려 함께 전투를 벌였고,[44] 천민 부대가 따로 만들어져 역시 천민이 지휘하기도 했다.[45] 이런 민중운동에서 최하층 신분이었던 노비가 지도자 위치에서 활동한 사례도 있다. 역시 일본 민중운동과 큰 차이가 나는 모습이다. 신분질서를 비롯한 사회구성 원리의 차이, 그에 따른 신분제에 대한 인식 차이 등과 깊은 관련이 있을 것으로 보인다.

3) 중국

한국과 일본 민중운동에서 보이는 인명살상과 관련된 양상은 중국의 민중운동과 크게 대비된다.[46] 우선 명 말 섬서성에서 대규모 반란을 일으킨 이자성李自成(1606~1645)은 하남성 양성襄城을 점령한 후 유생 190명의 코를 베고 다리를 잘라 떨어뜨려 죽이는 폭거를 자행했다.[47] 같은 시기에 비적들을 이끌고 반란을 일으킨 장헌충張獻忠(1606~1647) 역시 1645년 사천성 성도成都에서 과거를 시행하겠다면서 수많은 지식인을 모은 후 모조리 살해했다. 그때 죽임당한 사람들이 남긴 붓과 벼루가 산더미처럼 쌓였다고 전해진다.[48] 반란군 내부에서도 살상행위가 일어났다. 호북성 마성麻城현에서 일어난 노복奴僕들의 반란인 노변奴變에서는 지주층이 이끄는 민병民兵의 반격을 받아 수세에 몰린 반란군이 같은 시기에 일어난 대규모 반란의 주도자 장헌충을 끌어들이고자 하였다. 그러나 반란군에 합류해 있던 유생들이 이에 반대하자 노변의 주도층은 이들 유생 60명을 살해하였다.[49]

중국에서도 건륭제 말년인 18세기 후반부터 민중운동이 더욱 빈번하게 일어났다. 18세기 후반 시작된 정치·경제·사회 분야의 여러 문제가 수면 위로 떠오르기 시작했기 때문이다. 인구가 급증해 토지와 관직 자리가 부족해졌고, 홍수를 포함한 각종 재해가 이어졌으며, 관리들의 부패와 중앙정부의 지방 통제력이 약해지면서 백련교의 난을 비롯한 크고 작은 반란이 각지에서 이어졌다.[50]

17세기 후반부터 다양한 비밀결사가 나타나 정부 관리나 종족과 연장자, 지주들에 대한 복종을 강요하는 전통사회의 위계조직에 노골적으로 저항하였다. 이들은 종말론적이고 메시아적인 믿음을 신봉했다. 18세기 중반에 들어 더욱 뚜렷한 형태를 갖추게 된 비밀결사들은 밀무역 등 경제적 활동 등을 둘러싸고 정부와 갈등을 일으켰고, 이것이 반란으로 이어졌다. 예컨대 1761년 대만에서 임상문林爽文(?~1788)이 주도한 삼합회三合會의 반란 당시 청나라 병사 1만여 명이 전사하는 등 다양한 비밀결사가 일으킨 반란이 이어졌다.[51]

대표적인 민중운동은 1796년에 발발한 백련교의 난이다. 10년 정도 지속된 백련교의 난은 재정적으로 만회하기 힘든 타격을 가져오는 등 청조를 본격적인 위기로 몰아갔다. 백련교도 진압비용으로 1억 2,000만 냥 정도가 소요되었다. 이는 건륭제 말년에 비축되어 있던 국고의 두 배에 달하는 액수였고,[52] 1년 세입의 3배에 가까운 것이었다.[53] 10년 정도 동안 백련교도는 물론 관군이나 지방 토호 등 반대세력 가운데서도 많은 인명이 살상되었다. 전체적인 통계는 알 수 없지만, 사천성 전투에서 백련교도 수십만 명이 청군 장교 400명 이상을 죽였다. 전투 이외에도 백련교도들이 점령한 곳에서 일어난 지방 토호들의 피해는 더 많아서 사천성에서만 해도 500~600명 이상이었다.[54] 여기에는 "미륵불이 이 세상에 내려와 세상을 다스리는 새로운 세상이 온다", "하늘을 대신하여 도道를 행한다", "천지를 바꾸자"는 등 초월적 존재를 전제로 한 종교적 요소와 "만주족을 없애고 한족을 일으키자"라는 구호를 내건 데서 보이듯 만주족과 한인 간의 민족적 갈등이라는 문제가 결합되어 있었다.[55]

19세기 중반의 태평천국太平天國운동은 중국 역사상 가장 큰 민중운동이었다. 홍호펑孔誥烽에 따르면 1820~1839년에 일어난 민중봉기들은 18세기 후반(1776~1795)의 봉기들과 달리 왕조를 거부하는 대규모 봉기로 연결되지 않았다고 한다. 대규모 반란이 줄어드는 대신 1830년대에는 관리들의 부정부패와 불공정에 분개한 백성들이 북경에 대표를 파견하여 부패한 지방관들을 고발하는 탄원이 많아졌다고 한다.[56] 홍호펑은 그 배경으로 청 왕조를 부활하겠다는 가경제의 결단에 따라 황제의 도덕적 정당성이 복원된 점을 지적하였다.[57]

그러나 크고 작은 반란이 이어졌고, 1851년에는 드디어 19세기에 일어난 가장 큰 민중운동인 태평천국운동이 일어났다. 태평천국군이 봉기한 날은 1851년 1월 11일이다. 배상제회拜上帝會 교도들은 홍수전洪秀全(1814~1864)의 37세 생일이기도 한 이날 금전金田에 모여 '태평천국 원년'을 선포하였다.[58] 이에 앞서 1850년 12월 초 금전 일대에는 비적들과 객가客家 난민들이 합세하여 1만 명 정도로 증대된 배상제 교도들이 모여 있었다. 청조의 정규군과 지방 신사紳士가 이끄는 단련團練이 배상제회의 근거지를 공격하였으나 오히려 배상제 교도들에게 패배하여 50여 명이 죽었다. 청조 관군의 제2차 공격이 1851년 1월 1일 시작되었다. 그러나 청군은 또다시 패배하여 군관 10여 명과 병사 300여 명이 전사하였다. 청군과 전투를 벌여 대승을 거둔 직후 홍수전은 '군기5조軍紀五條'를 반포하였다. 그 내용을 요약하면 ① 명령을 준수할 것, ② 남녀를 구분할 것, ③ 군령을 추호라도 범하지 말 것, ④ 공정한 마음으로 화목하며 우두머리와 한 약속을 준수할 것, ⑤ 합심 협력하여 싸움에서 퇴각하지 않을 것 등이다.[59]

그러나 '군기오조'에도 인명살상을 경계하는 내용은 없다. 실제로 태평천국군 지도부에서도 일반 백성을 상하게 하지 말라고 했지만 요마妖魔로 규정된 관군은 남기지 말고 죽이라고 지시하였다.[60] 홍수전은 영안永安에서 내린 조詔에서 "남자도 여자도 모두 칼을 들고 마음을 합하여 용감하게 요마들을 죽여라"라고 명령했다.[61] 또한 1851년 여름에 배신자는 집요하게 추적하였고, 체포되면 공개 처형하였다. 그해 10월에는 요괴의 부대에 물자를 제공한 자, 태평군에 대항하는 단련에 가담한 자, 긴박한 전시상황을 이용하여 여자를 강간하거나 도둑질한 자, 지역 주민을 살해한 자는 예외 없이 신속하게 처형할 것을 약속하였다.[62] 나아가 태평천국군 가운데는 굶주림 때문만이 아니라 적개심에 휩싸여 청군 포로나 태평천국군 가운데 배반자[叛徒], 체포한 도망자를 식인하는 사례까지 나타났다.[63]

1853년 남경南京을 점령한 이후에는 내분이 일어나면서 태평천국군 상호 간에도 살상행위가 많이 일어났다. 예를 들면 1856년 9월 동왕東王 양수청楊秀淸이 홍수전의 권력을 넘보다 살해당한 뒤 학살된 동왕의 친족과 부하가 궁녀와 시녀를 포함하여 수천 명에서 2만여 명에 이르렀다.[64] 태평천국 발발에서 완전히 진압될 때까지 15년 동안 약 3,000만 명이 사망한 것으로 추정된다.[65]

태평천국운동이 시작될 무렵 운남성에서는 이슬람교도들이 중심이 된 분리주의 운동이 일어났다. 여기에는 토착민과 이주민 간의 종족 갈등이 깊이 개재되어 있었다. 만주족 안찰사는 민족 청소를 명령하였고, 그 결과 운남성 곤명에서 이슬람교도가 4,000명 이상 학살되었다. 이에 반발하여 두문수杜文秀(1823~1872)를 중심으로 한 이슬람교도들이 티베트와 미얀마로 가는 주요 교역로에 위치한 대리大理에 본거지를 둔 이슬람국가를 세워 독립하였다. '판데이 반란Panthay rebellion'으로도 알려진 두문수의 난[杜文秀 起義]이 그것이다. 1856년에 발발한 이 반란은 이후 청 정부가 일련의 민족 말살 정책을 펼쳐 운남성 주민을 500만 명가량 죽이고 난 1873년에야 진압되었다. [66)]

4) 서구

중세 혹은 중세 말기 서구의 민중운동에서도 반란군에 의한 폭력의 강도는 한국이나 일본에 비해 매우 강력하였다. [67)] 1381년 에섹스Essex주 브렌트우드Brentwood에서는 프랑스와 벌인 백년전쟁의 여파로 과도하게 부과된 인두세에 항의하는 1381년의 농민반란, 곧 와트 타일러Wat Tyler(?~1381)의 난이 일어났다. 반란은 켄트Kent주로 확산되었고, 와트 타일러가 이끄는 반란군은 런던까지 진격하였다. 반란 초기 에섹스주 브렌트우드에서는 주민들이 세금을 거두러 온 민소재판소 서기 3명을 그 자리에서 참수하였다. 또 범인들을 잡아들이라는 명령을 받고 뒤따라 파견된 지방배심원 3명의 머리를 베어 장대에 매달고 시위를 하였다. 반란군은 에섹스와 켄트주의 성을 점령한 뒤 투옥된 농노들을 석방하였고, 문서들을 소각하는 한편 플랑드르인 여러 명 등 주민들을 살해하였으며, 교회와 증오의 대상이 된 관리와 성직자들의 집을 공격하였다.[68] 인근 지역에서도 영주와 성직자, 금융가 등의 집과 장원이 농민들의 공격을 받아 약탈당했고, 도시로 진격한 반란군은 빈민층의 환영을 받았다.[69]

"아담이 밭을 갈고 이브가 베를 짜던 때에는 누가 귀족이었던가?"라는 존 볼John Ball(?~1381)의 설교에 고무된 반란군 10만 명 정도가 모든 사람은 평등하게 창조되었기 때문에 인간이 인간에게 예속되는 것은 '신의 뜻'에 위배된다고 주장하며 런던을 점령하였다. 이들은 국왕 측과 농노제 폐지와 봉건 부과조의 금납화 등을 협상하였으나 일부 반란군이 불만을 품고 대주교와 재무상을 비롯한 관리와 외국인들을 살해한 뒤 이들의 수급을 장대에 꽂아 들고 도시를 돌아다니다가 런던브리지 정문에 매달아놓았다.[70] 반군들은 '심판의 날'이 온다는 천년왕국적 전망millenarian vision에 의거하여[71] 영주와 성직자가 없는 사회, 국왕과 민중 사이에 법률가, 관리, 젠트리 등 중간적 계급이 없는 그야말로 일종의 민중왕국을 상상하였다.[72] 반란이 진압된 후에는 가혹한 탄압이 뒤따랐다. 노포크Norfork주 반란군 지도자 제프리 리스터Geoffrey Lister와 서퍽Suffolk주 지도자 존 로위John Wrawe는 체포되어 사지가 찢기는 처형을 당하였다.[73]

노먼 콘Norman Cohn이 밝힌 바와 같이 중세 유럽 여러 곳에서 일어난 천년왕국운동에서도 반란군은 자신들이 '신의 법', '신의 뜻'을 따르는 사람들이라는 선민의식에 입각하여 절대적 무오류성을 확신하면서 '냉혹·무참한 집단'이 되어갔다. 재산공유제가 실시되는 한편, 일부다처제가 선언되었고, 인명살해가 일상화되는 공포정치가 행해졌다. 15세기 초 보헤미아에서 일어난 타볼파Taborites는 무정부주의적 공산주의 사회를 회복하고자 하였다. 이들은 부유한 도시주민, 상인 혹은 주재지주를 타도 대상으로 삼았으며 도시를 공격하여 완전히 불태워버리기도 했다. 1420년 봄에 모든 봉건적 구속과 부과금, 부역의 폐지를 선언했지만 거의 모든 신도가 인근의 일반 서민들을 비인간적인 방법으로 괴롭히고 압제하였으며, 독실한 신자들에게까지 가혹하게 지대를 강요하였다.[74]

독일농민전쟁에서 농민군들은 사회적 정의의 기준으로, 또 자신들의 반란을 정당화하기 위해 성경을 내세우며 일어났다. 평민 30만 명 정도가 가담하였는데, 이 가운데 1525년 5월 15일 프랑켄하우젠Franckenhausen에서 5만 명이 전사 내지 처형된 것을 비롯하여 모두 10만 명 정도의 농민군이 전사하거나 처형되었다.[75] 후작 카시미Markgrave Casimi는 복수심을 충족하기 위해 농민들을 고문하였으며, 농민군의 머리를 참수하거나 눈을 파내거나 손가락을 잘랐다.[76] 농민군들도 체포된 귀족과 귀족의 병사들을 집단으로 살해하였다. 예컨대 1525년 4월 16일 바인스베르크Weinsberg를 점령한 농민군은 체포된 귀족들에게 잔인하게 보복하였다. 창으로 무장한 농민군들을 두 줄로 세우고 귀족들에게 그 사이를 달리게 한 뒤 창을 든 농민군들이 귀족들을 찌르게 하는(Run the gauntlet) 잔혹한 방법으로 처형하였다. 이날 처형된 귀족은 70명 정도였다.[77]

독일농민전쟁이 끝난 뒤인 1534년 독일 북서쪽에 위치한 뮌스터Münster에서 다시 일어난 재세례파Anabaptists 교도들은 공포정치를 시행하여 자신들의 교리나 재산공유제, 일부다처제 등을 받아들이지 않는 자 수십 명을 처형하였다.[78] 그뿐만 아니라 교도가 아닌 사람들을 "하느님을 욕되게 하는 자들"이라고 비판하면서 때리고 그들이 고통스러워하는 것을 보며 즐거워하였다. 비교도들 가운데는 노인이나 병자, 어린아이와 임신한 여인, 이제 막 출산한 여인들도 있었다.[79] 이에 대하여 영주나 귀족 측의 처벌도 매우 잔인하고 가혹하였다. 타볼에서는 타볼파 반란군을 체포하여 수십 명을 한꺼번에 화형에 처했고, 뮌스터에서는 재세례파 반란군들의 근거지를 포위한 수개월 동안 수많은 남녀 반란군을 참수하거나 물에 빠뜨리거나 불에 태워서 혹은 수레바퀴에 치어 죽였다.[80]

이상과 같이 유럽의 천년왕국운동이나 독일농민전쟁에서 보이는 농민군의 인명살상 행위는 한국이나 일본의 민중운동과 크게 대조적이다. 특히 한국의 농민전쟁에서는 살상행위 자체를 사실상 금지하였으며, 그보다 약한 규율 위반에는 '지옥에 가둔다'는 군율을 내거는 등 인명살해를 엄격히 경계하였다. 실제로 동학농민전쟁 같은 장기간 지속된 대규모 민중반란에서도 살상행위가 거의 없었다.

[3] 인명살상의 강도와 민중운동의 정당성 기반

1) 지배체제를 부정하지 않는 반란: 한국과 일본

한국이나 일본, 중국 그리고 서구의 민중운동에서 이러한 차이가 나는 요인은 인간 생명에 대한 인식이나 그것을 가져온 다양한 자연적·사회적 환경 등 여러 가지 면에서 접근해볼 수 있다.

중국의 경우 천년왕국운동의 성격을 띤 태평천국 이전의 일반적 민변이나 노변, 항조투쟁에서도 인명살상이 다반사로 일어났다.[81] 종족 간 계투에서도 서로 총포나 칼 등으로 무장하고 '전투'를 벌였으며, 이 과정에서 많은 인명이 살상되었지만 지방관은 원칙적으로 종족 간 계투에는 관여하지 않는 것을 원칙으로 했다.[82] 일반적인 민란으로 보기는 어렵지만 1841년 호북성 숭양현에서 하급신사 종인걸鍾人杰이 주도하여 일으킨 민란에서도 적지 않은 인명살상 행위가 있었다. 1841~1842년에 걸쳐 43일 간 전개된 종인걸의 난은 조세수취 과정의 이권을 둘러싼 향리와 하급신사 간의 분쟁에서 비화하였다. 주도자인 하급신사 14명은 자신이 살고 있던 성을 함락한 다음 이웃한 성까지 점령하여 양쪽 성의 지방관을 비롯한 관리들과 향리들, 그의 가족 수십 명을 살해하였다. 성을 점령한 후에는 각 마을에 고시문을 보내 부호들에게 식량을 바치도록 했으며, 따르지 않을 경우 즉시 살해하였다.[83] 태평천국에서 보이는 집단적 인명살상은 인명에 대한 이러한 '전통적' 행위나 인식과도 관련이 있을 것이다. 그러나 태평천국에서 보이는 살상의 규모나 관군과 배반자들을 식인하기까지 하는 잔혹한 행위를 그것만으로 설명하기는 어렵다. 여기서는 민중운동에서 민중들의 행위에 정당성을 부여하는 사상이나 이념, 종교적 기반과 관련하여 접근해보고자 한다.

이와 관련하여 일본의 메이지유신과 폭력의 관련성에 대한 아이젠스타트Shmuel N. Eisenstadt의 지적은 매우 흥미롭다. 아이젠스타트는 일본의 메이지유신을 다른 대혁명들(영국, 프랑스, 미국)과 비교할 때 보이는 특징으로 거의 전무한 '폭력의 신성화'를 강조하였다. "물론 폭력이 유신을 이끈 사건들과 그 이후 사건들의 과정에서 크게 발생했지만, 이것은 대혁명들에서만큼 정당화되지 못했다"라는 것이다. 또한 이와 관련하여 주요 활동가들과 종교 또는 문화 부문 단체들이나 자율적 종교지도자들 간에 긴밀하고 지속적인 접촉이 잘 이루어지지 않았다고도 하였다.[84] 나아가 아이젠스타트는 메이지유신에서는 유럽, 미국, 러시아, 중국의 대혁명들처럼 보편주의적·초월적·선교적 이념이나 계급이념의 어떠한 구성요소도 발전하지 않았다는 점을 지적하면서 이러한 요소들은 도쿠가와시대의 농민반란과 저항운동에서도 매우 약했다고 주장하였다.[85] 사회운동에서 보이는 폭력이 그것을 정당화할 수 있는 종교나 사상적 배경과 관련이 있음을 시사한다.

한국의 경우 1862년 전국 70여 군데 고을에서 일어난 임술민란은 물론, 가장 큰 민중운동인 1894년의 동학농민전쟁에서도 농민군이 자신들의 행위를 정당화한 사상 내지 이념적 기반은 지배이념인 유교였다.[86] 동학농민군은 유교적 이념에 기대어 자신들의 행동을 정당화하였고, 그에 따라 스스로의 행위를 나라를 위기에서 구하기 위한 '의거義擧'라고 주장하였다.[87] 이는 조선과 마찬가지로 유교가 지배이념이었지만, 기독교를 중요한 사상적 기반으로 하여 일어난 중국의 태평천국운동과 비교되는 것이다. 기독교를 수용하여 반란을 정당화한다는 것은 유교이념의 지배력이 매우 강했던 조선에서는 상상하기 어려운 일이다.

1894년 4월 말, 전라도 무장에서 처음 일어날 당시 농민군이 내건 '4대명의四大名義'의 첫 번째 조항이 불살인 불살물不殺人 不殺物(사람을 죽이지 않고 만물(사물)의 생명을 상하게 하지 않는다)이었다.[88] 인명 존중은 농민군 가담자가 급증하는 4월 12~16일 무렵에 발포한 '적을 대할 때의 4가지 약속(對敵時 約束 4項)'이나 '군사들을 경계하는 12개조 명령(12條 戒軍號令)'에도 잘 드러난다. 당시 영광에 주둔해 있던 농민군은 5리마다 복병을 두었으며, 30리마다 2,500명씩 배치하였다. 농민군의 수는 날마다 불어나 영광에 주둔할 무렵에는 처음 봉기할 때보다 3배 이상인 1만 2,000~1만 4,000명에 이르렀다. 또 이 무렵부터 농민군 가운데는 지배층의 탐묵과 학정을 더는 견딜 수 없어 가담한 자들 이외에도 불평을 품은 자, 동학이라는 이름에 현혹되어 입당한 자에 더해 각지의 무뢰배 등이 몰려들기 시작했다.[89] 이에 따라 농민군 지도부는 영광에서 농민군의 행동을 단속하기 위해 두 종류의 행동준칙을 내렸다. 그 내용은 다음과 같다.

對敵時 約束 4項

1. 每於對敵之時 兵不血刀而勝者 爲首功(매번 대적할 때 병사가 칼에 피를 묻히지 않고 이기는 것을 최고의 공으로 삼는다)

2. 雖不得已戰 切勿傷命 爲貴(부득이 전투를 하더라도 절대로 인명을 살상하지 않는 것을 귀하게 여긴다)

3. 每於行進所過之時 切勿害人物(매번 행진하여 지나갈 때 사람과 사물을 해치지 않는다)

4. 孝悌忠信人所居之村 十里內勿爲屯住(효·제·충·신한 사람이 사는 촌락으로부터 10리 이내에는 주둔하지 않는다)

12條 戒軍號令

1. 降者愛待(항복한 자는 자애롭게 대우해준다)

2. 困者救濟(곤경에 처한 자는 구제해준다)

3. 貪者逐之(탐묵한 관리는 쫓아낸다)

4. 順者敬服(도리를 따르는 사람에게는 경복한다)

5. 走者勿追(도망가는 자는 추격하지 않는다)

6. 飢者饋之(배고픈 자에게는 음식을 먹인다)

7. 奸猾息之(간활한 자는 그 짓을 못하게 한다)

8. 貧者賑恤(가난한 자는 진휼한다)

9. 不忠除之(불충한 자는 제거한다)

10. 逆者曉諭(거역하는 자는 효유한다)

11. 病者給藥(병든 자에게는 약을 준다)

12. 不孝殺之(불효한 자는 죽인다)

위의 조항은 우리가 거행擧行하는 근본이다. 만약 명령을 어기는 자가 있으면 지옥에 가둘 것이다.[90)]

　　'약속 4항'에서는 인명을 중시하는 내용(1, 2항)이 주목되며, 나아가 앞서 언급한 '4대명의'에서와 마찬가지로 인명뿐만 아니라 사물의 '생명'까지도 존중하는 정신이 보인다. '12개조 계군호령'에서는 부정하고 탐학한 자들에 대한 경계(3, 7, 9, 10) 그리고 가난하고 약한 자들에 대한 인본주의적 배려(1, 2, 5, 6, 8, 11)가 두드러진다. '12개조 계군호령' 말미에는 "위의 조항은 우리가 거행하는 근본이다. 만약 명령을 어기는 자가 있으면 지옥에 가둘 것이다"라고 부기하여 행동 규율에 대한 강고한 의지를 천명하였다. 앞서 언급했듯이 상대적으로 '과격한' 행동을 보였던 김개남도 1894년 8월 25일 휘하의 농민군 한 명이 오수 찰방의 사무실에 들어가 은가락지를 빼앗은 사실이 확인되자 즉시 목을 베어 막대기에 매달아 행렬 앞에 세워 농민군을 경계하였다. 이러한 사실은 농민군의 규율이 엄격하게 지켜졌음을 보여준다.

농민군은 또한 국왕을 전혀 부정하지 않았다. 농민군 최고지도자 전봉준이 1894년 4월 말에 전주성을 점령한 후 나라를 세우고 스스로 왕이라고 불렀다는 기록도 있지만[91] 사실이 아니다. 전봉준은 처음부터 국왕에 대한 존경심을 보여주었으며, 자신들의 행위가 국왕을 대신한 것이라고 주장하면서 정당함을 드러내 보이고자 하였다. 자신들의 행위를 정당화할 수 있는 새로운 언어나 국왕을 넘어서는 다른 어떤 초월적 존재나 가치를 내세우지 않았다.[92] 그러나 유교를 지배이념으로 삼았던 조선에는 국왕이 모든 백성을 자신의 아이로 여기는 적자관赤子觀이 있었으며, 또한 아무리 흉악한 범죄자라 하더라도 살리기를 좋아하는 덕(好生之德)을 베푸는 흠휼欽恤을 미덕으로 여기는 존재였다.[93] 농민전쟁 당시에도 관군 측은 조정의 호생지덕을 강조하면서 농민군의 해산을 종용하였다.[94] 이러한 농민군의 국왕 인식과 국왕의 뜻은 인명에 대한 민중운동의 행위를 크게 제약하는 요인이었다고 생각한다.

2) 지배체제를 부정하는 반란: 종교적 반란

1524~1525년에 일어난 독일농민전쟁에서 농민들은 '구법', '옛 권리das altes Recht'에 정당성의 근거를 두고 구래의 관습을 침해하는 영주권이나 영

역지배권을 반대하였다. 또한 이들은 '신의 법', '신의 정의'라는 보편적 정당성의 원리를 확보함으로써 사회현상을 근본적으로 다시 바라보는 시각을 갖게 되었고, 이를 통해 영방의 범위를 뛰어넘는 투쟁을 전개할 수 있었다.[95] 영국의 와트 타일러의 난(1381)에서나[96] 18세기 토지개혁론자들[97] 그리고 혁명 전야 러시아 농민들도 '신의 뜻', '신의 정의'를 내세우며 토지개혁과 경제적·사회적 평등을 주장하고, 영주의 부당한 지배에 저항하였다.[98]

'신'이라는 초월적 존재를 끌어들여 행위의 정당성을 확보한 것은 중국의 태평천국에서도 보인다. 태평천국운동을 일으킨 배상제교拜上帝敎는 특히 초기에 기독교 요소의 영향을 강하게 받았으며, 태평천국 지도자 홍수전은 신의 아들이자 예수의 동생을 자처하였다.[99] 물론 태평천국에는 만주족에 대한 반감과 강력한 반청의식이 깔려 있었고, 그들의 사상이나 이념에는 주례 등 지배이념과 관련된 요소도 내포되어 있었다. 그러나 태평천국의 창시자이자 최고지도자였던 홍수전은 청조를 부정하였다. 그는 청 황제를 요마로 규정하고 '천국'을 건설하기 위해 가장 먼저 처단해야 할 존재로 지목하였다. 또 홍수전은 스스로를 하느님의 아들, 예수의 동생이라고 하였고, 신의 뜻에 따라 '참마도斬魔刀'로 요마들을 초멸하고자 하였으며, 만물은 원래 상제上帝의 창조물이고 소유물이라는 이념에 입각하여 새로운 토지 제도인 '천조전무제도天朝田畝制度'를 마련하였다.[100]

서구나 태평천국에서 내세운 신은 국왕이나 황제까지도 초월한 존재였을 뿐만 아니라, 창조주였다. 따라서 '신의 뜻'을 따르는 민중들이 창조

주인 '신의 뜻'에 따라 그에 어긋나는 사람들의 생명을 박탈할 자격을 가지는 것은 '자연스러운' 귀결이지 않았을까?[101] 스즈키鈴木中正는 생존의 위기, 생활 파탄이 가져오는 위기의식은 강한 공포와 불안과 절망감을 동반하지만, 다른 한편 위기 저편에서 오게 될 완전한 세계의 출현에 대한 신앙은 무한한 희열과 안도감을 낳는다고 하였다. 따라서 위기의 원인을 제공하고 '완전한' 세상의 실현을 방해하는 종교의 적, 박해자, 권력자에 대한 격한 원한과 분노가 메시아의 속성에 투영되면서 구원의 신은 원한·복수의 신, 그리고 종교의 적을 징벌하고 절멸하는 파괴의 신이 된다고 하여 천년왕국운동의 파괴적 속성을 지적한 바 있다.[102]

한국과 일본에서도 민중운동이 왕조를 부정하거나 지배이념과 다른 사상적 기반을 가졌을 때는 민란이나 동학농민전쟁 혹은 잇키와 매우 다른 양상을 보여주었다. 한국의 19세기 민중운동은 대부분 자신들의 정당성을 유교이념에서 찾았지만, 그렇지 않은 민중운동도 없지 않았다. 1871년 이필제의 난이나 1812년 홍경래의 난, 1901년 이재수의 난 등이 대표적 사례이다. 경상도 영해에서 반란을 일으킨 이필제李弼濟(1825~1871)는 '정감록鄭鑑錄'이라는 '천년왕국적' 사상을 끌어들여 자신의 반란을 정당화하였다. 그는 조선왕조를 부정하고 새로운 왕조의 개창을 추구하였기 때문에 영해 관아를 점령한 직후 국왕이 임명한 지방관의 목을 단칼에 베어버렸다.[103] 1812년에 일어난 홍경래의 난 역시 처음부터 조선왕조를 부정하였으며, 왕조의 멸망을 예언하는 '정감록'이라는 '천년왕국적' 사상을 끌어들여 자신들의 행위를 정당화하였다.[104]

홍경래洪景來(1771~1812)가 이끄는 반란군은 항복하는 지방관은 살려

주었지만 저항하는 지방관이나 그의 가족, 군사지휘관이나 포교 등을 거침없이 살해하였다.[105] 홍경래의 난은 조선왕조를 부정했기 때문에 정부의 대응도 잔혹했다. 반란은 4개월 정도 지속되었으며, 마지막까지 정주성에서 저항하던 반란군과 성안에 남아 있던 주민 총 2,983명 가운데 10세 이하의 남아 224명과 여아 842명을 제외한 1,917명은 모두 처형되었다.[106] 홍경래가 이끄는 반란군이 국왕이 임명한 지방관이나 관리들을 쉽게 죽일 수 있었던 것은 반란을 정당화하는 사상적 기반이 '천년왕국적'인 것이었고, 처음부터 왕조를 부정하였다는 점과 관련이 있을 것으로 보인다.

정당성의 기반을 유교가 아닌 다른 종교적 자원에서 찾은 것은 아니었지만, 인명살상이라는 면에서 1901년 제주에서 일어난 이재수李在守(1882~1901)의 난은 매우 예외적이다. 이재수의 난은 무엇보다 왕실에서 파견된 징세관 강봉헌의 가혹한 징세가 발단이 되었지만, 천주교도와 제주도민 간의 갈등이 결부되어 있었다. 난의 핵심인물 가운데 하나였던 이재수는 관노官奴 출신이었다. 1901년 4월에 발발하여 약 4개월간 지속된 이재수의 난에서는 많은 사람이 죽었다. 비록 천주교인들이 먼저 공격했지만 관청의 무기고를 부수고 총과 포, 칼, 화약 등으로 무장한 반란군은 1개월 동안 천주교도를 600명 정도 죽였다. 난이 진압된 후 이재수를 포함하여 난의 지도자 3명이 처형되었지만 인명살상 규모에 비하면 처형된 사람이 매우 적다.[107]

이재수의 난에서 반란군이 인명을 600명 정도 살해한 것은 조선의 민중운동에서 극히 이례적인 것이다. 이것은 무엇보다 종교적 갈등이라는 면에서 이해할 수 있다. 반란군은 유교를 수용하고 조선 국왕의 신민으로서 정체성을 지녔던 반면, 상대방은 불과 십수 년 전까지만 해도 조선왕조로부터 사학邪學으로 규정되어 극단적인 탄압을 받던 천주교도였기 때문이다. 이 점에서 이재수의 난은 지배체제나 이념에 대한 도전이라기보다는 오히려 그 반대로 지배체제와 이념을 수호한다는 성격이 있었다고 본다. 이재수의 난에 대한 기억이 전승되고 변화해온 과정을 추적한 왈라번Boudewijn Walraven은 "이재수는 스스로를 국가의 적들과 싸우는 '의병'으로 생각한 듯하였다"라고 하였다.[108] 이러한 면이 국가의 적인 '이교도' 천주교도들에 대한 대량 학살로 나타났다고 볼 수 있다.

일본에서도 기독교도들이 중심이 된 반란에서는 매우 다른 양상을 보였다. 에도시대 초기(1637)에 발생한 '시마바라島原·아마쿠사天草의 난'은 일본 역사상 최대 잇키인 동시에 반란이기도 했으며, 에도막부 최대 내전이기도 했다. 이 난은 이타쿠라 카츠이에松倉勝家의 영지인 시마바라와 테라사와 가타다카寺澤堅高의 영지인 아마쿠사의 크리스천을 중심으로 한 백성들이 연합하여 일어났다. 1637년 말에 일어나 1638년 초까지 약 4개월간 지속되다가 막부군幕府軍과 다이묘 군대에 진압되어 3만 7,000여 명이 몰살된 사건이다.[109] 반란군은 이후 잇키에서 보이는 모습과 달리 총이나 대포, 창 등으로 무장하였고, 막부에서 파견한 관리인 다이칸代官이나 그의 가족들 여러 명을 죽였으며, 전투 과정에서는 수백 명의 군사와 평민들을 죽였다.[110]

그러나 한국의 홍경래의 난은 물론 일본의 시마바라의 난에서 보이는 반란군에 의한 살상행위는 서구에서 기독교를 사상적 기반으로 하여 일어난 천년왕국운동이나 중국의 태평천국과 달랐다. 이들은 전투 과정에서는 서로 전사자를 많이 냈지만, 천년왕국운동이나 태평천국과 달리 성이나 도시를 점령한 후 귀족이나 지배층, 심지어 일반 평민이나 교도들까지 집단적으로 살해하는 일은 없었다. 그러나 이들의 반란은 지배체제를 부정하였거나 지배층에 의해 그런 것으로 받아들여졌다. 따라서 지배체제를 부정하는 반란에 대해서는 반란 진압 후 지배권력 측의 처벌도 매우 강력하였다. 그것은 서구의 천년왕국운동 계열의 반란이나 중국의 태평천국운동은 물론이고 지배체제를 부정하였거나 지배권력 측에 의해 지배체제를 부정하는 반란으로 인식된 한국의 홍경래의 난이나 동학농민전쟁, 일본의 시마바라의 난의 사례에서 확인된다.

⁴ 민중운동 및 폭력의 강도와 정치문화

앞서 언급했듯이 정치문화는 민중운동을 이해하는 데도 중요한 의미가 있다. 정치문화는 치자나 피치자 어느 일방만이 아니라 양자 모두의 정치적 생각과 행동을 규정하고 거기에 정당성을 부여하는 기준이 되기 때문이다. 이는 다른 한편 지배층만이 아니라 민중의 생각이나 행동도 지배이데올로기와 밀접한 관련이 있음을 시사한다.

예컨대 톰슨E. P. Thompson은 평민문화에 대해 자기 정의적이거나 외부적 영향에 무관한 것이 아니라 귀족 통치자의 통제와 강제에 대항하여 수동적으로 형성되는 면이 있다고 하였다.[111] 스콧James C. Scott은 민중운동의 요구와 관련하여 "합의된 지배원리에 근거한 저항들은 완전히 새로운 사회개념들을 만들어내는 것보다 더 그럴듯하고 설득력이 강하다"라고 주장하였다.[112] 모두 민중운동에 대한 이해가 정치문화와 밀접한 관련이 있음을 말하고 있다. 실제로 중세의 많은 민중운동에서 "지배층을 믿든 안 믿든 간에 민중은 쉽게 이용 가능한 지배이념을 전유하여 활용"하였다. 자신들의 사회적 지위를 정당화하던 지배층의 이념은 엘리트들이 그에 부응하는 데 실패했을 때는 궁극적으로 민중의 저항을 정당화할 수 있는 자원이 될 수 있었기 때문이다.[113]

정치문화론의 맥락에서 볼 때 지배이념은 민중의 생각 내지 민중이 자신들의 행위를 정당화하는 데서 매우 중요한 의미가 있다. 이런 점을 전제로 할 때 서구 민중운동이나 태평천국의 사상적 기반에는 황제를 초월하는 신이라는 존재가 자리 잡았던 반면, 한국이나 일본의 민중운동에서는 국왕을 초월할 수 있는 권위를 가지지 못하였다는 점이 폭력의 강도를 비롯한 민중의 생각과 행동에 매우 중요한 영향을 미쳤다고 생각한다.

조선에서 국왕은 민중운동이 자신들이 행위와 요구를 정당화하기 위한 최후 보루였다. 한국의 동학농민군은 왕토사상에 의거하여 토지의 평균분작을 주장하였다. 메이지유신 이후 일본 민중들 역시 근대적·자본주의적 법과 질서가 압도하고, 지주제가 확립되어가던 현실에 맞서 사유제를 부정할 때 그들의 주장과 요구를 정당화하기 위해 왕토사상을 끌어오거나 고대사회를 이상화하는 방법을 취하였다.[114] 민중운동에 정당성을 부여해주는 최고 권위가 국왕(천황)이었던 것이다. 말하자면 조선과 일본의 민중은 서구나 태평천국에서와 같이 인명살상을 정당화할 만한

초월적 존재나 '보편성'을 띠는 종교 혹은 새로운 사상을 가지지 않았음을
보여준다.

　홍경래의 난은 천년왕국과 유사한 면이 있는 정감록을 사상적 기반으
로 삼았지만, 폭력의 강도는 그다지 강하지 않았다. 그들의 반란에 정당
성을 부여한 것은 창조주인 신과 초월적 존재가 아니라 평안한 시대와 혼
란한 시대가 한 번씩 교대된다는 순환론적 시간 인식과 더 깊은 관련이 있
었기 때문이다. 일본의 시마바라의 난도 기독교도들이 주체가 되었지만
지배체제와 지배이념을 적극적으로 부정했다기보다는 가혹한 기독교도
탄압과 불법적인 백성 수탈에 대한 저항과 자신들의 신앙을 지키려는 목
적이 결합되어 있었다.[115] '신의 뜻'에 따라 '세상을 바로잡아야 한다'는 종
교적 소명의식이나 선민의식이 없었다.

　마지막으로 중국의 경우 반드시 종교적 요소 혹은 초월적 권위에 근거
한 민중운동이 아니더라도 한국이나 일본에 비해 인명을 살상하는 행동
이 빈번하며 그 규모도 매우 크다. 여기에는 1856년 운남성에서 일어난
이슬람교도들의 반란이나 태평천국에서 보이듯 정당성의 근거가 종교
적 요소와 결합되어 있거나, 반란의 배후에 종족적 갈등이라는 요소가 내
포되어 있었다. 또 많은 반란이 지배왕조나 권력을 전면적으로 거부하였
다는 점과도 관련이 있을 것으로 보인다. 그러나 체제를 부정하는 종교나
종족 간 갈등이라는 요소가 사실적으로 부재하였던 종인걸의 난이나 종
족 간 계투에서도 인명을 살상하는 행위가 한국이나 일본에 비할 수 없을
정도로 빈번하고 큰 규모로 나타난다. 국가권력이 이러한 투쟁에 직접 개
입하여 처벌하기보다는 상대적으로 무관심하였다는 점도 하나의 원인일

것으로 보이지만, 구체적인 배경에 대해서는 좀 더 다양한 고민이 필요할 것으로 보인다.

배항섭

현재 성균관대학교 동아시아학술원에 재직 중이다. 19세기 민중운동사를 전공했고 최근의 연구 관심은 19세기와 동아시아사 연구를 통해 근대중심주의와 서구중심주의를 넘어 새로운 역사상을 구축하는 데 있다. 대표 논저로 「19세기 민중사 연구의 시각과 방법」(성균관대학교 출판부, 2015), 「동아시아는 몇 시인가?」(너머북스, 2015, 공저), 「근대를 상대화하는 방법」「근대 이행기의 민중의식」「19세기 향촌 사회질서의 변화와 새로운 공론의 대두」「'탈근대론'과 근대중심주의」 등이 있다.

집필경위

이 글은 2017년 2월 17~18일 개최된 성균관대학교 동아시아학술원과 한림대 한림과학원 공동학술회의 〈19세기 동아시아의 국가와 사회〉에서 발표했던 글을 수정·번역하여 Popular Movements and Violence in East Asia in the Nineteenth Century: Comparing the Ideological Foundations of Their legitimations, *Sungkyun Journal of East Asian Studies*(Vol. 17, No. 2, 2017)에 게재하였던 것이다. 이번에 다시 한글로 옮겨 실으면서 일부 내용을 수정·보완하였다.

② '중화'해체의두가지길

-홍대용과 스기타 겐파쿠 비교 연구

◎

이경구·이예안

1 '중화'를 다시 묻다

18세기 동아시아에서는 전통적 화이관에 지각변동이 일고 있었다. 17세기 중반 명·청 교체를 계기로 '중심'은 흔들렸고, 곧이어 동아시아 각국에서는 국가·민족 중심 사조가 강화되어 중화中華를 자칭하거나 상대화하는 흐름이 출현했다. 청왕조에서는 만주족의 중화를 제창했고, 조선에서는 '조선 중화'와 조선의 고유성이 강조되었으며, 일본에서는 국학의 성행과 자민족 중심주의가 등장했고, 베트남과 미얀마 등지에서도 자민족 중심주의가 강화되었다.[1] 이 글에서는 중화를 자기 방식대로 전유專有했던 여러 흐름 가운데 조선과 일본에서 급진적인 중화 해체의 논의를 펼쳤던 홍대용洪大容(1731~1784)과 스기타 겐파쿠杉田玄白(1733~1817)를 비교해보고자 한다.

홍대용의 저작과 사상적 성과는 한국에서 일찍부터 주목받았다. 화이관과 관련해서는 한문연행록 『연기燕記』와 한글연행록 『을병연행록』, 연행 이후 벌어진 노론 산림 김종후金鍾厚(1721~1780)와의 편지 논쟁과 말년의 걸작 「의산문답醫山問答」이 전해주는 세계관과 중화 인식의 변모가 주 초점이었다. 홍대용의 급진적 인식에 변화를 준 사상 혹은 계기는 노론 낙론洛論의 성리학, 서학과 서양 과학, 연행과 청 지식인과의 교류, 도가의 상대주의적 사고 등이 지목되었다.[2] 그가 도달한 화이관의 변화에 대해 최근에는 상대주의적 관점으로 세계관을 수정했다는 견해부터 화이라는 중심-주변의 기준을 무화無化하고 다양한 주체의 공생과 평등을 설파했다는 견해까지 제기되고 있다.[3]

일본에서 스기타 겐파쿠 연구는 불후의 번역서 『해체신서解體新書』(1774, 須原屋)[4]와 번역의 시말을 기록한 『난학사시蘭學事始』(1815, 필사본; 1869, 天眞樓)에 집중되어왔다. 여기에는 『해체신서』는 '일본 실증 의학의 출발을 알리는 금자탑'이며 『난학사시』는 '일본 신문명의 기원'을 상징하는 글로서 학교 교재와 일본 역사서에 널리 소개되어온 배경도 있다.[5] 연구도 대부분 그 연장선상에서 이루어졌다.[6] 두 저서를 중심으로 스기타의 사상을 검토하면서 전근대적 세계관에서 벗어나 근대적 세계관으로

1부 | 비교: 국가·사회를 둘러싼 생각들

전환하는 계기로 평가하는 것이다. 그러나 세계관의 전환을 근본적으로 추동한 화이질서에 대한 비판 및 새로운 세계관의 구체성에 대해서는 충분히 검토되지 않았다. 한편 한국에서 스기타의 저서는 비교적 최근에 번역되어 소개되었다.[7]

조선과 일본의 화이질서 비판론에 관해 사상적 배경과 핵심적인 논의가 비교 검토된 것이 없지는 않았다. 기존 연구 중에는 홍대용과 일본의 유학자이자 국학자인 아사미 케이사이淺見絅齋를 비교한 연구가 주목된다.[8] 그 연구는 유학자로서 중화 개념에 회의를 표명한 두 사람의 유사점에 착안하여 화이관 해체 과정의 동이同異를 천착한 것이었다. 비교 결과 중심의 무화를 택한 홍대용과 주체성의 강화를 택한 아사미의 차이가 논증되었다. 사유의 출발지는 같았으나 결론이 달랐던 것이다.

이 글에서는 질문을 다르게 설정해보았다. 가장 문제적인 화이관 해체를 시도한 이들을 선정하고 그 결론에 도달한 과정을 역추적해보았다. 홍대용과 아사미처럼 '사유의 출발지가 같았으나 결론이 달랐던 것'과는 반대로, '출발지는 다른데 결론은 비슷해진' 과정을 되짚어보는 방식이다. 이것은 유학적 인식과 영향을 조금 거두어내고 새 지식의 수용과 기성 지식의 균열이라는 과정 자체에 좀 더 초점을 맞춰보자는 의도이다.

이 글에서는 화이관에 관해 조선과 일본에서 가장 문제가 된 저술로 각각 홍대용의「의산문답」과 스기타의『광의지언狂醫之言』을 선택하였다. 두 저술은 동시대 화이관을 해체하는 최고의 문제작이다. 그러나 두 사람의 신분, 학문 그리고 저술에 이르게 된 과정은 매우 달랐다. 홍대용은 사대부로서 주자학에 정통했고, 중국을 견문하고 한역된 서학서를 보며 세계관을 넓혔으며, 철학적 사유를 제련하여 중화를 비판했다. 한편 스기타는 난방의蘭方醫로서 네덜란드 의학 원서를 번역하면서 지식을 습득했으며, 체험과 실증 위주인 의학 특히 해부학을 통해 중화 지식의 허구성을 체험했다. 습득한 지식의 내용도 학문 방법도 상당히 차이가 있었으나 두 사람은 화이 인식에 근원적인 의심을 품었고 급진적인 결론을 내렸다.

그런데 막상 비교를 진행해보니 두 사람의 개성과 몇몇 행적이 묘하게 닮아 있어서 흥미로웠다. 둘은 모두 호기심이 강했으며 새 지식에 개방적이었다. 전문 분야는 서로 달랐지만 보수적 인사들과 거침없이 논쟁을 벌였고, 터부를 깨고자 하는 노력도 같았으며, 논쟁한 결과「의산문답」과 『광의지언』이라는 문제작을 남긴 것도 공통점이었다.[9] 두 사람의 저술이 당대에는 주목받지 못하고 19세기 후반 이후에 주목되어 실학, 과학, 서양학 등의 강조에 활용된 점도 유사하다.[10]

필자들은 이상의 동이점에서 두 나라의 지식 지형과 사유 기제를 색다른 각도에서 비추어보기를 기대했다. 이하에서는 두 사람의 생애와 사상적 배경 그리고 화이질서 비판과 해체에 관해 검토한다. 이 과정에서 18세기 후반 한일 지식인들이 도달했던 사유의 정점을 비교해볼 수 있다. 그리고 그 비교는 두 지식 세계의 동일점과 차이점을 드러낼 것이며, 서양과 전면 접촉이 가시화되는 19세기 이후 양국 지식인 지형의 특징을 포착하는 데도 일조할 것이다.

² 사상적 배경

1) 연행과 견문: 홍대용

홍대용은 1731년(영조 7)에 홍력洪櫟과 청풍 김씨 사이에서 태어났다. 그의 집안은 노론이었다. 조부 홍용조 등은 노론 낙론의 비조인 김창협의 문인으로, 영조의 탕평을 비판하는 노론 준론峻論에 속해 있었다. 홍대용은 12세부터 김원행에게 배웠는데, 평생의 스승인 김원행은 김창협의 양손養孫으로, 노론의 명문 안동김씨 출신이다. 사회, 정치의 주류였던 것이다.

홍대용은 소년 시절 노론 준론의 정치론을 강하게 주장하였다. 홍대용은 15세 때 부친을 따라 경상도 문경에서 몇 년 머물렀다. 경상도는 남인들의 영향력이 강한 곳이다. 홍대용은 그곳 선비들과 논쟁하면서 정사正邪와 충역忠逆을 엄히 분변해야 하는데 영조의 탕평은 이를 뒤섞었다고 비판하였고, 남인과 소론 또한 강력하게 비판하였다. 이것은 엄격한 시비분별에 기초해야 탕평이 가능하다는 노론 준론의 전형적인 논리다.

홍대용이 독자적 주관을 세운 것은 20대 초반으로 추정된다. 1751년 21세의 홍대용은 소론을 대표하는 학자 윤증尹拯(1629~1714)의 문집을 보면서 회니시비懷尼是非와 같은 노론·소론의 오랜 분쟁에 대해 소론의 주장을 다소간 긍정하게 되었다. 또 경종 대에 일어난 이른바 '임인옥사壬寅獄事'¹¹⁾에 대해서도 노론 측의 잘못을 일부 인정하였다. 홍대용은 이 사안을 스승 김원행에게 질문했다가 큰 꾸지람을 듣기도 했다. 여기서 주목할 대목은 홍대용이 질문한 이유다. 김원행은 자신의 친조, 친부, 친형이 모두 임인옥사로 죽은 터였는지라 그 문제는 금기 사항이었다. 홍대용은 이 점을 잘 알고 있었음에도 객관적 견지에서 보려 했고 의심이 생기자 대담하게 견해를 밝혔다. 가문의 처지, 당론黨論과 같은 선입견에 얽매이지 않고 공평하게 판단하는 그의 기질은 이 문답에서 잘 드러난다. 그 성향은 연행, 연행 이후 논쟁 그리고 저서「의산문답」에도 그대로 투영되었다.

홍대용의 사고가 전기를 맞은 것은 1765년의 연행燕行이다. 그의 연행은 두 가지 점에서 조선 지성사에 획을 그었다. 하나는 홍대용이 조선의 역사관과 화이관을 재고하는 계기가 되었다는 점이다. 홍대용은 호기심이 강했지만 연행 당시에도 여전히 대명의리를 견지했다. 그는 연행 내내 명에 대한 중국 지식인들의 향수를 확인하고 청의 쇠퇴를 목격하고 싶어했다. 연행 전반前半에는 통인, 백성, 유구국을 비롯한 여러 나라의 사신, 관원, 서양 선교사, 청의 왕자 등 다양한 인물을 만났고, 후반에는 엄성嚴誠, 육비陸飛, 반정균潘庭筠, 등사민鄧師閔, 손유의孫有義 등 문관과 지식인을 두루 만났다.『담헌연기』나『을병연행록』에 나타나 있듯이 그들과의 대화는 단순한 지식을 넘어 이단, 청의 미래, 유교문화의 정당성 등 가치관을 반영한 것들이 많았다. 홍대용은 그들의 주장에 상당 부분 공감하며 시세관, 이단관, 화이관을 재고하였다.

둘째는 홍대용이 견문한 서학과 천주당 관련 대화와 정보이다. 특히 홍대용 본인이 연행의 백미로 꼽은 북경 천주당 장면은 압권이다. 남천주당을 방문했을 때 그는 서양화를 보았고 서양 선교사 유송령劉松齡(할러슈타인August von Hallerstein), 포우관鮑友管(고가이슬Anton Gogeisl)과 함께 수차례 대화했다. 주제는 대서양·서양 복식·서양 글자·천문역법·혼천의·망원

경·태양의 흑점·동아시아 지리·서양 수학·서양 필기구·서양 언어와 혼인 풍속·자명종[鬧鐘] 등이었는데, 세세히 기록하지 못할 정도로 다양하고 수준도 높았다. 또 조선인이 거의 가보지 않았던 동천주당을 방문했고 방문이 금지된 관상감을 엿보기도 하였다. 홍대용의 견문은 전무후무한 수준이었고 그의 연행 성과는 박지원, 박제가 등 이른바 북학파 형성에 결정적인 영향을 미쳤다. 박제가는 홍대용이 서양을 가보고 싶어 했다고도 증언했다.[12]

홍대용의 연행은 일정한 반향을 불러일으켰다. 홍대용은 노론 산림 김종후와 논쟁을 벌였고, 44세 때(1774)에는 세손(정조) 교육에 참여하기도 했다. 홍대용은 세손에게 모든 사람이 스스로 반성하면 붕당이 사라질 것이라고 했고 시세의 변화를 설명하여 세손의 동의를 이끌어내기도 했다.

연행과 연행 이후의 성과는 말년의 문제작 「의산문답」에 고루 반영되었다. 다만 홍대용이 「의산문답」을 언제 저술했는지는 아직 정론이 없다. 그의 지식과 의견이 절묘하게 집대성되어 있으므로 말년작으로 추정할 따름이다.

2) 해부와 검증: 스기타 겐파쿠

스기타 겐파쿠는 조부 스기타 하쿠겐杉田伯元 이래 네덜란드 의술을 주로 삼는 이른바 난방의蘭方醫 집안에서 태어났다. 부친 스기타 겐포杉田玄甫는 와카사노쿠니若狹国(현재의 후쿠이현) 오바마 번小浜藩의 시의侍醫였다.

10대 후반의 스기타 겐파쿠는 난방의학과 한학을 공부했다. 의학은 당대의 대표적 난방의이며 오쿠이시奥医師[13]를 지낸 니시 겐테츠西玄哲에게 배웠고, 한학은 오규 소라이荻生徂徠, 핫토리 난카쿠服部南郭의 맥을 잇는 고학파古学派의 유학자 미야세 류몬宮瀬竜門에게 배웠다.

스기타는 19세인 1752년에 오바마 번의藩医가 되었다. 1754년에 고의방古醫方 야마와키 도요山脇東洋가 사형수의 '후와케(腑分け, 해부)'에 입회했다는 소식을 듣게 된다. 야마와키 같은 의학자가 후와케에 입회한 것은 일본에서 최초였다고 전해진다. 야마와키는 당시의 관찰을 기록한 해부도록『장지臟志』(1759)를 출판했는데, 이는 한방에서 주장하는 오장육부설 등 신체 지식의 오류를 지적하고 네덜란드 의학 지식의 정확성을 증명하는 것으로 일본 의학계에 받아들여져 파문을 일으켰다. 스기타를 비롯한 난방의들에게도 큰 영향을 미쳤다.

1757년 에도 니혼바시 근처에서 병원을 개업한 스기타는 네덜란드 의학 지식에 본격적으로 관심을 보이기 시작한다. 『해체신서』를 함께 번역한 나카가와 준안中川淳庵과 교류를 시작한 것도 이때였다.

1765년 오쿠이시奥医師가 된 스기타는 네덜란드 상관장商館長 일행이 에도에 왔을 때 그들이 머무는 나가사키야를 방문해 네덜란드이 희습을 요청하기도 했다. 습득이 불가능하다는 말을 듣고 어학은 포기했으나 네덜란드 의학 공부마저 포기하지는 않았다. 1769년 대통사 요시오 고규吉雄耕牛를 찾아가 헤이스터의 의학서를 빌려 삽화를 모사했다. 네덜란드 의학 지식을 습득하는 일이 절실했으므로 언어에 의거할 수 없다면 도판에라도 의지해 지식을 얻고자 한 것이다. 그 자리에서 『해체신서』 번역의 또 다른 동지 마에노 료타쿠前野良沢를 만났다.

스기타의 인생 전환기는 39세인 1771년이었다. 같은 해 2월 나카가와 준안은 네덜란드어 해부학 서적인 이른바 『타펠 아나토미아』(1734)를 지참하고 스기타를 방문했다. 스기타는 네덜란드어 본문은 읽을 수 없었으나 도판의 정밀한 해부도에 감탄하여 고가인 이 책을 입수하였다. 그리고 3월에는 처음으로 인체 해부에 참관하게 되었다. 그는 나카가와 준안과 마에노 료타쿠에게도 참관을 권유했다. 우연히 마에노 료타쿠도 『타펠 아나토미아』를 지참하고 있었다. 이들은 지참한 책에 게재된 해부도와 실제 목격한 인체 내부가 정확하게 일치하는 데 경탄했다. 이를 계기로 세 사람은 비록 네덜란드어를 거의 읽지 못했지만 『타펠 아나토미아』의 번역을 결의했다. 그리고 3년 5개월이 지난 1774년 마침내 『해체신서』를 출판하였다.

『해체신서』 출간을 전후하여 스기타는 한방의들에게서 비방을 많이 받았다. 그러자 스기타는 『해체신서』 출간 이듬해인 1775년 『광의지언』을 집필하여 반론하였다. 당시 일본에서는 막부의 쇄국정책 아래 양이론이 우세했으므로 의술 면에서도 여전히 고방파가 중심이었고 난방의학은 논란의 대상이었다.

그러나 스기타는 『해체신서』를 출간한 이후 난방의로서 출세가도를 달렸다. 18세기 후반 러시아 남하 등 북방문제가 대두하면서 막부는 서양 지식 수용 창구로서 난학을 요청하게 되었고, 난학이 명실 공히 인정받는 분위기가 된 것이다. 그런 가운데 스기타는 오쿠이시로 최고 지위에 올랐으며, 1805년에는 11대 장군 도쿠가와 이에나리德川家斉를 배알하여 약을 헌상하기도 했다. 그가 '에도에서 가장 실력 있는 의사'로 명성을 떨치면서 병원에는 전국에서 환자가 찾아왔으며, 그가 연 의학숙 '텐신로天真楼'

에는 네덜란드 의학을 배우고자 하는 자들이 전국에서 몰려들었다. 그의 저서로는 『해체신서』, 『광의지언』, 『난학사시』 외에 『야수독어野叟獨語』, 『형영야화形影夜話』, 『화란의사문답和蘭醫事問答』 등이 있다.

3 화이의 전복 가능성

1) 지세地勢의 한계, 시의時宜의 가능성: 홍대용

연행 이후 홍대용은 김종후와 논쟁하였다. 논쟁은 홍대용이 반정균 등과 대화한 내용을 기록한 『건정동필담乾淨衕筆談』이 퍼지는 상황을 우려한 노론 산림 김종후[14)]가 편지를 보내면서 시작되었다.

김종후는 청의 변화를 인정하지 않았을뿐더러 청에서 강제로 시행한 변발과 복식 개조를 들어 이전 원나라보다 더 오랑캐라고 비난하였다. 또 흥망성쇠는 비록 보편적이긴 하지만 '음陰' 자체가 높아질 수는 없다면서 오랑캐의 성세를 인정하지 않았다. 시간이 지나면 변한다는 논리를 내세운다면 화이의 분별이 점차 없어질 것이기 때문이었다.[15)] 그의 주장은 음陰·여자·이적 등은 존재 차원에서 구별해야 한다는 분별주의적 사고, 중화는 종족에 구애되는 초월적 가치라는 판단의 산물이었다.

홍대용은 김종후의 비판을 세 가지 논리를 들어 반박하였다. 첫째, 그들은 불행한 때 태어나 힘에 굴복하였기에 슬픔을 간직하고 있다. 둘째, 강희제 이후 안민정책에 익숙해진 지 100여 년이 흘렀기에 명에 대한 의리만을 고집할 수 없다. 셋째, 군자의 은택도 5세대가 흐르면 다해지듯이 시대는 변하게 마련이므로 옛 임금을 잊는 것은 인정과 천리로도 어쩔 수 없다. [16]

첫째 정리는 기존 연행 기자記者들도 종종 확인했으므로 크게 문제될 것이 없다. 주목할 부분은 둘째와 셋째이다. 둘째 정리는 청의 100년 운세가 쇠할 것이라는 미래에 대한 전망을 수정하기 때문이다. 그래서 인정상 100년이 흐르고 안민정책에 익숙해지면 의리관도 바뀔 수 있다는 상황 논리가 뒤이어 등장한다. 셋째 정리는 더 문제적이다. 시간이 모든 것에 우선한다는 사고를 보여주기 때문이다. 심지어 인정과 천리 같은 불변적 가치들도 시간의 변화를 따를 수밖에 없었다. 홍대용의 논리가 문제가 된 것은 절대적 기준이었던 의리 분별에 균열을 내고 그 자리에 상황, 곧 시의時宜를 위치해놓았기 때문이다.

다른 편지에서 홍대용은 화이관 자체에 질문을 던지기도 했다. 그 글의 요지는 다음과 같다. "우리가 지세로 보아 이적인 것은 당연하므로 숨길 필요가 없다. 이적 또한 성인이 되고 대현大賢이 될 수도 있기 때문이다. 물론 우리는 문화를 개변하여 이적이란 이름을 면한 지 오래되었으나 중국과는 등급이 원래부터 다른 것은 엄연하다. 지금 삼대의 유민과 성현의 후예들이 변발한 것을 두고 그들을 욕하면서 은연히 우리가 중화로 자처하면 잘못이다."[17]

홍대용의 어법은 두 가지 의미로 읽힌다. 겉으로 보면 그 글은 유교문화 덕분에 우리가 이적을 벗어났다 할 수 있지만 지세 때문에 우리는 선천적으로 이적일 수밖에 없다. 따라서 중국이 오랑캐로 변했다 하여 그들을 욕하면서 은근히 중화인 체할 수 없다는 조선의 중화 자처를 비꼬는 듯하다.

그러나 중간의 '이적 또한 성인이 되고 대현이 될 수도 있다'는 맥락을 보면 또 다른 암시가 느껴진다. 우리는 선천적으로 이적이지만 이적 역시 성인과 대현을 낳을 수 있는 존재다. 따라서 이적임을 숨길 필요도 없으며 이적이라 불리는 일에 속 좁게 화낼 필요가 없다. 이적이라 불리는 데에 대담하게 대처할 수 있다면 중화에 연연할 필요 또한 없다. 청의 지배하에 놓인 한족의 울분에 공감하지 못하고 마치 기회를 틈타듯이 그들을 매도하고 중화라는 명칭을 자처한다면 그야말로 속 좁은 논리이다.

따라서 이 글은 표면적으로는 엄격한 화이관을 지지하는 듯하지만 속내는 중화라는 명분에 얽매일 필요가 없다는 내용으로도 독해된다. 이 편지는 중화—이적 사이에서 방황했던 연행 이전까지의 견해에서 완전히 탈각하는 계기가 되며, 중화—이적의 구분을 무화한 「의산문답」으로 넘어가는 주요한 계기로 평가하고 싶다.[18]

2) 한설漢說의 허구, 난서蘭書의 실증: 스기타 겐파쿠

스기타는 『해체신서』 범례에서 이 책을 번역 출판하는 목적을 밝히면서 한의학을 다음과 같이 비판했다. "한토漢土 고금의 의학서를 들고 오랫동안 읽었으나 치료 방법과 설명을 연구할수록 견강부회여서 밝히려 할수록 더 어두워지고 바로잡으려 할수록 더 잘못되어 하나도 쓸 만한 것을 보지 못하니 감단邯鄲의 걸음을 배우는 사람처럼 망연했다."[19] 한편 이에 비해 네덜란드 의술에 대해서는 다음과 같이 평가했다. "오란다和蘭之

國라는 나라는 기술이 정밀하며 지교知巧가 미치지 않는 곳이 없다. 그리고 신속하게 세상에 덕을 베풀고자 한다면 의술이 최고다." 의사인 스기타가 봤을 때 "난서蘭書 중 난해한 곳은 10 가운데 7에 이르지만, 한설漢說 중에는 채용할 만한 것이 10 가운데 1"밖에 되지 않을 정도로 중국의 의설은 신뢰성이 떨어졌으며 네덜란드 의학서에 의거할 필요성이 있다는 것이다.[20]

그렇지만 스기타에게도 분류 기준으로서 중화와 이적이 없는 것은 아니었다. 네덜란드의 언어가 바로 오랑캐의 언어였다. 그는 네덜란드 의학서에 대해 "다만 언어가 오랑캐의 것이고 문자는 구부러져 있으며 용법이 통상과 다르니 좋은 책과 좋은 법이 있더라도 그 내용을 알 길이 없다"라고 기술했다.[21] 하지만 적어도 복리, 기술, 치료 등의 분야에서 보건대 화이 구분은 의미가 없었다. 중국의 의설과 네덜란드 의학 기술의 우열은 확연하게 차이가 있었다. 구체적인 '의학 기술'은 화이를 무력화하는 강력하고 실증적인 기준이었다. 더구나 자신의 경험은 이를 확증했다.

그는 기술과 경험에 기반하여 그들의 뛰어난 바탕을 추적했는데 그것은 '해부학'이 있었기 때문이다.

그 이후 사물에 그것을 시험해보았더니 취하는 것마다 근원에 이르는 것이 명백하여 불을 보듯 분명했다. 이에 '해체의 책解體之書'을 가져다 그 설명에 의거하여 해부해보니 하나도 어긋나지 않았다. 장기와 구멍, 골수와 맥락의 위치와 정렬된 상태를 비로소 알 수 있게 되었으니 어찌 유쾌하지 않겠는가. 이로써 한설漢說을 살펴보면, 전자는 옳은 쪽에 가깝고 후자는 그른 쪽에 가깝다. …… 생각건대 해체는 외과[瘍科]의 핵심이기에 반드시 알아야 한다. 모든 증상의 소재는 해체가 아니면 알 수 없을 것이다. 오란다인이 정교할 수 있었던 것도 여기에 있다.[22)

네덜란드 사람의 정교함은 '해부학'에 있었고 무엇보다 실증이 뒷받침했다. 이것은 추상적으로 추적할 차원이 아니라 실증 의학의 발달로 나아가면 된다. 그러나 이렇게 한의漢醫가 부정되는 것에서 새로운 세계관이나 사고방식을 찾아낼 수는 없는가.

주목하고 싶은 점은 스기타 등이 '해체'를 '해부'와 구분해서 사용한 점이다. 『타펠 아나토미아』의 번역 완료를 눈앞에 두고 스기타를 비롯한 번역자들은 이 책이 인체 각 부분의 기능을 설명하고 해부도가 첨부된 의학서이므로 '해체'라는 용어를 사용하는 것이 원서 내용에 부합하고, 또 일본에 새롭게 소개하는 학설이므로 '신서'라는 말을 붙이는 게 좋겠다고 합의했다. 당시 인체 해부는 '후와케', '해부' 등으로 불렸는데 굳이 '인체에 관한 해설'과 '인체 해부'라는 이중 의미를 담은 새로운 용어를 단생시킨 것이다.[23)

스기타가 '해체'에 다중의 의미를 부여한 것은 화이관을 비판하는 근거를 제공했다. 먼저 인체의 개념이다. 성리학에서 인간은 '천인합일' 관념에서 볼 수 있는 것처럼 우주, 자연과의 연장선에서 즉 현상계 전체와의 유기체적 관점에서 고찰된다. 또 인간을 구성하는 장기 또한 인체와 오행의 관계로 구성된다. 그러나 해부-해체는 장기-인간-우주를 각각 분절적으로 파악하게 한다. 해체를 통해 인체는 그 자체로 객관적인 관찰과 해설의 대상이 될 수 있다. 이 개념은『해체신서』권지1卷之一 격치편格致編 제3에서 '격치格致'에 관해 서술한 데서도 드러난다.[24] 스기타는 '격치'를 '격물치지'가 아닌 '각 사물을 구성하는 요소를 하나하나 고찰하는 방식'의 의미로 사용했다.[25] 인체 개념이 우주와 떨어진다면 인체를 연구하는 의학 또한 윤리, 철학과 연관을 끊고 자립적인 학문으로 설 수 있었다.

둘째, 해부도를 통해 극히 미소微小한 세계까지 인체를 들여다볼수록[26] 미세한 단위로 분절된 구성요소와 기능에 대한 확신이 더해졌다. 그에 반비례하여 '중국 의서'는 허무맹랑하게 보였다. 그리고 그 학설을 맹종하는 의사들에 대한 비판이 커졌다. 그들이 주류에 거스르는 것을 두려워해 의심해도 망설이는 잘못된 습속이야말로 이목을 현혹하는 것이다. 스기타가 "해체의 법을 알면 구설의 허무맹랑함을 깨닫고 면목을 고칠 수 있다"라고 강조한 것처럼[27] '해체'는 인체의 해설과 해부에 그치지 않고 기존 인식, 특히 중화라는 기준을 허무는 일정한 표어였다.

4 성인과 중화의 통념 허물기

1)「의산문답」: 시의에 부응하는 성인

「의산문답」의 내용은 잘 알려져 있으므로 이 글에서는 논리 전개와 주목할 부분 위주로 살펴본다. 「의산문답」의 첫 부분은 인물론에서 출발한다. 인과 물의 분별을 강조하는 허자에 대해 홍대용은 실옹의 입을 빌려, 인간 혹은 개인중심적인 시야에서 벗어나 보편 혹은 하늘의 견지에서 보라고 주문하면서 유명한 '인물균人物均'의 논리를 제시한다. 관점을 전회하고 보편주의를 강조한 것이다. 이것은 철학적 언설이면서 이후 전개될 세계와 우주에 대한 과학적 증빙과 화이관을 포함한 사회 가치, 규범에 대한 새로운 인식론의 토대가 되었다.

다음은 「의산문답」의 가장 많은 부분을 차지하고 또 홍대용의 과학 성과로 주목을 많이 받았던 지구설, 지구의 인력과 자전, 대기, 태양계·은하로 무한히 확장하는 우주 등이다. 여기서 홍대용은 과학적 사실 자체를 나열하기보다 과학을 원용한 추리와 새로운 시야의 촉구로 나아갔다. 지구설에서 우주설로 나아가는 과정이 그렇다. 지구를 통해 기존의 '중심성'에 의문을 제기하고, 우주론을 통해 기존의 중심-주변의 공간 구성을 해체하고 상대적 시야의 확보를 보증한 것이다. 상대적 시야의 확보는 결국 우리가 절대적으로 알고 있던 시간과 공간의 무한성에 대한 사유로 이어진다. '얼마나 많은 시간이 앞서 지나갔고 앞으로 올 시간이 몇천억 만 년인지도 알 수 없는' 시간 앞에서 인간 존재와 우리 인식은 미미한 것이 되었다. 지구와 우주 이야기는 후반부에서 다시 지구의 자연으로 좁혀진다. 홍대용은 여기서도 구름·눈비·밤낮 등의 현상이 대기의 변화로 생기지만 변화는 태양, 땅, 하늘의 관계와 상호 영향 속에서 관련이 있음을 강조하였다. 지상 만물이 그러므로 인간 또한 자연의 일부임을 거스를 수 없다.

자연관을 통해 확보된 상대적 사유는 후반부의 역사관에서 정점을 찍는다. 역사관은 대개 시세와 성인에 대한 관점 그리고 마지막의 공자와 춘추에 대한 혁신적 언급으로 구성되었다. 특히 공자와 춘추에 대한 견해는 이른바 '역외춘추론域外春秋論'으로 불리며 다양한 해석을 낳았을 정도로 모호하고 중의적이다. 역외춘추의 언의를 잘 포착하기 위해서 눈여겨봐야 할 것은 그에 앞서 등장한 시세와 성인관이다. 본문 일부를 인용해 보자.

> 시세를 따르고 풍속에 순응함은 성인의 방편이요 다스림의 기술이다. 대저 큰 태평과 순박함은 성인이 원하지 않는 게 아니건만, 시대가 바뀌고 풍속이 변해 법이 행해지지 않는 데도 만약 거슬러 막는다면 그 혼란은 더욱 심해진다. 이렇게 되면 성인의 힘으로도 어쩔 수 없다. …… 천자의 덕[南風]이 떨치지 못하고 오랑캐의 운수가 날로 자라남은 곧 인사人事의 감응이자 천시天時의 필연이다.[28]

성인이 시세를 따르고 풍속에 순응하는 존재라는 단정은 큰 파격이다. 성인이 시대를 따르자 시세의 필연이 절대적인 기준으로 대체되었다. 성인이 제정한 법도 시세가 변하면 질곡이 될 수 있고, 오랑캐의 운수가 융성해지는 일도 천시의 필연이 될 수 있었다. 후자의 논리는 춘추의리에 기초해 쇠퇴를 기대하는 오랜 소망을 허무는 것이기도 했다. 사실 홍대용은 이전부터 성인의 역할을 달리 생각했다. 그는 김종후와 벌인 논쟁에서도 '성인의 법도 폐단이 없을 수 없다'는 견해를 밝혔다가 크게 질책받고 사과한 적이 있었다.[29] 그러나 시세에 부응하는 성인이라는 관점은 「의산문답」에서 재등장했다. 그 관점은 성인이 정립한 만고불변의 진리인 춘추의리에 대한 도전이었고 화이관을 허무는 결정적 계기가 된다. 허자의 마지막 질문 역시 바로 그 점을 지적하였다.

> 허자: 공자께서 『춘추』를 지을 때 중국은 안으로, 사이四夷는 밖으로 하였
> 습니다. 중국과 오랑캐의 구별이 이와 같이 엄격하거늘 지금 부자(실
> 옹)는 '인사의 감응이요 천시의 필연이다'라고 하니, 옳지 못한 게 아
> 닙니까?
>
> 실옹: …… 하늘에서 본다면 어찌 안과 밖의 구별이 있겠느냐? 이러므로
> 각각 자기 나라 사람을 친히 여기고 자기 임금을 높이며 자기 나라를
> 지키고 자기 풍속을 좋게 여긴다. 이것은 중국이나 오랑캐나 모두 그
> 러하다. 대저 천지가 변화에 따라 인人과 물物이 많아졌고, 인물이 많
> 아지자 물아物我가 나타나고 물아가 나타나자 안과 밖이 구분되었
> 다. …… 대저 사이四夷가 중국을 침략하는 것을 구寇라 하고, 중국이
> 사이四夷를 번거롭게 치는 것을 적賊이라 한다. 그러나 서로 구寇라
> 고 하거나 적賊이라고 하지만 그 뜻은 한가지다.

홍대용이 「의산문답」의 처음과 중반에 선보인 하늘의 보편적 시선과 상
대적 사유는 이제 성인이 정초한 춘추의리의 절대성을 허무는 주요 자원
이 되었다. 아국과 타국, 사물과 나, 중화와 오랑캐 등 다양한 이분법적 기
준은 하늘의 견지에서 보면 한가지이고, 주체와 타자를 가르는 기준은 상
대적 사유 속에서 상호 인정된다. 주체와 타자를 가르는 기준은 무력화되
고 그 기준에 의거해 상대를 파악하는 관점 또한 폐기된다. 무화와 폐기
위에 새롭게 등장하는 기준은 '물아로 분리된 상황' 자체를 인지한 주체이

1부 | 비교: 국가·사회를 둘러싼 생각들

다. 다시 말해 물아의 선입견에서 자유롭고, 각자의 시각에 따라 달리 보이는 다양한 가치를 인정하는 주체이기도 하다. 그것이 인지된 후에는 춘추의리의 지향점은 선명해진다.

> 공자는 주周나라 사람이다. 왕실과 제후가 날로 쇠퇴하자 오나라와 초나라가 중국을 어지럽혀 도둑질하고 해치기를 좋아했다. 『춘추』는 주나라의 역사서이니 안과 밖을 엄격히 구분한 것이 또한 마땅치 않으냐? 가령 공자가 바다에 떠서 구이九夷로 들어와 살았다면 중국 법을 써서 구이의 풍속을 변화시키고 주나라 도道를 역외域外에 일으켰을 것이다. 그런즉 안과 밖이라는 구별과 높이고 물리치는 의리가 마땅히 『역외춘추域外春秋』로 있게 되었을 것이다. 이것이 공자가 성인이 된 까닭이다.

겉으로만 보면 홍대용은 『춘추』의 의리와 중화의 예의를 부정하지 않은 듯하다. 그러나 앞서 제시한 시의에 부응하는 성인을 감안하면, 그의 모호한 결론에서 우리는 시세와 상황에 따라 견해를 달리하는 공자와 『춘추』의 모습을 인정할 수밖에 없다. 중요한 점은 『춘추』에 대한 홍대용의 또 다른 해석이 아니라 공자가 상황에 따라 『역외춘추』를 쓸 수 있다는 설정 자체이다.

마지막으로 주목할 점은 「의산문답」 전반을 관통하는 홍대용의 논법이다. 서두에 제시된 인물균의 기원은 어렵지 않게 찾을 수 있다. 노론 낙론에서 주장한 '천리는 인성과 물성이 같다'는 이른바 인물성동론人物性同論의 확장이다. 이 설정은 두 가지 기능을 한다. 하나는 인물성동론을 통해 화이의 구별을 약화하는 것이다. 당시에 노론 낙론을 비롯한 많은 지식인이 이 관점을 견지했으므로 이 주장은 일정한 동의를 이끌어낼 수 있었다. 다른 하나는 이어지는 주장에 정당성을 부여하는 효과이다. 다시 말해 성리학의 정리定理를 먼저 제시하여 이어지는 서학을 통한 실증과 마지막의 문제적 주장들, 즉 시세관과 성인관 그리고 춘추관에 쏟아질 비판을 적절하게 완화하였다.

이와 같은 논법은 마지막에도 되풀이된다. 역외춘추론을 설명하기 전에 홍대용은 다시 한번 시세에 부응하는 성인을 장황하게 정리하고는 마지막에 공자의 춘추가 상황에 따라 달라진다는 결론을 내렸다. 이때도 인물균과 상대적 사고를 다시 동원했다.

홍대용이 우회적 논법을 두 차례나 써가며 주장을 제시한 것은 그만큼 철학적 주장을 문학적 포장으로 감쌌다는 특징도 있겠고 또 한편으로는 조심스럽게 배치한 흔적이기도 하다. 논란의 여지를 고심한 것이라고도 할 수 있겠다. 그것은 화이관과 춘추의리가 강고한 담론을 이루었던 조선 지성계의 현실이 반영된 것이라 할 수 있다.

2) 『광의지언』: 사실에 기반한 성인

스기타는 『해체신서』를 출판할 때 막부와 세상의 이목을 신경 쓰며 신중을 기했다. 당시는 한의학이 주류였으므로 『해체신서』를 출간하기 직전에 그 요지를 정리한 『해체약도』를 출간해서 반응을 살피기도 했다. 그러나 예상대로 비방이 나왔다. 『광의지언』은 『해체신서』가 무사히 출판된 후 직면한 한방의의 비방에 대해 '나'를 등장인물로 내세워 반박한 글이다.

출판을 예고하는 글을 보면 '고금의 의설醫說을 간파해 서의西醫의 설에 따라 의도醫道를 바로잡는다. 근각'이라고 선전했듯이 야심차게 기획하였다.[30]

『광의지언』은 어느 날 한 친구가 찾아와 한방의들이 '나'를 '의사들의 역적'이라고 매도하는 사실을 전하면서 시작한다. 그들이 한 주장은 다음과 같다.

본디 중화는 성인, 현자의 나라입니다. 하, 은, 주의 선왕들이 예악을 세우고 문물을 밝히고 가르침을 세계에 펼치니 사방의 오랑캐도 그것을 신봉하게 된 겁니다. 우리 의학에 대해 말하면 염제炎帝(神農氏)가 도를 세우고, 황제 헌원軒轅이 가르침을 펼치니 이후 류완소劉完素, 장종정張從正, 주진형朱震亨, 이고李杲가 연달아 일어나 그 법이 이미 분명하여 수천 년에 걸쳐 민중의 질병을 고쳐왔습니다. 그러니 이 의학의 길에는 이제 뭐 하나 결여된 것이 없습니다. 그런데 그 스기타라는 소인이 이상한 것을 좋아하여 성현의 글을 의심하고 서양 오랑캐의 글을 믿어 지금까지 우리 사이에 전해져온 귀중한 법을 새삼스럽게 어지럽히려 합니다. 이야말로 진정 우리 의사들의 역적이 아니고 무엇이겠습니까? 조선이나 오키나와라면 중화에서 떨어져 있다고 해도 크게 멀지 않고 그곳의 책도 중화와 같은 글로, 때로는 고대 성인의 말을 그대로 전하는 것도 있습니다. 그런데 그 스기타가 배우는 것은 세계 서북 끝에 있는 나라 것으로, 중화로부터 구만 리나 떨어진 그야말로 언어가 안 통하는 나라 것입니다. 태어나서 성인의 도를 들어본 적도 없는 야만국 중에서도 가장 후미진 곳에 있는 나라로, 그 풍속도 우리와는 크게 다릅니다. 그 의술도 어느 정

도인지 뻔합니다.[31]

한방의들에게는 성인이나 현자의 절대적 권위, 윤리를 핵심으로 한 의학의 종속, 중국을 중심으로 조선·오키나와·일본 등이 병렬한 유교문화권 등이 엄존한다. 그에 비해 스기타가 주장하는 의학은 절대 권위에 대한 의문, 서양 오랑캐의 지식, 오지에 위치한 야만국 등을 상징하며 대칭된다. 이와 같은 비난을 들은 '나'는 '성인'과 '중화' 개념을 재해석하며 반박한다.

> 지나支那 고대의 성인, 선왕들이 나라를 세우고 예악을 정하고 화華를 소중히 여기며 이夷를 경멸한 것은 자국의 풍속과 타국의 풍속이 섞이지 않도록 확실히 구분하기 위함이었습니다. 원래 성인이라 해도 눈이 넷, 입이 둘 있는 것이 아닙니다. 요컨대 총명하고 백성의 생활을 편하게 하며 백성을 속이는 일 없는 사람을 성인이라고 하는 거지요. 그렇기 때문에 백성을 이끄는 데에도 법으로써 하고 중화를 귀하게 여기고 오랑캐를 경멸한다는 것과 같은 가르침을 준 겁니다.[32]

한방의들이 '중화'라고 우러러 받드는 데 대해 스기타는 '지나'라 호명한다. 다른 곳에서도 스기타는 '중화' 대신 '지나'라는 표현을 견지하고 있다. 성인이 내세웠다는 중화, 이적의 구분은 그저 '자기 백성의 습속'을 '다른 습속'과 뒤섞이지 않도록 하기 위해서였으니 화이의 구별은 방편에 불과했다.

그렇지만 '지나'에도 '성인'은 있다. 그렇다면 '성인'은 어떤 존재인가. '총명하고 백성의 편의를 돌보며 속이는 일 없다'는 정의는 다시 되풀이될 정도로 중요한 기준인데 사실 소박해 보일 정도다. 이 소박한 성인의 중화와 이적 구분은 권위적이라기보다 백성을 이끄는 편리한 방편임이 더 강조된다.

편리한 방편은 시의에 적절하게 맞추는 것이다. 중화의 절대성이 사라진 곳에는 형편에 따라 행하여 선을 증진하는 것, 그것이 누구나 공유하는 도리이다.

공자가 말하길, "은나라는 하나라의 예에 따라 그 예를 세웠는데 무엇이 취사선택되었는지 알 수 있을 것이다. 주나라도 은나라의 예에 따라 예를 세웠는데 무엇이 취사선택되었는지 알 수 있을 것이다"라고 했습니다. 이때 취사선택이 행해진 것은 시대 풍속의 변화에 따른 결과였습니다. …… '도'라고 하는 것은, 지나의 성인들이 만들어낸 것이 아닙니다. 천지에 본래 갖추어져 있던 것이 도입니다. 해와 달이 비추는 곳, 서리와 이슬이 내리는 곳에는 어디에도 나라가 있고 사람이 있고 도가 있습니다. 도대체 도란 무엇일까요? 악을 버리고 선을 증진하는 것을 말합니다. 악을 버리고 선을 증진하면 인륜의 도가 분명해집니다. 그 이외에는 모두 풍속에 속하는 일입니다. 풍속은 나라마다 각각 다릅니다. …… 하물며 일본의 썩은 유학자, 돌팔이 의사들이 지나 서적이 말하는 대로 중국을 중토中土라고 말합니다. 원래 대지란 하나의 큰 원으로, 만국이 그 위에 기거하니 각각의 나라가 있는 곳은 모두 중심입니다. 어느 한 나라가 중토가 되겠습니까. 지나 또한 동해 한구석의 소국에 지나지 않

습니다.[33)]

  각각의 형편에 맞추는 시의성, 도리의 보편성, 지구 관념에 따라 사라
진 중국의 지리적 중심성 모두 홍대용과 공유할 만한 사고이다.
  후반부에서 스기타는 의학으로 기성의 성인 관념을 흔들어버린다.

  성인은 총명하고 민심을 편하게 하고 백성을 속이지 않는 사람을 말합니
다. 신농은 성인이며 지금 세상에 전해지고 실제로 쓰이는『신농본초경』이라
는 것이 있습니다. 상등급 약초 120종을 들었는데 모두 장기간 복용하면 몸이
가벼워지고 장수할 수 있다고 하지만 실제로는 아직 누구 하나 이 약을 먹고
그렇게 말한 대로 효과가 있었던 사람은 없습니다. 그렇게 보면 이것은 사람
을 속이는 책이라고 말하지 않을 수 없습니다. 황제 또한 성인이었습니다. 전
하는 바에 따르면『소문素問』,『영추靈樞』의 두 의학서는 황제와 그 신하인 기
백岐伯의 문답서라고 합니다. 이 책에서는 위로는 5운 6기에서 아래로는 경
맥, 골도, 장부, 관절, 질병, 침구 등까지 논해 논하지 않은 것이 하나도 없을
정도입니다. 그런데 지금 사형에 처해진 사체를 해부해서 내장을 조사해보니
그 이치나 형태가 상기의 책에 적힌 것과 다릅니다. 대상에 입각해 시험해보
아 그것과 다르다면 이것도 즉 사람을 속이는 책이 아닐까요? 오랜 옛날부터
사람을 속이는 성인이 있다고 들은 적이 없습니다. 그러니 이들 의학서적은
성인이 쓴 것이 아님이 틀림없습니다.[34)]

  성인의 기준으로 볼 때 적어도 한방의학의 성인들은 효과가 신통치 않

고 실제 본 것과 다르므로 총명하지도 않았다. 결국 그들의 저서는 사람을 속이는 책이고 신농이나 황제도 성인일 리가 없다. 반면, 네덜란드 의사들은 '기본이 확실하고 근본원리가 바르며 사람을 속이는 일이 없다'고 거듭 확인하고 따라서 그들이야말로 성인이라고 불릴 가능성을 내비친다.

의학과 실증을 통해 기성의 '성인'을 확실히 해체해버리고 그 위에 새로운 '성인'을 제시하는 대목은 홍대용에겐 없다. 또 홍대용이 중심 자체를 해체했다면, 스기타는 중심을 중국에서 서구 네덜란드로 이동시키는 과정에서 중심 다원의 가능성을 구상하고, 또 보편의 자리에 '지식과 기술의 유용성'을 놓을 수 있었다.

⁵ 두 가지 길의 외연: 보편적 이념 또는 개체적 실증

이상에서 홍대용과 스기타 겐파쿠의 생애, 화이관이 변화한 계기, 변화한 내용을 간략히 비교해보았다. 홍대용의 경우 국내에서 이미 많은 연구가 축적되어 있으므로 비교를 위한 소개를 위주로 했다. 주 텍스트인 「의산문답」에 대해서도 홍대용의 논법, 서술의 특징 그리고 인식론의 전회가 갖는 의미를 위주로 정리했다. 스기타의 경우는 그의 저술이 근래에 소개되었을 뿐 아니라 이 글의 주 텍스트인 『광의지언』이 비교적 최근에 번역되어 소개되었으므로 조금 더 자세한 분석을 겸했다. 비교에서 드러난 결론을 몇 가지로 요약하면 다음과 같다.

홍대용과 스기타는 조선과 일본에서 가장 급진적으로 중세의 문명−야만 논리인 화이관을 해체했다. 해체라는 결론에 이르는 과정과 결론의 일부 지점은 달랐다. 홍대용은 철학자의 문답을 기본 얼개로 짜고, 천문과 지리 지식에 기반한 세계관 차원의 담론을 전개하였다. 형식은 허자와 실옹을 내세운 철학 우화로, 북송의 철학자 소옹邵雍의 「어초문대漁樵問對」 이후 종종 시행된 양식을 따랐다. 결론을 도출하는 논리 구조 또한 흥미롭다. 낙론과 서학을 통해 얻은 보편가치와 상대적 사유를 안배하고, 이 것을 다시 성인관과 춘추관을 허무는 자원으로 활용했다. 우화 구조 속에 정교하게 안배된 학설 그리고 종횡으로 펼쳐진 문답은 지금의 연구에서도 해석이 분분할 수 있는 중의성을 깔게 되었다. 중화를 향한 우회적 질문과 해체인 것이다. 여기에는 성리학 담론과 중화를 향한 열망이 지배적이었던 조선 지성계 안에서 중화에 질문을 던진 홍대용의 고심이 깔려 있다.

그에 비하면 『광의지언』은 일상적이고 경험적이며 분과 학문이 산출한 견해에 집중했다. 지리, 풍속 등을 논하기는 했지만 가장 큰 비중은 전문 분과인 의학이었고, 의학 중에서도 (인체의) 해체로 얻어진 미시 차원의 실증이 동원되었다. 내용도 그렇지만 저술 형식에서 문학 혹은 철학적 사유의 흔적은 찾을 수 없다. 문답이 벌어지는 무대는 사유의 가상세계가 아니라 경험의 현실세계이다. '광의'라는 역설적 언명에서 알 수 있듯이, 네덜란드 의서를 번역한 이후 주변에서 받은 오해와 우려에 대한 자신의 솔직한 심경 고백이다. 물론 두 사람의 차이는 문필로 업을 삼은 조선 사대부와 의업에 종사했던 스기타의 실존적 차이이기도 하다. 그렇지만 새로운 지식으로 수립되는 새로운 세계관과 기성의 존재론을 허무는 과정과 그것을 주변에 인식시키는 전략이 달랐음에 유의할 필요가 있다. 사유 담론으로 논쟁하고 전통의 문체를 활용한 홍대용과 확실한 전거를 들어 입증하고 경험에 따라 폭로한 두 경로는 조선과 일본의 지식 구조의 일단을 보여준다.

지식 구조와 인프라의 차이는 한편 기존 화이관의 허구를 지목했다 해도 도달하는 방식 차이에마저 영향을 미친 듯하다. 홍대용은 인물균과 같은 보편적 가치추구와 함께 누구나 주체로 인정하는 분별 기준의 무화를 주장했다. 이것은 중화의 내면화가 강하고 화이관이 강한 이념으로 작용하며 일종의 국가이념으로 작용한 조선 지성계의 구조가 반영된 것이라고 보아야 한다. 스기타는 풍속의 편의를 중시하고 개선을 향한 노력을 주장한 점은 같았지만 철학적이기보다는 현실적이었다. 오히려 그의 장기는 절대적 기준인 중화와 중화 관념에 토대를 둔 한의漢醫의 허구성을 폭로하고 새 지식의 수용을 장려하는 데 있었다. 홍대용의 경우 여전히 가치관에서 가치관으로 나아가 구체적 각론이 끼어들 여지가 없었던 반면 스기타의 경우는 검증 가능한 실제 세계에 대한 지식의 집적을 요구하게 한다.

두 사람의 차이는 19세기 지식 전개에도 시사하는 바가 있다. 조선에서는 지식과 정보가 쌓여도 전문학, 어학 등으로 잘 수렴되지 않았다. 오히려 최한기崔漢綺(1803~1877)처럼 유학에 버금가는 스케일 큰 철학 담론을 낳게 하였다. 동학의 창도唱導, 기독교의 적극 수용 같은 '교敎' 차원의 변화도 이처럼 철학 담론에 철저했던 산물이 아닌가 한다. 스기타는 분과학, 실용학의 발전이 전개될 것임을 예감하게 한다. 더 깊은 차원에서는 새로운 중심을 정초하는 기획에 활용할 수도 있었다. 직접적으로는 후쿠자와의 스기타 발견과 활용이 있었다.[35] 중화 의학을 네덜란드 의학으로 바꾼 스기타의 논리는 화이관의 내용은 해체했지만, 중심 다원의 가능성과 새로운 성인 개념을 제시하는 한편, 중심-주변 논리구조마저 해체한 것은 아니었기에 이 활용이 가능했다. 뒤이은 기술주의 중심의 문명화, 일본 중심주의 모두 스기타의 논리에 일정하게 빚지고 있는 듯하다.

이경구

한림대학교 한림과학원 HK교수. 서울대학교 국사학과를 졸업하고 동 대학원에서 석사·박사 학위를 받았다. 조선 후기 사상사와 정치사를 공부하면서 『조선후기 安東金門 연구』(일지사, 2007), 『17세기 조선 지식인 지도』(푸른역사, 2009), 『조선후기 사상사의 미래를 위하여』(푸른역사, 2013), 『조선, 철학의 왕국』(푸른역사, 2018) 등을 출간했다. 최근에는 19세기 이전의 개념이 그 이후의 변화에 조응하는 양상을 공부하고 있다.

이예안

한림대학교 한림과학원 HK조교수. 근대 일본의 서양사상 수용사를 공부해왔으며, 최근 관심은 근대 서양의 정치·사회적 개념들이 19세기 후반에서 20세기 전반에 걸쳐 일본을 경유해 한국에 번역·수용된 문제이다. 최근 논저로 『근대번역과 동아시아』(박문사, 2015, 공저), 『동아시아 예술담론의 계보』(너머북스, 2016, 공저), 「근대일본에서 천황-국가적 '주체' 개념의 형성」(『개념과 소통』 20, 2017), 「유길준 『세계대세론』의 근대적 개념 이해와 개항기 조선」(『한국학연구』 64, 2018) 등이 있다.

집필경위

이 글은 2016년 2월 18~19일 성균관대학교 동아시아학술원과 한림대학교 한림과학원이 공동으로 개최한 학술대회(19세기의 동아시아-변화와 지속, 관계와 비교(2))에서 발표했다. 이후 수정·보완하여 『실학연구』 33호(2017)에 게재되었던 글을 일부 가다듬었다. 2007년 정부 재원으로 한국연구재단의 지원을 받아 수행한 연구의 결과물이기도 하다(NRF-2007-361-AM0001).

③

류큐왕국과 조선왕조 족보의 비교 연구

◎

손병규

1 족보의 신분제적 성격

한 학술회의에서 미야지마 히로시는 한국 족보에 '엘리트주의와 평등주의라는 모순된 성격'이 있음을 지적하면서 류큐琉球의 가보家譜를 '엘리트주의적 족보'라고 규정하였다.[1] 특히 류큐의 가보는 '사士' 신분에 한해서 폐쇄적으로 등재되며 그것을 정부가 확인한다는 점에서 '엘리트주의적'으로 인식되었다. 말하자면 류큐는 일본과 같이 신분제적 규정성이 강했음을 의미한다. 일찍부터 신분제가 해체된 중국과 근대 직전까지 신분제가 강고한 일본의 경우를 생각할 때 조선은 그 중간적 형태로 '유동적 신분제'를 유지했다는 미야지마의 기존 인식과 일치하는 것으로 보인다.[2]

정부가 작성에 관여하는 족보를 '관찬족보'라고 할 수 있다. 중국 고대 사회에 이미 귀족의 신분제적 특성을 파악하기 위해 중앙정부가 족보편찬에 관여했으며, 이후 청대에도 정부에서 특수집단의 호구 파악과 함께 '관수가보官修家譜'가 작성된 바 있다.[3] 정부의 신분적 파악이 족보에 반영된 것이라고 할 수 있다. 류큐의 가보도 왕족과 '사족'[4]에 대한 정부의 신분적 파악을 목적으로 했다. 이에 반해 계보 기록을 통한 조선왕조의 신분적 파악은 공문서인 '호적戶籍'에서 발견되며, 그것에 대응하는 형태로 신분적 배타성을 확보하려는 조선왕조의 족보가 편찬되었다.[5] 조선왕조의 족보는 정부가 편찬에 직접 관여하지는 않았지만 오히려 신분에 대한 국가적 규정과 보장이 사라지는 사태에 대응하여 신분적 위상을 높게 견지하려는 목적에서 편찬되었다.

그런데 혈연적 정통성을 신분제나 사회적 위상의 근거로 삼고자 하더라도 그에 따른 폐쇄성에 반하여 동시에 집단의 확대를 도모하는 개방성이 동반된다는 점에 주목하고자 한다. 가족의 확대된 형태로서 동아시아 사회에서는 일반적으로 가문家門, 문중門中, 종족宗族 등으로 불리는 부계 친족집단의 형성이 강조되어왔다.[6] 가족의 확대, 집단화는 구체적으로 여러 가족—여기서는 단혼소가족—이 복수로 결집하는 것을 가리키며, 계보상으로는 선조부터 가지를 뻗어나간 여러 '가계家系'의 결집이 될 것이다.

그런데 족보가 편찬될 당시 후손들의 가족과 가계가 결집되는 목표와 방법은 지역과 시기에 따라 다양하다. 그것은 또한 동아시아 지역마다 신분제의 특성은 물론 사회활동 방법을 달리하는 것과 궤를 같이할 것으로 보인다. 이 글에서는 류큐의 가보에서 가족과 가계의 계승과 결집 상황을 살펴보고 조선왕조 족보와 비교하고자 한다. 그것은 조선왕조 친족집단 형성을 재고하는 기회가 될 것이다.

² 류큐 가보의 형태

류큐왕국의 족보는 일본처럼 '가보家譜'라 불린다. 중국이나 한국의 족보와 같이 유명 혈족집단의 직계, 방계 구성원 전체를 망라하여 기록하는 것이 아니라 좁은 범위의 '야家'에 대한 계보이기 때문이다.[7] 류큐의 가보는 17세기 말에 중앙정부인 '왕부王府'가 '사족士族'들에게 남계 친족집단인 '문중門中'을 단위로 편찬케 함으로써 발생했다.[8] 가보는 하나의 가계를 잇는 형태를 보이지만 여기서 문중을 '본가本家'를 잇는 가계와 그로부터 '분가分家'한 가계들을 포함하는 것으로 인식한다면,[9] 왕부는 몇 개 가족을 포괄하는 친족집단 형식으로 사족을 파악하고자 한 것이 된다. 그러나 왕부가 가보를 근거로 사족을 규정하는 초기의 문중이 현실로 존재하는 친족집단을 파악한 것인지는 의문이다.[10]

류큐왕국의 사족은 거주와 출신에 따라 크게 네 종류로 나눈다.[11] 첫째, '슈리사족首里士族'은 왕도인 슈리首里에 사는 사족으로 왕가인 상씨尙

氏(성명은 읽는 방법이 불확실한 경우가 있어 모두 한국어 발음으로 표기한다)와 그 분가인 향씨向氏 그리고 지방 호족의 수장들을 수리에 집거시켜 살기 시작한 명문가들이다. 여기에 하층 사족도 존재한다. 둘째, '나하사족那覇士族'도 지방 사족들을 견제하기 위해 왕도의 무역항인 나하那覇에 거주시키면서 발생했다. 항해나 상업으로 축재하여 왕부에 헌금함으로써 신참사족新參士族이 된 자들이 많으나 고위직에 이르기는 어려웠다. 셋째, '도마리사족泊士族'은 왕부 직속 항구인 도마리泊에 관련된 관리직이 중심을 이루며 중하급 사족이 대부분이다. 넷째, '쿠메사족久米士族'은 중국 귀화인의 자손을 중심으로 쿠메무라久米村에 거주하는 사족이다. 이들은 진공부사進貢副使를 비롯하여 통역관, 항해사로 일하거나 외교문서 작성을 맡았다.

여기서 류큐 사족의 가보 가운데 다음과 같은 자료들을 검토 대상으로 한다.

슈리사족으로 쇼신왕尙眞王의 아들 우라소에왕자浦添王子의 4세 조충朝充(1608년생)을 원조로 하는 향씨向氏 마카베가眞壁家의 가보,[12] 우후쿠스쿠아지大城按司 마진무麻眞武를 원조로 하는 마씨麻氏 가계의 9세 진대眞代(1629년생)로 시작하는 마씨 마타요시가又吉家의 가보와 동일 원조로부터 8세 진청眞淸(1616년생)으로 시작하는 마씨麻氏 '타와다문중多和田門中'의 가보들을 분석 대상으로 했다.[13]

쿠메사족 가보로는 모국정毛國鼎(1571년생)을 원조로 하는 모씨가보毛氏家譜를 검토한다.[14] 모씨毛氏는 분가수도 많아서 현대에 들어 일찍부터 대규모 문중을 조직하여 여러 분가의 계보를 망라함으로써 여러 가보를 집대성했다.

다음으로 일본에서 귀화하여 슈리에 거주한 것으로 보이는 사족으로 '당명唐名(중국식 이름)' 평자조平自祖(1558년생)를 1세로 하는 평성가보平姓家譜다.[15] 이 가보는 현대에 들어와서 후손들이 영인 출간한 것이 아니라 원본 그대로를 사적으로 복사하여 철해둔 것이다. 또 하나의 가보는 종가를 중심으로 하는 정식 계보가 없으나 현대에 들어 동일 성씨의 가를 일일이 추적 조사한 자료에 근거하여 가계를 복원한 가선성가보嘉善姓家譜다.[16] 이 성씨의 시조는 가선영전嘉善永展으로 슈리왕부首里王府 소속 '센토船頭'로 일했을 것으로 추정한다.

류큐 사족 가보의 가장 특이한 점은 중앙정부가 계보를 편찬토록 명령하고 관리했다는 점이다. 왕부는 1689년(강희 28)에 '군신群臣'들에게 '가보편집령家譜編集令'을 내렸다.[17] 두 부를 작성케 했는데, 한 부는 케즈자系圖座라는 관청에 보관하고 한 부는 '수리지인首里之印'이라는 왕부의 관인을 찍어서 각 가정에 보관토록 했다. 그리고 5년에 한 번씩 그동안의 변동사항을 추가로 기록하고 그 부분에도 별도 관인을 찍었다. 이로써 가보 유무에 따라 사족과 평민 신분이 확연히 갈리게 되었다. 사족이 가보를 근거로 평민과 구분되는 신분제를 시행한 것이다.

가보는 우선 선조로부터 후손으로 이어지는 가계도를 선으로 이은 '세계도世系圖'와 세대별로 등재 남성 개개인의 인적 사항과 업적을 기록한 '세표도世表圖'로 구성되어 있다.[18] 5년에 한 번씩 정부가 가보를 확인함으로써 그사이에 태어난 자식들은 아들이든 딸이든 출생 순으로 기록된다.

세계도에는 첫째 자식을 계보 중앙에 기록하고 태어나는 순서대로 좌

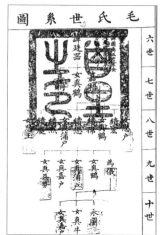

〈그림 1〉 세계도(『久米 毛氏家譜』, 久米國鼎會, 1992년 영인). 원조로부터 6대의 모정기가 본가에서 분가하여 일가를 이루었다.

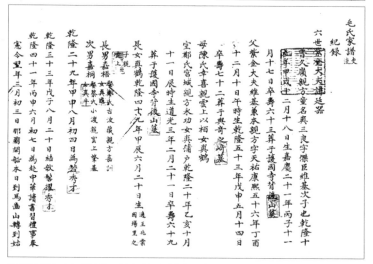

〈그림 2〉 세표도. 〈그림 1〉의 모정기로부터 각 후손들의 인적 사항이 상세히 기록되어 있다.

우 혹은 우좌로 왔다 갔다 하며 덧붙여가는 식이다. '장남, 차남, 삼남', '장녀, 차녀, 삼녀' 하는 식으로 아들과 딸 각각의 순번을 설정하는 것이 일반적이다. 또 가보에는 아들만이 아니라 딸 이름도 명기된다. 5년에 한 번씩 조사하므로 어렸을 때 딸 이름을 기록할 필요가 있었다. 단지 세대나 가족을 달리하는 동명의 딸 이름이 많음을 발견할 수 있다. 딸 이름이 한 가족 내에서 구별되면 될 뿐이었던 것이 아닐까 한다.

세표도에는 세계도에 등재된 남성들에 대해 세대별로 나이순에 따라 각자 상세한 인적 사항이 기록되었다. 5년에 한 번씩 추가 기록이 될 수 있도록 공란을 남겨두어 그 자가 사망한 뒤에 모든 기록이 완료된다. 여기에도 관인이 찍혀서 내용이 확인되었음을 알 수 있다. 개별 남성들의 인적 사항 기록 내용을 여러 가보에서 종합하면 다음과 같다.

1) 우선 원조로부터 몇 세의 누구임을 밝힌다. 다음으로 중국식 이름인 '당명唐名'이 쓰이는데, 그 앞에 어릴 때의 이름인 '동명童名'이 기록되기도 한다. 이어서 언제 태어났으며 몇 세로 언제 죽었는지가 기록된다. 출생 시기는 생년월일시가 모두 기록되는 것이 일반적이다.[19] 사망 시기는 연월일까지만 기록하는데, 맨 뒤에 죽은 뒤의 불교 이름 법명法名인 '호號' 란에 적기도 한다. 본인 이름 뒤에 바로 누구의 몇째 아들인지 적히는 경우도 있지만 본인의 출생 시기 기록 다음에 별도로 부모 이름을 적기도 한다. '사자嗣子'로 대를 이은 경우는 생부모가 누구인지 기록한다.

2) 처는 '실室' 혹은 '처妻'라 표기하고 누구의 몇째 딸이며 언제 출생했는지를 기록한다. 사망 시기는 이곳이 아니라 뒤쪽에 처의 불교 이름인 '실호室號'란에 적기도 한다. 후처는 '계실繼室'이라 표기하고 역시 누구의 몇째 딸이며 언제 출생했는지를 기록한다. 각자 누구를 낳았는지 기록한다. 전처와 사별하여 재혼한 것이 아니라 이별離別로 기록하는 경우가 있

다. 가령 모씨 가보에 모헌상毛獻祥(옹정 9년 1731년생)이 실室(옹정 8년 1730년생)과 '인불화이별因不和離別'이라고 이혼 사유를 밝혔다. 그는 나이가 한참 어린 계실繼室(건륭 11년 1746년생)과 재혼했다. 처, 후처 모두 '친운상親雲上', 즉 사족 집안의 딸들이다. [20]

3) 자식들은 아들딸 구별하지 않고 출생 순으로 이름, 동명童名, 출생 연월일시가 적힌다. [21] 시집간 딸에게는 'ㅇㅇ二嫁グ'라 하여 누구에게 시집갔는지를 기록한다. 자식들의 사망 연도와 호號가 적히는 경우도 있다. 자식 가운데 일찍이 사망한 경우에는 '요망夭亡' 혹은 '영아시망嬰兒時亡'이라 기록하고 '수壽ㅇㅇ 조사早死'라 하여 수명을 적기도 한다.

4) 인물의 사회활동 사항을 시기별로 기록한다. 행적은 과거科擧와 관직 변동과 관련한 기록 이외에도 국가 공무와 관련한 상세한 기록이 적히는 경우가 많아 개인의 전기이면서 국가의 연대기 기록과 같은 역할도 한다. 간혹 공적인 '각서覚え書'가 첨부되기도 한다. 그 외에도 구전으로 전해오는 사적인 에피소드가 적히기도 한다. [22]

5) 맨 뒤에 자신과 처의 (죽은 뒤의) 불교 이름인 '호'의 '실호室號'가 적히는 경우도 있다. 사망 연도와 수명을 기록한다. '세골洗骨' 시기가 적히는 경우도 있다. 이것은 죽은 뒤 뼈만 남기를 기다려 다시 장례를 치르는 것으로 오키나와에는 세골례洗骨禮를 한 깨끗한 사자死者만이 부처 앞에 나올 수 있다는 신앙이 있다고 한다. [23]

6) 세표도에는 세계도에 등록된 가장 남성만이 아니라 독신 여성이 같은 형식으로 등재되는 경우가 있다. 마씨 타와다가多和田家 가보에는 14세世 진욱眞旭의 장녀 진과眞鍋(1913년 사망)가 등재되어 있는데, 그녀는

1부 | 비교: 국가·사회를 둘러싼 생각들

선조의 명복과 자손 번영을 비는 가민神人 역할을 하며 평생 결혼하지 않았다고 한다. 그러나 이러한 기록은 극히 예외적이다.

세표도는 가족의 가장 남성과 그의 처를 중심으로 하는 '가족의 일생'을 기록한다. '가통家統'을 잇는 자에게 그러한 가족관계의 상황으로부터 야家를 계승하는 정당성이 확인되었다고 할 수 있다. 왕부는 가보를 편찬해 해당 가족의 신분적 위상을 규정하고 그 계승 관계를 분명히 하여 사족의 재생산을 확인하는 데에 관심이 있었던 것으로 보인다. 그러나 그에 부응한 가보편찬에서도 민간의 사회문화를 엿볼 수 있는 기록이 발견됨을 지적해둔다.

다시 세계도를 살펴보면, 언급했듯이 류큐 사족의 가보는 가계를 잇는 자들이 중앙에 위치하여 위에서 아래로 내려오고 양옆으로 형제들이 늘어선 계보도 형태를 띤다. 일본의 가보와 같이 단독으로 야를 계승하는 형태를 띠는 것이다.[24] 원조元祖로부터 본가本家의 가계를 잇지 않는 자식 가운데 일부는 분가하여 그자로부터 시작되는 독립된 가보를 성립하게 된다. 각 가보는 분가하지 못하고 자식을 둔 몇몇 가족이 존재하나 기본적으로 외줄기 대나무 계보 형태이다.

이렇게 가계를 분립해서 후손에게 계승시킨 경우에 성씨와 별도로 '가명家名'이 주어진다. 류큐 사족의 가보는 별도 '가명'을 가지고 가계를 잇는 자만이 대대로 보유하게 되므로 방계의 여러 가족에게 배포할 목적으로 인쇄·간행될 필요가 없었다. 현존하는 류큐의 가보는 가계의 단독 계승자인 '당주當主'가 가진 가보 원본을 복사해 보관한 것이다. 본가와 분가의 여러 가보를 망라하여 흩어진 친족들에게 배포하려고 출간한 것은 현대사회에 들어와서의 일이다.

한편, 왕부가 하나의 야를 단위로 가보를 편찬케 하면서도 '원조元祖'를 공유하는 자들에게 하나의 중국식 성씨로 사족의 신분적 파악을 시도했음을 간과할 수 없다. 그뿐만 아니라 '나노리 카시라名乘頭'라 해서 동일 성씨 구성원의 일본식 이름—'야마토나大和名'— 첫 자에 동일한 한자 한 글자를 사용하여 이름을 짓도록 했다. 성씨를 내리면서 개별 '야보다 넓은 범위의 '가문' 내지 '종족'을 연대하여 파악하고자 하는 의도가 깔려 있었던 것으로 보인다.

또한 세표도에는 동일 부모의 자식들이 출생 순으로 등재되지 않고 세대별로 동일 세대의 남성들을 모아서 나이순으로 기록하는 것이 원칙이다. 단지 하나 아래 세대이면서도 나이가 많아서 앞 세대보다 먼저 기록되는 경우가 있다. 5년마다 다시 기록되는 사이에 아직 태어나지 않은 앞 세대 인물들은 앞쪽으로 공란을 확보하지 못하고 그 뒤로 등재된 때문으로 여겨진다. 이런 사정을 고려하면 세표도의 등재 순서는 방계의 형제 가계를 망라하는 친족집단을 전제했다고 할 수 있다.

그러나 류큐 가보의 세표도는 언급한 대로 5년마다 왕부 조사에 응하기 위해 세대 순과 출생 순이 착종될 수밖에 없을 뿐 아니라 방계 후손들이 분가하여 별도 가계를 형성하기 때문에 집단적으로 확대되기에는 한계가 있다고 할 수 있다. 또한 왕부로부터 류큐 가보편찬이 명해졌을 당시에 동일 성씨의 부계 친족집단, '문중'을 파악의 기본 단위로 설정했다 하더라도 광범위하고 장기적으로 계보적 자료를 확보한 경우는 흔하지 않았다고 한다.[25] 여러 가계를 포함하는 '문중'의 형성은 가계가 번창해

가고 평민들이 대거 사족화하는 뒤 시기의 일로 생각할 수 있지 않을까 한다.[26]

'문중'이라는 친족집단 형성에 관심을 두고 그 집단 자체의 지속성을 추구한다면 연속의 계기가 되는 '종손'이라는 존재만 확인하면 된다. 동일하게 선조의 뒤를 잇는 것이기는 하나, 류큐나 일본의 가보와 같이 좁은 범위의 야가 단독으로 계승되는 관계를 일일이 확인하는 것과는 차원이 다르다. 중국과 한국의 '상속'은 사회적 위상의 계승문제는 별도로 하고 그보다는 자식들에게 재화가 분배되는 데에 의미의 중심이 있다. 반면에 일본과 류큐의 '상속'은 '가독상속家督相續'이라 해서 야 단위의 사회적·경제적 위상이 단독으로 계승되는 것을 의미한다. 상속자를 중심으로 하는 '가문'이 거론될 수는 있으나 광범위한 친족집단의 형성과는 거리가 있다.

³류큐 사족의 가계 계승

여기서 류큐 사족의 가계 계승 관계를 살핌으로써 가보의 성격을 밝힘과 동시에 류큐왕국에서 '야'나 '문중'이 의미하는 바를 생각하는 실마리를 찾아보자.

1) 수리의 사족 향씨 가계는 출자出自를 왕성인 상씨로부터 분가한 왕족임을 나타내며 그들은 모두 조朝자를 공통의 '나노리 카시라名乗頭'로 했다. 향씨 마카베가眞壁家는 우라소에왕자浦添王子 가계에서 분가하여 4

〈표 1〉 향씨 마카베가의 세표도 등재 인물의 인적 사항(1)

순번	세대	명	직위	직계	부자관계	출생연도	사망연도	수명	室의 父職	비고
1	4	朝充	親方	○	朝師 9남	1608	1663	56	親雲上	
2	5	朝由	親方	◎	朝充 장남	1655	1737	83	親方	
3	6	朝太	親雲上	◎	朝由 장남	1672	1749	78	親雲上	
4	6	朝幾	親雲上	○	朝由 3남	1682	1748	67	親雲上	
5	6	朝茲	里之子	○	朝由 4남	1687	1704	18		
6	7	朝隆	親雲上	◎	朝太 장남	1709	1736	28	里之子親雲上	
7	7	朝兼	里之子親雲上		朝幾 장남	1709	1774	66	親方	
8	7	朝貢	子		朝幾 2남	1713	1737	25		
9	8	朝季	親方	◎	朝隆 장남	1727	1794	68	按司	처 向氏
10	8	朝倚	里之子	○	朝隆 2남	1729	1753	25	里主	
11	8	朝求	里之子親雲上	○	朝隆 3남	1733	1769	37	親方	
12	8	朝俊	里之子親雲上	○	朝隆 4남	1735	1814	80	親雲上	
13	9	朝盈	親方	◎	朝季 장남	1747	1815	69	按司	처 向氏
14	9	朝克	里之子親雲上	○	朝季 3남	1749	1809	61		
15	9	朝休	里之子親雲上	○	朝季 5남	1755	1816	62	親雲上	처 向氏
16	9	朝英	里之子親雲上	○	朝季 6남	1759	1788	30	里之子親雲上	처 向氏
17	9	朝榮	里之子親雲上	○	朝季 7남	1761	1752	52	里之子親雲上	
18	9	朝寅	里之子親雲上	○	朝求 장남	1761	1802	42	築登之親雲上	
19	9	朝保	里之子親雲上	○	朝季 8남	1763	1795	33	按司	처 向氏
20	9	朝正	里之子親雲上		朝求 2남	1765		(91)	里之子親雲上	
21	10	朝殷	親方	◎	朝盈 장남	1767	1838	72	按司	처 向氏/妾
22	9	朝德			朝俊 4남	1777		(79)	築登之	
23	9	朝義			朝求 3남	1768		(88)	里之子親雲上	처 向氏
24	9	朝紀	子		朝俊 2남	1768	1785	18		
25	9	朝敏	子		朝俊 3남	1771	1792	22		
26	10	朝ㄷ		○	朝盈 2남	1770		(86)	親雲上	
27	10	朝長		○	朝盈 3남	1779		(77)		
28	9	朝良	里之子		朝俊 5남	1780	1812	33		
29	10	朝森			朝休 장남	1781		(75)		

* ◎은 각 대의 당주, ○은 그 직계 자식. 수명란의 ( )는 1855년 현재 생존한다면 그 나이를 계산한 것이다. 『向姓家譜寫及び眞壁·田島家の歷史』, 文進印刷株式會社, 1996.

순번	세대	명	직위	직계	부자관계	출생연도	사망연도	수명	室의 父職	비고
31	9	朝久			朝俊 6남	1782		(74)	里之子親雲上	
32	10	朝施		○	朝盈 4남	1785	1825	41		
33	10	朝康			朝英 2남	1785		(71)	築登之親雲上	
34	10	朝經			朝寅 장남	1785		(71)		
35	11	朝章	里之子親雲上	○	朝殷 장남	1787	1817	31		
36	10	朝常	里之子		朝休 4남	1787	1817	31		
37	10	朝知			朝榮 장남	1789	1816	28		
38	10	朝卿			朝榮 3남	1799		(57)		
39	10	朝郁			朝寅 2남	1791	1819	29		
40	10	朝祥			朝寅 3남	1794		(62)		처 無系
41	10	朝顯			朝正 장남	1805		(51)		
42	10	朝宣			朝義 장남	1815		(41)		
43	10	朝儀			朝久 장남	1815		(41)		
44	11	朝昌			朝康 장남	1816		(40)		
45	10	朝恒			朝久 2남	1821		(35)		
46	11	朝憁			朝康 2남	1822		(34)		
47	10	朝秀			朝德 장남	1824		(32)		
48	11	朝恭		◎	朝殷 3남	1830		(26)	親雲上	(妾子)
49	11	朝信		○	朝殷 4남	1835		(21)	里之子親雲上	(妾子)
50	11	朝實			朝康 3남	1825		(31)	里之子親雲上	
51	12	朝眞			朝實 장남	1850		(6)		
52	12	朝鼎		◎	朝恭 장남	1852		(4)		
53	12	朝睦			朝信 장남	1855		(1)		
54	11	朝立			朝秀 장남	1842		(14)		
55	11	朝功			朝秀 2남	1844		(12)		
56	11	朝姤			朝祥 장남	1819		(37)		모 無系
57	11	朝春			朝祥 2남	1828		(28)		모 無系
58	11	朝平			朝祥 3남	1830		(26)		모 無系

* ◎은 각 대의 당주. ○은 그 직계 자식. 수명란의 ( )는 1855년 현재 생존한다면 그 나이를 계산한 것이다.
『向姓家譜寫及び眞壁 · 田島家の歷史』, 文進印刷株式會社, 1996.

세 조충朝充에서 시작하는 '소종小宗' 가계다. 조충은 1608년에 태어나서 1663년에 죽었고 그의 장남 조유朝由는 1655년에 태어나서 1737년에 83세로 죽었으니 '가보편집령'이 떨어진 1689년에는 5세 조유가 35세 나이로 가보편찬에 임했다고 할 수 있다. 이후 장남으로 가계가 이어지다가 8세 조계朝季의 장남이 9세로 일찍 죽어 차남 조잉朝盈이 가계를 이었으며, 다시 그의 장남 조은朝殷의 자식 대(11세)에도 장남과 차남이 일찍 죽어 삼남이 대를 이어 12세인 그의 장남 조정朝鼎에 이른다. 조정은 1852년에 출생하여 아직 혼인하지 않은 상태에서 기록이 끝난다. 이 가보는 가장 늦은 기록이 다른 후손의 관품 변동이 있는 1867년이므로 17세기 말부터 19세기 중엽까지 실제적인 장자=적자가 계속해서 가통을 이은 셈이다.

그런데 이미 가보를 작성하기 시작한 조유의 자식 대에 분가가 발생했다. 전처에서 난 장남 조태朝太가 본가의 가계를 잇고 후처에서 난 차남과 오남이 별도 가보를 갖게 되어 이 가보에서 제외되었다. 그리고 사남 조자朝玆는 미혼인 상태에서 18세에 죽었다. 삼남 조기朝幾의 가계는 분가하지 못하고 그의 손자 대까지 장남 조태의 본가 계보에 첨부되어 남아 있는데, 조기의 유일한 장손 조관朝寬은 1754년에 12세로 죽는다. 18세기 중엽에 조기의 다른 두 형제 가계는 분가하여 이 계보에서 빠져나갔지만 조기의 가계는 대가 끊어져 본가 계보에 남겨질 수밖에 없었던 것이다.

그러나 좀 더 지난 시기에 8세 조계朝季(1727~1785)의 형제들 가계가 분가하지 않고 그들의 증손자 대에 이르기까지, 그리고 조계의 자식들 가계도 그들의 손자 대까지 본가 계보에 첨부되어 있음을 볼 수 있다. 딸만 있어 가계를 잇지 못하거나 미혼으로 사망하거나 세표도에서 사라져 요절한 것으로 여겨지는 경우를 제외해도 19세기 중엽에 가보 기록이 끝날 때까지 방계 후손들이 지속적으로 등재되는 것을 발견할 수 있다. 조계 형제들의 손자 대가 생존하던 18세기 말~19세기 초에는 더는 분가하지 않는 경향이 있었던 것으로 추측된다. 이 당시에 다섯 개 정도 가족이 하나의 '야' 구성원으로 현존해 집단화 조건을 갖추어갔다고 할 수 있다.

이러한 과정은 왕부가 야家를 단위로 하는 신분 위상의 부여 실태와 긴밀한 관계가 있다. 우선 가계를 잇는 자와 그렇지 않은 자 사이에 신분 위상의 고저가 있으며, 혼인관계에서 장인의 위상이 서로 다름을 인지할 수 있다. 류큐왕국에서는 왕족에게 '오지王子', '아지按司', 상급사족은 '우에카타親方', 중급사족은 '뻬쿠미親雲上', '사토누시뻬친里之子親雲上', '치쿠돈뻬친筑登之親雲上' 그리고 일반 하급사족은 '사토누시里之子', '치쿠돈筑登之', '니야仁屋'—'시子'라는 순으로 신분위계를 부여했다.[27]

향씨 마카베가는 왕족으로부터 갈라져 나와 사족으로 분류되었지만, 가계를 잇는 자들은 '우에카타'나 '뻬쿠미'의 지위를 가지는 상층 사족이었다. 장인도 대체로 동등한 위상을 가졌으며, 왕족의 '아지'인 경우도 몇몇 있었다. 반면에 가계를 잇지 않는 자들의 신분 위상은 높은 지위에 오르지 못하고 젊어서 죽은 경우를 예외로 하더라도 상대적으로 낮다. 그들 장인의 신분 위상도 대체로 그에 준한다. 방계 후손들은 그보다 더 낮은 듯한 인상을 준다.

향씨 마카베가는 가계를 잇거나 아니거나를 막론하고 동성인 향씨와 혼인도 빈번했는데, 신분적 위상을 높게 유지하기 위한 혼인관계에 기인

하는 것으로 보인다. 하지만 분가하여 가계를 독립시키지 못하는 가족이 늘어나기 시작하는 18세기 말 이후로 이 사족의 위상이 낮아질 조짐이 보인다. 기록이 끝나는 1850년대까지 생존하여 최종 직위를 획득하지 못한 것인지 직위를 기록하지 않는 자들이 대거 발생한다. 배우자에 대한 기록도 부실해지는 와중에 장인이 '무케無系'의 평민인 경우도 나타난다. 11대로 가계를 잇는 자와 그의 아우는 첩의 자식이다. 첩의 자식이라 하더라도 아버지의 장남으로 동등한 위상의 사족 가계를 이을 수 있었지만, 가계의 정통성에 결함이 되었을 가능성도 있다. 11대의 방계 후손 가운데 몇 명은 나이가 많음에도 12대의 뒤 가보의 마지막에 몰아서 등재되었다.

2) 마씨麻氏 가계의 9세 진대眞代(1629년생)로 시작하는 마씨 마타요시 가又吉家의 가보를 보면, 적장자를 지속적으로 배출할 수 있었던 위의 가계와 좀 다른 계승방법을 취한다. 진대의 장남은 요절한 듯하고 차남 진영眞盈은 딸만 있어 삼남 진실眞實의 장남 진용眞用(1694~1767)을 '기시義子'=사자嗣子로 맞아들여 대를 잇는다. 그러니 진용도 후사가 없어 다시 삼남 진실의 차남 진순眞順의 장남인 진읍眞邑을 의자로 받아들인다. 그리고 진순의 차남은 분가하여 별도 가보를 작성하게 된다. 12세 진읍 이후로는 다행히 적장자를 낳아서 가계를 이었다. 그러나 16세 진시眞矢(1820~1849)가 독자로서 후사가 없어 4촌 동생 진영眞映(1847~1912)에게 가통을 잇게 한다.[28] 그런데 청원請願을 올려 사자로 승인을 받은 것은 진영의 나이 27세 되는 1873년의 일이다.[29] 그가 자식을 낳아 대를 이을 수 있을 때를 기다린 듯하다.

진영이 가계를 잇기 직전인 1872년에 메이지 정부 일본은 류큐왕국을 일본의 류큐번으로 고칠 것을 요구해왔다. 이 가보는 오키나와가 일본으로 복속된 이후 현대에 들어 본가의 장남인 20세 진일眞一(1943년생) 대에 이르기까지 지속된다. 후손들을 수합하여 이전 가보에 더해간 것으로 보이는데, 이 과정에서 19세기 말~20세기 초에 생존한 인물들로 시작되는 마타요시가又吉家 내의 몇 개 지파가 형성될 정도로 '문중'이 확대된다.

그러나 이러한 현상은 이미 19세기 초중엽부터 그 조짐을 보였다. 13세 적장자 진봉眞峯(1761~1801)의 형제들을 비롯하여 14세 이후 인물들로부터 수대에 걸쳐 분가하지 않고 본가의 정통 가계와 더불어 병존하는 계보들을 발견할 수 있기 때문이다. 19세기 초중엽에는 이 가문에 속하는 가족이 몇몇 되지 않았는데, 이후 거주이동에 대응하여 오히려 가족이 증가한 것으로 보인다. 또한 이 가보에는 1830년대 이후 출생한 인물로 그의 모母가 '무케', 즉 가보가 없는 평민인 자가 등재되기 시작한다. 이것도 19세기 문중 내 가족 수 증가에 기여한 것으로 보인다.

3) 모씨毛氏 가보는 모국정毛國鼎(1571년생)을 원조로 하지만 3세인 문선文善(1650년생) 때에 처음으로 작성되었다. 모국정은 중국 복건성 출신으로 1607년에 쿠메무라久米村에 주택과 봉급을 받아 정착했다. 그런데 모씨 가계의 2세인 세현世顯은 본래 정씨鄭氏이다. 마찬가지로 쿠메사족久米士族인 정씨 가계의 2세 정번헌鄭藩獻의 장남으로, 모국정의 사자로 들어간 것으로 되어 있다. 또 세현의 장남 종덕宗德은 다시 대가 끊어진 정씨 가계로 숙부 정중덕鄭仲德의 사자로 입양되고 차남 문채文彩는 죄를 얻어

삼남 문선文善이 모씨의 가통을 이었다. 가보편집령에 응하여 세현의 장남 종덕과 삼남 문선 형제가 각각 정씨와 모씨의 가보를 제시하게 된 셈이다. 이때에 모국정은 이미 사망하여 존재하지 않는다. 어쩌면 삼남 문선이 당시에 유명인사인 모국정을 선조로 내세워 사족의 위상을 높게 확보하고자 한 것일지도 모른다.

그런데 이 모씨 본가의 가계 계승 가운데 불합리하게 여겨지는 세대 규정을 발견할 수 있다. 4세 사풍士豐의 장남 여덕如德이 부父 및 그 형제들과 같이 '4세'로 표기되어 있다는 사실이다. 또한 여덕의 후손에 한해서 세대가 한 단계씩 올라가 있다. 즉, 본가의 가계는 '모국정(1세)-세현(2세)-문선(3세)-사풍(4세)-여덕(4세)-유기(5세)-선유(6세)……'로 이어진다. 세표도에서 여덕의 기록을 보면 강희 60년 3월 8일조에 '조부의 가업을 이어 나카구스쿠마기리中城間切 와우케和宇慶―영지로 받은 지역의 지명―의 지토地頭-영주 직책을 받았다'[30]라고 기록되어 있는 것과 관련이 있는 듯하다. 가통을 계승한다는 것은 '가업'으로 표현되는 공공업무의 연속을 말하는데, 이것은 부자간의 질서도 뛰어넘는다고 할 수 있다.

모씨는 이후 4~8세 인물로 시작하는 분가를 포함해서 10여 개 가명家名을 가진 아들로 분화한다. 그리하여 가보가 모두 18책 작성되었다. 1992년에 집대성된 『쿠메久米 모씨가보毛氏家譜』에는 본가 가보에 이어서 6세 정기廷器에서 시작하는 가보가 별도로 작성되어 '수리지인首里之印'을 받게 되는데, 여기서는 그것을 '지류支流'라고 표현했다. 모씨 가계가 '본가'로부터 여러 '분가'로 분립하여 별도로 존재하지 않고 하나의 부계집단인 '문중'으로 결집되어 있음을 주장하는 듯하다. 본가의 가보는 9세 진예振

銳(1841년생)가 함풍 2년(1852)에 와카슈사이若秀才—품외의 말단 사족—가 된 기록이 마지막이다.

4) 평성가보平姓家譜의 원조는 1558년생인 경진景陳이지만 4세 경통景通(1669~1746)이 처음으로 가보편집에 임했을 것으로 보인다. 그의 동생 경광景光도 별도의 분가로 가보를 작성했다. 그러나 막냇동생 경주景周(1693년생)는 당시에 어려서 별도 가보를 편집하지 못하였는데, 그 이후로도 장남의 본가 가계에 함께 자기 후손의 가계를 병기했다. 그런데 경주의 자식들 네 명 가운데 세 명은 모두 '무케'의 평민 여성을 처로 맞았다.[31] 그뿐만 아니라 이후 방계 후손들도 분가하지 않고 후대까지 남아 있는 것을 볼 수 있다. 분가하여 어엿한 사족으로 인정받지 못했음을 의미한다. 이렇게 본가 가계에 여러 방계가계가 병기되는 현상은 다른 가보의 사례에 비해 빠르게 나타난다.

또 다른 특징은 3세 경당景當 대에 수도인 슈리首里로 이주를 허락받을 정도로 사족으로서 가보편찬 자격을 충분히 갖추었으나[32] 5세 경덕景德(1698~1758)의 형제 대 이후 이전 지위를 얻지 못하거나 전혀 역직役職이 주어지지 않는 경우가 빈발하기 시작한다는 것이다. 경덕은 선조와 버금가는 직위를 얻었지만(치쿠돈베친築登之親雲上), 처와 후처가 모두 '무케'의 평민 여성이며 그나마 장남은 후사 없이 17세에 죽었다. 이를 만회하고자 고위 사족인 먼 친족으로부터 사자를 들이는 형편에 놓여 있었다.[33] 사자 경정景政의 장남 경령景寧도 혼인하지 못하고 죽어 조카 경의景宜(1815~1861)를 사자로 들였다.[34] 나머지 자식들 가운데 경동景董, 경정景

定도 '무케'의 평민을 처로 맞았다.

평성平姓 가문은 18세기 전반부터 분가하지 못하고 본가에 붙어서 신분적 위상을 견지해보고자 하는 부류가 많았던 것으로 보인다. 그것은 신분 지위의 하락과 평민 여성과의 혼인이 결정적 요인이었던 것으로 보인다. 이러한 상황이 오히려 '문중'으로 집단화하려는 욕구를 앞당겼을 수도 있다. 평성가보는 1873년 기사가 마지막 기록이다. 왕국이 멸망할 때까지 지속적으로 기록된 셈이다.

5) 가선성가보嘉善姓家譜는 현대에 들어 동일 성씨의 야를 일일이 추적 조사한 자료에 근거하여 가계를 복원한 것이다. 1458년생 영전永展을 원조로 하지만 주로 17~18세기에 걸쳐 출생한 자들을 시조로 하는 26개 '야'의 30여 개 가보를 만들어냈다. 당연히 세표도는 없고 세계도만 작성하여 수많은 인물의 이름을 올렸다. 많은 가문이 가명을 얻을 수 있을 정도로 성장한 것은 19세기의 일일 테지만, 당시에 이 모두가 사족으로 인정받는 사람들이었는지는 알 수 없다. 다만 사족의 신분규정이 무의미해진 근대 사회에 들어와서도 이들은 여기저기 모여서 거주했고, 오히려 친족집단의 규모를 확대해 결집을 도모하는 일이 더욱 활발해진 것 같다.

왕부는 17세기 말에 신분제를 정비하면서 사족을 왕부의 구성 집단으로 삼고 지방의 사족들을 견제하기 위해 슈리首里나 나하那覇에 사족들을 이주시켰다.[35] 지방민의 이주를 금지하면서 선별적으로 거주하게 되는 이들은 사족의 지위를 이후로도 견지할 수 있었을지 모른다. 그러나 지방에 남은 사족의 혈족들 가운데 일부는 점차 왕부로부터 가보를 허락받지 못하여 '무케' 백성으로 전락해갔다고 한다.[36] 그런데 지방 사족만이 아니라 왕국 중심부에 거주하던 사족들 가운데에서도 그 위상이 높게 유지되기 어려운 상황이 속출했음을 알 수 있다. 왕국 중심부 네 곳에 거주하는 사족 가운데에서도 대대로 중앙 관직에 이르기까지 엘리트 코스를 밟으며 높은 신분 위상을 유지하는 것은 슈리의 사족에 한정되어갔다.[37]

1679년 사족에게 가계도를 제출하도록 하고, 1689년 가보편찬을 명하여 다음 해에 가보 관리기관인 케즈자系圖座를 설치한 이래, 1712년에 다시 가보편찬을 허가하는 일이 있었다.[38] 1690년 가보 관리기관이 설치된 이후 신고가 늦어졌음을 호소하는 경우를 구제하기 위한 조치였다. 그러나 이것은 새롭게 사족으로 성장하는 자들을 제도적으로 수용하는 길을 열었던 것으로 보인다. 이후 하층에서 성장하여 가보를 갖게 되는 자들이 그 가보에 선조들의 계보를 기존의 사족에서 끌어왔을 가능성도 배제할 수 없다.

사족으로서 신분 위상이 하락하든 상승하든 이러한 과정에서 18세기에 이미 사족 신분규정에 유동성이 발생하기 시작했다고 할 수 있다. 왕부는 혈연적 정통성을 신분규정의 확실한 근거로 삼고, 가계를 잇는 자에게 한정해 신분적 위상을 유지하고자 했다. 류큐의 신분제는 부계혈연을 분명히 한다고 하더라도 가계를 잇는 한 사람을 제외하고—그마저도 신분 위상이 변동하지만— 직계 형제들 사이에, 나아가 그들의 후손들—방계— 사이에 신분 위상의 불균등한 분화가 전제되어 있다. 더구나 반드시 동일 신분 내에서 혼인관계가 이루어지지는 않으므로 모변母邊이나 처변

妻邊보다 부계를 신분규정의 중심으로 삼았을 것이다―하지만 신분 외
혼인과 현실적 신분하락은 서로 긴밀하게 연관되어 있음을 짐작할 수 있
다―. 류큐왕국이 멸망할 때까지 그러한 원칙에 따라 사족 신분제가 견지
되었지만, 그것이 바로 사족 확대를 억제하여 신분제를 고수하는 확고한
방법이 되지는 못한 듯하다.

직계 형제의 가족, 나아가 방계 친족들이 사족의 가보에 지속적으로 등
재되고, 분화한 가계들을 망라하여 광범위한 친족들을 '문중'으로 집단화
하는 경향은 이러한 정부의 신분제 파악에 대응한 반작용으로 여겨진다.
사족의 가보에 등재되고 새롭게 가보를 작성하여 사족으로 위상을 견지
하고자 하는 열망이 이미 18세기에 내재했으며, 그것은 류큐왕국이 멸망
하여 신분제가 해체된 19세기 말 이후 폭발적으로 일어났다. 가보의 등
재와 작성이 일거에 개방된 것이다. 이게 사족 출신이라는 자부심과 그들
사이의 결집이 새로운 환경에 대응하는 방법이었는지도 모른다.

4 정부의 계보 파악과 민의 대응

정부가 계보를 조사하고 관리하는 것은 이미 중국 고대사회의 귀족제하
에서 실시된 바 있다. 통치체제를 집권화하는 과정에서 이들 귀족을 법적
으로 대우하거나 견제할 필요에서 각 가문의 족보를 편찬·보고토록 한
것이다. 관직자로 임용하고 승진시키는 데에 이 족보에 근거해 신분을 확
인하고자 했다. 그러나 송대에 들어 과거제의 도입과 함께 신분제가 부정

되자 이제는 민간 차원에서 스스로 족보를 편찬해 친족집단의 결집을 도모하게 되었다.[39] 중국 고대사회와 마찬가지로 류큐왕국의 '가보편집령'은 사족이라는 귀족적 신분을 제도화하기 위한 것이었다. 그런데 송대 이후 신분제가 해체되는 데에 반해 류큐는 뒤늦은 17세기 말에 오히려 신분제가 체계화되는 현상을 보였다.

한국사에서 인민의 계보로 신분제적 파악을 시도한 것은 족보가 아니라 '호적戶籍'이었다. 한국은 고려왕조 이후에도 정부가 호구를 조사하면서 중국 고대사회에서나 시행되던 '직역職役'을 지속적으로 기록했을 뿐아니라 호 대표자 부부에게 각각 부父, 조祖, 증조曾祖라는 부계 직계 선조와 외조外祖를 포함하는 '사조四祖'를 기록했다.[40] 호적조사를 통한 중앙정부의 개별적이고 직접적인 신분규정은 호 대표자 남성의 당시 직역으로 표명된다. 직역이란 관직과 군역을 대표로 하는 국가 공공업무이자 국가적 신분규정이다. 이에 더해 사조의 계보 기록은 부부 각각의 부모 두 가문의 출자出自가 확인되고 호를 대표하는 가족의 네 가문의 출자가 확인되는데, 이런 것은 중국 호적에도 기재되지 않던 사항이다.[41] 선조들의 신분 내 혼인관계가 내 신분을 제한하는 것이다. 중국에서 송대 이후 신분제가 해체된 것과 달리 고려왕조 이후에도 여전히 신분제가 견지되었음을 의미한다.

그런데 족보의 계보가 선조로부터 후손으로 여러 갈래의 가계로 내려오는 형태인 것과 달리 호적의 사조 기재는 특정인으로부터 윗대 여러 선조로 올라가 계보 형태를 취한다. 직역이라는 현재의 국가적 신분지위와 그것을 부여받을 수 있는 사회적 신분 내력을 동시에 파악함으로써 개인의 신분을 직접 규정하는 방법이다. 이것은 중국 고대사회의 관찬족보와 같이 부계혈연적 정통성에 의존하는 집단적 신분 확인과는 달랐다. 단지 류큐왕국의 가보와 같이 가계를 잇는 자에 한해 상위의 신분을 부여하고 자 하는 의도와 통하는 바가 있다고 할 수 있다.

그런데 정부에서 공적인 문서상 계보로 파악하던 고려왕조의 신분제 는 조선왕조에 들어 해체 국면에 맞닥뜨리게 된다.[42] 류큐왕국과 같이 정 부가 신분제를 강고하게 견지하고자 하는 경향과 달리, 조선왕조는 정부 가 신분적 배타성을 허물고자 했다.

고려왕조는 중앙의 문무 관료인 '양반兩班'을 재생산하기 위해 그들과 가족에게 토지징수권을 부여하고 신분을 법적으로 보장했다. 그런데 고 려 말로 가면서 대대로 양반 신분을 확보하려는 경쟁이 치열해졌고 이에 대해 정부는 관료 임용과 승진에 신분 확인을 강화했다. 호적상 선조의 신분을 밝히는 '사조' 기록에 더해 사조의 사조를 포함하는 역대 여러 선 조의 신분 기재가 유행했다.[43] 조선왕조가 건국된 직후 15세기 전반까지 도 '팔조호구八祖戶口'라 불리는 호적상 부모의 양측적인 선조 계보 기록 은 점점 증가해갔다. 그러나 조선왕조는 호적상에 여전히 부부 각각의 사 조를 기록하게 했지만 그 이상의 선조 기록을 제한했다. 양반을 비롯하여 관리에 대한 토지징수권 부여를 그만두고 신분적인 법적 보장을 부정한 것이다.

정부에 의한 신분규정 자체가 스스로 제한되는 사태에 직면하여 조선 왕조 15세기 후반에 중국의 송대와 같이 민간에서 주도하는 족보가 편찬 되기 시작했다. 그런데 당시에 편찬되던 족보의 계보 형태는 부계 후손들을 망라하는 친족집단의 결집과는 거리가 있었다.

계보를 확인할 수 있는 현존 최고最古 민간 족보는 1467년에 편찬된 『안동권씨성화보安東權氏成化譜』다. 주로 중앙관료를 지낸 자들을 주축으로 수천 명이 이 족보편찬에 참가했다. 이 족보는 단지 특정 선조로부터 부계 후손들로만 이어지는 계보가 아니라 부계 여성—기록상으로는 성씨를 달리하는 '사위[女壻]'다—을 따라가는 계보를 포함한다. 『안동권씨성화보』 편찬에 참여한 자들의 성씨는 수백 개가 넘을 정도로 다양하여 정작 안동권씨 남성은 등재 인구의 10%밖에 되지 않는다.[44] 권씨의 부계 계보가 기준이 되지만 족보편찬에 참가한 가족들의 선조들이 맺어온 역대 혼인관계를 거슬러 올라가 안동권씨 부계 계보에 연결하면 되었기 때문이다.

이 족보는 부계혈연으로 집단화하고자 하는 것이 아니라 성씨를 달리하는 여러 가족이 신분적으로 결집하고자 작성되었다. 역대 선조들의 혼인관계를 빌미로 동등한 신분 연역을 주장한 것이다. 이 혼인 네트워크에 참가하려면 호적의 계보 기록을 포함해 각 가족이 확보한 선조들의 계보 정보 가운데 권씨의 부계 계보에 연결되는 계보를 선택했을 것이다. 여전히 개인이나 한 가족에 대한 정부의 신분규정이 민간 차원의 배타적 신분 결집의 근거가 되었다. 정부의 신분규정에 근거하여 동일 신분으로 집단화하는 것이 오히려 정부의 신분규정이 부정되거나 불안정해지는 사태에 대응하는 방안이었던 셈이다. 이 족보의 편찬은 신분적 배타성을 전제로 하는 이른바 엘리트주의의 속성에 기초함과 동시에 여러 가족에게 개방되어 결집 범위가 확대되는 현상을 초래했다. 조선왕조 족보는 편찬되는 초기부터 이러한 이중성을 내포했다.

조선왕조의 족보는 혼인 네트워크를 확인하여 계층적으로 결집함으로써 정부의 신분 파악 방법에 대응하는 성격이 있다. 조선시대의 '양반'은 법적으로 보장받는 신분이 아니라 사회적인 인정과 권위에 근거하여 확보되는 신분이다. 조선왕조 신분제의 유동성을 유발하는 최대 요소가 이것이다. 그러나 조상으로부터 부계 남성으로 내려가는 계보는 사회적 결집 방법으로 부계 친족집단의 형성을 전제로 하는 것이 일반적이지만, 조선의 족보는 그것을 필수적 요소로 하지는 않는다.

17세기 이후 조선왕조의 족보는 부계 여성, 즉 사위 가계의 기록이 극단적으로 축소되고 중국 족보와 같이 부계 남성 중심 계보 형태를 띠게 된다. 그렇다고 이것이 바로 부계 친족집단의 형성과 강화를 의미하지는 않는다. 부계 여성=사위의 계보 기록을 대신해서 부계 남성의 배우자=장인의 인적 사항이 새롭게 등재되기 때문이다.[45] 이 기록은 이전의 족보와 같이 여러 성씨의 가족들을 망라하는 혼인 네트워크를 하나의 정보창구=족보책자로 담아낼 수 없음에서 연유한다. 각 가문에서 각지의 부계 남성을 중심으로 혼인관계에 근거하여 신분적 위상을 확인하는 일을 분담하게 한 것이다.

조선왕조의 신분은 모가 어떠한 신분 출신인지에 일차적으로 영향을 받으며 부의 신분은 부차적 영향을 미칠 뿐이다.[46] 중국이나 류큐와 같이 신분규정이 부계로 단일화되지 않았다. 조선왕조의 족보에는 정실의 적자녀만 등재하고 첩자녀는 등재하더라도 신분적 차별을 분명히 했다. 각 가문에서 부계 남성들의 신분적 정통성을 확인해주면 두 가문의 족보에서 서로 통혼권通婚圈 내의 혼인을 가능할 수 있다. 혼인 네트워크에 근거하여 신분적 결집을 도모하는 이전 족보의 목적성이 17세기 이후 족보편찬에 그대로 견지된 것이다.

단지 부계 남성들의 신분적 정통성은 친족 사이의 확인이 필요하게 됨으로써 방계 친족들의 가계를 망라하는 계보 형태가 되어갔다. 18세기 중엽 이후로는 부계 친족집단의 결집이 강조되고 그 운영 원리로서 종법질서宗法秩序가 친족들 사이에 합의를 도출하는 장치로 역설되었다. 몇몇 방계 친족의 모임인 문중이 형성되기 시작하고 그 범위가 점차 확대되어갔다.

족보에서 친족집단 가운데 신분적 배타성을 강조하게 되는 데에는 조선왕조 건국 초기와 마찬가지로 정부의 신분규정이 불안정해지는 사태에 대한 대응의 측면이 있다. 18~19세기에 호적상 '직역' 기재에 변동이 일어나고 있었다. 이전에는 '유학幼學'[47]과 같이 상층 신분들이 호적에 사용하던 직역명을 평민들이 사용하게 되었다.[48] 이른바 '양반지향적' 현상으로, 지방정부는 지방통치상의 사회경제적 이유로 그러한 현상을 적극적으로 수용했다.[49]

반면에 기존의 양반 계층은 그나마 신분적 위상이 반영되던 호적이 그 기능을 상실한 것에 대신해서 신분적 정통성을 분명히 하는 족보의 등재와 통혼권 내의 혼인에 힘을 쏟았다. 족보에 등재되는 자들의 경제적 위상과 별도로 사회적 위상이 동일하게 취급되던 인식도 여기에 한몫했다. 이와 병행하여 친족 가운데 중하층 신분으로 차별되던 부류들이 호적상의 양반지향적 등록 현상에 머무르지 않고 부계 혈연관계에 의거하여 족보에 참입하려는 노력도 격렬해졌다. 신분 이동이 가능한 조선왕조의 유연한 신분제가 오히려 신분 상승 욕구를 자극했다.

류큐의 가보는 17세기 말에 사족과 평민으로 구분되는 신분제의 근거로 작성되고 그에 따라 사족에 대한 우대조치가 정당화된다. 가계 계승의 정통성을 정부가 인정하는 한편으로 국가적 임무를 '가업'으로 계승해 안정적으로 수행케 하는 효과가 얻어졌다. 반면에 가족과 그 계승에 관여하는 정부의 통제도 심했을 것이며, 신분 이동의 여지도 그리 크지 않았을 것이다. 민간에서 중앙집권적 통치체제를 향한 강한 신분제적 규제에 대응할 수 있는 방도가 거의 없었을 것으로 여겨진다.

조선왕조의 유동적 신분제에 비할 바는 아니지만 18세기 말~19세기 들어 사족으로부터 탈락하거나 편입할 여지가 커져간 듯하다. 그것은 신분제의 균열과 병행하여 일어난다. 이러한 상황에서 민은 신분적 탈락 위기에서 벗어나거나 신분 상승 욕구를 실현하고자 정부가 규정하는 신분제의 권위에 의탁하는 한편, 스스로는 '문중'으로 집단화하려는 경향을 보인다. 이러한 점은 조선왕조의 후빈기에 호적과 족보에서 보인 조선 민인들의 움직임과 방향을 같이한다.[50]

그리고 사족이나 양반이라는 신분제가 법적으로 파기된 19세기 말에 들어와서 위와 같은 현상이 폭발적으로 일어난다는 사실도 공통된다. 20세기 초 조선 민인의 족보편찬 유행은 한편으로 신분 상승 욕구를 실현하고 한편으로 신분적 고유성을 견지하기 위해 경쟁하듯이 일어났다. 문중에 대해서도 개방성과 폐쇄성이 함께 작동함으로써 그 의미 부여가 다양해졌다. 류큐나 조선이나 신분을 경제적 위상과 사회적 위상 양 측면에서 바라볼 때 그것이 괴리되어 있고, 굳이 말하자면 후자에 의해 사회활동이 크게 영향을 받는다는 경험을 공유한 것으로 보인다.

그러나 분명한 것은 류큐의 가보에 가해지는 신분적 규정성의 강고함에 반해 조선왕조 족보는 처음부터 신분적 배타성과 개방성이 병존하는 이중적 성향이 있었다는 사실이다. 류큐의 가보가 문중이라는 집단으로 확대한다는 개방성을 극대화하는 것은 왕조가 멸망한 이후 뒤늦은 시기의 일이다. 류큐에서 문중이라는 부계친족이 집단화하는 계기가 된 것은 부계혈연적 정통성을 확인하는 신분규정에 있다. 반면에 조선왕조의 족보는 일찍부터 집단 확대의 개방성이 강했지만 오히려 그 개방성으로 문중이라는 부계적 집단으로 배타적으로 결집한 것은 현실적으로 그리 강하지 않았던 것으로 여겨진다.

5 족보 비교·분석을 통한 사회문화사 연구

동아시아의 족보는 후대의 족인들이 과거에 살았던 선조들을 기억하여 편찬하는 것으로, 인구와 가족의 기록이 편찬 당시 의도에 좌우되는 경우가 많다. 일반적으로 혼인하여 후손을 생산한 자들이 족보에 등재될 확률이 높은 것이다. 그러나 류큐의 가보는 야家의 신분적 계승을 전제로 정부가 파악하는 문서이다. 5년마다 인구 변동을 확인하며 출생 순으로 기재하므로 3년마다 정부에서 조사한 조선왕조의 호적과 성격이 유사하다. 즉, 정부의 신분규정과 깊이 관련되어 있다는 것이다. 류큐의 가보는 부계의 정통성에 근거하여 직계로 단일하게 계승되는 야 단위로 신분이 규정된다. 시간이 지남에 따라 방계가족들이 하나의 가보에 포괄되는 경향도 보이지만 '문중'이라는 부계집단의 결집을 이루는 것은 신분제가 해체된 이후 성행한다.

반면에 조선왕조의 족보는 정부의 신분 보장에 대한 부정 내지는 불안정한 신분규정에 대응하여 전국 규모로 수많은 가족을 포괄하는 형태로 편찬되었다. 다만 정부의 신분규정에 연동하여 신분의 배타성을 확보하고자 하는 점에서 류큐의 가보와 성향이 동일하지만 조선왕조 족보는 일찍부터 집단의 확대에 동반하는 개방성이 병행된다는 점에서 차이를 발견할 수 있다.

그런데 조선왕조 족보는 혼인 네트워크에 기반을 둔 신분적 결집을 최종 목적으로 하며, 부계집단의 형성은 그것을 위한 방편이라는 점을 재인식할 필요가 있다. 부계 친족집단의 형성을 관찰할 때, 두 가지 측면에서 그 방향성을 읽을 수 있다. 좁은 범위에서 부계혈연 내에 신분적 정통성을 고수하고자 하는 방향과 신분적 정통성을 무시하고 넓은 범위로 개방적인 확대를 추구하는 방향성이다. 친족집단의 형성 자체가 매우 관념적 성향이 있는데, 그것은 후자가 더욱 심하다는 점이다. 류큐나 조선에서 동일하게 '문중'이라 표현하고 19세기 말 이후 그러한 결집에 유행이 일어났다고 하더라도 실제 내용은 서로 달랐을 것이다.

이 글은 문화사적 측면에서 류큐의 가보를 분석했지만, 류큐의 가보는 여성에 대한 정보가 풍부하고 출생과 사망, 혼인 기록과 관련해 역사인구학, 인구통계학의 연구에도 매우 훌륭한 자료가 된다. 사족층에 한정되지만 이러한 분야의 연구과제로 출산력, 출산 연령, 결혼율, 혼인관계, 부부의 연령차, 수명, 사망의 계절성, 양자관계 등을 들 수 있다. 류큐의 가보를 가지고 조선의 호적과 족보로부터 비교사적 연구를 수행하는 일은 매우 흥미로울 것이다. 그러나 그러한 연구는 어디까지나 자료적 성격을 고려한 위에 인구와 가족의 사회문화사적 특징을 구별해내는 목적성을 가지고 진행해야 할 것이다.

손병규

성균관대학교 동아시아학술원 교수. 조선왕조 재정사 연구에서 국역 수취와 관련하여 호적 자료를 분석했으며, 호적에 등재된 호구에서 인구와 가족을 추적하여 역사인구학 연구를 병행했다. 이후 호적에 더해 족보 자료를 대상으로 '족보의 인구기재 범위', '호적과 족보의 계보 형태'와 같은 사회사적 분석을 진행해왔다. 주요 저서로는 『호적, 1606~1923 호구기록으로 본 조선의 문화사』(휴머니스트, 2007), 『조선왕조 재정시스템의 재발견』(역사비평사, 2008), 『한국역사인구학연구의 가능성』(성균관대학교출판부, 2016, 공저), 『19세기 지방재정 운영』(경인문화사, 2018) 등이 있다.

집필경위

성균관대학교 동아시아학술원에서 개최된 동아시아학 국제학술회의에서 발표하였고 「琉球王國과 朝鮮王朝 族譜의 비교 연구」라는 제목으로 『대동문화연구』 94호(2016년 6월호)에 게재되었던 글을 이 책의 체계에 맞추어 일부 수정하였다.

2

비교와 연동:

경제·사회의 구성과 운용

④
17～18세기 조선의 화폐 유통과 은

◎

권내현

¹ 은의 이동

조선 화폐사의 흐름을 보면 포목, 미곡과 같은 상품화폐에서 동전이라는
명목화폐로 중심 화폐가 전환되는 과정에 은이 있었다. 명에 대한 세공歲
貢 문제로 조선은 은광 개발과 은의 유통을 억제하였으나 외부에서 밀려
드는 은을 차단할 수는 없었다. 16세기 전반 일본 은이 본격적으로 유입
되기 시작했고, 임진왜란 중에는 명군을 통해 은이 대량으로 흘러들어왔

다. 전자는 주로 무역에 활용되었지만 후자는 조선 사회 내부의 일상 화폐로 기능하였다.[1]

16세기 세계적인 은 수출국 일본과 수입국 중국 사이에 위치했던 조선의 은과 관련된 역할은 명확하게 확인하기 어렵다. 조선의 적극적 의지와 상관없이 은이 유입되었듯이 잇따른 전쟁과 명·청 교체라는 혼란 속에서 조선은 일시적으로 자신의 의지와 무관하게 세계적인 은 유통 과정에서 한 걸음 물러나 있었다. 대일 관계는 물론 대청 관계까지 새롭게 정립된 17세기 중엽 이후에야 조선은 동아시아 은 유통체제에 적극적으로 개입하기 시작하였다.

이와 관련하여 일본에서 중국으로 은이 흘러가는 항구의 중심에 분명 나가사키가 있었지만 쓰시마의 역할 또한 주목하지 않을 수 없다.[2] 쓰시마에서 조선을 거쳐 중국의 북동부로 이어지는 연결로는 동아시아 은 유통 경로 가운데 하나였다.[3] 문제는 조선으로 들어온 은이 청으로 다시 유출되어 제 역할을 끝냈는가 아니면 조선 내부에서 경제적으로 주요한 역할을 담당했는가 하는 점이다.

대청 무역에서 은이 국제 화폐로 기능한 점은 널리 알려진 사실이다. 최근 연구들은 이와 함께 은이 조선 내부의 사회경제 변화에 영향을 미쳤으며, 특히 국내 화폐의 하나로 역할을 하였다고 파악한다.[4] 다만 이러한 연구들은 주로 조선 후기 동전의 주조, 보급과의 관련성 속에서 단편적으로 언급한 한계가 있다. 이 글은 17~18세기 은이 조선 내부에서 화폐로서 지녔던 위상과 역할을 구체적으로 분석하는 데 목적을 두었다. 국내에서 은이 화폐로 활용되는 양상, 동전 보급 과정에서 확인되는 은의 역할, 은전銀錢 발행 시도와 실패 과정을 분석하여 이 시기 화폐사는 물론 은이 조선 경제에 미친 영향에 대한 논의를 확장하고자 한다.

2 화폐로서 은

조선 전기 저화楮貨와 동전 보급 정책이 실패한 뒤 일상적인 거래는 미곡, 포목과 같은 상품화폐로 했다. 국가의 수요를 넘어서는 은이 생산되었으나 국내 시장이 아닌 주로 대중국 사무역의 결제 수단으로 활용되었다. 이러한 경향은 정부의 규제에도 불구하고 16세기 전반 일본 은의 본격적인 유입으로 더욱 확산되었다. 16세기 이후 은이 전 세계적으로 이동하는 과정에서 지역 간 무역에 은이 사용된 것은 널리 알려진 사실이다. [5]

조선 역시 이러한 세계사적 경험을 공유하였는데, 그것은 은의 대량 소비지인 중국과 생산지인 일본 사이에 위치한 지리적 특성을 배경으로 한 것이기도 했다. 은이 국제 화폐가 아닌 국내 시장에서 화폐로 이용된 것은 임진왜란과 명군의 참전이라는 우발적 요인 때문이었다. 명군과 함께 국내로 흘러들어온 막대한 은은 조선의 시장에서 일상적인 거래 수단이 되었다. 물론 한정된 지역에서 유통되기는 하였으나 이는 미곡, 포목 외에 은이 국내 시장에서도 화폐 기능을 하는 결정적 계기가 되었다.

임진왜란과 뒤이은 병자호란의 혼란을 수습하고 주변국과 관계가 서서히 안정되면서 17세기 후반 조선을 매개로 한 동아시아 삼국 사이의 국제 무역이 성행하였다. 18세기 전반까지 일본에서 조선으로 사무역을 통해 들어온 은은 통계 자료에서 매년 많게는 30만 냥을 넘어섰다. 같은 시기 조선에서 청으로 유출된 은은 많게는 연간 50~60만 냥 수준인 것으로 전한다.[6] 무역 은의 활용 억제 정책을 수정하고 대규모 전란을 수습하는 과정이 필요했던 조선은 일본의 은 수출과 중국의 은 수입이 절정을 이루었던 시기보다 한 발 늦게 동아시아 은 유통에 적극 참여하였다.

그런데도 조선에서 무역 수단으로 은을 익숙하게 활용했다는 사실에는 변함이 없다. 문제는 은이 동래에서 서울을 거쳐 의주로 빠져나간 것에 불과했는가, 아니면 국내 시장에서도 일정하게 화폐로서 기능을 했는가 하는 점에 있다. 최근 연구들은 국내 시장에서 금속 칭량 화폐였던 은이 통화 기능을 했다고 인정하는 편이다. 17세기 초 은이 시장에 유통된 이후 화폐 기능을 지속적으로 유지했다거나, 시기를 한정하여 17세기 중엽에서 18세기 초를 정포·미곡·은화 유통기로 보기도 한다.[7]

추포에서 은화, 은화에서 동전으로 기축 화폐가 바뀐 것으로 이해하는 적극적 시각에서는 17세기 후반 서울을 비롯한 상업 발달 지역의 경우 은이 고액은 물론 소액 거래에서도 중심 화폐 역할을 했다고 본다.[8] 이러한 견해들은 상업이 발달한 곳으로 그 지역적 범주를 한정하기는 하지만 상평통보가 확산되기 이전 화폐로서 은의 역할을 긍정한다.

은이 중국으로 모두 유출되지 않고 국내 시장으로 흡수되는 길은 분명 열려 있었다. 일본 은이 들어오면 동래부에서는 10분의 1을 세금으로 징수하여 그 가운데 3분의 2는 호조로 보내고 3분의 1은 자신들의 재정에 충당하는 것이 관행이었다.[9] 호조와 동래부는 징수한 세금을 재정에 활용하였고, 이를 제외한 나머지 은은 역관과 상인의 손을 거쳐 다수가 대청 무역에 사용되었다.

은의 또 다른 확보 통로에는 국내 생산 분이 있었다. 17세기 말에는 전국 68개 읍에 은점銀店이 설치되어 호조나 지방 관청에서 수세했다.[10] 품질이나 생산량이 높았던 단천 은광에서 호조는 1,000냥에서 적게는 500냥을 매년 수세하였다.[11] 여러 은광의 생산량과 관청 수세량을 확인할 수는 없다. 다만 호조는 18세기 초까지 일본 은과 국내 은을 아울러 평소 30만 냥 이상의 은을 보유하고 있었다.[12] 국내 최대 은 생산지이자 대청 무역의 관문에 위치한 평안도의 창고에서도 은을 많게는 30만 냥 비축하고 있었다.[13]

이들 외에도 여러 관청에서는 불시의 수요에 대비하여 은을 비축하였고 17세기 후반부터 민간에 이를 빌려주기 시작했다.[14] 그 대상은 대청 무역에 종사했던 역관과 상인이었다. 그렇다면 은을 이용한 중심 주체는 관청을 제외하면 역관과 상인이었고 거래 지역은 책문과 심양, 북경 등 중국 내부였다. 17세기 후반 이후 한 번 사행에서 팔포에 채워가는 은은 7만 4,000냥 정도였고, 별포를 포함하면 10만 냥에서 많게는 20만 냥에 이르기도 했다.[15]

17세기 후반 이후 연평균 대청 사행은 두세 차례였으므로 매년 최소 20만 냥은 중국으로 흘러나갔다. 따라서 국내 시장에서 통용된 은은 중국으로 유출되지 않은 나머지로 그 양은 상대적으로 적었다. 국내 시장에서 화폐로 사용된 은의 양을 확인하기는 어렵지만 기술 자료에서는 활용 수준을 꽤 높게 보기도 한다. 1678년 동전을 발행하는 과정에서 비변사는 "근래 추목麤木이 단절되어 공사의 모든 매매에 오로지 은화만을 의지하

며, 땔감·채소 등 사소한 물건까지도 반드시 은화가 있어야만 교역할 수 있다"라고 하였다.[16]

당시 은이 국제 무역에서 기축 화폐 역할을 한 것은 사실이지만 이러한 단편적 진술만으로 국내에서도 중심 화폐로 부상했다고 보기는 어렵다. 비변사의 주장은 은의 한계와 동전의 필요성을 강조하기 위해 은이 사용되는 현실을 과장해서 설명하는 과정에서 나왔기 때문이다. 정조 말 호조 판서 김화진金華鎭(1728~1803)은 조선의 중심 화폐가 저화, 면포, 동전 순으로 바뀌었다고 하며 은을 포함시키지 않았다.[17] 하지만 적어도 17세기 서울 등지에서는 은이 고액 거래는 물론 소액 거래에도 이용되었다는 사실 자체를 부정할 수는 없다.

은이 화폐로 어떻게 사용되었는지는 1653~1666년 조선에 체류했던 하멜Hendrik Hamel(1630~1692)의 기록이 도움을 준다. 조선인의 경제생활에 대한 하멜의 몇 가지 주목할 만한 언급을 살펴보자.

① 도성에서 상류 계층은 은을 가지고 거래합니다. 평민들과 시골 사람들은 그 가치에 따라 포목을 가지고 거래하며, 또 쌀이나 기타 곡물을 가지고도 거래합니다.[18]

② 국내 상거래는 대부분 포목을 교환 수단으로 사용합니다. 중요한 사업가나 상인들은 은을 사용하지만 농민이나 보통 사람들은 쌀이나 기타 곡식을 사용합니다.[19]

③ 조선인들은 중국과의 국경지대에서만 통용되는 카시(동전) 이외의 돈은 모릅니다. 물건을 사고팔 때 일본에서 사용하는 은화처럼 무게

에 따라 크고 작은 것으로 조각낸 은을 사용하기도 합니다.[20]

하멜의 관찰에 따르면 상평통보가 본격적으로 발행·보급되기 이전 국내에서 거래는 계층과 지역에 따라 차이가 있었음을 알 수 있다. 은은 상류층과 상인들이 서울이나 주요 상업지에서 칭량 화폐로 사용하였으며, 서울의 평민들이나 나머지 대부분 지역민은 주로 포목, 부차적으로는 미곡을 상품화폐로 사용하였다. 그리고 조·청 국경 지역에서는 동전이 사용되기도 하였다.

결국 하멜은 조선 내부의 화폐가 계층과 지역에 따라 다층적으로 구성되었음을 보여주었다. 이 가운데 중심 화폐는 포목과 미곡이었으며 이는 16세기까지 동아시아 삼국에서 공통적인 현상이기도 했다.[21] 조선에서는 상품성이 떨어지는 추포와 국제 화폐였던 은이 기존 상품화폐의 영역을 잠식해 들어갔으며, 17세기 말까지 추포는 퇴장하고 은의 유입은 늘어나는 과정에 있었다.

하멜이 조선을 떠난 뒤인 1680년대 이후 영남이나 호남이 지방 양반가에서도 토지, 가옥 등의 거래에 은을 이용하였다.[22] 서울이나 상업 번성지가 아닌 지방으로, 관료나 상인이 아닌 일반 양반으로 은의 이용 지역과 계층이 확대된 것이다. 1680~1690년대는 사무역을 통한 일본 은 수입이 절정을 이루어 매년 20~30만 냥 수준을 유지하였다. 여기에 국내에서 생산된 은이 더해져 고액 거래에서 은이용이 늘어나게 된 것이다.

하멜의 관찰 가운데 주목할 만한 또 하나의 사실은 조·청 국경지대에서 동전이 사용되었다는 점이다. 17세기 전반 인조·효종 대 여러 차례 동전 주조가 시도되었고, 이때 발행된 동전은 상평통보 보급 이전 개성과 평안도 일부 지역에서 사용되었다.[23] 중국 동전도 수입되어 의주 일대에서는 실제로 유통되었다. 하멜의 언급은 이러한 중국 동전을 지칭한 것으로 보이는데, 조선에서 주전을 시도하다 중단된 동전은 사용 지역이 넓지 않아 그가 파악한 정보에는 포함되지 못한 것 같다.

그렇다면 상평통보 이전 주로 조선의 평안도 국경지역에서는 중국 동전, 개성에서는 조선통보와 같은 조선 동전, 서울에서는 은, 나머지 지역에서는 포목과 미곡이 주요 화폐로 활용되었다고 할 수 있다. 이 가운데 정부 주도의 공식적인 중국 동전 수입은 여러 차례 논의는 있었지만 실행되지 못했고,[24] 조선통보는 1678년 상평통보의 주전으로 이어졌다. 국제 화폐로 독보적인 지위에 있었던 은은 국내 시장에서도 이용 대상을 확대해나갔지만 동전 보급의 확대와 은의 수입 및 생산 감소라는 상황에 직면하면서 그 지위는 곧이어 하락 국면으로 접어들었다.

다층적으로 존재했던 조선의 화폐 가운데 중국과 조선의 동전 그리고 일본과 조선의 은은 상품화폐가 담당했던 영역을 잠식하면서 결과적으로 상평통보의 주전과 보급으로 이어졌다. 이 가운데 은은 다수가 주 생산지였던 일본에서 중간 기착지인 조선을 거쳐 최종 도착지인 중국으로 흘러들어갔다. 은은 국내 시장에서 다른 화폐들과 경쟁하였지만 국제 시장에서 위치는 독보적이었으며 상대적 가치와 활용도가 높았던 중국으로 유출된 것은 자연스러운 현상이었다.

따라서 은의 이동은 조선 내부로 이를 끌어들이려는 구심력보다 중국으로의 유출이라는 원심력이 언제나 강하게 작용하였다. 공적인 영역에서는 구심력조차 대중국 외교와 무역을 위한 비축 수단이라는 의미가 더 컸다. 다만 사적 영역에서 은은 주로 저장 자산이나 고액 거래의 수단으로 활용되었다. 17세기 자료에 등장하는 은은 기축통화라기보다는 다층 구조 아래 한 부분을 담당했던 이러한 측면을 보여주는 것으로 이해할 수 있다.

³ 동전 주조와 가치 척도

중국 동전과 조선 동전, 은, 포목과 미곡이 지역과 계층을 달리하며 병존하는 구조는 화폐 발전 과정에서 자연스럽게 나타나는 현상이었다. 중앙정부는 획일적 화폐 시스템을 지향하지만 시장에서는 필요에 따라 다양한 화폐가 경쟁하기 마련이었다. 중앙정부의 동전 중심 화폐 정책의 일환으로 이미 17세기 전반 인조 대인 1625년과 1633년 공식적으로 화폐를 주조하다가 각각 정묘호란과 병자호란으로 실패하였다.

효종 대에는 동전 수입과 주전을 비롯해 행전行錢 확대책이 추진되었지만 조정의 논의가 일치하지 않았다. 그 결과 행전이 전면적으로 중단되고 1659년에는 변방지역인 강변 각 읍을 겨냥해 '금전절목禁錢節目'까지 만들었다.²⁵⁾ 이에 따라 일시적으로 중국과 조선 동전의 사용이 중지되어 시장에서는 동전을 제외한 은과 포목, 미곡이 화폐로 활용되었다. 이후 중국 동전은 사실상 퇴출되어나갔고 조선 내부에서는 새로운 동전 주조가 모색되었다.

숙종 초인 1678년 동전 주조와 보급이 다시 전면화한 것은 시장의 여건 성숙, 동전 유통의 역사적 경험, 원료인 구리의 확보 등 다양한 배경이 있었지만[26] 획일적 화폐 시스템의 구축과도 무관하지 않았다. 양란 이후 국가 체제를 정비하려는 노력은 다각도의 논의와 실험으로 숙종 대 대대적으로 시행되어나갔다. 1675년에는 호구 통제를 강화하기 위해 오가작통제와 호패법이 실시되었다.[27] 중앙의 지방 통제가 감사-수령-면임-리임-통수-개별 호구라는 수직적이고 일원적인 체제로 정비되고 개인은 다시 호패를 통해 이중적 지배를 받게 된 것이다.

호구에 대한 통제 강화에 이어 1719~1720년에는 양전이 전면적으로 실시되었다. 이는 광무양전 이전 전국적으로 실시된 유일한 양전이었다. 숙종 대는 상업 정책에서도 방만하게 운영되던 상품화폐 경제에 국가가 적극적으로 개입한 시기이기도 하다.[28] 이러한 일련의 과정에서 1678년 동전이 주조되어 전국적으로 보급되었다. 그것은 결국 다층적 화폐 구조를 정부 개입에 따라 동전 중심으로 획일화·일원화하려는 시도로 볼 수 있다.

정부는 다양한 제도적 장치를 동원하여 동전이 상품화폐를 대체할 수 있도록 하였다. 동전 확산 정책은 은에도 적용되어 각 관청에서 대출 은을 규제했다. 17세기 후반 여러 관청은 비축용 은을 대출하여 본은本銀과 이자를 모두 은으로 상환받아 재정을 늘렸다. 정부는 동전 사용을 확대하기 위해 이자는 동전으로 받도록 하는 등 통제 가능한 영역에서는 은을 동전으로 대체하도록 하였다.[29]

정부의 적극적인 동전 보급 정책으로 서울, 경기, 충청 지역에서는 상평통보 주조 직후부터 비교적 빠른 시기에 동전이 유통되었다. 경상, 전라 지역에서도 1690년대부터 토지나 노비 거래에 동전이 본격적으로 이용되었다. 해남의 해남윤씨가를 중심으로 전국의 매매명문을 분석한 연구에서는 1680년까지 포목, 1681~1690년에는 미곡, 1690년대 이후에는 동전이 결제 수단으로 압도적 위치를 점하였음을 보여준다.[30]

지역과 계층에 따라 다층적으로 구성되었던 화폐는 17세기 말 이후 동전을 중심으로 재편되었으며 포목과 미곡은 보조 수단으로 위상이 하락하였다. 화폐와 호구, 토지 등 국가 운영의 기본 수단이자 경제 단위들이 17세기 후반~18세기 초 국가의 한층 강화된 개입과 통제 아래 놓이게 된 것이다. 이로써 양란 이후의 국가 체제 정비는 일정한 궤도에 오르게 되었다.

서울과 상업 중심지의 상류층과 역관, 상인, 지방의 일부 지주층으로 확산되었던 은은 동전의 보급과 함께 국내 시장에서 퇴장하기 시작했다. 이를 한층 가속한 것은 일본에서 은 유입량이 감소한 것이다. 사무역을 통한 일본 은 수입량은 1701년 27만 3,000냥 이후 20만 냥을 넘은 적이 없으며, 1732년 10만 1,000냥 이후 10만 냥을 넘지 못하였다.[31] 18세기 초 하락 국면에 접어들어 18세기 중엽 일본 은 유입이 중단된 것은 정부의 동전보급 정책과 함께 은이 국내 시장에서 퇴장하는 주요한 요인이었다.

은은 이후 공물권 매매와 같은 고액 거래에 한정되어 19세기까지 명맥을 유지하였다.[32] 은이 국내 시장에서 퇴장하는 가운데 대청 외교와 무역에서 국제 화폐로서 위상은 당분간 유지되었다. 물론 이 역시 일본 은과 국내 생산 은의 감소로 절대 수량은 축소 국면에 있었다.[33] 하지만 대청 사행 경비를 마련하는 데 은은 반드시 필요한 물자였다. 국내 시장에서 은이 퇴장한 또 다른 요인은 중국 유출이라는 원심력이 오랫동안 강하게 작용했다는 점이었다.

은은 동전의 보급으로 기능이 위축되었지만 동전 확산에 긍정적인 영향을 주었다. 포목과 미곡 외에 17세기 새로운 화폐로 은이 국내 시장에서 통용된 경험은 전면적인 주전과 행전을 자극하였다. 그뿐만 아니라 은은 동전의 가치를 규정하는 수단으로도 활용되었다. 1633년 동전이 주조될 때 전 1문文의 기준가는 미 반승半升이었다. 이는 1626년 주전 시의 1문 기준가 미 1승에 비해 절반으로 떨어진 것이었다. 무게는 1전 4푼짜리 만력통보萬曆通寶를 기준으로 삼았다.[34]

1655년 추진된 주전에서는 가격이 상대적으로 안정되어 있던 은으로 기준가를 정해 은 1냥을 전 600문으로 하였다. 은가와 연동해 전 1문을 다시 미 4분의 1승에 해당하도록 하였다.[35] 미가를 기준으로 하면 동전의 가치는 1633년에 비해 다시 절반으로 낮아진 것이다. 당시 국내 시장에서 통용이 확산되던 은으로 기준가를 정하였지만 동전의 실제 가치가 떨어져 유통은 쉽지 않았다.

이때 은 1냥을 전 600문으로 정한 것은 무엇을 근거로 하였을까? 효종 대 행전책이 실시되면서 한인漢人들은 동전을 수출하기 위해 요동에 이를 쌓아두고 조선 역관들과 흥정을 벌였다. 흥정 대상은 만력통보를 비롯한 명대의 동전으로 1651년 당시 가격은 은 1냥당 800문 정도였다.[36] 1620~1630년대 명나라 내부에서 은과 동전의 비가는 은 1냥당 전 550~650문 사이였다. 명·청 교체기인 1640년대에는 은 1냥에 최대 5,000

문까지 동전의 가치가 폭락하였다.[37]

1650년대 청 내부의 은전 비가는 명확하지 않은데 조선과의 국경에서 800문 정도로 시세가 형성된 것으로 보인다. 한인들은 가치가 떨어지는 명대 동전들을 조·청 국경에서 유통시켰고 실제 의주 일대에서는 이들 동전이 들어와 사용되었다. 그렇다면 1655년의 은전 비가 1냥당 600문은 1620~1630년대 중국 내부의 비가와 유사하며, 동전 무게는 1633년의 1전 4푼이 유지된 것으로 추정된다. 이를 기준으로 국경에서 800문에 시세가 형성된 동전의 무게를 추정하면 1전 정도 되는 질이 낮은 것들이었음을 알 수 있다.

결국 1655년의 은전 비가는 만력통보를 기준으로 1633년 주조된 1전 4푼 무게의 조선통보와 국경에서 유통된 명전明錢의 시세를 참고하여 결정한 것임을 알 수 있다. 물론 이보다 더 중요한 사실은 동전 가치를 은으로 규정하기 시작했다는 점에 있다. 은은 무역과 국내 시장에서 화폐로 통용되었을 뿐만 아니라 동전의 가치 척도라는 위상을 새롭게 확보한 것이다.

이러한 위상은 1678년 상평통보 주조에서도 그대로 유지되었다. 당시 은 1냥은 400문, 미가는 시세에 따라 전 4문에 1승으로 정하였다.[38] 미가는 1655년과 동일하게 규정되었으나 은전 비가는 600문에서 400문으로 바뀌어 동전의 상대적 가치가 크게 상승하였다. 이때 동전의 가치는 『대명률』의 규정과 개성의 시세를 기준으로 결정되었다.

『대명률』의 규정이란 동 1근을 동전 150문과 교환하도록 한 것을 말한다.[39] 이 내용에 따르면 동전 1문은 구리를 1.07전 함유하게 된다. 동전의 성분은 구리, 아연, 주석, 납으로 이루어졌으며 발행 초기 구리 함량은 80% 수준이었다.[40] 이를 기준으로 동전 1문의 무게를 추산하면 약 1.34전으로 1전 4푼짜리 만력통보나 조선통보와 거의 같다. 실제 1679년 동 7근으로 동전을 1관(10냥) 주조하였다.[41] 이는 동 1근에 동전을 143문 주조한 것이므로 『대명률』의 규정과 큰 차이가 없다.

그런데 상평통보 무게는 곧이어 상향되었다. 『속대전續大典』과 『만기요람萬機要覽』에서는 그 무게를 2전 5푼으로 보았다.[42] 이 동전이 얼마나 주조되었는지 알 수 없으나 숙종 당대의 기록들은 1문에 2전을 기준으로 삼고 있었다.[43] 현존하는 상평통보 가운데 뒷면에 '이二'자가 표시되어 중량을 명확히 밝힌 동전이 그것이다. 상평통보 유통 초기 동전의 가치가 안정되지 못하고 은과 교환하는 가격이 요동친 것은 동전의 무게 변화와도 관련이 있었던 것으로 보인다.

미가의 경우에는 "풍흉에 따라 높고 낮음이 같지 않아 비록 일정하게 규정할 수는 없더라도 잠시 현재 시가에 따라 400문에 미 10두, 40문에 미 1두, 4문에 미 1승에 준하도록 정식으로 삼는다"라고 하였다.[44] 이 규정에서는 동전으로 환산한 미가는 1655년과 동일하였으나 실제로는 시세에 따라 꾸준히 변동하였다. 당시 기준가를 동전 1냥(100문)으로 환산하면 미 2.5두였는데 다음 해 미귀전천米貴錢賤 현상에도 불구하고 미가는 1냥당 5두로 떨어졌다.[45] 동전의 중량 변화와도 관련된 것으로 보이지만 동전의 보급 정도, 풍흉 등에 따라 동전과 미곡의 교환가는 향후 계속 조정되었다.[46]

동전의 가치를 안정시키기 위해 획정한 은전 비가도 동전의 규격 변화와 현실 물가에 따라 초기에는 비교적 변동이 심하였다. 1679년 한 해만 하더라도 동전의 가치가 너무 낮아 잘 통용되지 않자 은전 비가를 은 1냥 당 200문으로 낮추어 동전의 가치를 두 배로 올렸다가 몇 달 뒤 시세에 따라 원래대로 되돌렸다.[47] 이후로도 기준가는 정해져 있었으나 실제 은전 교환 비율은 시세에 따라 조정될 수밖에 없었다.

따라서 현실에서 사라진 명 왕조와 상평통보의 전면적 보급 이전 개성에서 실현된 시세를 기준으로 규정된 은전 비가는 조선 내부의 시세와 괴리되거나 조정되는 과정을 거쳐야 했다. 18세기 들어 은 1냥은 전 2냥 수준에서 움직였고 『속대전』에서도 은 1냥의 기준가를 전 2냥으로 정하고 있었다.[48] 17세기 후반에 비해 동전의 가치가 상대적으로 높아지면서도 안정적으로 유지된 것이다.

은과 동전의 비가가 정해지고 이것이 시세와 괴리될 때 피해를 보는 이들이 생길 수도 있었다. 조선 내부의 동전 가치가 개입될 여지가 없었던 국제 무역에서는 문제가 되지 않았지만 국내에서 은과 동전이 교환될 때에는 논란의 소지가 있었던 것이다. 예를 들어 동전 보급 전후로 호조에서는 공인貢人들에게 물건값을 은으로 지불하였는데, 1730년대 은이 부족해지자 이를 동전으로 대신한 적이 있다. 그런데 호조의 규정은 은 1냥에 전 2냥이었으나 실제 시세는 2냥 6전~2냥 7전에 이르러 공인들이 큰 피해를 보게 되었다. 이 문제는 평안도 은을 가져와 지급하는 것으로 결론이 났으나 유사한 사례가 이어질 가능성이 있었다.[49]

결국 동전 주조 당시 동전의 가치를 정하기 위해 규정된 은전 비가는 실제 교환 비율과는 다를 수 있었으므로 양자 사이를 조정해야 했다. 그런데 18세기 들어 동전에 대비한 은의 가치 상승을 압박하는 요인들이 나타나 규정 비가와 실제 교환 비율 사이의 괴리가 커질 가능성이 높아졌다. 무엇보다도 국내에서 유통되는 은의 절대량이 줄어들었다. 반면 동전은 1678~1697년 약 450만 냥, 18세기 전반 108만 냥, 18세기 후반 410만 냥 정도가 주조되었다.[50] 전황錢荒이 나타난 적이 있기는 했지만 전반적으로 은은 축소, 동전은 확대 보급되는 국면에 있었던 것이다.

이와 함께 동전의 중량은 몇 차례에 걸쳐 감소되었다. 1742년 동전 1문은 2전을 유지하였으나 1752년에는 1전 7푼, 1757년에는 1전 2푼까지 줄었다.[51] 구리 함량과 연관된 동전의 무게는 은전 비가를 정하는 근거이기도 했다. 동전의 무게 감소는 은의 상대적 가치 상승에 따른 규정 비가의 변화를 초래할 수 있는 요인이었다. 더구나 은의 유통량이 감소해 실제 교환에서도 은의 가치는 대폭 상승할 수 있었다.

하지만 이러한 변화가 현실에 바로 적용되지는 않았다. 18세기 중엽 일본 은의 유입이 중단되고 국내에 남은 은이 계속 중국으로 흘러나가는 상황에서 동전의 가치를 은으로 결정하는 것이 점차 무의미해졌기 때문이다. 은전 교환 비율은 극히 한정된 분야에서만 유효하였고 동전을 평가하는 기준도 사실상 은이 아닌 미곡으로 바뀌었다.[52] 가치 척도 기준으로서 은의 유용성이 퇴색되고 있었던 것이다.

<u>4</u> 은의 국적 논란과 은화의 가능성

청과의 거래나 조선 내부에서 사용된 은의 다수는 일본에서 유입된 것이었다. 하지만 국내에서도 은이 꾸준히 생산되었는데 일본의 정은丁銀과 달리 순도 100%인 천은天銀이 많았다. 이는 청 사신의 접대, 조선 사신의 청 방문이나 무역, 각 관청의 비축 재정 등으로 두루 활용되었다. 이 은을 일본 은과 구분하여 광은礦銀(鑛銀, 壙銀)으로 불렀다.

광은이 조선 조정 내에서 논란이 된 것이 1720년대부터였다. 1726년 동지사행의 일원으로 청을 방문했던 정사와 부사는 사행에서 광은이 일본 은보다 두 배나 많이 사용되고 있으며, 그해 대청 사행과 재자관賁咨官 등의 행차에 광은이 모두 수십만 냥 사용되었다고 문제를 제기하였다.[53] 이는 대청 사행에 필요한 은이 일본 은만이 아니라 국내 생산 은으로도 충당되었음을 의미한다.

광은 문제가 제기될 무렵인 1724~1726년 사이 일본에서 공식적으로 사무역으로 수입된 은은 4만~7만 냥 수준으로 평소보다 급감했다.[54] 일본 은의 유입이 이처럼 급감할 시기에 이를 보조한 것은 국내에서 생산된 은이었다. 국제 화폐로서 은의 위상이 확고하고 대청 외교와 무역 시스템이 바뀌지 않는 한 은의 유출은 불가피한 면이 있었다. 다만 그 은에서 차지하는 국내산의 비중이 커졌다는 점에 문제가 있었다.

광은의 비중이 실제로 얼마나 되는지는 명확하지 않다. 한 번 사행에 은이 적어도 10만 냥 정도 필요한데, 광은이 일본 은보다 두 배라면 6만 냥 이상이 국내 은이라는 말이 된다. 광은의 비중은 갈수록 늘어나 1742년

좌의정 송인명宋寅明(1689~1746)은 한 번 사행에 은이 8만~9만 냥 들어가고 그중 천은이 8만 냥이라고 해서 국내 은의 비중이 압도적이었음을 알 수 있다.[55] 이러한 분위기에서 1758년 국왕 영조는 마침내 대청 사행에 일본 은이 한 조각도 들어 있지 않다고 한탄할 정도였다.[56] 이는 1750년대 일본 은의 단절이 가져온 결과였다.

대청 사행과 무역에서 광은 비중의 증가는 〈그림 1〉에서도 어느 정도 유추할 수 있다. 여기에서 그래프의 변화는 사무역으로 일본에서 조선으로 들어오는 은의 유입량을 나타낸다. 그리고 매년 평균 두 번 대청 사행이 이루어지고 한 번 사행에 은이 10만 냥 소비되었다고 가정하여 20만 냥을 기준선으로 잡았다.[57] 물론 일본 은의 유입량은 통계에 잡힌 것보다 더 늘어날 수 있고, 조선의 은 유출량은 후시무역을 포함하면 훨씬 더 많아질 수 있다. 이를 고려하지 않더라도 18세기 들어 은 유입량보다 유출량이 더 많을 뿐만 아니라 그 격차가 갈수록 확대되는 추세임을 알 수 있다. 그림에서 음영으로 표시된 부분은 결국 조선에 비축된 일본 은 일부와 특히 조선산 은이 대청 무역에 투입된 양을 나타내며 실제로는 이보다 훨씬 많았다고 할 수 있다.[58]

광은이 국내에서만 유통되지 않고 청으로 흘러들어가는 것에 대해 처음에는 일절 금지해야 한다는 강경론과 일본 은이 부족한 상황에서 불가피하다는 현실론이 맞섰다. 강경론의 경우 "우리 은을 공연히 영고탑으로 들여보내는 것은 개탄할 만한 일이다"와 같이 다분히 감정적 언사들도 있었다.[59] 하지만 이와 같은 광은 유출 금지론은 정치경제적 명분을 축적하면서 갈수록 확산되었다.

〈그림 1〉 일본 은의 수입량과 조선 은의 유출량 추정 (단위: 냥)

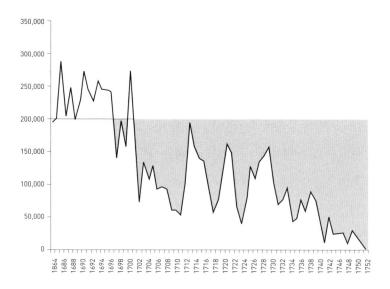

　정치적 명분은 18세기까지 잔존했던 반청 분위기와 연관이 있었다. 조선에서는 은의 유출이 청에는 번영과 존속을, 조선에는 피폐함만을 남길 것이라고 우려하였다.[60] 영조는 영고탑회귀론에 근거하여 몽골이 중원을 장악하면 은의 대대적 징색으로 조선이 망국의 화를 입게 될지도 모른다고 보았다.[61] 광은의 유출은 청을 부강하게 하거나 혹 그들이 무너지더라도 몽골의 침탈로 조선은 계속 피해를 볼 것으로 예상한 것이다.

　이러한 정치적 명분 이상으로 광범위하게 호응을 얻은 것은 경제적 피해론이었다. 조선은 일본 은을 매개로 대청 외교와 무역을 원활하게 수행할 수 있었다. 그 과정에서 조선의 손실은 없었지만 조선 은이 일본 은을 대신하여 계속 청으로 유출되자 조선 관료들은 국가의 부가 축소되는 것으로 인식하였다.[62] 일본 은과 달리 광은의 유출로 결국 국내 경제가 피해를 본다고 판단한 것이다.[63]

이러한 인식은 광은과 교환되는 상품이 비단류의 사치품이라는 사실에서 더욱 확고하게 굳어졌다. 18세기 초까지 조선은 일본 은과 청의 비단을 중계무역하여 많은 이익을 얻었지만 일본 내부에서 비단을 본격적으로 생산하고, 청·일 간 직교역이 이루어지면서 그 이익이 급감하였다. 더구나 같은 시기 조선의 수입품에는 큰 변화가 없었으나 결제 대상은 광은으로 바뀌고 있었다.

이미 1721년 사은행에 역관으로 동참했던 김경문金慶門은 사은부사 이정신李正臣(1660~1727)에게 일본 은이 부족한 상황에서 청의 사치품과 잡화가 계속 수입되는 문제를 지적하였다. 그가 보기에 청에서 수입한 물건들이 동래에서 일본 은으로 교환되지 못하고 국내 시장에서 소비되면서 사치 풍조가 확산되고 있다는 것이다. 더욱이 일본 은이 감소하면서 호조의 수세액이 줄어드는 문제도 발생한다고 보았다.[64] 이러한 상황에서 광은이 일본 은을 대신하자 조선의 경제적 피해에 대한 조정의 관심이 점차 고조되었다.

그리하여 많은 관료는 '영원한 나라의 보배를 쓸모없는 사치품, 잡화와 교환하여 이익은 청이, 피해는 조선이 입는 격'으로 인식하게 되었다.[65] 18세기 대청 무역의 여파로 국내 사치품 시장이 발달하자 절용을 강조한 지배층의 비판이 제기되었는데, 국내산 은의 유출로 그러한 비판은 더욱 더 확산되었다.[66] 그리하여 1746년과 1787년 두 차례에 걸쳐 무늬 있는 비단의 수입을 엄금하는 조처가 취해지기도 하였다.[67] 이는 결국 광은 유출을 금지하는 것과 마찬가지였다.

실학자 이익李瀷(1681~1763)도 비슷한 시각에서 18세기 당대 조선의 무역 구조를 매우 비판적으로 인식하였다. 그는 조선에서 일본으로 미곡과 포목이 들어가고 일본에서는 조선으로 은이 들어오며, 조선에서 중국으로는 광은과 왜은이 나가고 중국에서 조선으로는 사치품이 들어온다고 보았다.[68] 이는 조선의 생필품이 일본으로, 귀금속이 중국으로 유출되고 불필요한 사치품만 유입된다는 시각으로, 이 때문에 나라가 가난할 뿐만 아니라 재정도 부족하다고 탄식하였다. 광은과 비단류 교환에 대한 비판이 재야 지식인들에게도 확산되었던 것이다.

광은의 유출을 비판하는 또 다른 이유는 그것이 불시의 수요에 대비할 수 있는 국가의 주요 재원이라는 점에 있었다.[69] 호란 이후 비축 재정으로서 은의 중요성이 커졌지만 일본 은의 감소로 이미 비축된 은의 활용은 갈수록 늘어났다. 비축 은 가운데는 당연히 광은이 많이 포함되어 있었다.[70] 따라서 광은의 유출은 민간의 사치 풍조와는 또 달리 공적인 비축 재정의 축소라는 문제가 있었던 것이다.

이러한 정치적·경제적 명분을 기반으로 조선 내부에서는 광은 유출을 금지하려는 움직임이 강했지만 대청 외교와 무역에서 은을 대체할 상품을 찾기 힘들었기 때문에 실효를 거두기가 어려웠다. 사행의 주요 구성원 수를 줄이거나 은 대신 종이, 피혁, 해산물로 청의 상품을 교환하자는 의견도 제시되었다.[71] 하지만 이는 역관의 이익을 침해하거나 이로써 사행 경비를 마련하기가 힘들어질 수 있었으며, 자연 삼이 절종된 이후 18세기 말 팔포에 홍삼을 채워가기 전에 은만큼 청의 이목을 끄는 상품도 없었다.

은의 유출이 가져온 또 다른 경제적 파장은 이것이 전황錢荒과도 연결되었다는 점이다. 전황은 동전 이용 확대와 발행의 정체, 관청이나 개인들의 축장은 물론 은 유출에도 영향을 받았다. 동전이 전면적으로 보급된 이후 은은 동전과 경쟁에서 밀려났다. 영조 대 재상 송인명이 "과거에는 집과 전답의 매매를 모두 은으로 했으나 지금은 동전이 이를 대신한다"라고 한[72) 주장은 토지와 전답 매매 문서의 분석에서도 확인되는 사실이다.

고액 거래에서 은이 맡았던 역할을 동전이 대신하면서 은과 동전의 상호 보용이 어려워지게 되었다. 왕조의 의도대로 동전 중심의 단일한 화폐 체계가 형성되어나갔지만 동전 이용 영역이 급속하게 확산되면서 오히려 동전 부족을 초래한 것이다. 은과 포목이 상평통보 이전 주요 화폐로 사용되었으나 동전만큼 편리하지 못하다는 것이 당대의 인식이었다.[73) 하지만 동전 이용이 확대되었는데도 원료인 구리 수급의 어려움 등 여러 이유로 동전 발행이 용이하지 않자 은의 화폐 기능에 다시 주목하게 되었다.

국왕과 관료들은 일상 거래에 동전을 사용하더라도 고액 거래를 과거와 같이 은이 맡는 방식을 해결책의 하나로 보았다. 특히 일본 은은 청으로의 유출이 불가피해도 광은은 국내에 남겨 화폐 기능을 회복할 수 있기를 희망하기도 했다. 하지만 영조가 한탄하였듯이 "동전을 흔하게 하고 싶어도 은이 없다"라는 것이 현실이었다.[74) 은을 확대 보급하여 동전 부족 현상을 해결하고 싶어도 국내에서 활용할 수 있는 은의 절대량이 부족했던 것이다. 나아가 동전 자체를 혁파하려는 강경론도 은의 부족에서 알

수 있듯이 대체 화폐의 부재로 실행되기가 어려웠다.[75]

그럼에도 은의 유입이나 생산이 부분적으로 이루어지면서 은을 화폐로 활용하자는 주장은 계속 제기되었다. 그 가운데에는 정부가 은의 규격을 공식적으로 정하자는 견해가 있었다. 에도시대 일본에서는 막부의 공인에 따라 모양, 중량, 함량이 일정한 은을 제작했다. 1742년 조선 내부에서도 규격을 통일하고 순도 100%인 은전銀錢을 제작해 화폐로 보급하자는 논의가 등장하였다.[76]

당시 청에서는 말발굽 모양의 마제은馬蹄銀이, 일본에서는 개 혀 모양의 개서은介西銀(견설은犬舌銀)과 바둑돌 모양의 기자은碁子銀이 제작되었는데 국내 은은 일정한 형태로 정밀하게 제련하지 않아 갓 채굴한 것처럼 거친 느낌을 주었다.[77] 청에서 온 사신들은 일본의 정은보다 순도가 높은 천은을 오히려 꺼리는 경우도 있었다.[78] 그것은 정은이 일정하게 규격화된 형태로 주조되어 공신력을 확보하였기 때문이다.

국내 은은 아마도 바둑돌 모양의 기자은으로 추정되나[79] 1742년 계획된 은전이 어떠한 모양과 중량을 갖추었는지는 알 수 없다. 은본위제에 따라 근대 은화가 발행되기 전 동아시아에서 은은 주로 칭량 화폐로 사용되었다. 조선은 근대 은화와는 다르지만 전황을 계기로 국가 공인의 은전을 만들어 국내 화폐로 통용하고자 한 것이다. 이는 동전과 은전을 병행하여 상평통보 보급으로 발생한 모순을 해결하려 한 시도로 주목된다.

박문수朴文秀(1691~1756)가 강력하게 추진한 이러한 구상은 실제 은전절목銀錢節目의 초안 작성으로 이어졌다. 하지만 이는 순도가 떨어지는 현존 은을 모두 순은으로 바꾸면 은의 전체 규모가 준다거나 은전이 조선 내부에 널리 보급되면 사행, 무역 자금을 확보하기 어렵다는 등의 반발에 부딪혔다.[80] 은전 유통이 동전 부족을 해결하는 데 기여할 수 있겠지만 대청 관계 유지에 필요한 은을 안정적으로 확보하지 못하는 이상 은전을 발행하기는 어려웠던 것이다.

더욱이 은전 비가를 비교하면 은의 가치는 청에서 훨씬 높게 형성되어 있었다. 1742년 전황으로 조선 내부의 동전 가치는 은 1냥에 전 1냥 8전~1냥 9전으로 치솟았는데 당시 청전淸錢은 은 1냥에 5~6냥 수준이었다.[81] 18세기 말 청전은 은 1냥에 7~9냥으로 떨어져 은의 가치는 더 올라갔다.[82] 실제로 1777년 동지사행의 서장관이었던 이재학李在學(1745~1806)은 천은 1냥이 청전 890문, 즉 거의 9냥에 해당한다는 것을 목격하였다.[83]

이처럼 조선보다 대체로 높았던 청 내부 은의 가치는 조선의 은을 지속적으로 유출시키는 요인이 될 수 있었다. 새로운 화폐 발행의 부담 때문에 은전을 포기하고 동전을 더 주조하는 것으로 결론이 났지만 설령 은전을 발행했다고 하더라도 청으로 유출되는 문제에서 자유롭지는 않았을 것이다. 공신력 있는 내부용 화폐인 은전이 청으로 유출되는 상황이 실제 발생할 경우 조선의 화폐 경제는 더 큰 혼란에 직면할 수도 있었다.

은전의 발행은 동전 보급 과정에서 나타난 전황의 해결책으로 제시되었다. 또한 그것은 국내산 광은의 유출을 방지할 수 있는 방안으로도 인식되었다. 은전이 실제 발행되었다면 단순 칭량 화폐에서 한 걸음 더 나아가 국가의 공인 아래 주조·관리되는 통화로서 위상을 확보하게 되었을 것이다.[84] 하지만 은을 매개로 운영된 대청 사행, 무역 시스템을 근본적으로 바꾸기는 용이하지 않았으며, 18세기 은의 확보는 구리의 확보보다 어려워졌으므로 동전을 더 주조하는 것이 좀 더 현실적이었다. 더구나 조선의 관료들이 단적으로 표명하지는 않았지만 은전을 발행하더라도 그마저 청으로 유출되어 조선이 입을 피해가 더 커질 우려도 있었다. 결국 은을 공인 화폐로 활용하자는 요구와 시도에도 불구하고 18세기 조선 사회는 이를 실행하기 어려웠다.

$\overset{5}{\text{은의 기능 변화}}$

16세기 전반 조선에 본격적으로 유입되기 시작한 일본 은은 양란으로 잠시 주춤하다 17세기 전반 동아시아 국제 관계의 재정립을 거치며 다시 유입되었다. 임진왜란 당시 명군이 반입한 은을 화폐로 활용했던 조선 사회는 일본 은을 국제 무역에서는 물론 국내 상거래에서도 적극 이용하였다. 포목이나 미곡과 같은 상품화폐에서 동전으로 중심 화폐가 전환되는 과정에 은이 화폐 기능을 담당한 것이다.

하멜의 관찰에 따르면 상평통보 발행 이전 은은 상류층과 상인들이 서울이나 주요 상업지역에서 칭량 화폐로, 포목과 미곡은 서울의 평민들이나 나머지 대다수 지역민이 상품화폐로 활용하였다고 한다. 지역이나 계층에 따라 다층적으로 구성된 이러한 화폐 구조에서 은의 유입 증가로 17세기 말 영남과 호남의 양반가에서도 고액 거래에 은을 사용하였다. 일상 화폐의 일부분을 담당했던 은은 평안도 국경지역에서 사용된 중국 동전, 개성에서 확산된 조선 동전과 함께 상품화폐 영역을 잠식하면서 상평통보의 주전으로 이어졌다.

1678년 동전의 전면적 주조와 보급은 시장의 여건 성숙, 동전 유통의 역사적 경험, 원료인 구리 확보 등 다양한 배경이 있었지만 다층적 화폐 구조를 정부 개입을 통해 동전 중심으로 획일화·일원화하려는 시도에 따른 것이기도 하였다. 17세기 후반 조선왕조는 양란 이후 국가 체제를 정비하면서 호구, 토지, 화폐 등 국가 운영의 기본 영역에 대한 통제를 강화한 것이다.

동전이 중심 화폐로 부상하고 일본에서 은의 유입이 감소하면서 화폐로서 은의 기능은 점차 위축되었다. 하지만 은은 동전의 확산에 기여하였으며 동전의 가치를 규정하는 수단으로 활용되었다. 상평통보의 가치는 처음에 『대명률』의 규정과 개성의 동전 시세를 기준으로 결정되었으며, 이를 안정적으로 유지하기 위해 은전 비가를 획정하였다. 하지만 은전 비가는 동전의 규격 변화와 현실 물가의 영향으로 초기에는 비교적 변동이 심하였다.

은전 비가는 이후 고정되는 경향을 보이지만 현실에서 교환 비율과 괴리될 가능성이 높아졌다. 동전 보급은 늘어나면서도 그 규격은 축소되었고 일본 은의 유입이 중단되는 상황에서 국내에 남은 은은 계속 중국으로 유출되었다. 이처럼 은의 가치가 대폭 상승할 수 있는 요인이 늘어났지만 국내에서 유통량 감소로 동전의 가치를 은으로 결정하는 것 자체가 무의미해졌다. 이에 따라 은전 비가는 극히 한정된 분야에서 유효하였고 동전의 가치 평가는 은이 아닌 미곡으로 바뀌게 되었다.

국내외에서 화폐로 기능한 은의 다수는 일본에서 유입된 것이었다. 하지만 광은으로 불린 국내산 은도 꾸준하게 생산되었으며 18세기 전반 일본 은의 유입 감소를 보완한 것은 바로 국내산 은이었다. 문제는 조선에서 중국으로 은 유출이라는 원심력이 구심력보다 항상 강하게 작용했다는 점이었다. 조선 내부에서는 반청 감정과 경제적 피해론을 명분으로 조선 은의 중국 유출을 반대하는 분위기가 이를 불가피한 현상으로 보는 현실론을 압도하였다.

이는 국내산 은과 교환되는 중국의 상품이 비단류의 사치품이라는 사실과 은의 유출로 공적인 비축 재정이 축소된다는 점에서 더욱 힘을 얻었다. 더욱이 은의 유출 파장이 전황과도 연결되자 조선왕조는 국내산 은의 유출을 강력하게 규제하고 고액 거래에서 은의 화폐 기능을 회복하려고 하였다. 하지만 대청 외교와 무역에서 은을 대체할 상품을 찾기 힘든 상황에서 이러한 국내산 은의 유출 규제는 실효를 거두기가 어려웠다. 또한 국가 공인의 규격화된 은전 발행 시도도 은의 유입과 생산 감소, 은의 지속적 유출에 대한 우려 때문에 현실화하지 못하였다.

권내현

고려대학교 역사교육과 교수로 조선 후기 사회경제사를 전공하였다. 호적대장을 활용한 가족·친족 연구, 조·청 간 교류와 은 유통에 관한 연구를 주로 하고 있다. 저서로는 『노비에서 양반으로, 그 머나먼 여정 - 어느 노비 가계 2백 년의 기록-』(역사비평사, 2015), 『미래를 여는 한국의 역사』(웅진지식하우스, 2011, 공저), *The Northern Region of Korea-History, Identity, and Culture*(University of Washington Press, 2010, 편저), 『조선 후기 평안도 재정 연구』(지식산업사, 2004) 등이 있다.

집필경위

이 글은 2014년부터 3년간 한국연구재단의 지원으로 진행된 '동아시아 은 유통과 조선 사회'라는 연구의 한 결과물이다. 원 논문은 「17~18세기 조선의 화폐 유통과 은」(『민족문화연구』 74, 고려대 민족문화연구원, 2017)에 수록되었으며, 성균관대학교 동아시아학술원 19세기 연구팀과 논의를 거쳐 이 책에 재수록하기 위해 약간 수정하였다.

⑤

동아시아 근세 시장구조와 농촌공업
– 청대 강남지역과 에도시대의 비교를 중심으로

◎

홍성화

1 근세의 시장 네트워크

일찍이 미야자키 이치사다宮崎市定(1901~1995)는 명·청시대 소주蘇州 지역의 경공업 발달을 논하면서, 대도시 '인접지역의 공업으로 상업'을 지탱했다는 점에서 같은 시기 일본 오사카大阪 일대의 경공업 발달과 유사하다고 지적하였다.[1] 그의 지적대로 근세(특히 16~18세기) 농촌 수공업과 시장 네트워크의 발달은 중국, 일본, 유럽 그리고 조선에 이르기까지 전

〈그림 1〉 시장구조의 발전 과정

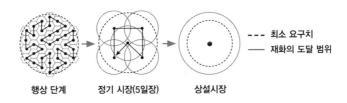

행상 단계　　　　정기 시장(5일장)　　　　상설시장

--- 최소 요구치
— 재화의 도달 범위

세계적으로 공통적으로 발견되는 현상이라고 할 수 있다. 브로델Fernand Braudel(1902~1985) 역시 그의 대저『물질문명과 자본주의』제2권『교환의 세계』에서 도시와 함께 정기시定期市, fair의 발전을 매우 비중 있게 다루었다. 그는 행상인 → 정기시 → 상설시장으로 이행한 것을『교환의 세계』가 성립했다는 중요한 지표로 다루었다. 시기와 지역은 서로 다르지만, 세계의 많은 지역에 시장촌market town이 성립되어[2] 흥망을 반복하며 그 가운데 상설시장, 나아가 도시로 발전하는 모습(그림 1 참조)은 '세계적' 규모라고 해도 좋을 만큼 '근세early modern'의 주요한 특징 중 하나라고 생각했다. 영국의 경우 17세기 후반부터 정기시가 상설시장으로 변모하였다고 했다.[3]

　브로델 외에도 16~18세기 시장구조의 중요성에 대해서 비교적 이른 시기부터 주목했던 연구 가운데 하나로 오츠카 히사오大塚久雄(1907~1996)의 '국지적 시장권局地的 市場圈, local market area'론을 들 수 있다. 그에 따르면 근세 잉글랜드 농촌 공업지대에는 5개나 6개의 촌이 하나의 그룹을 이루었고, 그 중심 촌락에는 일주일에 한 번씩 정기시가 섰다고 한다.

그 중심에 많은 직인職人이나 일고日雇가 모여 살고 있으며, 이러한 직인이나 일고들이 주 1회 중심촌의 장시에 모여들고, 그들의 생산물을 상품으로 자유롭게 거래하였다. 그 지역에서 생산된 것이 대체로 그 지역에서 상품으로 팔리고 소비되었기 때문에 각각 그룹의 촌마다 이른바 독자적인 경제권을 형성하였다. 이러한 형태를 '국지적 시장권'이라고 한다. 여기에서 국지적 시장권이라고 할 때는 단순한 '지역 시장'을 의미하는 것이 아니라 지역 시장 내에서 수요와 공급이 어느 정도 완결된 경우를 의미한다. 그에 따르면 16세기 전반 영국에는 세 가지 커다란 국지적 시장권이 성립해 이를 기반으로 18세기 전반 잉글랜드가 하나의 시장권으로 통일되어갔다고 한다.[4]

이러한 근세 잉글랜드의 경우처럼 시장이 비교적 정합적으로 발달한 사례도 있지만 그렇지 않은 경우도 얼마든지 찾을 수 있다. 예를 들어 인류학자인 기어츠Clifford Geertz(1926~2006)는 1960년대 아프리카 모로코의 작은 도시인 세프루Sefrou를 연구 대상으로 하여, 그곳의 전통시장 바자르Bazzar는 전체적 연관성이 없는 수많은 상인 간의 상거래의 단편적인 집합체로 이루어졌다는 것을 밝힌 뒤 이러한 형태의 경제에 '바자르 경제 the Bazzar Economy'라는 이름을 붙였다.[5] 그에 따르면 바자르 경제의 최대 특징은 시장에서 상품에 대한 정보를 입수하기가 매우 어렵고 불확실하며 복잡하다는 것이다(poor, scarce, maldistributed, inefficiently communicated, and intensely valued). 이러한 난점을 극복하기 위하여 바자르 상인들은 특정 사람들과 관계를 돈독히 하는 방법, 즉 단골을 만들어 안정적으로 거래하는 방법인 '단골화Clientelization'를 선택하였다고 결론을 맺었다.

이처럼 16~18세기 세계사에서 시장 네트워크의 발전을 널리 찾아볼 수 있는 데도 그 발전 양태가 모두 같은 궤적을 그렸던 것은 물론 아니다. 브로델 역시 '기초적인 시장 단계에서 가장 놀라운 형태로 시장을 조직한 곳은 분명 중국'이며, 에도시대 일본에 대해서는 '교환의 상층부는 일본에서 더 발달'했다고 지적했다. 그렇지만 브로델의 관심은 서양사에 주로 맞추어져 있기 때문에 중국을 비롯한 동아시아에 대해서는 더 자세히 서술하지 않았다. 또한 오츠카 히사오大塚久雄와 기어츠의 논의에서도 볼 수 있듯이, 시장의 분포와 확산이라는 양적 측면의 변화도 중요하지만 시장과 시장의 관계, 즉 네트워크 역시 중요하다는 것을 알 수 있다. 이 글에서는 근세 동아시아[6]의 시장구조 발달에 대해 청대 강남지역[7]과 에도시대 시장구조의 발달을 비교하고 나아가 농촌공업의 발달과 관련까지 살펴보고자 한다.

[2] 16~18세기 중국의 시장구조

중국의 경우 당대까지 도시 내에서의 상업활동은 국가권력이 정한 일정한 지역 이외에서는 상업활동이 금지되었고, 국가의 강한 규제를 받았다. 그런데 당대 후기부터 이러한 규제가 점차 무너졌고, 자유로운 교역활동이 전개되었다. 아울러 생산력의 향상과 함께 농촌 수공업이 발달함에 따라 인구밀집 지역이나 교통 요충지에서 객상들이 활동하였으며, 도시 주변에는 허시墟市=草市 등 농촌시장이 등장하였다.[8] 명대에는 시진市

鎭이라는 용어가 지방지에서 자주 등장하게 되었다.[9] 예를 들어 소주부蘇
州府 오강현吳江縣 동리진同里鎭의 사례를 보면 다음과 같다.

> 동리진은 …… 오현의 치소治所에서 동남쪽으로 10여 리 떨어져 있다. 송·
> 원시대에는 물산이 풍부하여 상인들이 모여들었고, 여러 수공업 제품도 모두
> 갖추어져 있다. 화려한 정원, 기생들의 노래와 춤은 (인근에서) 최고라고 할 수
> 있다. 명 초에는 주민이 천백 가에 달하여서 집들이 빽빽이 모여 있었고, 골목
> 들은 구불구불하고 시장의 물건들은 넘쳐나서 주군州郡(의 현성縣城)에 비할
> 만하였다. 가정연간과 융경연간에 이르러서 예전만 못해졌지만 주민들은 나
> 날이 증가하였고 상거래는 오늘에 이르러서 더욱 번성하였다.[10]

이처럼 강남지역의 시진은 송대 초시草市[11]를 기본으로 하여 명대 성화
成化·홍치연간弘治年間에 점차 발전하기 시작하였고 16세기인 정덕과 만
력연간 사이에 제1단계 절정기를 맞이하였다. 17세기 초 특히 명 말에 경
제 불황을 겪으면서 시진 역시 발전이 정체되었고, 청대에 들어와서 건륭
연간에 두 번째 절정기를 맞이하였다.[12] 일례로 송강부의 경우 명대 64곳
이었는데, 청 말에 와서는 235개로 거의 네 배에 달할 정도로 급속한 성장
을 보였다(그림 2 참조).[13] 아래에서는 강남지역을 중심으로 도시와 농촌
시장의 발전을 간략히 살펴보고자 한다.

자오강趙岡은 시진의 시대적 성격을 '전통형'과 '비전통형'으로 나누어
살펴보았는데, 전통형 시진은 농업의 잉여농산품을 구매하는 지점이자
수공업 제품의 분배 장소였고, 이러한 기본적인 기능은 중국 역사 2,000

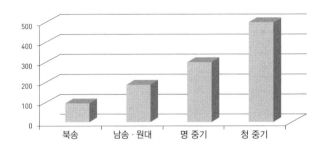

〈그림 2〉 강남지역 시진 숫자의 증가

* 자료: 龍登高, 2003, 62쪽.

여 년 동안 변하지 않은 것이라고 한다.[14] 반면 비전통형 시진은 송대 이
후에 처음 출현하였고, 명·청 이후 급속하게 발전하였는데, 이는 주로 강
남지역의 태호太湖 유역에서 발전하였기 때문에 '강남형 시진'이라고 할
수 있으며, 이전의 전통형 시장과는 구별된다.

이 '비전통형 시진=강남형 시진'이 지닌 특징은 시장에 출입하는 소농
小農이 그들의 부업 생산물을 시진에서 판매하고 다시 원료나 식량을 구
입하곤 하였다는 점이다.[15] 즉 이 양자가 수공업 제품과 농산물의 유통 방
향이라는 측면에서는 완전히 정반대이다(그림 3). 이처럼 16세기 중엽 이
후 시진 발달의 주요 요인은 소상품 생산의 발전, 즉 소농민의 상업적 농
업과 농촌 수공업의 발전에 힘입은 바 크다.[16]

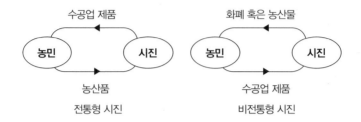

〈그림 3〉 전통형 시진과 비전통형 시진

수공업 제품

농민 　 시진

농산품

전통형 시진

화폐 혹은 농산물

농민 　 시진

수공업 제품

비전통형 시진

다음으로 강남지역을 중심으로 시진의 분포 밀도를 지형적으로 고찰해보면 다음과 같다. 시진의 분포가 가장 높은 지역은 가정현 서부, 태창현, 곤산현 동남부 등이다. 이에 비해서 상숙현, 송강부 등은 좀 더 밀도가 낮은 편이고, 태호 연변의 오강현, 장주부 동부나 송강부의 화정현 등은 분포 밀도가 극히 낮은 지역이다. 시진 분포가 많은 지역은 대체로 약간의 미고지역에 면작棉作이 활발한 지역이고, 중간 지역은 남부의 평야지역과 동남부의 넓은 사제지砂堤地였다. 반면 분포 밀도가 낮은 지역은 저습한 소택지였다(그림 4 참조). 그렇지만 이 지형적 조건과 시진의 발달 사이에 명확한 인과관계를 찾기는 어렵다고 한다.[17]

지역적으로 변화상 차이를 찾아보면 다음과 같다. 명대 정덕연간(1506~1521)을 기준으로 청대까지 시진 숫자는 명대에 현저히 증가한 지역(상숙, 오강), ② 명대~청대에 현저히 증가한 현(장주, 화정, 상해), ③ 명대에서 청대까지 거의 변화가 없는 지역(오현, 대창) 등의 그룹으로 나눌 수 있다.[18]

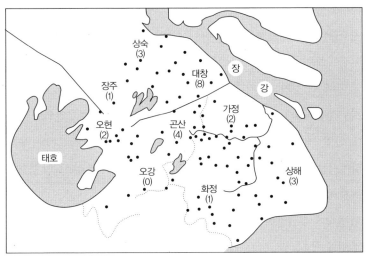

* 자료: 森正夫, 1992, 51쪽.

　　이러한 차이에도 불구하고 분명한 사실은 16세기 중엽 이후 강남지역
에서 도시지역과 농촌지역 역시 커다란 전환점을 맞이했다는 점이다. 명
말 소주부성의 인구는 50만 명을 넘었을 것이라고 추정되고,[19] 청대에 들
어와서 강희연간에 70만 명 정도에 달했으리라 생각되며, 19세기 초에 이
르러서는 무려 100만 명에 도달하였으리라 추정한다.[20] 전체적으로 16세
기부터 19세기 초에 이르기까지 200여 년 동안 약 50만 명에서 100만 명으
로 2배 정도 증가하였다는 점을 알 수 있다. 그리고 부성府城 내에 각종 상
공업에 종사하는 인구는 적어도 15만 명 이상으로 성인 남자 인구의 35%
정도로 추산된다.[21]

이러한 소주부성으로의 인구 집중 현상과 함께 명말청초를 계기로 하여 대체로 향촌에서 거주하던 지주층 역시 도시로 본격적으로 이주하였다.[22] 지주층의 거주지별 분포에 대해서 "성곽에 모여서 거주하는 자가 4~5할, 시진에 모여 사는 자가 3~4할, 향촌에 산처散處하는 자가 1~2할"[23]이라고 했다. 즉 성거城居 지주가 40~50%, 시진 거주자가 30~40%, 향거鄕居 지주가 10~20% 정도였다는 점을 알 수 있다. 그리고 "토착인으로 (농사에) 안업安業하고 있는 자들은 토지가 100무畝가 되지 않고, (그렇지 못한) 나머지는 모두 소작농이다. 좋은 토지[上田]의 절반은 군성郡城의 부호들에게 돌아가고 말았다"[24]라고 했는데, 이러한 토지 집중 현상은 상품경제의 발달에 수반하여 토지 거래가 활발해짐에 따라서 가속화되었다고 할 수 있다.[25]

이처럼 도시부로 집중함과 아울러 16~18세기 도시부 주변 농촌시장의 증가는 매우 두드러진 현상으로, 이 시기 시진 숫자는 무려 12배 이상 증가하였다고 한다.[26] 흔히 '시진市鎭'이라고 통칭되는 농촌시장을 '시市'와 '진鎭'으로 좀 더 세분하여 구별할 필요가 있다. 진이 '두시와 농촌 사이의 중개와 과도 지역'[27]이라면 시는 진에 비해 소규모이고 농촌지역에 가깝다고 할 수 있다. 개최일로 구분해보면, 진이 상설시 성격이 강한 데 비해서 시는 정기시적 성격이 비교적 농후하다고 생각된다. 인구 역시 차이를 보여서 명·청시대 강남지역의 경우, 진의 거주민은 일반적으로 1,000호 이상, 심지어는 1만 호에 달하는 경우도 있었고, 시는 100~300호가 대부분이며, 500~1,000호에 달하는 경우는 적었다고 한다.[28]

우선 진부터 좀 더 자세히 살펴보면, 원래 진은 군사요충지에 파견된

군단을 지칭하는데(예를 들어 번진藩鎭), 특히 당 말부터 5대10국에 걸쳐서 중국의 여러 곳에 진이 설치되었다. 그 뒤 치안이 잘 정비된 '진'에 많은 사람이 모여 살게 되면서 '진시鎭市'를 이루었고 드디어 상업도시로까지 변모하게 되었다. 정덕연간에도 "상고商賈가 모이는 곳을 일러서 진이라고 한다"[29]라고 했고, 광서光緖『송강부속지松江府續志』에서는 진에 대해 다음과 같이 서술했다.

> 수나라 제도에서는 …… 진장鎭將의 주둔지라서 (진이라고) 이름을 붙였는데, (그때의 진이라는 것은) 오늘날의 진시鎭市와는 다르다. 오늘날에는 보통 시전市廛(=상가)이 번화한 곳을 진이라고 한다. (이렇게 부르는 것은) 우리만 그런 것은 아니며, 우리 고장에서는 시를 진이라고 하는데, 송대부터 이러하였다. (지방)지志를 보면 시라고도 하고 진이라고도 하는데, (시와 진이) 어떤 차이가 있는지 잘 모르겠고, 예전 지방지에서 써오던 대로 쓰고 있다.[30]

명·청시대 모두 현성 밖에 위치하고 객상들이 모여드는 번화한 곳을 '시진'이라고 불렀던 것이다. 그리고 풍몽룡馮夢龍(1574~1646)의 소설『성세항언醒世恒言』에서는 당시 시진의 생활상을 다음과 같이 생생히 묘사했다.

> 소주부 오강현에서 70리 떨어진 곳에 향진이 있는데 그 이름이 성택盛澤(진)이라고 한다. 진의 인구는 많고 풍속은 순박하다. 모두 잠상업을 생업으로 한다. 남녀가 모두 열심히 이에 종사하여 베틀소리가 마치 귀뚜라미 울음

소리처럼 밤새 울려 퍼지곤 한다. 이 시진 양안兩岸에는 비단을 전문적으로 취급하는 아행牙行들이 천백여 집 있는데, 원근 촌방村坊의 비단 짜는 사람들은 모두 여기에 와서 거래를 하곤 한다. 사방에서 상인[商賈]이 (농민들이 생산한 비단을) 수매하는데, 벌떼나 개미떼처럼 몰려들곤 하여 혼잡하기 그지없어서 도로에는 잠시 서 있을 틈도 없을 정도이다. 비단이 생산되는 곳이며, (생산된) 비단이 모이는 곳이기도 하다. 강남에는 양잠을 하는 곳이 매우 많지만 이 (성택盛澤)진이 가장 번창하고 있다. …… (한편) 가정연간 성택진에 시복施復이라는 사람이 있었다. …… 집에는 비단 짜는 틀을 두고 있고 매년 누에를 몇 광주리 길렀는데, 처는 비단실을 짜고 남자는 비단을 짜서 꽤 살만하였다. 이 (성택)진 사람들은 모두 의식이 풍족하게 살았는데, 짜놓은 비단이 10여 필이 되거나 적어도 5~6필은 되곤 하여 판매하러 갔는데, 부유한 집에서는 (짜놓은 비단을) 쌓아놓고 바로 팔거나 하지 않았고, 아행이 객상을 (부유한 집으로) 데리고 와서 구입하곤 하였다. 시복의 집은 작고 본전이 적어서 3~4필을 짜면 바로 시장에 팔러 가곤 하였다.[31]

여기에서 성택진은 시진과 그 주변 주민들이 개별적으로 생산한 수공업 제품을 거래하는 것으로 번역하였고, 생산된 제품은 지역 내에서 소비되는 것이 아니라 지역의 아행을 통하여 타 지역 객상에게 팔려나갔다는 점을 알 수 있다. 상품이 거래되는 흐름을 보면, ① 시복(현지 생산자) → ② 아행(현지 중개인) → ③ 객상(원격지 상인)의 순서였다.[32] 그리고 진은 객상과 아행이 거주하는 '시市' 구역과 일반 주민들이 거주하는 지역으로 나눌 수 있다. 전체적으로 진에서는 아행과 객상이 직접 수공업 제품을 수매하러 돌아다닐 정도로 거래에 적극적이었고 이것이 성택진의 거래를 활성화하는 가장 중요한 요소였다고 할 수 있다. 그리고 농민들은 이러한 수공업 제품을 시진에서 판매한 뒤에 얻은 현금을 이용하여 다음에 생산할 원료(뽕잎이나 면화 등)를 다시 구입하는 순서를 밟았다.[33]

이처럼 진은 크게 직물 생산을 위주로 하는 수공업 시진(면포업[34])과 견직업[35])과 풍교진楓橋鎭[36]이나 주가각진朱家角鎭처럼 미곡 유통을 중심으로 발달한 시진으로 나눌 수 있다. 미곡 거래로 유명한 소주부성 인근의 풍교진 모습을 보면 다음과 같다.

> 소주 창문閶門 밖 남호南濠 일대의 서쪽으로 풍교楓橋가 있고 그 연변에는 강을 따라서 시방市房이 있는데, 남호는 소주에서 가장 번화한 곳으로 모든 상품이 모이며 상인이 모여드는 곳이다.[37]

이를 보면 시진이란 상설점포[市房]들이 쭉 늘어선 구조였다는 점을 알 수 있다.[38]

다음으로 진의 규모를 살펴보자. 일반적으로 소주부성의 둘레는 45리(약 27km)였다[39]고 하는데, 〈표 1〉에서 보듯이 시진의 규모는 소주부성의 3분의 1 정도나 심지어는 절반에 달할 정도였다. 인구 역시 진인 경우는 일반적으로 적어도 1,000호 이상이고, 남심진南潯鎭이나 성택진과 같은 1만 여 정도에 이르는 진도 강남지역에는 다수 존재하였다.[40]

〈표 1〉 강남 시진의 규모

명칭	규모	자료
복원진濮院鎭	진鎭의 주위 12리, 동서 3리, 남북 3리	「복원진지濮院鎭志」
오청진烏靑鎭	시전市廛의 넓이 18리	「오청문헌吳靑文獻」 권1
남심진南潯鎭	동서 3리, 남북 7리	「남심진지南潯鎭志」 권수 「범례凡例」
쌍림진雙林鎭	동북 3리, 남북 4리, 주위 14리	「쌍림진지雙林鎭志」
남상진南翔鎭	동서 5리, 남북 3리	만력萬曆, 「가정현지嘉定縣志」 권1
나점진羅店鎭	동서 3리, 남북 2리	만력萬曆, 「가정현지嘉定縣志」 권1

* 자료: 王衛平, 1999, 100쪽. 청대 1리는 약 500m.

규모뿐만 아니라 부성과 주변 시진의 차이는 그다지 크지 않아서 예를 들면 소주성 북서쪽에 위치한 산당진山塘鎭[41]은 풍교진까지 시가지가 하나의 성처럼 이어졌다고 한다.[42] 이뿐만 아니라 진은 단순히 인구밀집 지역이었을 뿐만 아니라 농촌 수공업 등이 발전하였고, 그 안에 상점가가 쭉 늘어섰던 것이 일반적이었다. 농촌의 상설 상업지구라고 할 수 있을 것이다. 그 규모는 현성에 필적할 만하였지만 청조 행정의 비탄력적인 성격으로 인하여 현성으로 개편하기가 어려웠기 때문에 계속 비행정 도시로 남아 있을 수밖에 없었다.[43] 일례로 소주부 예하 진의 숫자는 68개나 되었는데, 순검사가 설치된 곳은 13곳, 파총·천총·도사·유격 등이 설치된 곳은 11곳에 불과하였다.[44] 즉 청조의 행정력은 현성 주변과 일부의 대진에만 집중되었다.

한편, 현성 내에도 현시縣市[45]가 있었고, '간집趕集'이라는 비정기적인 시장이 자주 열리기도 하였다.

간적趕積(=간집)이라는 것은 학헌學憲(=학정學政) 소재지에 물건을 가져와서 수시로 열리는 시장이다. 다만 숭정 13년 경신년(1640), 섬서 출신 장봉핵張鳳翮(?~1643)이 남직예의 학정이 되어 송강부에 와서 세시를 주관하였는데, (이때 시장이) 가장 번성했다. (여기에서 팔리는) 골동품은 매우 진기한 것이고 집집마다 쭉 늘어서 있었다. 이해에 시원試院의 동쪽과 서쪽 임대료가 크게 상승하여 (상인들은) 하장로교河莊老橋 남북의 대로에 시장을 열자고 약속하였다.[46)]

여기에서 "이해에 시원의 동쪽과 서쪽의 임대료가 크게 상승하여 (상인들은) 하장로교 남북의 대로에 시장을 열자고 약속하였다"라는 구절에서 알 수 있듯이 이 골동품 상가('고완古玩')는 상설 점포에 세를 놓는 형식으로 자리 잡고 있었고, 임대료가 인상되면 주변 상인들과 약속하여 다른 지역으로 옮기곤 하였다는 것을 알 수 있다. 여기에 시장 개설이나 점포 배치에 관해서 지방관의 허락, 즉 규제를 받거나 하지 않고 상인들이 임의로 옮기거나 할 수 있었다는 것도 주목할 필요가 있으며, 위와 같은 방식은 다른 시장촌에서도 마찬가지였다고 생각된다.

다음으로 진보다 작은 규모로 '시'를 들 수 있다. 일반적으로 진이 발전하면 현으로 승격한다든가 쇠퇴하면 시로 내려가곤 하였다.[47)] '촌', '시', '진'에 대한 당시 기준을 보면 다음과 같다.

보통 사람들이 모여서 촌락을 이룬 곳을 '촌'이라고 하고, 상고가 거래한 곳을 '시'라고 한다. 관장官將을 두어 수비하는 곳을 '진'이라고 하는데 관(장)을 두지 않은 곳을 역시 '진'이라고 부르기도 하고, 관(장)을 둔 곳을 여전히 '촌'이라고도 한다. 이름과 풍속이 서로 같지 않은 것이다. 옛날 오강현에서 진이라고 부르는 곳이 일곱 군데이고, 시라고 부르는 곳은 열 군데이다.[48]

민국民國시대의 『가정현속지嘉定縣續志』 서술에서 시의 거래 모습을 살펴보자.

> 망선교시望仙橋市 …… 시가가 남북으로 1리 정도, 동서로는 반 리가 못 된다. 상가는 30여 가로 매일 아침 한 차례 장이 서고 쌀, 보리, 면, 콩을 거래한다.[49]
> 육가행陸家行은 진가행과 청포(현)와 경계를 접하며 얕은 강을 경계로 삼고 있다. 서쪽으로는 청포현에 속하고 동쪽으로는 가정현의 경계를 이룬다. 시가는 한 곳인데 상점은 네 곳으로 매일 시집市集이 두 번 선다. 면화와 쌀을 교역한다.[50]

확실히 시는 규모가 작은 편인데, 시의 경우 인구는 대개 100호에서 300여 호였고, 500호에서 1,000호 정도 되는 경우는 극히 적었다고 한다.[51] 이처럼 강남지역에서는 시의 경우에도 며칠 간격으로 시장이 열리는 것이 아니라, 매일 시장이 서는 경우가 많았다.[52] 강남지역의 경우 교역의 발전으로 정기시는 점차 사라지는 추세이며, 다른 지역에서 흔히 찾아볼 수 있는 정기시는 강남지역에서는 소수였다.[53]

전반적으로 강남지역에서는 농촌 말단의 시 역시 상설시로 전화되어

가면서 진과 시는 상설시와 정기시의 구분이 아니라 시장촌의 규모나 인구, 그곳에서 유통되는 거래 규모 차이를 나타내게 되었다고 생각된다. 앞서 인용하였던 광서『송강부속지』에서 "(지방)지를 보면 시라고도 하고 진이라고도 하는데, (시와 진이) 어떤 차이가 있는지 잘 모르겠다(顧志或稱鎭或稱市. 不知所別)"라는 구절에서 알 수 있듯이 강남지역에서 진과 시의 차이는 본래 경계가 모호하였다. 다만 대체로 그 규모 차이로 진에서는 수공업 제품이나 미곡 등의 대량 거래를 위주로 하였고, 시에서는 일상적인 생활용품 거래를 위주로 하였다.[54]

그렇다면 시진과 시진 사이의 간격은 어느 정도였을까. 강소성의 경우에도 명대에는 7~8km, 청대 후기와 민국시대에는 4~5km였다. 걸어서 시장에 접근한다고 한다면, 명대에는 두 시간, 청대 후기와 민국시대에는 1시간 정도였다고 할 수 있다. 설령 직선이 아니라 하더라도 명대에는 아침에 출발해서 저녁에 돌아올 수 있는 거리였다면, 청대 후기와 민국시대에는 반나절이면 충분히 왕복이 가능한 거리였다.[55] 한마디로 말해서 농촌지역의 시장망이 극한까지 발전했다고 할 수 있다.[56] 시진 주변의 소농층은 이러한 시장 네트워크에서 상품생산에 참여했다.[57] 다시 말해서 스

〈그림 5〉 중국 근세 시장의 계층구조

키너의 유명한 명제인 '농민들의 실제 사회활동 영역은 협소한 촌락이 아니라 기층시장권'이라는 주장은 실은 중국 농민이 공간적으로 얼마나 시장과 가까이 살았는지를 표현한 것이다.

시 주변에는 평균적으로 20개에서 30개 촌이 포진되어 있어서 이들은 가까운 시와 진에 왕래하면서 하나의 시장권을 이루었다. 농민들은 시장의 개최시간에 맞춰 가까운 곳의 시장을 일정에 따라 매일 방문할 수 있었다. 이러한 왕래 속에서 점점 하나의 네트워크가 형성되었으며 시장권 주변 주민들 역시 지방지에서 시진을 중심으로 자신들을 '진인鎭人'이나 '이인里人'이라고 서술하고, 자신들의 고향을 '오리吾里'나 '오읍吾邑'으로 지칭했다.[58] 이는 시진을 중심으로 그 인근 향촌 주민들이 점차 공통적인 아이덴티티를 형성하기 시작했음을 의미한다.

한편 로즈먼Gilbert Rozman의 추산에 따르면, 청 초 전국 도시 인구는 전체 인구의 6~7%였고, 19세기 중엽 강소성의 경우 전체 인구 4,300만 명 중 도시 인구는 320만 명으로 7%에 해당한다고 보았다.[59] 스키너 역시 1843년 강남지역을 포함한 장강하류 지역의 경우 330개에 달하는 중심지 인구는 전체 인구의 약 7.4%에 달하며, 1893년이 되어도 도시화율은 10.6%라고 추산했다.[60] 대체로 이들 연구는 현성, 주성, 부성, 성성, 경성을 표준으로 하고, 각 시진을 여기에서 배제한 결과로 이들은 시진을 도시가 아닌 농촌시장으로 인식했다.[61]

시장의 위계질서에 따라서 상층 시장촌upper-market town으로 올라갈수록 많은 재화와 서비스가 집중되었다. 앞서 설명하였듯이 상층 시장촌에 신사나 상인들이 집중해서 거주하였고, 수공업 기술 수준 역시 상층 시장촌(부성 내지 현성)으로 갈수록 높았다. 진에서 제공할 수 있는 상품과 서비스가 아무래도 소시小市보다는 질이 한 단계 높았기 때문에 그 아래에 여러 개 소시를 포섭하는 더 넓은 진의 '시장권'을 이루었다. 즉 소규모 중심지군에서는 대소의 서열, 상하의 층위 관계라는 질서가 형성되었다.[62]

강남지역 농촌 수공업과 시장 네트워크의 관련을 간략히 살펴보면, 대부분 면방직업은 도시부가 아니라 농촌에서 농가부업적 성격으로 발전하였다는 점은 잘 알려져 있다.[63] 다음 사료를 보자.

> 우리 일가 중에 혼焜이라는 자가 있는데, 무석성 북문에 거주하였다. 수백 금으로 면화장棉花莊을 열어서 면포를 교환하는 것을 생업으로 하였다. 주변에 13~14세 소녀가 거주하였는데, 그녀들은 모두 요염하고 절색이었다. 그녀들은 항상 면포를 지고 와서 면화와 교환하였다. …… 이것은 건륭연간 초기의 일이었다.[64]

여기에서 보면 무석 현성 주변의 농민은 어떠한 시진을 거치지 않고 바로 현성으로 가서 상인과 거래했다는 점을 알 수 있다. 앞서 살펴보았던 '현성 ↔ 진 ↔ 시'라는 위계질서는 설명을 위한 이념형에 가깝고 상인이나 농민들의 행동 패턴은 이와 달리 훨씬 더 자유로웠다는 점을 반드시 부연해두어야 한다. 스키너에 따르면 "기층시장이 단지 한 곳의 상위 시진에만 의존하기보다는 두세 곳의 상위 시진과 연계·의존했기 때문"이며 "(중국에서—인용자) 하나의 상인에만 의존하는 시장체제는 지형적으로 삼면이 막힌 지역에서만 볼 수 있다"[65]라고 했다. 그렇다면 바다 건너 동시대 에도시대는 중국과 비교해볼 때 어떠했을까?

<u>3</u> 거울로서 에도시대 시장구조

여기에서는 청대의 시장구조를 에도시대의 경우와 비교하면서 간략히 살펴보자. 전국시대 말기에서 에도 초기까지 농촌에서 시장 기능은 중국의 경우처럼 정기시가 담당했다. 또한 이 시기까지는 무사와 농민들의 거주지가 뚜렷이 구분되지 않았다. 한편으로는 오다 노부나가織田信長(1534~1582)의 정책으로 계급마다 특정한 장소에 거주하도록 하였고 이로써 상공업자들은 조카마치城下町 아래 집중적으로 거주하기 시작하였다.

오다는 상인들의 특권을 보장하는 라쿠시라쿠자樂市樂座를 실시하였으며 이를 통하여 가신단을 조카마치에 집중시켰고, 그 뒤 점차 조카마치 거주자(=소비자)와 농촌 거주자(생산자)가 분리되면서 ㄱ 사이에 물류가 생겨나게 되었다. 그렇지만 오다 집안織田家 이외에 가신단 역시 자신들의 성과 그 아래에 조카마치를 각각 보유했다. 아직까지는 한 나라 안에 조카마치가 여러 개 병존한 것이다.

오다의 뒤를 이은 도요토미 히데요시豊臣秀吉(1536~1598)가 추진한 일련의 정책[66] 가운데 특히 '병농분리兵農分離' 정책으로 소비자와 생산자가 좀 더 명확히 분리되었고, 소비자인 무사의 거주지는 조카마치에 집중되었으며, 다이묘로부터 급여를 받아 소비재를 입수하였다. 한편, 생산자인 농민은 농촌에서 생활하면서 동시에 생산물 판매처로서 자신의 번藩 내의 조카마치를 첫 번째로 생각하게 되었다.

다이묘들은 가신들을 조카마치로 집중시키기 위해서 저택[屋敷]을 주거나 신분에 따라 거주 지역을 분할하여 정리하는 한편, 조카마치의 상인들에게는 상세商稅인 지시센地子錢을 면제해주는 등 번을 중심으로 한 조카마치 건설에 착수하였다. 161쪽에서 인용한 『열세편』의 골동품 시장처럼 중국에서는 시장에 대한 지방관의 개입이 적었던 데 비하여 근세 일본의 경우 시장을 구성하는 데 권력이 개입했다는 점은 양자 간의 뚜렷한 차이이다.

그 뒤 도쿠가와 막부가 실시한 일국일성령一國一城令의 결과 다이묘 이외의 조카마치는 사라져서 번의 경제권은 다이묘의 조카마치로 집중되었다. 이처럼 번 내에서는 최대 시장인 '조카마치'를 중심으로 점차 통합되었고,[67] 자이마치 상인在町商人을 여기에 편입시켰다.[68] 에도시대에는 전국에 300여 개의 조카마치가 있었는데, 어떤 경우는 12만 명 정도의 대규모 조카마치도 있었지만, 작은 경우는 1만여 명 전후 규모도 있었다고 한다.[69]

물론 번 내의 시장이 조카마치만 있었던 것은 아니다. 농촌에서는 중세 이래 자이고마치在鄉町(=在方町)도 발전하고 있었다. 조카마치와 달리 상공업자 이외에도 농민이 다수 거주했고, 도시와 농촌의 성격을 모두 갖추었는데 조카마치 등의 마치町에 비해서 '농촌 도시'적 성격이 있었다.[70] 이러한 자이고마치가 발달한 것은 근세기의 자이가타在方(농촌부)에서 생업의 변화가 있었기 때문이다. 근세 농촌에서는 쌀과 보리 재배 이외에 농잠農蠶, 연초 등 상품작물의 생산, 농한기의 행상과 부업 발달에 따른 생업의 다양화가 있었고, 자이고마치 발달은 이러한 농가부업의 발달과 깊은 연관을 맺고 있었는데, 이런 측면은 동시대 중국의 시진 발전과 궤를 같이한다고 할 수 있다. 즉 두 나라 모두 16세기와 17세기 이후 소농경제가 안정되면서 여러 가지 수준의 농촌시장이 발달하였다는 점은 공통적이라고 할 수 있다.

자이고마치 아래 하급범주로서 정기시도 역시 존재했다. 정기시는 농촌의 유력농민층豪農層이 장악했는데, 정기시의 대표적인 것으로서 로쿠사이이치六齋市를 들 수 있다. 로쿠사이六齋라는 말은 원래 불교의 재계齋戒를 닦는 날로 음력 8·14·15·23·29·30일의 6일을 말한다. 정기시가 되면 월 6회, 즉 5일장이 되는 셈이다. 산사이이치三齋市는 월 3회, 즉 10일장이 된다. 이러한 일본의 정기시는 가마쿠라鎌倉시대 후기 내지 무로마치室町시대에 등장하였는데, 근세 중국의 경우와 다른 점은 칸에이시기寬永期(1624~1645)에 '이치오키테市定'라는 규정이 있어서 시장 내에서 상인들이 취급하는 품목과 장사 위치[居座]가 정해졌다는 점이다.[71] 앞서 2절 열세편에서 묘사된 중국 상인들은 자신들의 영업 위치와 업종을 자유롭게 선택하고 이동할 수 있고 특별한 시장에서의 규칙은 발견하기 어려운데, 이러한 점은 확실히 중국과 일본이 서로 다르다고 할 수 있다.

어쨌든 구조적 차이는 물론 존재하지만 시장 계층구조만으로 본다면 매우 흥미롭게도 16세기 이후 중국의 경우처럼, 에도시대 일본 역시 ① 도시↔②중간지대↔③농촌시장이라는 3단계로 구성되는 시장체계를 가지고 있었던 셈이 된다.[72] 〈표 2〉에서 보듯이 스키너의 구분을 어느 정

2부 | 비교와 연동: 경제·사회의 구성과 운용

도 그대로 에도시대에도 적용할 수 있지 않을까 생각된다. 그뿐만 아니라 이러한 체계의 성립기 역시 일본 쪽이 조금 늦긴 하지만 중·일 모두 16세기 중후반기라는 점은 매우 인상적이다. 근세 초기 오사카를 중심으로 하는 전국시장구조였지만 시간이 지남에 따라 에도지역도 계속 성장하여 경제적 중심이 다원화되었다는 점,[73] 그리고 역시 대대적인 개간이 이루어져서 신전新田이 크게 확대되었다는 점[74] 또한 근세 중국의 사례[75]와 공통적이라고 생각된다.

〈그림 6〉 에도시대 시장의 계층구조

| 조카마치 | 자이고마치 | 로쿠사이이치 |
| 도시 | 중간지대 | 농촌 |

〈표 2〉 중 · 일 시장의 계층구조

스키너의 구분	청대	에도시대
중심시장촌 (Central Market Town)	현성	조카마치
중간시장촌 (Intermediate Market Town)	진	자이고마치(在方町)
표준시장촌 또는 기층시장촌 (Standard Market Town)	시	로쿠사이이치(六齋市) 또는 산사이이치(三齋市)

물론 이러한 공통점도 있지만 실제로는 차이점도 분명히 존재하였다. 아래에서는 그 차이를 살펴본다. 가장 두드러진 점은 상층 도시와 하층 농촌시장 간의 비율일 것이다. 로즈먼은 자신의 저서[76] 첫 페이지에서 중국과 에도시대 도시를 구분해서 그림으로 구현했다(그림 7). 중국을 기준으로 한다면 1번은 수도, 2번은 지역 중심, 3번은 성도省都나 그에 필적할 만한 항구도시, 4번은 부치府治, 6번은 현치縣治이고 7번이 시진에 해당한다. 즉 오른쪽으로 갈수록 상급도시이고 왼쪽으로 갈수록 하급도시이다.

중국과 일본을 비교해서 보면 일본의 경우 상급도시와 하급도시의 숫자가 그다지 차이가 없다면, 청대 중국의 경우 하급도시 쪽이 압도적으로 많다.[77] 한편 에도시대의 도시화율, 즉 인구 1만 명 이상의 도시인구 비율은 총인구에서 1650년대 13%, 1850년대 12%로 추계되는데, 이는 1750년대 잉글랜드의 17%, 벨기에 저지대 여러 지방의 25%에 비해 낮은 수준이었지만 서구 전역의 비율(1500년대 4% → 1800년대 9%)과 비교하는 한 손색이 없을 정도였다.[78] 로즈먼에 따르면 청조 중국의 경우 6~7%였고, 이 점은 19세기에 들어와서도 7% 정도로 별다른 변화가 없었다.[79] 상품경제의 발달에 비하면 의외로 도시화 수준이 낮았다.

〈표 3〉 청 말 도시의 계층구조

수도	성도	도도	부치·직예주	하위치소	비행정치소	계
1	19	60	179	1,287	37,454	39,000

* 출처: Skinner, *The City in Late Imperial China*, p. 340.

이러한 이유에서 "진·시의 전개가 지나치게 독자적이어서 세계에서 비교할 모델을 찾기 어렵다"[80]라고 평가하거나 자오강趙岡 역시 잉글랜드나 일본의 경우 중소 도시의 비중이 적어지는 것이 보통인데, 중국의 경우는 시진의 인구 비중이 갈수록 높아지는 것이 지니는 특이성을 지적했다.[81] 이처럼 하위의 농촌시장이 대대적으로 발전했기 때문에 순수한 촌락지역과 시장촌market town을 구별하는 것은 매우 어려울 정도였다. 거주지의 유동성은 직업·신분의 유동성과 연결된다고 할 수 있다. 이렇게 볼 때, 에도시대에 조카마치를 중심으로 신분이 나뉘었다는 사실은 매우 대조적이라고 할 수 있다.

〈그림 7〉 길버트 로즈먼에 따른 근세 중국과 일본의 도시화 비교

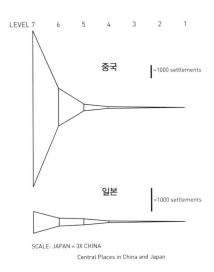

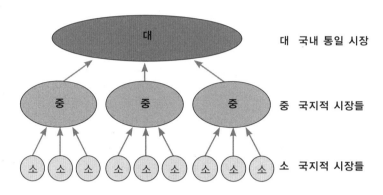

모트F. W. Mote가 지적한 바와 같이 공업화 이전의 유럽과 비교하여 중국의 도시와 농촌은 상호 개방적이었고, 도시와 농촌을 격리하는 제도적 장치가 없었다.[82] 이러한 의미에서 중국 농촌 사회는 개방된 사회였다. 앞서 『성세항언』이나 『이원총화履園叢話』 속 사례에서도 알 수 있듯이 농민들은 매우 자유롭게 시장에 참여했고 늘 시장과 연결되어 있었다. 시장구조 역시 시장의 크기에 따라서 어느 정도 계층적 구분이 있었던 것은 사실이지만, 상인이나 농민들, 수공업자들이 그 위계질서대로 행동한 것은 아니었고, 이를 넘어서 언제나 자유롭게 거래하였다. 한마디로 중국의 시장구조는 '국지적 시장권'(오츠카 히사오)과는 거리가 멀고, 오히려 기어츠가 제시한 '바자르 경제' 쪽에 가깝다고 할 수 있다.[83]

이 점은 비단 강남지역뿐만 아니라 청 초 호남지역의 미곡시장을 분석한 시게타 아츠시重田德 역시 이 지역의 미곡시장은 지역 내 소비를 위해서 생산되는 것이 아니라 외부수요에 따른 것이고, 미곡 생산 역시 직접

생산자 간의 수평적 교환에 의한 것이 아닌 지주와 소작인 간에 성립한 수직적 교환이기 때문에 '국지적 시장권'의 성격을 지니지 않았다고 평가한 바 있다.[84]

반면 에도시대의 시장구조는 초기에는 조카마치를 중심으로 한 '번역 경제권' 내지 '영역 시장권'이 성립되었다면, 산킨코타이參勤交代 등을 비롯하여 여러 번에 대한 막부의 요구로 번경제의 독자적 자립은 어렵게 된다.[85] 또한 이른바 '삼도三都(에도, 오사카, 교토)'를 중심으로 한 중앙시장에 의존할 수밖에 없었고 점차 중앙시장에 통합되어가기 시작하였다. 이런 의미에서 볼 때 '국지적 시장권'론은 에도시대의 시장구조에 훨씬 잘 적용된다. 다만 잉글랜드의 경우, 이러한 시장 네트워크의 통합이 아래로부터 자율적으로 형성되어갔다면, 에도시대의 시장구조는 산킨코타이參勤交代나 교통로의 정비를 비롯한 중앙권력의 강제가 커다란 작용을 하였다는 점[86]에서 역시 차이가 있다고 생각된다. 한마디로 말해서 근세 중국의 시장은 '분산적decentralization'이었다면 근세 일본의 경우 '수렴적convergence'이었다. 전체적으로 16세기 이후 중국 농촌시장 발달이 지닌 특징은 일단 갖가지 시장권의 중층적 발달, 낮은 체계성, 하위 농촌시장의 확대와 정기시에서 상설시로 발달 그리고 지역 시장 밖의 외부수요에 대응하기 위한 개방성(비국지적 시장권) 등에 있다고 할 수 있다.

중국과 에도시대 일본 사이의 시장구조 차이는 전국적인 쌀값 변동폭의 변화에서도 쉽게 확인할 수 있는데 중국에서는 각 지역 쌀의 연동성이 17세기보다 18세기 후반 그리고 19세기 초에 들어서 두드러지게 낮아졌다는 점을 확인할 수 있다. 왕예지엔王業鍵은 18세기 초반 '시장 통합도

market integration'라는 측면에서 중국이 유럽에 필적할 만하였지만 19세기 중반이 되면서 중국은 유럽에 역전당하였다고 평가했다.[87] 그러나 근세 일본에서는 지역 간의 상관관계가 시간이 지날수록 높아졌다는 점,[88] 즉 시장 통합의 정도가 더욱 제고되었다는 점은 청대 중국의 사례[89]와는 달랐다고 생각된다.

⁴ 서로 다른 농촌 수공업

16~18세기에 시장권의 위계질서라는 점 이외에도 중국과 일본 모두 면방직업이 널리 발전하였다는 점은 잘 알려져 있다.[90] 여기에서는 중국과 일본 면방직업 발전의 공통점과 차이점을 시장권의 논의를 기반으로 하여 간략히 살펴본다.

맨더스가 산업혁명에 선행하는 프로토 공업화proto-industrialization론을 제기하였을 때, 동아시아에서 강남지역과 에도시대의 일본에서도 비슷한 사례가 존재한다고 지적되었고,[91] 서구와 일본의 사례에 대한 비교 연구까지 진행되었다.[92] 실로 16~18세기 동아시아의 경제변동에서 시장구조의 변화와 함께 농촌공업의 발전을 빼놓고 논할 수 없을 것이다.[93]

농촌공업을 다루기 전에 앞에서 간략히 다룬 에도시대 시장구조의 변화를 살펴보자. 에도시대의 경우 인구 1만 명 이상의 도시인구 비율은 1650년대 13%, 1850년대 12%로 추계되는데, 1650년대부터 2세기 동안 중앙으로 인구가 집중된 데 비해서 도시화율은 별반 달라지지 않았을 뿐

〈그림 9〉에도시대 인구밀도의 변화

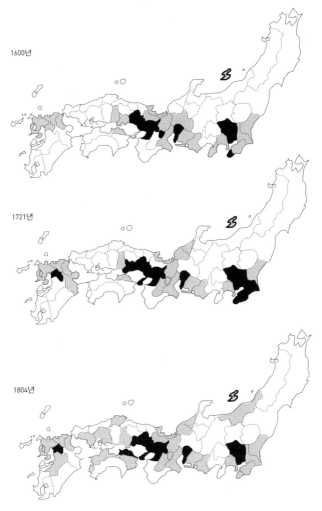

1600년

1721년

1804년

* 출처: 鬼頭宏, 2007, 95쪽.

〈그림 10〉 에도시대 도시규모와 인구밀도

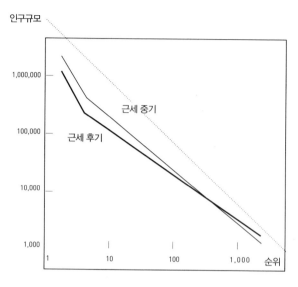

* 출처: 高橋美由紀, 2005, 4쪽.

만 아니라 흥미롭게도 미미하지만 수치가 도리어 낮아졌다. 실은 산도(교토, 에도, 오사카)의 인구와 함께 조카마치의 인구는 감소하였지만 도리어 자이고마치 쪽이 성장하였다. 이러한 사실은 스미스의 지적[94] 이래 근세 자이고마치에 대한 연구로 확인되며,[95] 다른 한편 인구밀도 변화에서도 확인할 수 있다(그림 10).

반면 로쿠사이이치 등의 정기시는 지역적으로 다소 차이는 있지만 이른바 다누마시대田沼時代(1767~1786)에 들어와서 확실히 쇠퇴했다.[96] 같은 시기인 건륭연간 중국에서는 시진이 수적으로 증가하였을 뿐만 아니라 점점 정기시가 상설화되던 시기였다. 즉 에도시대 농민들은 동시대 중국과 달리 지역 내의 농촌시장과 점점 거리가 멀어졌다.[97]

위에서 보듯이 에도시대 인구변화의 중요한 요인은 자이고마치의 성장이었다. 이렇게 본다면 에도시대를 통하여 시장구조의 변화는 ① 조카마치의 성립 → ② 중앙시장으로 통합 → ③ 지역 시장인 자이고마치의 성장과 정기시의 축소로 요약할 수 있다. 잉글랜드처럼 도시부 집중이 점점 가속화되었던 것과는 다른 차원의 현상이라고 생각된다. 어찌 보면 해외 식민지 시장이 국내 시장에 지속적으로 자극을 주던 잉글랜드[98]와 달리, 에도시대의 시장권은 농촌부로 상품생산과 시장 네트워크가 확장되는 형태였다고 할 수 있다.

이제까지 후진지역이었던 관동 농촌지역이 점차 상품시장권에 편입되어 '에도 주변 경제권(江戸地回り經濟圈)'이라고 할 정도로 성장한 것도 중요한 요인이었다. 이를 통하여 소규모 시장권을 형성하는 데 머물렀던 자이고마치가 에도에 판매하기 위한 상품 집하지가 되었고 그 루트로 자이고마치가 발전하였다. 여기에 자이고마치 도매상[問屋]들이 독자적인 생산을 시작하여 대도시의 도매상들과 경쟁한 것이다.[99] 즉 일본의 경우 에도시대 초기에는 어디까지나 삼도와 조카마치를 중심으로 상품이 유통되었고 농촌지역은 미곡생산지였을 뿐이었으나 18세기에 들어와서야 비로소 자이고마치의 발달과 함께 농촌지역에서 면방직업을 비롯한 상품이 생산된 것이다.

스키너에 따르면 "전통적 시대에 시장체제의 '발전' 과정은 (기층 – 인용자) 시장이 계속 신설되면서 시장권의 규모가 지속적으로 축소되는 양상을 보인다. 그러나 시진이 근대적 상업 중심지로 변모하고 구시장이 폐쇄되면 시장권의 규모는 오히려 꾸준히 확대된다"라고 했고, 중국의 경우 이러한 "진정한 (중국의 - 인용자) 근대화란 기층시장이 소멸되도록 상업화가 진전된 중앙시장체제 안에서 근대적 운송망이 발전될 때만 가능하다"[100]라고 지적했는데, 에도시대에는 근대적인 교통망의 보급 없이도 이러한 기층시장권 축소와 중앙시장 집중이 이미 선취되고 있었다.

그렇다면 아래에서는 면방직업을 중심으로 농촌 수공업의 발달을 시장구조를 중심으로 살펴보자. 중국의 경우, 면방직업을 비롯한 농촌 수공업이 발달한 것은 이보다 훨씬 빠른 명대 중기(16세기)부터였다. 만력 9년(1581) 전국적으로 확대 시행된 일조편법一條鞭法의 영향으로[101] 농가의 상품생산이 더욱 발전할 수 있는 조건을 형성하였다는 사실은 잘 알려져 있다. 즉 농가에서 면방직업이 본격적으로 개시된 것은 중국의 경우 16세기 중엽이고, 일본은 18세기 후기[102]라는 상당한 시간 격차가 있었다. 또 기술 수준이라는 측면에서도 중국 쪽이 에도시대보다 더 높았던 시기가 있있다고 평가된다.[103] 그리고 앞서 농촌 정기시의 경우를 보아도 알 수 있듯이, 중국의 경우는 점점 시진과 정기시의 발달로 시장과 접촉이 갈수록 빈번해졌던 데 비하여 에도시대의 경우 일상적인 정기시와 접촉하기는 점점 어려워졌다.

이렇게 본다면 공업화 측면에서 에도시대의 일본 쪽이 훨씬 더 불리한 상황 같지만 실은 그렇지 않으며 개항 이후 근대 시기만 놓고 보더라도 메이지 시기 일본에서 재래 면직물업은 발전을 거듭하였다. 1860년대에는 저임금에 기반하였지만 그 뒤 대규모 방적회사가 급성장하였고,[104] 20세기 초에는 면사 수입 대체를 완료하기도 하였다. 반면, 중국의 경우는 개항 이후에도 면방직업에서 대규모 자본집적이 순조롭지 않았고, 근대 시기에도 많은 경우 아직까지 가내수공업 단계에서 벗어나지 못한 경우가 많았다.[105] 이러한 차이는 대체 어디에서 연유했을까. 기존 연구에서는 중국 소농민의 강고한 '방직결합紡織結合'을 그 원인으로 든다.[106] 하지만 여기에서는 약간 각도를 달리하여 그 원인을 시장권을 시야에 놓고 서술해보고자 한다.

앞서 반복해서 서술하였지만, 중국의 소농민은 일상적으로 시장과 거래할 수 있었다. 이는 자신이 필요한 원료를 구입할 수 있었다는 것, 그리고 자신이 생산한 물품을 시장에 바로 내다팔아서 수익을 올렸다는 것을 의미한다. 즉 강고한 '방직결합'의 모습을 뒤집어본다면 발달한 시장 네트워크를 이용하여 계속 소농민층이 경영 주체로서 지위를 유지하였다는 것을 의미한다. 즉 오히려 분산적으로 발전된 시장 네트워크로 경영 내부의 분업이 진전되거나 자본 축적이 이루어지는 방향으로 작용하지 않고, 앞의 『성세항언』속 시복의 사례처럼 자기 완결적이지만 자본 규모가 극히 작은 수많은 독립 경영체를 유지하도록 기능하였다. 반면 상인들로서는 소주성과 같은 부성이나 현성에만 집중할 수 없어 각지의 농촌 시진까지 진출하여 거래망을 구축해야만 했다. 이는 결국 상인자본이 한 곳으로 집중되지 않고 여러 곳으로 분산되었다는 것을 의미했다.[107] 즉 농촌시장의 광범위한 발달은 소농민에게는 농촌 수공업에 종사함으로써 독립성을 제고할 기회를 가져다주었지만 상인층으로서는 영세성을 극복하여 대자본으로 성장할 가능성을 축소하도록 기능하였다. 따라서 상인과 소농민 사이의 자본 규모 차이는 축소될 수밖에 없었고, 상인층이 소농민을 포섭하는 선대제 생산 형식조차 쉽게 출현하기 어려웠다.[108]

물론 그러한 사례를 전혀 찾을 수 없는 것은 아니다. 강희연간에 편찬된 『열세편閱世編』 권9 「석도釋道」에서는 조도인趙道人이라는 인물에 대해서, 그는 집안이 가난하여 "초가집에서 이웃집을 대신하여 방적을 하고 일한 것을 헤아려서 (이웃집으로부터) 돈을 받았고, (그 돈으로) 쌀과 소금으로 교환하여 자급하였다"라고 했다. 이는 임금노동의 맹아적 형태라고 할 수 있지만 당시에 결코 보편적 사례는 아니라고 생각된다. 일반적인 경우 청 초 강남지역의 농가는 면방직업을 하여 세금을 내고 충분히 자급자족할 수 있어서[109] 임금노동자가 되는 경우는 매우 예외적이었다.[110]

반면 에도시대의 경우, 전국적 시장의 통합 등으로 자본집적이 상대적으로 중국보다 용이하게 되었고, 단기간에 미쓰이가三井家와 같은 호상豪商이 성립할 수 있었으며,[111] 농민층의 계층분해[112]가 발생하여 영세 빈농층이 상인에 포섭되었다. 에도시대의 경우, 18세기 중기부터 농촌 공업지대에 면방직업이 성립되었는데 초기에는 중국과 마찬가지로 농가 부업을 하는 경우도 있었지만, 농사에 전혀 종사하지 않는 경우도 많았다. 그 대부분은 가족을 중심으로 생산하여 원료와 임금을 선대제 상인[問屋]에게 받았을 뿐만 아니라, 그 내부에 상당한 정도로 분업이 진전되었다고 한다. 예를 들어 19세기 초 오와리(尾張, 현 아이치현) 지방에서는 이미 방적 분리가 상당히 진행되었다. 개항 이전인 1844년 오와리에는 42개 촌에 직옥織屋이 332호 있었고, 직기 1,435대로 생산했으며, 직기 1대에 노동자 2명을 둔 매뉴팩처적 형태까지 도달하였다고 한다.[113]

〈표 4〉 18세기 동아시아 3국의 시장 네트워크, 농촌 수공업 그리고 화폐

	시장 네트워크	농촌 수공업	주요 화폐
중국	정기시→상설시화	농촌 수공업적 소상품생산 단계	은과 동전
조선	정기시의 확장	농촌 수공업적 소상품생산 단계	동전
일본	정기시 소멸과 자이고마치 발달	매뉴팩처 단계	삼화와 번찰

시장 네트워크로 독립 소생산자가 계속 증가하고, 선대제 상인 아래로 편입되는 것을 회피하는 경향이 강했던 중국의 면방직업 형태에 비해서 일본에서는 동일 시장권 내에서 농민층 분해disintegration가 일어나고 여기에서 선대상인과 임금노동자로 분리가 일어났다.[114] 그리고 시장 네트워크로부터 고립되는 것이 농민이나 임금노동자에 대한 선대상인의 지배력을 강화하는 커다란 계기가 되었다. 이러한 의미에서, 상품생산의 발전 정도를 선대제 생산이나 매뉴팩처로 이행하는 문제와 곧바로 결부 짓는 것은 지나치게 단순한 논리라고 할 수 있다. 시장권에 대한 접근성, 농산물의 상품화율이라는 측면에서 중국 농민들이 훨씬 더 유리한 상황이었다. 반면 에도시대의 경우 조카마치의 상인과 농촌의 농민은 기본적으로 분리되어 있었다. 이러한 공간적 분리가 상인층의 자본집적을 용이하게 해주었고, 도리어 선대제와 매뉴팩처의 가능성을 높였다는 점은 역사의 많은 아이러니 중 하나가 아닐까 생각한다.

5 서로 다른 경제성장

청대를 통하여 전국적으로는 선진지역인 강남지역에서 서쪽의 변경지역으로 개발이 계속 확대되어갔다면, 지역 내부에서는 농촌시장이 계속 확대되고 상설시로 발전해가는 과정이었다고 할 수 있다. 저 유명한 페이샤오퉁費孝通의 동심원 비유처럼, 규모와 차원이 각각 다른 시장경제권이라는 수많은 동심원이 중국 내부에서 끊임없이 확대되는 과정이었다고 할 수 있다.

중국 근세 강남지역의 시장 발전을 보면, 행정 중심지역인 현성에서 시작되어 점차 그 주변부 지역으로 확산되어갔다고 할 수 있다. 즉 현성 → 진 → 시의 순서라고 할 수 있다. 특히 강남지역의 경우 진과 시 사이에는 규모 차이만 있을 뿐 실질적으로 별반 차이가 없을 정도였다. 이렇게 보면 강남지역의 시장 발전은 말단부가 계속 분산적으로 확장되는 '확산형'이라고 할 수 있다. 그러나 에도시대 시장구조의 발전 방향은 말단의 농촌 정기시[六齋市]가 축소되어 자이고마치가 발전하는 '수렴형' 쪽이었다는 점에서 양자의 차이가 있었다.

중국과 일본 모두 16세기 중후반 전 세계적인 범위의 은경제銀經濟로 편입되면서 도시와 시장체제가 새로이 형성되었다. 그리고 양국 모두 16세기와 17세기 이후 소농경제가 안정되면서 여러 가지 수준의 농촌시장이 발달하였다는 점, 또한 도시, 중간지대, 농촌시장이라는 세 가지 패턴의 시장구조를 갖추었다는 공통점을 지니고 있었다. 다만 중국의 경우 도시부 역시 발달하였지만 시간이 지날수록 현저하게 발전을 구가한 것은 중간지대와 농촌시장 쪽이었다. 반면 에도시대의 경우, 시장구조의 변화는 ① 조카마치 성립 → ② 중앙시장으로 통합 → ③ 지역 시장인 자이고마치의 성장과 정기시 축소라는 패턴을 보였다. 중국과 달리 농촌 정기시 쪽은 쇠퇴하였고, 대도시는 성장이 그쳤지만 중간지대인 자이고마치 쪽이 발달하는 패턴이었다. 이는 대도시[三都]의 상품경제가 주변부인 자이고마치까지 확장되었기 때문이라고 생각된다.

면방직업의 발달을 살펴보면, 농가에서 면방직업이 본격적으로 개시된 것은 중국이 16세기 중엽, 일본이 18세기 후기라는 시간 격차가 있었다. 그리고 기술수준이라는 측면에서도 중국 쪽이 에도시대보다 더 높았던 시기가 있었다. 하지만 19세기에 일본은 선대제에서 매뉴팩처로 순조롭게 이행해간 반면, 중국은 여전히 소농들의 강고한 '방직결합'이 유지되어 있었다. 농촌시장을 통하여 독립 소생산자가 계속 증가하고, 선대제 상인 밑으로 편입되는 것을 회피하는 경향이 강했던 중국형 면방직업 형태에 비해서, 일본에서는 동일 시장권 내에서 농민층 분해가 일어났고, 여기에서 선대상인과 임금노동자로 분리되었다. 그리고 시장 네트워크로부터 고립된 것이 농민이나 임금노동자에 대한 선대상인의 지배력을 강화하는 커다란 계기가 되었다고 생각한다.

16~18세기 근세 동아시아 각국에서는 상업(=시장)의 확대에 의한 성장, 이른바 '스미스적 성장Smithian Growth'이 공통적으로 출현하였다. 하지만 시장 성장이라는 측면에서는 공통적일지 모르지만 그 발전 방향은 중국과 조선을 한쪽으로 하고, 그 반대편에 일본이 있는 형태로 서로 달랐다. 즉 중국과 조선의 경제성장은 ① 낮은 시장 통합도, ② 통합되지 않은

화폐와 도량형 사용 관행, ③ 개별 농가에 의한 분산적인 농촌 수공업을 그 특징으로 하였다. 반면 바다 건너 일본의 에도시대에는 ① 조카마치와 자이고마치의 성장, ② 에도 막부에 의한 화폐 주조권 장악과 도량형 통일, ③ 조카마치와 자이고마치 등으로 수공업 집중 등을 보이고 있다. 설령 '스미스적 성장'이라도 구조적인 부분에서는 확실히 대조적인 방향으로 성장해나갔던 것이다. 19세기 중엽 이후 동아시아 3국이 세계시장에 통합되면서도 이후 서로 다른 발전 양상을 보여주었던 것은 개항 이전부터 출발선 자체가 이미 달랐기 때문이라고 할 수 있다.

홍성화

성균관대학교 사학과와 같은 대학원 석사과정을 졸업하고, 일본 도쿄대학에서 중국 청대 사회경제사에 관한 연구로 박사학위를 받았다. 일리노이주립대학교 방문학자를 거쳐 2018년 현재 부산대학교 역사교육과 부교수로 있으며 2018년에는 중국 사회과학원 역사연구소 방문학자로 있었다.

집필경위

명·청시대 사회경제사를 수공업, 화폐, 도량형 등을 중심으로 연구해왔다. 연구를 진행하면서 검점 수공업이나 화폐 등의 변화를 좌우하는 것은 그 자체의 속성이라기보다 이것들을 둘러싼 시장구조가 더 중요하다는 것을 절실히 느끼게 되었다. 그리고 성균관대학교 동아시아 학술원의 '19세기 모임'에 참가하면서 동아시아적인 관점을 접하게 되었다. 이를 통해 청대 중국의 사례만으로는 그 특징을 알기 어렵고 이를 동아시아적인 시야에서 볼 때 좀 더 특징이 드러난다고 느끼게 된 것이 이 논문을 집필하게 된 계기이다. 이 글은 「동아시아 근세 시장구조와 농촌공업-청대 강남지역과 에도시대의 비교를 중심으로」, 『역사문화연구』 66, 2018을 수정·보충한 것이다.

특히 2018년 1월부터 1년 동안 중국에 파견근무를 하게 되면서 쑤저우(蘇州) 지역 주변에 산재한 여러 강남 고진(古鎭)을 찬찬히 돌아보게 되었다. 그리고 여기서 새롭게 얻은 견식을 이 논문에 담으려고 노력하였다. 그밖에 이 글에 나타난 중국 근세 시장구조의 일반상을 구체적인 개별 시진市鎭에 초점을 맞춰 규명하려고 한 논문도 상재되었다. 홍성화, 「청대 강남 시진의 경제생활-주가각진의 사례를 중심으로」, 『역사학보』 240, 2018 참조.

보 갑 의 동 아 시 아
−20세기 전반 대만·만주국·중국의 기층 행정조직 재편과 그 의미

◎

문명기

1
제도 천이遷移의 다양한 면모

동아시아 식민지 역사를 개별 지역·국가 차원의 접근에서 (비교사와 관계
사 및 과국사跨國史, transnational history 등의 방법으로) 복수의 지역 또는 국가
에 대한 통합적 이해를 지향하는 접근으로 변모한 지도 꽤 되었다. 그 결
과 개별 식민지를 고립적으로 이해하던 것에 비해 훨씬 풍부하고 다채롭
게 이해할 수 있게 된 것도 사실이다. 예컨대 통치양식의 이식과 통치인

재의 순환이라는 개념이 제시되어 새로운 연구 방향을 촉발했고, 이 개념에 대한 실증적·이론적 차원의 검토도 왕성하게 이루어져왔다.[1] 이들 일련의 연구로 근대 일본의 개별 식민지에서 실행된 각종 제도가 지역을 넘나드는 과정에서 개별 식민지의 특수한 구조로 제도의 변질을 동반했을 가능성도 검토된 바 있고,[2] 동일한 제도적 설계라 하더라도 개별 식민지 상황에 따라 통치효과 면에서 큰 차이를 낳은 사례도 보고되고 있다.[3]

이 글에서 다루고자 하는 보갑제 역시 통치양식이나 제도가 이식되는 과정에서 발생하는 다양한 변주를 확인할 수 있는 좋은 소재이다. 개별 공동체의 연대책임으로 운영되는 보갑제는 지방사회의 인적·물적 자원을 국가로 동원하는 채널 역할을 한 중요한 장치였고,[4] 보갑제의 전통이 있던 여러 지역은 보갑제를 기층사회에 정착시키기 위해 노력해왔다. 예컨대 근대 일본은 대만을 점령한 이후 청대부터 대만에서 시행되어온 보갑제(이하에서는 청대 대만에서 실시된 보갑제를 '청대 보갑제'라고 칭함)를[5] 근본적으로 재편하여 대만 통치에 활용했고, 대만총독부가 운영한 보갑제의 '성공'을 목격한 다른 지역, 예컨대 관동주와 만주국은 물론이고 남경국민정부(1928~1945) 역시 식민지시대의 대만 보갑제(이하에서는 '대만 보갑제'라고 칭함)를 벤치마킹하여 각각의 통치 영역에서 시도한 바 있다.[6] 요컨대 일본의 식민지 통치나 남경국민정부의 대륙 통치에서 보갑제는 일종의 연쇄적 성격을 띠며 거듭 활용되었다.

그렇지만 어느 지역도 보갑제에 기대했던 효과를 대만 보갑제만큼 거두지는 못했다(후술). 그렇다면 일제하 대만에서 '성공'한 보갑제가 어째서 만주국이나 민국 후기(1928~1949) 중국 대륙에서는 기대만큼 효과를

2부 | 비교와 연동: 경제·사회의 구성과 운용

거두지 못했을까? 이 문제를 추구하는 것이 이 글의 주된 목적이다. 그리고 이 문제를 추구하는 과정에서 대만 보갑제 자체는 국가권력의 견지에서 '성공한' 제도인데 어째서 다른 지역으로 확장성을 보여주지 못했는가 하는 문제도 초보적이나마 검토해보고자 한다. 이 문제를 검토하는 과정에서 근대 일본의 대만 통치가 가지는 모종의 특수성(또는 예외성)을 발견할 수 있을지도 모르겠다.

본문은 다음과 같은 순서로 서술하고자 한다. 우선 대만 보갑제의 원형이라고 할 수 있는 청대 보갑제를 개관하되, 대만 사례를 위주로 소개하면서 후술할 대만 보갑제와 관련 속에서 그 특징을 정리한다(2절). 그리고 대만 보갑제가 청대 보갑제를 단순히 수정·보완했는지, 아니면 질적으로 다른 차원의 보갑제로 '혁신'했는지를 살펴본다(3절). 실질적으로는 일본의 식민지였던 만주국에서 실시한 보갑제(이하 '만주국 보갑제'라고 칭함)는 대만 보갑제와 어떻게 같고 달랐는지를 살펴보고(4절), 마지막으로 남경국민정부가 실시한 보갑제(이하 '민국 보갑제'라고 칭함)는 대만 보갑제와 어떻게 같고 달랐는지를 살펴본다(5절). 마지막으로 보갑제의 혁신과 동아시아 각지로 이식한 일본의 대만 통치의 성격을 어떻게 파악하는 것이 좋은지의 문제도 검토한다. 다만 청대 이래(실시 정도, 형태, 효과 등의 면에서) 대단히 다기하게 전개된 보갑제의 개별 사례를 천착하기보다는 청대 보갑제, 대만 보갑제, 만주국 보갑제, 민국 보갑제 네 가지 사례에 대하여 ① 보갑제가 수행한 직무 범위·내용과 실행 정도, ② 보갑 간부의 원천이라고 할 수 있는 지역유력자local elite의 존재양태와 성격, ③ 국가기구(특히 경찰기구)의 보갑제에 대한 지휘·감독 양상이라는 공통적으로 중요한 세

가지 잣대를 중심으로 검토하고자 한다.

<u>2</u> 원형: 청대 보갑제의 개관

우선 청대 보갑제의 실시 상황을 시간 추이에 따라 간략히 살펴보자. 청초 순치연간에는 '반청反淸의 싹을 자르고 장정 파악을 원활하게 할 것'을 목적으로 총갑제總甲制를 실시했다. 보갑의 편성과 운영으로 치안유지 임무를 부여받음과 동시에 호구를 재조사해 정은丁銀을 확보하는 것이 기본 목적이었다. 다시 말해 명 초 이래 이갑제里甲制가 형해화한 상황에서 부역 징수와 청대 초기 사회적 혼란 수습을 강하게 염두에 둔 것이다.[7] 이어서 1708년에는 보갑제 실시에 대한 상유上諭가 반포되어 전국적 실시를 위한 법적 기초가 마련되었다. 강희제의 보갑제 관련 상유는 1712년의 '성세자정盛世滋丁, 영불가부永不加賦', 즉 인구 증가와 관계없이 정은을 고정하겠다는 조치와 맞물려 이루어졌다. 따라서 장정과 호구에 대해서는 실수를 파악하여 청조 중앙에 보고할 것만 요구하게 된다.[8] 뒤이은 옹정연간에는 "도적을 막는 데는 보갑만 한 것이 없다"라고 인식한 옹정제가 보갑제의 확대 실시와 강화를 시도하기도 했다.

하지만 보갑제의 진정한 전국적 실시는 건륭연간인 1757년 「보갑조례」의 제정을 기다려야 했고, 가경연간 이후 보갑제의 온전한 시행을 독촉하는 행정명령은 더욱 많아지게 된다.[9] 요컨대 건륭연간부터 보갑제는 전국적으로 시행되기 시작했다.[10] 다만 지역이나 시기에 따라 보갑제 시행의 구체적 양상이 큰 차이를 보인 것도 사실이다.[11] 보갑이 담당하는 직무의 성격상 보갑조직을 관할하는 기관 역시 일정하게 변화해왔다. 청 초에는 병부 관할이었다가 호부로 이관되었고, 광서연간부터는 지역마다 따로 보갑총국保甲總局을 설치하는 등 변화를 겪었고, 무술변법 이후 신정 기간에는 경찰국이나 공안국 등으로 대체되게 된다.[12]

청대 전체에 걸쳐 보갑제는 시기적·지역적으로 무척이나 다양한 변주를 보였고 보갑제 시행의 완성도 역시 크게 달랐기 때문에 청대 보갑제의 모든 면모를 개관한다는 것은 불가능에 가깝다.[13] 여기서는 이후 논의에 필요한 부분에 한해서 청대 보갑제의 성격을 정리해두고자 한다. 청대의 보갑제 실시 양태가 다양했다고 해서 공통의 원리와 성격이 없지는 않았다. 우선 청조 국가권력이 보갑제에 요구했던 직무 내용과 범위 문제이다.

청대 보갑제에 기대했던 가장 기본적 직무는 치안의 확보와 이를 통한 향촌질서의 유지였다. 시기별로 명칭은 달리하면서도 보갑제의 본질적 직무에는 공통분모가 있었다. 예컨대 황육홍黃六鴻의 『복혜전서福惠全書』·「보갑부保甲部」(권21)의 첫 줄에 "보갑은 도적을 막고 간교한 도둑을 엄단하기 위해 설치하는 것으로, 그 방식은 지극히 훌륭하다"라고 했고, 아울러 "보갑은 고대 이래의, 농민에 병사兵士의 뜻을 기탁한 것이다"라고 함으로써 향촌의 치안과 질서유지가 가장 기본 직무임을 명확히 했다.[14]

그리고 치안과 향촌 질서유지라는 기본 직무를 수행하기 위해 필수적인 것이 정확한 호구 파악이었다. 즉 특정 보갑 내의 호구에 대한 정확한 파악과 인구 이동의 추적은 해당 보갑 내에서 유사시 인력을 동원하기 위해서, 그리고 외부에서 침투하는 이질적 분자에 대비하기 위해서도 필요했다. 보갑의 치안과 질서유지 임무와 호구의 정태적(기본 호구)·동태적(호구 이동) 파악은 밀접한 상관관계가 있었다.[15] 다만 이러한 호구 재조사가 실제로 얼마나 제대로 이루어졌는지는 별개 문제이다.

1712년에 강희제는 장차 증가하는 인구에 대해서는 영원히 인두세를 거두지 않고 단지 호구의 실수實數만 보고하도록 하는 조서를 내리고, 1723년에는 정은(인두세)을 전부(토지세)에 통합하는 조치를 직예성直隸省을 필두로 다른 성에서도 속속 시행하였다. 이 조치와 옹정연간의 탄정입지攤丁入地의 결과, 호구와 부역의 관계보다는 토지와 부역의 관계가 긴밀해지면서 호구 재조사가 방만해질 가능성이 커진 것도 사실이다.[16] 역으로 보갑 조직을 통해 시행되는 호구 재조사가 호구의 대체적 규모나 변화 양상을 파악할 수 있는 사실상 유일한 수단이 되면서 (청조로서는) 보갑제가 떠안게 된 호구 재조사 기능이 중시된 측면도 있다.

예컨대 명대에 이갑제에 따라 10년에 한 번씩 호구를 재조사하던 관례에 대하여 보갑을 1년에 한 번씩 행하는 쪽이 훨씬 상세하며 유민遊民 조사에도 유리하다는 등의 이유로 1772년 (이갑제 규정에 따른) 호구 재조사는 중단되었다. 하지만 보갑제 규정에 따른 지방관의 호구 관련 보고가 실제 호구 변동의 20~30%밖에는 반영하지 못한다는 반성이 있으면서 호구 재조사가 더욱 강화되는 방향으로 나아가게 된다. 즉 건륭제는 1775년에 해마다 각 성의 호구와 창곡倉穀의 실수를 보고하게 한 것은 '천하의 풍요로운 정도'를 살피기 위함인데, 보갑에 대해 관료들은 형식적으로 대응하고 지방 대관들 역시 경시한다고 지적하면서 "각 성 지방장관들은 소속 지방관을 독려하여 실제 백성의 실수를 보고토록 하고 이를 모아서 조정에 보고하라"라고 명한다.[17]

다만 그럼에도 보갑제 규정에 따른 호구 재조사가 충실히 이루어진 것 같지는 않다. 예컨대 1786년 대만에서 발생한 임상문林爽文(?~1788)의 난이 수습된 후 진압을 지휘했던 섬감총독 복강안福康安(?~1796)은 대만 전체 호구를 직접 조사하니 90여 만 명이었으나 보갑청책保甲淸冊에 기재된 숫자는 13만 7,000여 명에 불과하여 불일치가 심했음을 보고했다.[18] 또한 1872년 담수동지淡水同知 진성취陳星聚가 행한 호구 재조사 결과 파악된 죽참(竹塹, 현재의 신주新竹 지역)의 인구는 총 1만 5,819명인 데 반해, 대만이 식민지가 된 직후인 1896년 신죽현新竹縣 지사 사쿠라이 쓰토무櫻井勉가 수행한 초보적인 인구조사 결과 죽참 인구는 30만 4,476명으로 그 차이가 대단히 컸다.[19] 결국 청조 중앙의 거듭된 질책과 독려에도 불구하고 청대 내내 호구 재조사는 국가권력의 기대만큼 이루어지지 않았다.

다만 진성취가 행한 호구 재조사의 목적 자체가 호구의 '정확한 파악'에 있지 않았다는 점은 지적해두는 게 좋을 것 같다. 진성취는 호구 재조사에서 남정男丁 5,284명의 존재를 확인했는데, 이는 유사시 동원할 수 있는 인적 자원에 대한 사전 파악이라는 점에서 보면 의미가 없지 않았다. 다시 말해 보갑 구역 내의 치안과 질서유지라는 관점에서 볼 때 진성취의 호구 재조사 결과를 단순히 허술하다거나 (근대적 인구조사에 비해) 낙후했다고만 평가하면 곤란하다.[20]

사실 호구의 재조사뿐만 아니라 보갑제의 기본형태 역시 보갑의 본원적 직무 수행에 종속되는 경우도 많았다. 보갑제는 주지하듯이 십진법의 원리를 채용했지만 지켜지지 않는 경우가 많았다. 예컨대 앞서 언급한 순치연간의 총갑제에서는 10호를 갑甲으로 묶고 그 장을 갑수甲首라 했으며, 10갑(=100호)을 다시 총갑總甲으로 묶고 그 장을 총갑이라 불렀다. 또 황육홍의 『복혜전서』에서는 10호=갑(갑장), 10갑=보(보정), 10보=향(보장保長)으로 조직하도록 했고, 『건륭회전乾隆會典』에서는 10호=패(패두), 10패=갑(갑장), 10갑=보(보정)로 조직하도록 규정되었다.[21] 즉 갑-총갑 또는 갑-보 등 100호를 단위로 하는 2급제도 존재했고 갑-보-향 또는 패-갑-보 등 1,000호를 단위로 하는 3급제도 존재했는데,[22] 이러한 십진법의 조직원리가 기존의 촌락구성과 맞지 않는 점을 보완하기 위해 다양한 변통이 적용되었고, 해당 원리가 아예 무시되는 경우도 적지 않았다.

예컨대 가경~도광 이후 대만 사회에는 점차 자연취락이 형성되기 시작하고 자연취락이나 자연취락 연합체를 주도하는 지역유력자 집단이 형성되었다. 이러한 지역유력자를 청대 대만에서는 총리總理라고 불렀는데, 이들의 존재에 주목한 대만·복건 지방관들은 십진법 편성에 구애받지 않고 총리가 영향력을 행사하는 자연촌락[莊]의 연합, 즉 연장聯莊 방식을 활용하기 시작했다. 작은 촌락을 큰 촌락에 연결하고, 먼 촌락을 가까운 촌락에 연결해 도적의 체포와 이웃 마을의 공동 보호를 수행토록 한 이 방식은 이전의 패-보 또는 갑-보 형식에 얽매이지 않고 촌[莊]과 촌[莊] 사이의 결합과 이를 통한 치안 능력 제고에 중점을 둔 것이다.[23] 요컨대 보갑제 운영의 기본 목적이 추구되는 한 가장 기본적 형식인 십진법 원리가 무시되는 경우도 많았다.

　이상과 같은 치안유지와 호구 재조사 외에 다양한 사항이 보갑제의 직무로서 부과되었다. 예컨대 1757년 건륭제가 보갑제의 전국적 실시를 지시하면서 "모든 보갑 내에 절도, 사교, 도박, 은닉, 유괴, 화폐의 사주, 소금의 사적 거래, 밀주 제조, 유황 판매, 불순분자의 집결 및 의심스러운 무리의 출현 등이 있을 경우 (보갑은) 책임지고 조사·보고하며, 호구의 이동과 등록 역시 수시로 보고한다"[24)]라고 한 데서 알 수 있듯이, 향촌에서 발생할 수 있는 거의 모든 경찰적警察的 사안이 보갑제의 직무로 규정되었다. 각종 범죄의 온상인 도박이나 명절의 각종 오락 활동의 단속, 각종 재난의 구제, 아편 단속, 각종 민사 분규의 중재 등 치안과 질서유지에 관련된 사안은 모두 보갑의 직무로 규정되었다.[25)] 이렇게 보갑, 특히 그 수장인 보갑 간부에게 중대하고 번잡한 직무가 부여되었기 때문에 보갑 간부의 인선은 보갑제 운영의 성패와 직결된 문제였다.

　보갑 수장의 인선은 성실성, 식자 능력, 결혼 여부와 자녀 유무, 연령, 유덕함(=鄕望) 여부 등이 그 자격으로 제시되었다.[26)] 요컨대 일정한 경제적 능력과 함께 향촌사회 내에서 (중망이나 '유덕有德'으로 표현되는) 영향력을 지닌 지역유력자가 보갑 간부 인선의 대상이었다.[27)]

　문제는 대개 지역유력자들이 보갑 간부에 임명되기를 회피했다는 점이다. 1757년 직예총독 방관승方觀承에 따르면 "책임과 징계는 많은데 보상은 적으며, 거주지와 현성 소재지를 왕래하는 데 노력과 비용이 든다. 이로써 먹고살 만하고 체면을 중시하는 자는 보갑 간부가 되려 하지 않았다."[28)] 또한 원칙적으로 보갑 간부에게는 보수가 지급될 수 없었다.[29)] 이 때문에 불필요한 일에 관여하고 싶지 않은 자는 보갑 간부가 되기를 꺼리게 되고, 보갑 간부는 무뢰 등이 담당하게 된다. 결국 이들이 향곡을 무단하거나 보갑 운영을 빌미로 보갑민을 갈취하는 현상으로 이어지는 것이 청대 보갑제의 실상이었다.[30] 황육홍 역시 보갑의 성패가 '득인得人'에 있음을 강조했지만, 실상은 오히려 보갑이 향촌 주민들에게 질곡이 되어버리는 현상이 만연했고,[31] 이런 현실이야말로 국가권력이 청대 보갑제에 기대한 역할을 거의 발휘할 수 없었던 가장 중요한 원인이 되었다.

게다가 이들 지역유력자들이 보갑제에서 중추적 역할을 담당하는 경우에도 국가권력에는 '양날의 칼'이 될 수 있었다. 예컨대 청대 대만의 경우 지역유력자들이 자신들의 인적·물적 자원을 동원하여 보갑국保甲局을 조직한 것은 1874년 대만사건 전후와 1885년 청불전쟁 전후 두 차례다. 대외적 위기를 맞아 내부를 단속한다는 방침이었는데, 보갑국을 조직하는 과정에서 동원된 의용義勇 그리고 의용에게 지급된 보수와 무기는 모두 지역유력자들이 조달했다. 청대 대만 지역유력자들의 주요 특징 중 하나가 사적 무력을 보유한 존재였다는 것에서도 알 수 있듯이,[32] 지역유력자를 동원한 보갑국의 설치와 운영은 지역유력자의 기존 무력을 온존·강화하는 데 기여하기 마련이다. 다시 말해 대만 지방권력으로서는 상대하기 버거운 사적 무력과 늘 대면해야 했다는 의미이다. 대만 사회가 발전함에 따라 사회 내부에서 자연스럽게 성장해간 총리 등 지역유력자 집단에게 보갑제 운영을 의존하면 할수록 지역유력자 통제는 점점 곤란해질 가능성이 컸던 것이다.

이상으로 청대 보갑제에 관하여 거칠게나마 개관해보았는데, 이후 논의를 위하여 간략히 정리해보자. 우선 보갑제의 직무는 기본적으로 향촌사회의 치안과 질서유지 그리고 이를 위한 호구 재조사에 있었다. 다만 직무를 수행하기 위한 조직은 지속적 활동을 보장하기 힘든 느슨하고 임시적 성격에 머물렀다. 내우외환이나 계투·번해(番害, 원주민 소요) 등 치안상 위기상황이 발생하면 활성화되었다가 위기상황이 해소되면 위축되거나 소멸되었다(예컨대 보갑제의 변형 형태인 단련團練이나 청장연갑清莊聯甲 등의 조직).[33] 따라서 제도적 안정성과 지속성은 매우 약한 편이었다.

이뿐만 아니라 보갑제 운영의 성패에 직결된 보갑 간부 인선에서, (논리적으로나 현실적으로나 충분히 있을 수 있는) 보갑 간부의 전횡이나 자의적 권한 행사를 억제할 국가기관의 감독이나 통제가 크게 부족했다는 점도 지적해둔다. 예컨대 청대 대만의 경우 현縣과 청廳은 일반적으로 "지현知縣과 현승縣丞, 서리 수십 명, 차역差役 20여 명과 병졸로 구성되어 지현 이하 전체 역원이 많아야 100명 정도였고, 18세기 이후 이들 인원으로 평균 10만~20만에 달하는 현민을 통치해야" 했던 실정이고 보면 국가기관에 의한 감독이나 통제에 큰 기대를 걸기 어려운 상황이었던 것도 충분히 이해된다.[34] 그렇다면 이제까지 서술한 청대 보갑제의 구조적 문제가 식민지시대 대만에서는 어떻게 변화되어갔는지 살펴보자.

혁신: 대만총독부의 보갑제 재편과 정착

식민지 통치 초기 항일무장운동의 빈발과 이로 인한 사회적 혼란에 대처하기 위해 대만총독부는 1898년 8월 율령 제21호로「보갑조례」를, 부령 제87호로「보갑조례시행규칙」을 반포하여 보갑제를 실시하기 시작했다.[35] 그 기본 목적은 '보갑을 설치하여 지방의 안녕을 유지'하는 데 있었다.

보갑 조직 역시 10호를 1갑으로 하고 갑장을 두며, 10갑을 1보로 하고 보정保正을 두었다. 보와 갑은 비적과 수재·화재를 방비하기 위해 장정단壯丁團을 둘 수 있으며, 청대 대만의 보갑제와 마찬가지로 연좌 규정도 두었다. 보정과 갑장, 장정단 등의 보갑 간부 인선 자격 역시 청대와 마찬가지로 '일류의 인물'로서 재산과 명망을 갖춘 자로 규정했고, 보수가 없는 무급의 명예직이었다. 이렇게만 보면 청대 보갑제와 대만 보갑제는 별 차이가 없어 보인다.

하지만 대만 보갑제에 대한 평가는 청대 보갑제와 사뭇 다르다. 예컨대 장기간에 걸쳐 대만에서 경찰로 근무한 와시즈 아쓰야鷲巢敦哉는 대만 통치 '성공'의 절반은 보갑제 덕분이었다고 했고,[36] 식민정책학자 야나이하라 다다오矢内原忠雄(1893~1961) 역시 1929년에 출간한 저서에서 대만 통치와 조선 통치의 중대한 차이의 하나로 보갑제 유무를 들고서, "보갑제를 이용하여 징세나 토목 부문의 협조, 식산의 장려, 교육 및 구휼 조치에 이르기까지 관여하지 않은 바가 없다. 무릇 대만에서 경찰과 보갑의 힘을 빌리지 않으면 어떤 일도 시행하기 어렵다는 것이 현재의 상황이다"라고 했다.[37]

그뿐만 아니라 공의公醫제도를 비롯한 식민지 의료위생 시스템 구축에서도 공의-경찰-보갑의 삼위일체를 이루어 핵심 역할을 수행하거나[38] 도로(식민지 대만에서는 신작로를 '보갑도로'라 칭함) 건설에서도 불가결한 역할을 수행하는 등[39] 식민통치 전반에서 보갑제의 기여는 예외 없이 높게 평가된다. 이렇게 청대 보갑제와 대만 보갑제 평가가 상반된 원인은 무엇인가? 청대 보갑제에 비해 대만 보갑제가 달랐던 점은 무엇인가? 이에 대해서는 다양한 관점에서 논의될 수 있겠지만, 여기서는 보갑 간부를 구성한 지역유력자 집단의 성격과 역할의 변화, 국가기구(특히 경찰기구)와 보갑제의 관계 그리고 보갑의 직무범위 변화를 중심으로 살펴본다.

우선 보갑 간부의 원천이었던 지역유력자의 성격과 역할을 보자. 대만 보갑제하의 보갑 간부에 관하여 기존의 식민지시대 대만 지역유력자에 관한 연구들과 필자의 초보적 분석으로 얻은 잠정 결론은 다음과 같다. 식민지시대 대만의 보갑 간부는 ① 일정한 자산과 명망을 갖춘 자들이고, ② (기층행정단위인) 가장街莊 레벨을 넘어서는 활동은 좀체 볼 수 없었다는 면에서 가장 레벨의 중소 엘리트였고, ③ 같은 보갑 간부라 하더라도 보정과 갑장·장정단장/부단장 사이에는 현격한 위상 차이가 존재했으며, ④ (한학 수학 경력과 근대교육 경험의 부족으로 볼 때) 일본어 구사능력이 반드시 좋았다고 보기는 힘든 존재였다.[40]

이러한 관찰은 보정이 주로 '총독부의 포섭 대상이 되어 지방행정의 중견을 담당한 하층 신사'에서 배출되었으며, '향촌사회를 떠나지 않고 촌락 내의 엘리트 집단으로 성장하여 총리 등의 직위를 차지함으로써 향촌 질서의 중견으로 부상한 소조호小租戶'에서 배출되었을 가능성이 높다고 파악한 기존 연구와 부합하는 결과이다.[41] 또 식민지화 이전과 식민지시대 초기 지역유력자 집단의 연속성을 강조하는 일련의 연구와도 배치되지 않는다.[42] 이렇게 인적 연속성이 뚜렷함에도 불구하고 대만 지역유력자들이 청대의 국가권력과 식민지시대의 국가권력에 보인 극명한 태도 차이는 어디에서 기인하는가?

우선 청 말 지역유력자들이 지역사회에서 영향력을 행사하기 위한 중요한 조건 중 하나가 사적 무력이었음은 전술한 바 있다. 대만총독부는 이들 지역유력자에게서 사적 무력을 철저하게 제거해나갔다. 예컨대 총독부는 1901년 말 현재 대만인의 민유총포民有銃砲에 대한 회수 조치를 강력하게 시행한 결과 1904년 4월 현재 총 5만 1,229정을 회수하는 데 성공했다.[43] 이후에도 정기적이고 지속적으로 민유총포 단속을 행함으로써[44] 총독부 외의 사적 무력의 존재를 허용치 않았다. 즉 대만총독부는 짧은 기간 내에 사적 무력을 제거하고 이를 공권력으로 대체함으로써 사적 무력을 기반으로 (국가권력에 대해) 상당한 자율성을 갖고 있던 대만지역 유력자 집단의 국가권력에 대한 '발언권'과 '자립성'을 크게 약화시킬 수 있었다.

동시에 대만총독부는 보갑 간부가 된 지역유력자에게 적극적으로 경제적 이익을 제공함으로써 (무보수로) 보갑 직무를 수행하는 것에 대한 경제적 보상을 충족하는 데 어느 정도 성공했다. 이는 청대 보갑제하에서 '책임은 중하고 보상은 적은' 지역유력자 동원 구조를 변혁시키는 데 성공했음을 의미한다. 예컨대 식민지시대 대만 전매사업에 종사한 우리사바키진賣捌人을 분석한 연구에 따르면, 전매국이 우리사바키진을 지정하거나 지정 이후 성적을 심사할 때 지방 공공사무에 적극적으로 참여했는지가 중요한 지표였다. 즉 대만인 우리사바키진은 현청縣廳의 참사參事, 가장장街莊長, 보정은 물론이고 각급 협의회 회원, 지방세 조사, 임시호구조사, 방면사업(1923년 이후) 등 지방 공공사무에 참여하는 것을 전제로 하여 매팔권을 획득·유지했다.[45]

즉 보갑 간부의 무보수 규정을 관철함으로써 보갑 간부의 민중 수탈과 자의적 권한 행사의 가능성을 차단해 보갑제의 공정한 운영을 보증하는 한편, 보갑 간부의 헌신에 대한 보상은 전매사업 매팔권 제공이나 신용조합 참여의 보장, 각종 상공회(후에 상공회의소) 참여를 통한 경제적 혜택의 제공 등으로 함으로써 지역유력자 집단을 적극적으로 보갑제 안으로 유인하는 기제를 창출한 것이다.[46] 요컨대 사적 무력을 제거해 국가권력에 대한 자율성을 대폭 축소함으로써 (청대에 비해) 훨씬 순치된 지역유력자 집단을 창출함과 동시에 보갑 간부의 헌신에 대해서는 경제적 유인을 제공해 이들을 보갑제에 포섭하는 데 성공했다.

하지만 대만 보갑제가 철저하게 운영되려면 '자치적' 기층행정조직인 보갑제 운영을 지속적·효과적으로 지휘·감시할 수 있는 장치가 마련되어야 했는데, 대만 보갑제하에서는 이 역할을 경찰기구가 담당했다. 주지하듯이 대만총독부의 대만 통치는 사실상 '경찰만능주의'라고 불릴 정도로 강력한 경찰력에 의존해왔고 보갑제 운영 역시 예외가 아니었다.[47] 우선 식민지시대 대만의 경찰력을 수치로 개관하면 〈표 1〉과 같다.

〈표 1〉 식민지시대 대만의 면적 · 인구와 경찰력 · 경찰비[48]

연도	면적 (㎢)	인구 (천 명)	경찰 인력 (명)	경찰 관서 (소)	경찰 관서당 담당면적 (㎢)	경찰 1인당 담당인구 (명)	경찰 1인당 담당면적 (㎢)	경찰비 (천 엔)	인구 1인당 경찰비 (엔)	㎢당 경찰비 (엔)
1910	35,961	3,299	6,616	1,051	34	499	5.44	3,892	1.18	108.1
1911		3,369	7,201	1,051	34	468	4.99	5,312	1.58	147.6
1912		3,435	6,922	1,055	34	496				
1913		3,502	8,047	1,055	34	435				
1914		3,554	7,671	1,062	34	463	4.69	7,098	2.00	197.2
1915		3,570	7,142	1,776	20	500				
1916		3,596	7,103	1,835	20	506				
1917		3,647	7,535	1,849	20	484				
1918		3,670	7,535	1,849	20	487				
1919		3,715	7,587	1,826	20	490	4.74	6,038	1.63	167.7
1920		3,758	7,412	1,823	20	507				
1921		3,836	8,196	1,724	21	468	4.39	11,436	2.98	317.7
1922		3,905	7,712	1,680	21	496				
1923		3,976	7,712	1,666	22	505				
1924		4,042	7,371	1,656	22	537				
1925		4,147	7,391	1,604	22	550				
1926		4,242	7,403	1,612	22	561				
1927		4,337	7,408	1,599	22	585				
1928		4,438	7,582	1,623	22	585	4.74	10,544	2.38	292.9
1929		4,549	7,658	1,624	22	594				
1930		4,679	7,763	1,611	22	603	4.63	10,925	2.33	303.5
1931		4,804	7,934	1,625	22	605	4.53	10,752	2.24	298.7
1932		4,930	7,958	1,633	22	619	4.52	10,444	2.12	290.1
1933		5,061	8,058	1,647	22	628	4.46	10,557	2.09	293.3
1934		5,195	8,035	1,656	22	647	4.48	10,691	2.06	297.0
1935		5,316	8,096	1,654	22	657	4.44	10,806	2.03	300.2
1936		5,452	8,122	1,655	22	671	4.43	10,944	2.01	304.0
1937		5,609	7,412	1,683	21	757	4.85	11,481	2.05	318.9
평균	35,961	4,201	7,592	1,578	24	550	4.67	9,351	2.05	259.8

2부 | 비교와 연동: 경제 · 사회의 구성과 운용

필자는 이전에 식민지 대만·조선의 경찰력 배치의 차이 그리고 이 차이가 두 식민지 통치에 미친 상이한 영향을 간략히 살펴본 바 있는데, 식민지시대 대만의 경찰력은 동시대 조선은 물론이고 내지를 포함한 일본 제국 전체에서도 두드러졌다. 일본 내외지의 경찰력을 간접 비교할 수 있는 〈표 2〉를 보자.

〈표 2〉 일본 내외지 면적 · 인구 · 경찰비(1936, 만주국은 후술)[49]

지방	경찰비(엔)	면적(㎢)	인구(명)	㎢당 경찰비(엔)	인구 1인당 경찰비(엔)
조선	20,070,412	220,741	22,899,000	91	0.88
관동주	4,600,034	3,724	1,657,000	1,235	2.78
대만	10,944,341	35,974	5,216,000	304	2.10
카라후토	1,277,250	36,089	552,000	35	2.31
내지	88,612,358	382,074	69,254,000	232	1.28

경찰력은 결국 식민지의 공간과 인간에 대한 지배의 완성도에 직접적 영향을 미치는 요소일 터인데, (인구와 면적을 고려한 상대적 개념인) 인구 1인당 경찰비와 단위면적(㎢)당 경찰비에서 볼 수 있듯이, 대만총독부는 조선은 물론이고 일본 내지마저 능가하는 경찰력을 투입했다. 이렇게 우월한 경찰력과 촘촘한 경찰력 배치를 바탕으로 식민지 대만의 보갑제는 경찰과 밀접하게 연관되어 운영되었다. 우선 보갑의 전체 규모의 추이 그리고 경찰과 (보갑의 일부인) 장정단의 관계를 살펴보자.

〈표 3〉 보 · 호 및 파출소 · 장정단의 관계[50)

연도	보	호	보당 호수	파출소	장정단
1903	4,085	587,829	144	981	1,518
1904	4,817	591,318	123	961	1,253
1905	4,828	600,635	124	978	987
1906	4,825	607,059	126	983	915
1907	4,817	612,764	127	958	937
1908	4,834	618,076	128	947	922
1909	4,838	624,960	129	948	930
1910	4,869	634,518	130	952	941
1911	4,892	645,454	132	952	938
1912	4,909	655,567	134	956	941
1913	4,927	665,812	135	958	939
1914	4,942	673,173	136	963	954
1915	4,944	673,555	136	973	977
1916	4,980	678,511	136	931	954
1917	4,997	688,024	138	933	951
1918	5,009	692,394	138	928	941
1919	4,072	700,924	172	929	947
1920	5,114	709,026	139	969	949
1921	5,125	718,317	140	976	949
1922	5,151	725,779	141	978	947
1923	5,154	733,597	142	977	953
1924	5,161	740,238	143	974	945
1925	5,161	754,084	146	957	941
1926	5,175	765,660	148	968	932
1927	5,182	777,240	150	964	932
1928	5,188	789,695	152	968	934
1929	5,197	803,666	155	975	939
1930	5,216	820,889	157	980	945
1931	5,236	839,856	160	983	949
1932	5,295	867,977	164	995	958
1933	5,360	885,473	165	1,000	966
1934	5,383	905,519	168	1,009	972
1935	5,472	924,669	169	1,010	981
1936	5,306	945,115	178	1,018	999
1937	5,611	968,519	173	1,065	1,038

보당 호수를 보면, 1905년의 124호/보에서 1915년은 136호/보, 1925년은 146호/보, 1935년은 169호/보로 후기로 갈수록 보당 호수가 커졌음을 알 수 있다. 이는 기본적으로 도시화 진전에 따른 인구의 도시 집중 현상과 관련되어 있다.[51] 파출소와 장정단의 관계를 보면, 1903~1904년의 경우를 제외하면 대체로 1파출소=1장정단의 원칙이 잘 지켜져왔다. 장정단은 경우에 따라서는 경찰의 허가를 얻어 무기를 소지할 수도 있었기 때문에 파출소의 지휘·감독이 반드시 필요했다.[52]

어쨌든 전체적으로 보면 보갑과 장정단 운영이 식민지시대 전체 기간을 통해 안정적으로 유지되어왔다는 점은 파악된다. 또 장정단과 파출소를 일치시키는 것에 더하여 복수의 보로 구성된 보갑연합회保甲聯合會를 파출소 단위로 운영하여[53] 파출소 관할구역과 보갑구역을 일치시킴으로써 경찰의 지휘·감독 기능을 강화한 점도[54] 쉽게 이해된다.[55]

마지막으로 보갑의 직무 범위 문제를 간략히 검토한다. 1909년 "보정 및 갑장은 구장區長(또는 가장街莊長)의 지휘를 받아 보갑 내에서 구장의 직무 집행을 보조한다"라는 조항을 「보갑조례시행규칙」에 추가하는 개정이 단행되면서 당초 경찰, 즉 치안유지에 중점을 두고 창설된 보갑의 직무 범위는 크게 확대된다.[56] 이러한 결정의 배경에는 1910년 현재 가장역장街莊役場은 455개인 데 반해 파출소는 952개로 파출소가 대만 전체에 걸쳐 그물망처럼 배치되어 있었고, 이러한 상황에서 가장역장을 늘리기보다는 이미 존재하는 경찰력을 최대한 활용하는 방향을 선호했던 대만총독부의 의도도 작용했다.[57]

어쨌든 1910년 전후의 이 조치로 보갑의 직무는 호구조사, 출입자 단속, 풍수·화재와 토비·강도 등에 대한 경계·수사, 전염병 예방, 아편 폐해 교정, 도로·교량의 수선 및 소제, 해충 예방, 수역獸疫 예방은 물론이고[58] 과세작물의 조사, 징세공문의 배포 등 세무·토목·식산 방면의 행정에까지 이르게 되었다.[59] 요컨대 경찰 보조 직무에 더하여 일반 행정 보조까지 담당하는 것으로 직무 범위를 대폭 확장한 것이다. 그 결과 거의 모든 행정 부문에서 '보갑의 활동을 기다리는 일이 많아질' 정도로 보갑의 역할이 중요해졌다.[60] 이렇게 되면서 '보갑의 힘을 빌리지 않으면 만족스러운 일처리가 불가능'할 만큼 지방 기층행정에서 보갑의 역할은 핵심적인 것으로 변모했다.[61]

이상의 관찰을 통해, 대만 보갑제는 중요한 면에서 청대 보갑제의 단순한 수정·보완이 아닌 '혁신'이었음을 알 수 있다. 우선 ① 청대 대만의 지역유력자 집단이 지역사회 및 청조 국가에 대해 영향력과 발언권을 행사하는 중요한 근거의 하나였던 사적 무력을 철저히 제거함으로써 대만의 지역유력자 집단을 대만총독부라는 새로운 국가권력에 대해 훨씬 순치된 존재로 변모시켰다. 이뿐만 아니라 대만총독부가 장악한 사회경제적 자원을 제공해 지역유력자들의 적극적 협력을 이끌어낼 수 있었다. 이로써 보갑제를 총독부가 기대하는 방향으로 작동시킬 핵심적인 인적 주체를 효과적으로 확보할 수 있었다. ② 강력한 경찰력을 보유한 대만총독부는 경찰기구와 보갑제를 긴밀히 연계함으로써 지속적·효율적인 지휘·감독 체제를 구축했다. 이는 보갑제의 제도적 안정성 제고에 기여했고 나아가 보갑제를 대만 통치의 제도적 장치로 활용하는 것을 가능케 했다.[62] 마지막으로 ③ 보갑 직무를 대대적으로 확장해 보갑 조직을 단순한 경찰

보조에서 일반 행정보조까지 담당하는 조직으로 변모시킬 수 있었다. 이 상에서 살펴본 대만 보갑제의 '성취'는 다양한 루트로 만주국이나 중국 대륙에 알려졌고, 대만 보갑제는 이후 다른 지역에서 실시한 보갑제가 참조하는 하나의 모델이 되었다. 그렇다면 일본의 또 다른 식민지라 할 수 있는 만주국의 보갑제는 어떠했는가.

4 역수입: 만주국의 보갑제 도입과 '절반의 성공'

우선 대만 보갑제와 만주국 보갑제의 비교는 이미 대만과 일본의 연구자들이 시도한 바 있다.[63] 여기서는 이들 선행연구의 성과를 충분히 흡수하면서 만주국 보갑제의 실태를 세세히 분석하기보다는[64] 전술한 대만 보갑제의 세 가지 면모, 즉 지역유력자의 존재양태와 경찰과 보갑의 관계 그리고 보갑 직무의 확장 여부에 중점을 두고 분석한다.

만주국 보갑제가 대만에서 상당한 효과를 거둔 것으로 판단된 보갑제를 강하게 의식하며 실시되었다는 점은 분명한 듯하다. 즉 만주국이 '대만과 관동주의 치안을 유지하기 위해 채용하여 효과를 본 것을 만주국에서도 채용한 것'이라는 지적,[65] 그리고 '신흥 만주국에서는 건국 후 곧바로 대만의 보갑제를 모방하여 보갑제를 시행'했다는 지적[66] 등에서 보면, 만주국 역시 국가권력의 견지에서 볼 때 성공적으로 실시된 대만의 사례를 벤치마킹하고자 했던 것 같다.

하지만 만주국이 대만 보갑제를 채용했다고 해서 그 결과도 유사했던 것은 아니다. 우선 전술한 것처럼 대만 보갑제가 경찰 보조와 일반 행정 보조를 함께 수행한 반면, 만주국 보갑제는 경찰, 즉 치안숙정 위주에 그쳤던 점이 눈에 띈다.[67] 만주국의 규모(인구+면적)나 다양한 민족구성으로 인한 차등적 보갑제 적용,[68] 만주사변(1931)에서 중일전쟁(1937~1945)까지 사실상 전쟁 상황에 있었던 대외적 조건 등을 고려하면 당연한 결과이기도 한데, 어쨌든 치안숙정 위주로 보갑제가 운영되면서 자위단自衛團 편성과 운영이 현실적으로 보갑제의 가장 중요한 업무로 자리 잡았다.[69]

그리고 자위단의 업무와 자위단에 대한 지도와 훈련은 단총團總이 행했기 때문에 보장·갑장·패장 등 보갑 간부는 단순한 보조적 존재에 지나지 않게 된다. 예컨대 금주성 금현의 경우 "(가촌제 실시 이후 촌장이 보장을 겸하게 되기는 했으나−필자) 보갑제의 실제적 중심인 자위단 사무 및 자위단의 실제 지도·훈련은 단총이 부단총의 보조를 얻어 행하고, 보장·갑장·패장 등은 단순한 보조적 존재에 불과"했으며,[70] 빈강성 아성현의 경우에도 "경찰행정의 보조기관으로서의 기능이 가장 발달했고, 행정 및 경제적 기능에서는 아직 유치한 수준을 벗어나지 못했"다.[71]

그리고 자위단 간부에는 만주국 통치에 협조적·우호적인 자산가나 공직자 등 '구지배층'을 임명하는 경우가 대부분이었고, 이들은 대개 만주사변 이전부터 만주지역에서 자생적으로 조직된 보위단·자경단·민단·상단商團 등의 자위조직들이 명칭만 바뀌어 재편된 데 불과했다. 형식적으로 보갑 간부는 보갑민의 호선互選을 원칙으로 했지만 실제로 선출된 간부는 대부분 '구지배층'이었다. 그 결과 농촌 내부 실정은 보갑제를 토호열신의 기초를 보강하는 데 완전히 봉사하게 만들어, 빈농층에 대한 구래

의 봉건적 지배를 유지·강화하는 기관으로 되어버렸다.[72]

이 때문에 이들 '구지배층'이 보유해온 사적 무력을 근본적으로 제거하고 이들을 순치했다기보다는 기존 구지배층이 보유한 사적 무력을 어느 정도 용인하면서 무력의 사용을 일정하게 제약하는 방식을 취했다. 또한 자위단을 구성하는 자위단원 중에는 유급직, 즉 직업화된 자위단원이 적지 않았고, 이들은 종종 통제되지 않은 채 지역사회에서 폭력과 수탈을 행하는 경우도 많았다. 이에 대해 만주국 당국은 직업적 자위단을 차차 해소하고 '의용義勇'(=무급) 자위단을 늘리는 방향으로 노력했지만[73] 성공적이지는 못했다.[74]

자위단이 온존한 사적 무력이라는 성격을 잘 알 수 있는 현상이 바로 무기류(총기와 탄약)를 민간에서 대량 보유한 일이다. 청 말 이래 비적 집단의 창궐과 이에 대항하기 위한 자위조직의 수립이 상승작용을 일으키면서 급증한 민간의 무기류 보유는 만주국 초기 약 250만 정으로 추정될 정도로 방대한 수량이었다.[75] 이에 대응하여 만주국 국무원國務院과 청향위원회淸鄕委員會를 중심으로 무기매상비의 계상이나 영치 방식의 도입 등의 다각적 노력으로 1937년 말까지 약 150만 정, 1938년 22만 정, 1939년 14만 정, 1940년 10만 정 등이 회수되는 등 일정한 성과를 거두기도 했다.[76] 하지만 무기류가 유입되는 루트(예컨대 소련 국경)를 전면 차단하는 것은 사실상 불가능했고, 무기 유입은 단속에도 불구하고 지속적으로 진행되었다고 판단된다.[77] 요컨대 만주국에서는 경찰(또는 군경)이 유일한 공적 폭력으로서 지위를 완전히 확립하지 못했고, 그 결과 민간의 무기 보유는 끝내 종식되지 못했다고 할 수 있다.

그리고 이러한 결과를 초래한 가장 근본적 원인의 하나는, (식민지 대만에서와 달리) 만주국 보갑제가 경찰력이 미치지 못하는 치안의 사각지대에서 경찰력을 대체하기 위해 조직된 데 있었다. 즉 강력한 경찰력의 지휘·감독하에 보갑제가 성립된 것이 아니라 경찰력이 부족한 지역에서 경찰력을 대체하는 존재로서 보갑제가 수립·운영되었기 때문에 만주국 보갑제는 대만 보갑제하에서 국가기구에 의한 지휘·감독이라는 요건을 충족하지 못했다고 할 수 있다. 그렇다면 실제 만주국의 경찰력은 어느 정도 수준이었는가? 전술한 식민지 대만 경찰력과 비교를 염두에 두고 작성한 〈표 4〉를 보자.

〈표 4〉 만주국의 면적·인구와 경찰력·경찰비[78]

연도	면적 (천km²)	인구 (만 명)	경찰 (명)	경찰관서 (소)	경찰관서당 담당 면적 (km²)	경찰 1인당 담당 인구 (명)	경찰 1인당 담당 면적 (km²)	경찰비[79]		인구 1인당 경찰비 (엔)		km²당 경찰비 (엔)	
								경찰비 a (만 엔)	경찰비 b (만 엔)	a	b	a	b
1932	1,192	3,066						560	1,789	0.18	0.58	4.7	15.0
1933	1,192	3,199	101,106			316	11.79	1,065	1,290	0.33	0.40	8.9	10.8
1934	1,192	3,387	83,815	4,053	294	404	14.22	1,568	3,205	0.46	0.95	13.2	26.9
1935	1,192	3,539	77,664	4,447	268	456	15.35	948	3,402	0.27	0.96	8.0	28.5
1936	1,303	3,670						2,046	3,270	0.56	0.89	15.7	25.1
1937	1,303	3,828	94,729	4,420	282	404	13.17	2,396	5,352	0.63	1.40	18.4	41.1
1938	1,303	4,016						2,849	6,374	0.71	1.59	21.9	48.9
1939	1,303	4,150						5,062	9,868	1.22	2.38	38.9	75.7
1940	1,303	4,320						6,788	13,453	1.57	3.11	52.1	103.2
1941	1,303	4,501						8,534		1.90		65.6	
1942	1,303	4,656						7,375		1.58		56.6	
평균	1,263	3,848	89,329	4,307	281	395	13.63	3,563	5,334	0.86	1.36	27.6	41.7

만주국이 '신생국가'라는 점을 고려하면 비교적 단기간에 경찰력을 효율적으로 확충했다고 평가할 수도 있다. 또 만주국 인구를 고려하면 경찰비나 경찰력은 적지 않은 규모이다.[80] 하지만 만주국의 면적을 고려하면 경찰비나 경찰력이 조밀했다고 평가하기는 힘들다. 예컨대 만주국의 경찰 1인당 담당 면적은 평균 13.63㎢(=430만 평)인데, 이는 여의도 면적(2.9㎢)의 약 5배에 달하고 서울 금천구 면적(13.1㎢)과 유사한 규모이다.[81] 이 점을 〈표 5〉에서 다시 확인해보자.

〈표 5〉 일본 내외지 및 만주국의 면적·인구·경찰비(1936)[82]

지방	경찰비(엔)	면적(㎢)	인구(명)	㎢당 경찰비(엔)	인구 1인당 경찰비(엔)
조선	20,070,412	220,741	22,899,000	91	0.88
관동주	4,600,034	3,724	1,657,000	1,235	2.78
대만	10,944,341	35,974	5,216,000	304	2.10
카라후토	1,277,250	36,089	552,000	35	2.31
내지	88,612,358	382,074	69,254,000	232	1.28
만주국	32,700,000	1,303,000	36,700,000	25	0.89

만주국이 1936년에 지출한 경찰비는 약 3,270만 엔으로 절대 규모 면에서는 일본 내지 다음을 차지한다. 인구 1인당 경찰비에서도 대만이나 일본 내지에는 미치지 못하지만 대체로 조선 정도 비용은 지출했다. 문제는 만주국이 인구에 비해 면적이 대단히 넓었다는 점이다. 만주국의 면적은 조선의 약 6배(5.895배), 대만의 36배(36.194배), 일본 내지의 3.4배에 달한다. 이는 결국 경찰력의 조밀한 공간적 배치를 사실상 불가능하게 만든

조건으로 작용한다. 그 결과 ㎢당 경찰비는 25엔으로 조선의 27.5%, 대만의 8.2%에 불과했다. 즉 공간에 대한 효과적인 통제는 그만큼 어려웠다는 말이 된다.

이러한 약점을 보완하기 위해 만주국은 집단부락을 건설하여 분산 거주하던 농민을 특정 지점에 집결시킴으로써 대응해야 하는 공간을 최소화한다거나 경비도로를 건설해 제한된 경찰력을 좀 더 신속하고 효율적으로 이동시키려는 등의 노력을 경주했지만,[83] 광대한 공간과 제한적인 경찰력의 불일치는 만주국이 존속하는 기간 내내 문제가 되었다. 이 점은 보갑제 운영에서도 중대한 영향을 미칠 수밖에 없었을 것이다. 〈표 6〉은 1934년 말 시점의 만주국 보갑제의 운영 상황을 보여준다.

〈표 6〉 보갑제와 경찰(1934. 12)[84]

행정 구획	면적 (천 ㎢)	인구 (천 명)	호구 (천 호)	패	갑	보	연좌 처분	자위단	자위단원	경찰서	경찰 관서	경찰 인력
길림성	90	4,969	828	54,546	3,348	172	24	664	59,761	108	384	11,437
용강선	126	2,204	367	29,910	2,846	189	81	1,448	56,880	134	332	7,231
흑하성	110	53	9	1,084	117	19	7	78	2,998	22	46	483
삼강성	108	912	152	12,434	1,005	94	35	519	17,289	71	123	3,361
빈강성	143	4,349	725	66,828	5,320	202	118	1,801	72,559	155	445	11,082
간도성	29	600	100	1,770	344	38	7	125	3,704	31	87	2,419
안동성	48	2,784	464	29,266	895	99	0	540	141,217	82	352	7,923
봉천성	86	9,510	1,585	131,768	5,079	230	129	3,414	600,813	225	1,392	21,857
금주성	39	3,277	546	56,931	1,079	95	85	748	199,875	93	355	6,381
열하성	97	2,211	369	26,036	1,963	88	15	354	64,827	59	273	3,765
하얼빈	1	483	81	3,733	407	41	0	84	6,999	3	198	3,648
합계	**877**	**31,352**	**5,226**	**414,306**	**22,403**	**1,267**	**501**	**9,775**	**1,226,922**	**983**	**3,987**	**79,587**

2부 | 비교와 연동: 경제·사회의 구성과 운용

규정상으로는 10호로 1패, 촌이나 그에 준하는 구역 내의 패로 1갑을 조직하고, 경찰서 관할 구역 내의 갑으로 1보를 구성하도록 되어 있었다.[85] 하지만 〈표 6〉에서 보면, 총 983개 경찰서가 1,267개 보를 관할했던 것으로 나타난다. 즉 당초 규정의 78%에 해당하는 경찰서만이 설치된 셈이다. 또한 (1패=10호로 계산하고 1934년의 호당 평균 인구를 6명으로 계산하면) 평균 갑당 185호, 보당 3,270호가 되고, 보장 한 명이 관할해야 하는 보갑민이 1만 9,620명이었다. 대만의 보정이 최소 123호(1904)에서 최대 178호(1936), 즉 최소 738명에서 1,068명을 관할한 것에 비하면 지나치게 방대한 규모의 보갑민을 통제해야 했던 것이다. 가장家長—갑장甲長—보정保正의 2급제(100호 단위)로 운영된 대만의 보갑제와 달리 가장—패장—갑장—보장의 3급제(1,000호 단위)로 운영되었다는 점도 경찰력의 조밀한 배치를 바탕으로 보갑민에 대한 미시적 통제를 지향한 대만 보갑제와 운영원리 자체가 달랐음을 말해준다.[86] 이 점은 1935년도 보갑제 운영 상황에서도 확인된다.

〈표 7〉 보갑제의 전개 상황(1934[87]~1935[88])

행정구획	연도	패	갑	보	자위단	자위단원
길림성	1934	54,546	3,348	172	664	59,761
	1935	62,179	2,403	173	895	—
용강성	1934	29,910	2,846	189	1,448	56,880
	1935	29,231	2,943	199	702	—
흑하성	1934	1,084	117	19	78	2,998
	1935	1,092	118	20	41	—
삼강성	1934	12,434	1,005	94	519	17,289
	1935	13,534	1,401	116	616	13,811

빈강성	1934	66,828	5,320	202	1,801	72,559
	1935	59,842	5,204	216	2,078	−
간도성	1934	1,770	344	38	125	3,704
	1935	6,907	196?	52	320	−
안동성	1934	29,266	895	99	540	141,217
	1935	33,539	952	105	708	−
봉천성	1934	131,768	5,079	230	3,414	600,813
	1935	134,724	3,482	340	2,817	830,084
금주성	1934	56,931	1,079	95	748	199,875
	1935	53,938	870	94	692	−
열하성	1934	26,036	1,963	88	354	64,827
	1935	37,102	1,755	89	648	−
하얼빈	1934	3,733	407	41	84	6,999
	1935	8,109	575	45	344	−
합계	1934	414,306	22,403	1,267	9,775	1,233,000
	1935	440,197	19,900	1,458	9,861	1,774,000

1935년의 보갑제 관련 수치를 1934년과 동일한 방식으로 계산하면 다음과 같다. 1935년 총 1,071개 경찰서가 1,458개 보를 관할했던 것으로 나타난다. 즉 당초 규정의 73%에 해당하는 경찰서만이 설치되어 1934년에 비해 오히려 축소되었다. 또한 (1패=10호로 계산하고 1934년의 호당 평균 인구를 6명으로 계산하면) 갑당 221호, 보당 3,019호가 되고 보장 한 명이 담당해야 하는 보갑민이 1만 8,114명 정도였다. 1934년의 상황과 비교하여 비슷하거나 약간 약화된 상황이다.[89] 만주국 정부가 경찰관서와 경찰인력에 투입할 수 있는 재원이 한정되어 있었다고 본다면, 1935년 이후 역시 보갑제 및 경찰제도와 관련한 본질적 변화는 미미했을 것으로 추정하는 것이 타당할 것이다.

마지막으로 보갑 조직이 수행한 주요 직무는 전술한 치안 숙정 업무 외에 호구조사와 민간인 무기류 회수, 아편재배 단속 등이었다. 하지만 이들은 일반 행정보조라기보다는 치안숙정 업무의 연장선이었다고 보는 편이 타당하다. 무기류 회수는 이미 살펴보았고, 호구조사 역시 '비민匪民의 분리'나 '불량분자(=항일분자) 색출'에 중점이 두어졌다.[90] 전술한 대만 보갑제가 광범하고 조직적인 일반 행정보조에 성공한 것에 비하면 만주국 보갑제의 직무 범위는 대단히 좁았다.

요컨대 대만 보갑제가 방대한 경찰력과 조밀한 배치로만 성공적인 운영이 보증된 제도였다고 본다면, 만주국이 대만 보갑제를 그대로 모방한다는 것은 애초부터 사실상 불가능했다. 그 결과 대만 보갑제가 경찰 업무 외에 광범한 일반 행정 업무까지 감당한 반면, 만주국의 보갑제는 치안숙정 업무에 그칠 수밖에 없었다. 그런 의미에서 만주국의 보갑제는 '절반의 성공'이었다.

5 부활: 남경국민정부의 보갑제 재건과 좌절

민국 초기 '근대화의 장애물'이라는 인식으로 폐기되었던 보갑제가 남경 국민정부 수립과 함께 재건되기 시작하는데,[91] 여기에도 식민지 대만 보갑제의 영향이 작용했다. 예컨대 1930년대 절강성 집행위원회는 대만에서 보갑제가 실시된 지 얼마 되지 않아 치안 회복은 물론이고 도로 정비, 아동 취학, 전염병 예방 등 지방자치에도 훌륭한 성과를 내었음을 예로 들면서 '이는 보갑제가 우리 고유의 훌륭한 제도임을 증명한 것'이라고 주장한 바 있다.[92] 물론 남경국민정부가 보갑제를 추진한 직접적 배경에는 1930년 11월 시작된 위초전圍剿戰을 포함한 '공산당 토벌'의 급박한 필요가 자리 잡고 있었다.[93]

하지만 남경국민정부의 보갑제 추진이 대만 보갑제에서 자극받은 것이었음은 장제스蔣介石(1887~1975)의 다음과 같은 언급에서도 간취된다. 장제스는 "보위단은 농촌 경찰의 변형된 형태이며, 보갑은 우리나라(=중국) 고대 경찰의 유산이다"라고 주장하면서 "학식과 능력을 겸비한 경찰을 통해 보갑과 보안대, 보위단을 조직·훈련·지휘할 것"을 제안한 바 있다.[94] 장제스의 제안을 받아 내정부內政部 역시 "보갑, 보위단, 보안대를 경찰계통 안으로 편입시켜 경찰을 보갑의 중심이자 보안단대의 기간으로 삼고, 경찰제도를 통해 보갑을 촉진하여 행정조직의 충실을 기하고 경찰관을 통해 보안단대를 훈련하여 지휘와 운용의 민활을 기한다. …… 경찰, 보안대, 보위단, 보갑의 사위일체를 기하는 데 힘쓴다"라는 방침을 제기했다.[95] 경찰이 보갑을 지휘하고 보갑이 경찰을 보조하는, 양자가 서로 부완하고 긴밀히 결합하는 관계를 기대한 것이다. 적어도 보갑과 경찰의 긴밀한 연계가 보갑제 성패의 관건임을 최소한 중앙정부 차원에서는 인식했음이 감지된다.

하지만 이러한 중앙정부의 구상은 현실 속에서 얼마나 구현되었을까. 우선 민국 후기 보갑제는 두 시기, 즉 1939년의 신현제新縣制 실시를 경계로 하여 전기(1931~1939)와 후기(1939~1949)로 나눌 수 있다. 1939년 신현제 실시로 전기의 현縣-구區-연보聯保-보保-갑甲의 5급제가 현縣-향진鄕鎭의 2급제로 변경되면서 구區는 현정부縣政府의 보조기구가 되고 보갑

은 향진의 '세포'가 되었다.[96)

1928년 10월 국민당 제2계 중앙상무위원회 제179차 회의에서 통과된 「하층공작강요안下層工作綱要案」에 보갑운동이 일곱 가지 전국적 운동의 하나로 포함되었다가 1930년 '중원대전'이 마무리된 후 1930년 11월부터 1933년 3월까지 총 4회에 걸쳐 전개된 위초전과 결합하여 강서, 호북, 하남, 안휘 등에서 먼저 보갑을 시행했다.[97) 공산당 토벌 과정에서 보갑제의 운용이 일정한 성과를 올렸다고 판단한 국민당 중앙은 1934년 11월 중앙정치회의 432차 회의 결의에서 전국적으로 실시할 것을 결정한다.[98) 이후 1937년까지 신강, 산동, 천진, 청도를 제외한 모든 성시省市와 위해 행정구에서 보갑제를 확대 실시했고,[99) 비록 중일전쟁과 전후를 거치면서 형해화되기는 했지만 보갑제가 제도적으로는 1949년까지 존속했다. 실시 과정에서 「초비구내각현편사보갑호구조례剿匪區內各縣編查保甲戶口條例」, 「초비구내각현구공소조직조례剿匪區內各縣區公所組織條例」, 「편사보갑호구총동원판법編查保甲戶口總動員辦法」 등의 관련 규정을 정비하면서 보갑제 조직도 확대해나갔다. 지역과 시기에 따라 보갑제의 실시 정도는 당연하게도 큰 차이를 보였지만, 현재 필자가 입수할 수 있는 자료에 의거하여 보갑 규모 변천의 개략적인 윤곽이나마 그려보자. 우선 1933년의 보갑 상황이다.

<표 8> 각성 보갑 및 호구 · 장정 현황(1933)[100]

성	구	보	보/구	갑	호	호/구	인구	장정
안휘	411	36,811	89.6	361,789	3,793,053	9,229	22,337,518	3,973,435
강서	435	20,674	47.5	209,570	2,203,305	5,065	11,070,512	1,935,583
호북	(연보)3,209	26,680		279,582	2,249,724		–	2,288,450
하남	762	53,923	70.8	547,886	5,749,768	7,546	–	4,836,021
영하	–	675		7,285	88,301		645,153	114,543
평균			69.3			7,280		

아직 전국적으로 실시되지 않은 상황을 반영하여 각성의 통계 자체가 미비한 곳이 대단히 많다. 불완전한 통계에서나마 보갑 조직 상황을 개관해보면, 일단 구와 보갑의 관계가 눈에 띈다. 구는 현을 몇 개 단위로 나누어 행정을 분담하는 현급 이하의 반+공식적 행정기구였는데, 1구 평균 69.30보로 계산된다. 1보=100호로 간주하면 1구당 6,930호를 관할한 셈이고 실제로도 1구당 7,280호가 산출된다. 즉 구장 1명, 구원區員 1~2명, 여기에 '덕망과 업무능력을 갖춘 자' 약간 명이 전부인 구공소區公所가[101] (1호=5명이라고 가정하면)[102] 3만 6,400명을 담당한 셈이다. 구공소와 위상이 비슷한 식민지 대만의 가장이 1905년 시점에서 대략 6,427명(1,236호)을 관할한 것과 비교하면[103] 복잡한 설명이 필요 없을 정도로 구공소의 행정 효율이 의심되는 상황이다.

다만 위의 표에서 눈에 띄는 것은 호구 및 인구 통계는 부정확하고 또 일부 지역에 국한된 것이면서도 장정 파악은 놓치지 않았다는 점이다. 즉 1933년 시점에서 보갑 재조사의 일차적·기본적 목적은 '공산당 토벌'이나 치안유지를 위해 동원할 수 있는 장정의 파악에 있었음이 간취된다.

전술한 청대 대만 죽참지역의 호구 재조사 개념과 본질적으로 크게 다르지 않음을 일단 지적해둔다. 이어서 10년 후인 1943년의 보갑 조직 상황을 살펴보자.[104]

〈표 9〉 각성 보갑 조직 현황(1943)[105]

성시	구	향진	보	보/구	갑	호	인구	장정
안휘	150	2,203	22,780		264,551	3,586,405	23,704,538	1,655,896
강서	265	1,884	19,325		209,401	2,693,902	14,433,918	1,807,469
호북	244	2,252	36,806		358,347	4,269,725	24,192,537	3,613,223
하남	429	1,473	39,924		419,317	4,947,403	30,666,227	1,076,304
절강	289	3,161	39,952		449,275	4,870,923	1,210,414	3,045,564
호남	철폐	1,608	20,114		286,597	5,569,633	28,232,365	4,444,763
섬서		974	558		133,039	1,990,837	9,715,917	1,216,436
감숙	6	769	7,191		75,492	1,032,412	6,255,517	939,644
복건	189	1,440	15,620		164,320	2,170,182	12,287,705	2,030,859
광동	215	4,449	52,469		525,419	5,813,011	26,683,156	2,784,474
광서	53	2,343	23,992		238,323	2,610,612	14,254,609	1,788,176
운남		1,430	13,547		146,467	1,359,198	10,030,135	1,466,447
귀주	79	1,630	14,364		148,826	1,235,634	10,557,397	1,840,321
녕하			642		8,471	128,055	736,167	
청해	35	234	837		9,005	256,940	1,512,823	73,294
서강	13	158	1,636		16,295	163,996	1,116,608	132,698
합계	1,967	26,008	309,757			42,698,868	215,590,033	27,915,568
평균				157.5				

1933년의 보갑 통계와 비교해볼 때 전쟁 상황을 반영한 통계의 미비가 눈에 띄지만(강소, 수원, 녕하, 남경, 북평 등), 기본적으로 1933년에 비해 보갑 조직 자체는 꽤 높은 정도로 확충되었음을 확인할 수 있다.[106] 또한

(1939년 신현제 실시의 영향으로) 구에 더하여 향진 통계가 보인다는 점도 눈에 띈다.

이상 1933년과 1943년의 보갑 조직 통계에서 민국 후기의 보갑제 운영 상황을 유추해보면, 우선 ① 보갑의 조직 정도가 여전히 미약했다는 점이 눈에 띈다. 1933년은 일부 성시에서만 보갑제가 운용된 결과라고 치더라도, 전국적으로 실시된 1943년 단계에서도 전체 인구 대비 보갑 조직률은 호구를 기준으로 약 52%, 인구를 기준으로 약 55%였다.[107] 국민정부 통치력의 한계와 성별 격차가 반영된 결과이겠지만, 어쨌든 전국적으로 전개된 보갑 '운동'의 결과로서는 만족스럽지 못했다. 그리고 ② 호구와 장정 파악에 꽤 노력을 기울였다는 점이다. 이는 결국 민국 보갑제가 내우와 외환(대일 항전)에 대비한 민중동원 체제를 구축하려는 시도의 일환으로 시행되었음을 암시한다. 마지막으로 ③ (전술한) 장제스와 내정부의 경찰, 보위단, 보안대, 보갑의 '사위일체' 구상과는 사뭇 다르게 보갑과 각종 현급 이하 행정기구(구·향진)와 연계성은 (미약하게나마) 찾아볼 수 있지만, (대만 보갑제와 달리) 경찰기구와 연계는 거의 찾아볼 수 없다는 점이다. 이는 현실적으로 국민당과 국민정부가 보갑을 경찰기구에 연계할 수 있을 만큼 경찰력을 확보하지 못했기 때문일 것이다. 민국 후기의 경찰 통계 역시 극히 미비하고 불완전하지만, 이 점을 통계에서 확인해보자.

성시	호	인구	경찰인력	경찰 1인당 담당인구	경찰비(원)	인구 1인당 경찰비(원)
남경	126,797	653,948	5,835	112	2,121,085	
북평	280,513	1,488,083	9,829	151	2,172,860	
상해	395,356	1,865,832	5,560	336	1,991,098	
청도	72,733	189,119	1,890	100	914,813	
강소	6,350,439	32,137,437	17,787	1,807	2,670,288	
안휘	3,789,348	21,600,187	4,669	4,626	835,464	
강서	5,122,755	18,724,135	7,275	2,574	911,306	
호북	5,619,063	26,959,847	4,347	4,003	950,270	
호남	3,532,908	28,847,267	5,595	5,156	1,180,204	
사천	9,870,936	32,679,352	1,590	20,553	157,089	
산동	10,670,602	36,041,996	13,948	2,584	2,501,912	
산서	2,292,250	12,228,155	8,139	1,502	1,186,590	
하북	5,298,921	29,680,657	25,835	1,149	4,408,663	
하남	5,727,787	32,635,723	8,445	3,865	1,145,706	
섬서	1,910,919	10,749,518	2,243	4,792	339,122	
절강	4,705,366	20,331,737	14,910	1,364	3,656,691	
복건	2,450,658	11,861,997	3,179	3,731	1,629,444	
광동	5,075,019	27,430,608	2,138	3,364	615,996	
광서	1,918,607	10,929,760	2,586	4,227	584,405	
운남	2,341,805	11,767,025	1,677	7,017	420,080	
귀주	1,887,299	8,221,659	1,458	5,639	206,110	
녕하	60,532	402,662	942	427	176,701	
감숙	1,021,741	5,456,714	2,053	2,658	342,259	
청해	114,061	637,965	645	989	82,616	
차하르	370,006	1,808,656	2,785	649	481,482	
수원	352,531	2,082,503	2,003	1,040	355,080	
합계	81,913,676	389,597,265	157,363		32,037,334	
평균				2,476		0.08223

우선 1934년에 한해서 보면 중국의 인구 1인당 경찰비는 약 0.08원이고, 경찰 1인당 담당인구는 약 2,476명이다. 같은 해 만주국의 인구 1인당 경찰비는 0.86엔(a) 또는 1.36엔(b), 경찰 1인당 담당인구는 395명이다. 1934년 현재 중국 은원銀元과 만주국 엔화円貨의 교환비율로 인구 1인당 경찰비를 구해보면,[109] 1엔=1.059원이므로 중국의 인구 1인당 경찰비는 0.076엔에 해당한다. 따라서 만주국의 인구 1인당 경찰비는 중국의 11.3배(a) 또는 17.9배(b)에 해당한다. 경찰 1인당 담당인구 역시 약 6.3배 격차를 보인다. 이 수치만으로도 민국 후기의 중국에서 경찰기구의 지휘·감독을 바탕으로 한 보갑제 운영이 얼마나 난망한 일이었는지를 단적으로 보여준다.[110]

물론 보갑조직을 반드시 경찰기구의 지휘·감독에만 의존하라는 법은 없다. 가령 행정기구의 배치가 조밀하다면 행정기구의 지휘·감독에 의존할 수도 있다. 실제로 남경국민정부가 현정부 아래에 구공소(신현제 이전)나 향진공소(신현제 이후) 등을 두어 행정역량을 강화하고, 이들 현 이하 행정조직과 보갑조직을 연계하려 애쓴 것도 그러한 맥락에서 이해되는 조치였다.[111] 하지만 전술한 바와 같이 현급 행정기구와 그 이하 반半 행정기구(구공소 등)의 존재양태를 볼 때 행정기구에 의한 지휘·감독 역시 크게 기대할 바는 되지 못했다. 이러한 상황을 더욱 악화시킨 것이 바로 보갑 간부 인선 문제이다.

민국 후기의 보갑 간부 자격은 대체로 20세 이상일 것, 현지 주민일 것, '봉공수법奉公守法'할 것, 보갑의 의의와 직책을 명료하게 이해할 것 등이었다. 하나의 현에 보장은 수백 명, 갑장은 수천 명인 상황에서 경제적 능력이나 학력에 대한 최소한의 요구조차 사실상 불가능했다.[112] 이 때문에 이에 부합하는 '공정한 신사'를 구하기는 어려웠고 도로 보수나 장정 조사, 군량의 확보, 청향 등을 수행하는 과정에서 원한을 사기 쉬워 '1년만 보장을 해도 모든 일에 원한을 쌓게 되는' 상황에 놓이기 십상이었던 보갑 간부직을 수락하는 경우는 별로 없었다. 또한 직책의 중요성에 비해 보수나 지위는 형편없었기 때문에 보갑 간부는 흔히 천역으로 여겨졌다. 그 결과 농촌지역의 보갑 간부는 대체로 일반 농민이나 소상인으로 채워졌고 심지어는 '무업의 토착이나 도적 출신'으로 충당되는 경우도 비일비재했다.[113]

요컨대 민국 보갑제는 보갑 간부의 선임, 경찰기구를 포함한 보갑 조직에 대한 지휘·감독 기관의 박약한 존재, 유사시 인적·물적 자원의 동원에 초점을 맞춘 호구 재조사 등의 면에서 대만 보갑제보다는 오히려 청대 대만의 전통적 보갑제와 닮아 있었다.[114]

$\underset{\text{6}}{}$ 대만 보갑제: 중국적 명칭과 일본적 내실의 혼혈아

대만총독부가 청대 보갑제를 질적으로 변모시킨 대만 보갑제는 세 가지 면에서 기존의 보갑제를 혁신한 것이다. 첫째, '자치적' 기층행정조직인 보갑제의 원활한 운영의 전제가 되는 국가기구, 특히 경찰기구에 의한 지속적·제도적 지휘·감독을 가능케 했다. 그리고 이는 통치 초기부터 막대한 재원을 쏟아 수립한 강력한 경찰통치체제가 존재하기에 가능한 일이

었다.[115]

둘째, 국가권력의 견지에서 의존 대상이자 견제 대상이던 지역유력자 집단을 (다양한 방법으로) 순치시키고 협력자로 변모시켜 보갑 간부로 활용하는 데 성공했다. 이를 통해 열신劣紳이나 무뢰無賴가 아닌 '정신正紳'이 적극적으로 참여하는 보갑제를 구축함으로써 보갑제의 집행 효율을 크게 제고할 수 있었다. 이는 청대 보갑제나 만주국 보갑제, 민국 보갑제 등이 결코 달성하지 못한 부분이다. 셋째, 당초 치안유지 중심의 경찰 보조조직으로 출발한 보갑 조직을 일반 행정에 광범하게 기여하는 행정 보조조직으로 변모시킴으로써 식민 통치의 효율을 극대화할 수 있었다.

그러나 대만 보갑제를 이식하고자 애썼던 만주국이나 민국 후기 중국에서는 이러한 혁신이 치안숙정에 한하여 부분적으로만 성공하거나(만주국) 아예 성공하지 못하고 (부분적으로는) 전통적 보갑제로 회귀(민국 후기)하는 현상마저 보였다. 여기에는 크게 보아 통치영역의 규모Size 문제도 분명히 작용했을 것이다. 다만 제도적 차원에 국한해서 보면, 보갑제가 표방한 '자율적 운영'을 강제할 수 있는 공권력, 즉 강력하고 효율적인 경찰기구의 존재가 보갑제의 성패를 가른 가장 핵심 요인일 것이다. 경찰력을 통해 대만의 지역유력자에게서 사적 무력을 제거했고, 보갑민의 일상적 동원을 지속적으로 지휘·감시할 수 있었기 때문이다. 대만 보갑제가 '경찰을 아버지로 하고 자치를 어머니로 하여' 태어났다면,[116] 민국 보갑제에는 '아버지'가 부재했던 것은 아닐까. 요컨대 대만 보갑제를 방대하고 강력한 경찰기구에서 지탱했다면, 이러한 전제조건을 충족하지 못하는 한 '대만형' 보갑제가 다른 지역으로 쉽게 이식되거나 확산되지 못한 것은 어찌 보면 당연하다. 그런 의미에서 대만 보갑제는 식민지시대 대만이라는 시공간에서만 탄생할 수 있었던 '예외적' 존재였고,[117] 아울러 청대 보갑제와는 명칭만 같이했지 질적으로 완전히 별개 제도였다고 보아도 무방할 것이다. 이러한 필자의 판단은 대만 보갑제에 대한 기존의 통설에 의문을 제기하게 만든다.

대만 보갑제의 설계자로 알려진 고토 심페이後藤新平(1857~1929) 머릿속에 있었던 것은 정말로 '중국 고유의' 보갑제였을까? 혹시 그는 이름만 청대 보갑제에서 빌려오고 그 실질은 다른 어떤 것, 예컨대 근세 일본의 무라村의 세계를 구현하고자 한 것은 아니었을까? 고토에 관한 가장 권위 있는 전기(『고토 심페이 전後藤新平傳』)의 저자 쓰루미 유스케鶴見祐輔는 "(고토가 시행한) 보갑제는 우리(=일본) 에도시대의 자치제自治制와 크게 유사한 점이 있음을 발견"하게 된다고 말했다.[118] 필자가 이런 엉뚱한 생각을 하게 된 것은 일본학자 아다치 게이지足立啓二가 묘사한 바 있는 근세 일본의 자율적 기층사회인 무라村와 대만 보갑제에 구현된 식민지시대 대만 기층사회의 모습이 꽤 많이 겹치기 때문이다.

아다치에 따르면 일본에서는 안정된 자율적 단체로서 무라가 대체로 에도시대에 성립되었고, 자치단체로서 무라의 기능이 전후 고도 성장기까지 꽤 광범하게 유지되었다.[119] 무라는 우선 공간적 범위가 분명히 획정되어 있었다. 즉 일본의 무라는 분명한 촌락의 경계선이 존재하고 지도에도 표시되어 있었다. 촌락 운영에서도 무라에는 무라 전체의 의사를 결정하고 공동의 업무를 수행하기 위해 요리아이촙合 같은 구성원 전체가 참여하는 결정기구가 존재하고 상설적인 집행기구가 있었다. 원래는 개별 농가의 업무라도 개별적으로 수행하기 곤란한 것이면 대체로 무라가 수행주체가 되었다.

예컨대 무라는 도로의 건설과 보수, 수리시설·하천·이리아이야마人會山의 관리, 소방 업무, 후센賦錢의 징수, 간부의 선출 등 개별 농가의 개별적 (재)생산을 넘어서는 범위의 업무를 공동으로 수행했다. 그리고 이들 공동 업무를 수행하기 위해 무라는 독자적으로 노동력이나 재물을 징수하고, 무라뉴요(村入用, 무라를 운영하기 위해 필요한 비용으로 촌민에 할당하여 징수함)를 기초로 독자적으로 재정을 관리했다. 요컨대 무라는 명확하게 구별되는 독자의 공간 범위와 구성원, 의결기구 및 집행기구를 갖고 있었고 공동재산 관리나 공동업무를 포괄적으로 공동집행했다. 요컨대 무라는 규범을 공유하는 구성원이 합의하에 자주적으로 운영하는 자치 단체였다.[120] 아다치가 묘사한 이와 같은 일본 근세 무라의 모습은 식민지시대 대만의 보갑과 꽤 많이 닮아 있다.

우선 중국 전통 촌락에 만연했던 촌락의 지리적 경계의 모호함은 토지조사사업(1903)을 통해 대만 전체에 대해 공간적 경계가 분명한 보堡와 가장街莊·토명土名을 수립함으로써 해결되었고, 토지조사사업 완료(1903)에 뒤이은 임시대만호구조사(1905)와 보갑제의 전면 실시(1903)로 가장과 그 이하 기층행정단위의 구성원도 명확하게 확정되었다.[121] 무라가 수행한 공동업무의 범위는 식민지시대 대만의 보갑이 거의 그대로 계승했으며 보갑 간부의 선출, 보갑 경비의 징수, 공동업무의 협의와 결정을 위한 보갑회의 역시 근세 무라의 관행과 대단히 흡사하다. 기층조직 재편이라는 각도에서 볼 때, 일본이 대만에서 (인민의 정치적 권리와 의회 조직을 제외

하면) '작은 메이지유신'을 수행했다는 판단은 전혀 황당무계한 것만은 아닐 수도 있다. [122]

문명기

국민대학교 한국역사학과 부교수로 재직 중이다. 주된 연구 영역은 청대 이래 대만사이며, 현재는 식민지시대 대만과 조선의 비교 연구에 관심을 쏟고 있다. 최근의 논문으로는 「식민지시대 대만인과 조선인의 야스쿠니신사 합사」 『중국근현대사연구』 76, 2017과 「20세기 전반기 대만인과 조선인의 역외이주와 귀환-역외이주 및 귀환 규모의 추산을 중심으로」, 『한국학논총』 50, 2018 등이 있다.

집필경위

이 글은 2018년 2월 성균관대학교 동아시아학술원이 개최한 학술회의(19세기 동아시아 연구와 새로운 역사상 모색)에서 발표한 「근대이행기 동아시아 기층행정의 재편을 통해 본 '전통'과 '근대'–대만, 만주국, 중국 및 한국의 사례」와 「보갑의 동아시아-20세기 전반 대만·만주국·중국의 기층행정 조직 재편과 그 의미」, 『중앙사론』 47집, 2018을 축약한 것이다. 일본의 대만 통치에서 가장 중요한 제도적 장치인 보갑제를 '구관(舊慣)의 온존(溫存)'으로 포착해온 설명방식에 의문을 제기하면서, 보갑제에 관한 한 식민지화 이전과 단절이라는 측면에 오히려 주목해야 함을 강조하고 있다.

3

연동과 교류: 사유와 문화

⑦

연 암 그 룹 의 이 적 논 의 와 『춘 추』

◎

조성산

1 연암그룹의『춘추』이해에 대한 두 가지 시선

이 글에서는 연암그룹의 포용적인 이적관夷狄觀과『춘추春秋』의리의 관련성 문제를 살펴보고자 한다.[1] 기존 연구에서 연암그룹의 북학사상은 반『춘추』적이거나『춘추』의 엄격한 화이론에서 벗어나 있는 것으로 인식되는 경향이 강하였다.[2] 하지만 이러한 시각과 반대되는 자료들도 존재하였다. 가령, 박지원朴趾源(1737~1805)은 중화의 제도로써 조선의 오랑캐 습속을 바꾸고자 한 인물이었으며, 『열하일기熱河日記』는 『춘추』 대의에 밝은 책이라는 주장이다.[3] 그렇다면 『춘추』에 관한 이러한 두 가지 시각 차이는 어떠한 의미가 있을까? 그리고 이러한 시각의 차이는 왜 발생하였는가?

『춘추』는 흔히 한유韓愈(768~824)가 「원도原道」에서 언급한 "제후諸侯들도 이적의 예를 행하면 이적으로 대하고 이적이면서도 중국에 나아가면 중국으로 대한다"[4]라고 한 부분을 전제로 문화적인 화이론을 지닌 것으로 알려져 있다. 또한 이를 근간으로 『춘추』의 화이론을 주로 설명해왔던 것도 사실이다. 그렇지만 이러한 관점은 『춘추』의 복수성을 깊이 인식하지 못한 결과라고 생각한다. 『춘추』에는 모두 네 가지 전傳이 있었다. 『공양전公羊傳』, 『곡량전穀梁傳』, 『춘추좌씨전春秋左氏傳』(이하 『좌전左傳』), 『호씨춘추전胡氏春秋傳』이 있었으며, 그것들은 모두 각각 독특한 성격을 가졌다. 그 가운데 조선의 지식인들이 주로 읽었던 것은 『좌전』과 『호씨춘추전』이다. 이를 기초로 이 글에서는 『춘추』의 네 가지 전이 가졌던 문화적 화이론과 지역적·종족적 화이론의 두 가지 화이론 양상을 드러내고자 한다.[5] 이것은 연암그룹의 이적관이 어떠한 『춘추』 의리와 연관되어 있었는지 살펴보는 데 도움을 줄 것이다.

이어 이적에 대한 포용적이고 온건한 논의가 근세 동아시아 사상계에서 어떻게 계승·발전되었는지 살펴보고자 한다. 이것은 문화적 화이론이 어떠한 사유에 기초했는지 살펴보려는 것이다. 이 사유가 연암그룹 지식인들의 포용적인 이적관 형성에 중요한 배경이 되었을 것이라고 생각한다. 기존 연구는 대부분 연암그룹의 인물들이 '자천이시지自天而視之'의 관점에서 인人과 물物, 중화와 이적을 균등하게 보는 것을 다른 나라들과 비교 연구하지 않고 다루었다.[6] 하지만 이 글에서 제시하였듯이 비슷한 사유가 중국과 일본 사상계에서도 다수 보였다. 그러한 점에서 이 글은 연암그룹의 포용적인 이적관을 '조선만의 독창성'보다는 '동아시아적 연계성' 측면에서 살펴보고자 한다. 비슷한 시기 동아시아에서 보였던 공동의 사유가 갖는 의미들을 살펴봄으로써 연암그룹 이적관의 역사적 의미들도 더욱 구체적으로 드러날 것이다.

다음에 연암그룹 지식인들의 이적관과 『춘추』의 관련성을 구체적으로 살펴보기 위하여 어떻게 그들의 이적관이 『공양전』과 관계 맺었는지 살펴보고자 한다. 그리고 청대 공양학公羊學과 비교하여 당시 조선과 중국의 포용적인 이적 논의 속에서 보이는 공통된 면면들을 드러내고자 한다. 이러한 시도는 『춘추』의 복수적 전통과 그를 통하여 형성된 이적 논의가 어떻게 후대에 각기 다른 계보로 계승 발전되었는지를 살펴보는 데 도움을 줄 것이다. 이러한 과정을 거쳐서 연암그룹 이적관이 지녔던 특징들을 동아시아적 관점에서 살펴보고자 한다.

2 『춘추』의 두 가지 이적관

홍대용洪大容(1731~1783)은 중국인 오상吳湘·팽관彭冠의 문답을 기술한 「오팽문답吳彭問答」이라는 글에서 조선에서는 춘추사전春秋四傳(『공양전』, 『곡량전』, 『좌전』, 『호씨춘추전』)을 모두 공부하느냐는 팽관의 물음에 사전이 있기는 하지만『춘추』를 연구하는 이는 매우 드물다고 대답하였다.[7] 이 언급은 조선에서『춘추』연구가 전체적으로 부진했음을 의미하였다. 특히『공양전』과『곡량전』은 활발히 읽히지 않았던 듯 보인다. "요즘 학자들은『공양전』과『곡량전』을 읽지 않는다"는 장유張維(1587~1638)의 지적처럼 조선의 지식인들에게『공양전』과『곡량전』은 커다란 주목을 받지 못했다.[8]

이식李植(1584~1647)은『춘추』독서에서 주로『좌전』과『호씨춘추전』을 중심으로 하라고 권하면서 여력이 있으면 이후에『공양전』과『곡량전』을 읽으라고 하였다.[9] 홍석주洪奭周(1774~1842) 또한 조선에서『좌전』만 유행하였고『공양전』과『곡량전』은 크게 유행하지 못하였음을 지적하였다.[10] 이렇게 된 데에는『공양전』과『곡량전』에 담겨 있는 권도權道의 승인과 패자覇者의 긍정, 법가주의적 요소 등이 조선의 지식인들에게 부정적으로 비춰졌기 때문으로 생각된다.[11]

반면에『좌전』과『호씨춘추전』은 조선의 지식인들에게 비교적 많이 읽혔다. 조선시대 지식인은 대부분 주로『좌전』과 송대에 이루어진 호안국胡安國(1074~1138)의『호씨춘추전』을 중심으로『춘추』를 이해했다.[12] 조선 지식인들 사이에서 호안국에 대한 존경심은 대단하여 성종 11년(1480) 조선 조정은 그를 문묘에 종사하였으며, 현종 7년(1666)에는 송시열宋時烈(1607~1689)의 문인 남양현감 민시중閔蓍重(1625~1677)이 지금의 경기도 화성지역에 호안국을 제향祭享하는 용백사龍栢祠를 세우기도 하였다.[13]『호씨춘추전』은 춘추삼전에 더하여 춘추사전으로 일컬어지면서 조선의 주자학자들로부터 많은 지지를 받았다. 이것은『춘추』에 대한 주희朱熹

(1130~1200)의 주석서가 따로 없는 상황에서『호씨춘추전』이 주자학의 원리에 가장 적합했기 때문으로 짐작된다.[14]

이 글에서 주로 논의할 화이론의 관점에서 볼 때,『좌전』은 이적을 시랑豺狼, 금수禽獸로 묘사하였고,[15] 자신들과 같은 족류가 아니며 상종할 수 없다고 말하였다.[16]『좌전』은 중화와 이적의 차이를 생득적·본질적 차이로 인식하였다. 이것은 춘추시대 제후국들의 이적 정벌과 복속이 활발해지면서 중화와 이적의 거주지 구분이 분명해지는 상황을 반영한 것이었다.[17]『좌전』의 중화—이적 분별론은 송나라와 요·금의 대치상황을 반영한 송대「호씨춘추전」을 통하여 계승되었다.[18]

『호씨춘추전』은 화이를 내內와 외外라는 지역적 개념과 사람과 금수라는 종족적 견해로 제시하였다.[19]

> 융적戎狄은 이름을 들어서 밖으로 여긴 것이다. 하늘은 덮지 않는 것이 없고 땅은 싣지 않는 것이 없다. 천자天子는 천지와 더불어 참여하는 자이다.『춘추』는 천자의 일인데, 어찌 유독 융적을 밖으로 하였는가? 이에 답변한다. 중국에 융적이 있는 것은 마치 군자에게 소인이 있는 것과 같다. 군자를 안으로 하고 소인을 밖으로 하는 것이 태泰이고 소인을 안으로 하고 군자를 밖으로 하는 것이 부否이다.『춘추』는 성인聖人이 상란喪亂에 관련된 것을 기록한 문헌이니 중국을 안으로 하고 사이四夷를 밖으로 하여 각각 자신들의 자리를 편안히 하게 한 것이다. 덮고 싣지 않는 것이 없다는 것은 왕덕王德의 체體이고, 중국을 내로 하고 사이를 외로 한다는 것은 왕도王道의 용用이다. 이러한 이유로 제하諸夏임에도 융적과 친압親狎하여 금金과 비단을 바치는 것은 머리가

도리어 아래에 있게 되는 것이니, 그런 계책은 시행해서는 안 된다. 융적임에
도 제하에게서 조회朝會받아서 후왕侯王의 상上에 위치하는 것은 상도常道를
어지럽히고 질서를 잃게 하는 것이니 그런 예禮를 행해서는 안 된다. 강호羌胡
를 색내塞內에 거처하게 하고서 출입의 방제防除가 없으면, 저들은 우리의 족
류族類가 아니니 그 마음은 반드시 달라 중국을 어지럽히는 계제階除를 싹트
게 할 것이다. 그 화禍를 길러서는 안 된다.[20]

호안국은 오랑캐를 우리의 족류가 아니라고 분명하게 못 박았으며, 시
랑·금수와 같이 여겼다.[21] 이밖에도 많은 곳에서 호안국은 중화와 이적
을 종족과 지역의 범주에서 인식하였다.[22] 그는 직접적으로 성인이 화
이지변을 엄격히 한 것은 종족과 내외를 나누기 위함이었다고 공언하였
다.[23] 물론 그도 『춘추』가 가졌던 문화적 화이론을 인정하였다.[24] 하지만
그 기저에는 엄연히 종족과 지역으로 화이를 분리하려는 의도가 매우 강
했으며, 오히려 이 점을 호안국 화이론의 특징으로 인식할 필요가 있다.

『좌전』과 『호씨춘추전』의 이적관은 조선 지식인들의 이적관 형성에 중
요하게 기여하였다. 홍대용과 화이론에 대해 논쟁을 벌였던 김종후金鍾厚
(1721~1780)와 홍대용과 함께 석실서원石室書院에서 강학한 김이안金履安
(1722~1791)을 통해 그 계승의 한 양상을 살펴볼 수 있다. 김종후는 이적
은 인류가 아니라고 말하였으며,[25] 김이안 또한 이적은 개와 이리 같아서
인류가 아니라고 하였다.[26] 이적을 인류, 즉 사람으로 보지 않는 시각이
노론 사상계에 중요한 영향을 미쳤음을 엿볼 수 있다. 이러한 관점에 대
하여 홍대용은 이적이 인류가 아니라고 하는 것은 너무 심하다고 지적하

였다.[27] 보수적인 화이론을 견지한 노론 호론계의 대표 인물 한원진韓元震(1682~1751) 또한 지역과 종족에 따른 이적 인식을 보여주었다. 그는 문화적 화이론을 인정하면서도 중화와 이적의 구분에서 지역이 갖는 규정성에 주목하였다.[28] 이러한 한원진의 사유는 기국氣局과 기질지성氣質之性을 중시하였던 그의 호락논쟁湖洛論爭 논의와 관련이 깊었을 것으로 생각된다.[29]

위와 같은 경우 이외에도 지역과 종족의 문제는 정도 차이는 있지만 중화 이적 논의에 많은 영향을 미쳤다. 근기남인 이익李瀷(1681~1763)과 소론 이종휘李鍾徽(1731~1797)의 한국고대사 연구 또한 종족과 지역을 전제로 한 중화 이적 논의에서 벗어나지 못했다. 그들이 조선 사람들을 기자箕子의 후손이나 은나라 유민으로 칭한 것이나, 조선의 지역을 동주東周라고 한 것은 종족과 지역을 매개로 한 그들의 중화인식을 보여준다.[30] 조선 후기 중화인식과 종족, 지리는 밀접하게 관련되었던 것이다.[31]

반면에 『공양전』과 『곡량전』은 이적을 금수와 같이 인식하지는 않았으며, 주로 문화적인 측면에서 이적관을 형성하였다. 특히 『공양전』은 중화와 이적의 상호전위성, 즉 중화와 이적의 구분은 절대적이지 않아서 중화로서 행동하면 중화가 되며, 이적으로서 행동하면 이적이 될 수 있다고 하였다.[32] 물론 『공양전』 또한 중화와 이적의 구분을 매우 엄격히 해서 이적은 쉽게 중화가 될 수 없다고 하였다.[33] 하지만 그렇다고 해서 『좌전』이나 『호씨춘추전』처럼 중화와 이적의 구분을 생득적인 것으로 규정하고 이적을 사람이 아닌 것으로 기술하지는 않았다.[34] 오히려 중국도 예의를 잃어버리면 신이적新夷狄이 된다고 엄격히 경계하였다.[35] 이러한 인식을 통하여 『공양전』이 『좌전』과 달리 이적을 동류로 보았으며, 그들에게 인간 윤리의 보편성을 동일하게 적용하고자 하였음을 알 수 있다.[36]

　이러하기에 『공양전』은 이적을 비판할 때 『좌전』과 다른 모습을 보였다. 예컨대, 초나라의 무도함에 대하여 『공양전』이 주나라 왕조질서로부터 이탈했다는 측면에 주목하였다면 『좌전』은 초나라의 혈연성이 주나라 왕조로부터 멀다고 하면서 같은 종족이 아니라는 점을 부각하였다.[37] 『공양전』이 정치질서 자체에 집중하였다면, 『좌전』은 혈연과 종족의 측면을 강조한 것이다. 이러한 사실은 『공양전』이 얼마나 중화의 도덕성 자체를 중시했는지 보여준다. 흥미로운 것은 『공양전』의 중화와 이적의 상호전위성, 즉 '이적으로부터 화하華夏로 이행할 수도 있고 그렇게 되었다가도 다시 이적으로 강등될 수 있다는 논리'가 송대 춘추학에서는 거의 적용되지 않았다는 사실이다.[38] 이는 『공양전』과 송대 춘추학의 차이를 보여준다.

　요컨대, 『춘추』의 이적관은 두 가지 모습으로 분류할 수 있다. 첫 번째는 문화적 화이론이며 두 번째는 종족적·지역적 화이론이다. 후천적 노력을 강조하는 문화적 화이론은 주로 『공양전』에서 보였다. 『공양전』은 중화와 이적을 엄격히 구분하였지만, 이 구분을 종족적·지역적으로 하지 않고 문화적 측면을 중심으로 하였다. 그러기에 중국 또한 예의를 잃어버리면 신이적이라고 말할 수 있었다. 반면에 『좌전』과 『호씨춘추전』은 중화와 이적을 선천적 의미의 종족적·지역적 관점에서 구분하려는 경향이 강했다. 이 두 가지 이적관은 이후 동아시아 화이론 전개에 중요한 영향을 미쳤다. 연암그룹 이전까지 조선의 지식인들은 주로 『좌전』과 『호씨춘추전』에 입각한 화이관을 지녔다.

3 명대 이후 문화적 화이론의 '자천이시지自天而視之' 논의

송대에는 호안국에게서 보이는 것처럼 종족과 지역을 기반으로 하는 화이론이 주류를 이루었다. 앞서 언급했듯이 이러한 사유는 조선의 지식인들에게 중요한 영향을 미친 것으로 보인다. 그러한 가운데 18세기 후반 연암그룹 지식인들을 중심으로 화이론에 대한 새로운 사유가 등장하였다. 하늘의 관점으로부터 중화와 이적을 균등하게 보려는 관점이 등장한 것이다. 이러한 시각은 한대 반고班固(32~92)의 이적금수론夷狄禽獸論과 달리『춘추공양전해고春秋公羊傳解詁』를 저술한 하휴何休(129~182)가 이적을 중화와 같이 천지의 소생으로 파악하고서 "이적진지어작론夷狄進至於爵論'을 주장한 것과도 동일한 맥락에 있었다.[39] 다시 말해서 한대 이적금수론과 이적진지어작론의 대립과 비슷한 구도가 조선 후기에 다시 마련된 것이다.

많은 기존 연구는 연암그룹의 화이균등적 사유를 다른 나라들과 비교 연구하지 않은 채 설명하였다. 이 과정에서 연암그룹의 화이론이 갖는 위상은 명확히 밝혀지지 못했다고 생각한다. 하지만 명대에 종족과 지역을 넘어서 중화와 이적을 균등하게 보고자 하는 주장들이 연암그룹의 논리와 거의 흡사한 형태로 제시되었다. 그리고 일본 지식인들에게서도 이와 같은 사유들이 보였다. 이것은 연암그룹의 화이론을 독창성보다는 동아시아적 연계성 측면에서 보아야 함을 시사해준다. 문화적 화이론을 옹호하는 이 논의들을 조망함으로써 연암그룹 화이론의 논리적 기반과 사상적 계보를 살펴볼 수 있다. 이것은『공양전』의 포용적 화이론이 어떠한 사상에 기초하였는지 이해하는 데에 도움을 주리라고 생각한다.

육즙陸楫

화이는 변별이 있는가? 대답하기를, 중국은 안에 거주하고 이적은 밖에 거주한다. 중국은 양이 되고 이적은 음이 된다. 중국은 곡식과 고기를 먹고 이적은 우유를 먹는다. 중국은 궁실에 거주하고 이적은 천막에서 산다. 중국은 관상冠裳을 입고 이적은 가죽옷을 입는다. 중국은 예의로써 하고 이적은 용력으로써 하니 비록 구분하지 않고자 하나 그럴 수 없다. 그러나 모두 오인吾人으로부터 본 것이다. 하늘로부터 본다면 그렇지 않다. 대개 하늘은 높고 땅은 아래에 있고 인간은 그 사이에서 살아간다. 인군人君된 자는 민民의 주主이며 하늘의 아들이다. 이적은 또한 사람이다. …… 그렇다면 중국과 이적은 하늘로부터 본다면 모두 하늘이 덮고 땅이 싣는 존재들이며 모두 생육하는 존재들이다.[40]

사조제謝肇淛

하늘에는 구야九野가 있고 땅에는 구주九州가 있다. 그러나 나는 분야分野의 설은 가장 모호하여 근거가 없다고 생각한다. 왜냐하면 구주의 그림은 우공禹貢에서 시작하였으니, 위로 개벽의 시작으로 거슬러 올라가서 몇 갑자가 지났는지 알지 못한다. 어찌 하늘이 이때에 처음으로 분야가 있게 되었겠는가! 구주는 천지 사이에 단지 십에 하나일 뿐이다. 사람에게는 화이의 분별이 있지만 하늘의 관점에서 보면 덮어주고 은혜를 베푸는 것은 균일하다. 어찌 설마 구주에 대해서는 상세히 하고 사예四裔에 대해서는 소략하게 하겠는가![41]

첫 번째의 자료는 명나라 육즙(1515~1552)의 말이다.[42] 육즙은 경세사 상가로서 명대에 이름이 높았으며, 절약이 아닌 사치를 함으로써 천하가 부유하게 될 수 있다는 언급을 하여 명대의 상업문화와 숭사崇奢 풍조를 옹호기도 하였다.[43] 육즙이 역대 중국소설을 모아 만든『고금설해古今說海』는 조선조 문인들에게 널리 읽혔다.[44] 두 번째 자료는 사조제(1567~1624)의 언급이다. 그는 명나라 말기 복건 출신 문인이며, 그의 수필집인『오잡조五雜組』는 소품문 형식으로 기술된 박학적인 저술이었다.[45] 이 저작은 조선의 지식인들에게 널리 알려져서 이익, 이덕무李德懋(1741~1793), 한치윤韓致奫(1765~1814), 조희룡趙熙龍(1789~1866), 이규경李圭景(1788~1856)은 자신의 글에『오잡조』를 인용하였다.[46] 특히 이규경은『오주연문장전산고五洲衍文長箋散稿』에서『오잡조』를 130회나 인용하였다. 이는 중국 문헌 가운데 이규경이 221회를 인용한 방이지方以智(1611~1671)의『물리소지物理小識』다음으로 많은 숫자였다.[47]

육즙은 송대와 달랐던 명나라 화이론의 특징적인 모습을 잘 보여주었다. 육즙은 순舜과 문왕文王이 사실 모두 이적이었지만 사람들이 그들을 이적으로 여길 수 없었고, 더욱이 삼대 이하 왕도를 행한 군주 가운데 이적이 두 명이나 차지했다고 말하였다. 그리고 원나라도 정통왕조로 인정할 수 있다고 하였다.[48] 예컨대, 그는 허형許衡(1209~1281)을 "때를 만나서 나왔고 사도斯道를 위하여 계획하였고 생민生民을 위하여 계획했을 뿐"[49]이라고 하여 높이 평가하였다.

육즙과 사조제의 포용적 이적관의 논리는 '자천이시지'의 관점에서 비롯했다. 흥미로운 것은 앞서 인용문에서 호안국이 '자천이시지'의 관점을 왕덕王德의 체體라는 관점으로 이미 언급하였다는 사실이다.[50] 그러면서 호안국은 왕덕의 용用은 왕덕의 체와 달라서 불가피하게 중화와 이적을 차별할 수밖에 없다는 논리를 폈다. 하지만 위의 육즙과 사조제의 논의들은 '자천이시지'라는 하늘로부터의 균등성이라는 체의 논리를 그대로 용의 단계에까지 일관되게 밀고 나갔다. 이를 주자학적 논법을 빌려와 설명한다면, 육즙과 사조제가 본연지성을 강조한 데 비해서 호안국은 현실적 양태인 기질지성에 주목했던 것으로 볼 수 있다.

이러한 변화된 인식이 담겨 있던 명대의 학술적 성과들은 안동김씨 김창협金昌協(1651~1708)·김창흡金昌翕(1653~1722)의 학맥을 통하여 일부 노론 낙론계 인물들에게 전파된 것으로 보인다.[51] 김창협·김창흡 학맥은 당대 그 누구보다도 명나라 학술에 정통하였다.[52] 그들이 허형의 원나라 종사從仕를 높이 평가할 수 있었던 것이나, 정통론正統論에서도 원나라와 같은 이적 왕조도 정통이 될 수 있다고 여긴 것은 이러한 학문 배경과 밀접한 관련성이 있다고 생각한다.[53] 노론 호론계는 낙론계의 허형 숭상을 두고 화이무분華夷無分이라고 비판하였다.[54] 전우田愚(1841~1922)는 명나라 유학자들이 화이지변에 엄격하지 않았다고 직접 언급하기도 하였다.[55] 이것을 보면 명나라 문화의 수용과 노론 낙론계의 유연한 화이론의 연관성을 추론해볼 수 있다.

육즙과 사조제의 '자천이시지' 논리는 낙론계 학풍에 영향을 받은 연암그룹 홍대용, 박지원, 성대중成大中(1732~1809)의 다음과 같은 주장과 일치하였다.

홍대용

하늘의 관점에서 본다면 사람과 물物은 균등하다.[56]

박지원

하늘이 명한 바로써 본다면 호랑이와 사람은 물物의 하나이다. 천지가 사물을 낳는 인仁으로부터 논한다면 호랑이와 개미와 벌, 사람은 아울러 길러져 서로 어긋나지 않는다.[57]

성대중

오랑캐와 중화의 구분은 사람이 한 것이지 하늘은 똑같이 아들로 여긴다.[58]

홍대용, 박지원, 성대중은 하늘로부터의 시각을 통하여 중화와 이적의 균등성을 주장하였다. 이러한 논리는 조선에서뿐만 아니라 일본에서도 보였다. 천天으로부터 혹은 이理로부터 중화와 이적의 구분을 없애고, 이를 보편적 측면에서 균등히 이해하고자 한 것은 중국, 조선, 일본에서 공통되게 보인 현상이다.[59] 후지와라 세이카藤原惺窩(1561~1619), 아사미 케이사이淺見絅齋(1652~1711), 사토 잇사이佐藤一齋(1772~1859)는 모두 그러한 경우라고 할 수 있다.

후지와라 세이카

선생께서는 말씀하셨다. "이理가 존재하는 것은 마치 하늘이 덮지 않는 것이 없고, 흡사 땅이 싣지 않는 것이 없는 것과 같다. 이 지방 또한 그러하며 조선 또한 그러하다. 안남 또한 그러하다. 중국 또한 그러하다."[60]

아사미 케이사이

대저 하늘은 땅의 밖을 감싸고 땅은 가는 곳마다 하늘을 받들지 않은 곳이 없
다. 그렇다면 각자의 토지·풍속의 한정된 곳은 각각 하나의 천하로서 서로 존
비귀천尊卑貴賤의 차이가 없다. …… 그것으로써 본다면, 유자儒者가 말한 바
의 도道도 천지의 도이며, 우리가 배워 깨우친 바도 천지의 도이다. 도에 주객
피차主客彼此의 차이가 없다면, 도가 해명된 책을 가지고 그 도를 배운다면 그
도는 곧 우리 천지의 도이다. 예를 들면, 불은 뜨겁고 물은 차갑고 까마귀는
까맣고 백로는 하얗고 부모는 자애롭고 군주는 존중받아야 하는 것은 중국으
로부터 말해도 우리나라로부터 말해도 천축으로부터 말해도 서로 이쪽의 도
라고 말할 만한 것이 없는 것과 같다.[61]

사토 잇사이

망망하고 광대한 세계에서 이 이道는 하나로 관통되어 있다. 인간의 입장에
서 보면 중국이 있고 이적이 있지만 하늘의 관점에서 보면 중국도 없고 이적
도 없다. 중국인들은 병이지성秉彝之性을 가지고 있고 이적 또한 병이지성을
가지고 있다. 중국인들은 측은·수오·사양·시비의 정을 가지고 있고 이적도
또한 측은·수오·사양·시비의 정을 가지고 있다. 중국인들은 부자·군신·부
부·장유·붕우의 윤리를 가지고 있고 이적도 또한 부자·군신·부부·장유·붕
우의 윤리를 가지고 있다. 하늘이 어찌 중국과 이적 사이에 후박애증厚薄愛憎
이 있겠는가! 이 때문에 이 도는 단지 하나로 관통되어 있는 것이다. 단지 중

국의 옛 성인들이 이 도를 발휘하는 것이 유독 빨랐고 또한 정밀하였던 까닭에 그 언어문자가 사람의 마음을 일으켜 세울 수 있었던 것이다. 그러나 그 실제는 도는 사람의 마음에 있으니 언어문자가 모두 표현할 수 있는 바가 아니다. 만약 도가 오직 중국의 문자에만 존재한다고 여긴다면 시험 삼아 생각해보자. 육합六合 내에서 중국과 같은 문자를 사용하는 지역이 무릇 몇 나라가 있지만 오히려 치란治亂이 존재하였다. 그밖에 가로 문자를 쓰는 풍속에서도 또한 올바른 성품을 자신의 성품으로 삼아 부족한 바가 없으며 올바른 인륜을 자신의 인륜으로 하니 갖추지 못한 바가 없다. 그럼으로써 마땅한 생명을 길러내고 마땅한 죽음을 전송한다. 그렇다면 도는 어찌 중국의 문자에만 존재하는 것이겠는가! 하늘에 과연 후박애증의 다름이 있다고 말할 수 있겠는가![62]

이러한 일리一理와 천지지도天地之道의 보편성 논의가 주로 노론 낙론계 학맥의 연암그룹 인물들과 일본의 주자학자들 사이에서 이루어졌다는 점은 특이하다. 연암그룹의 인물균人物均 사상은 낙론의 이통理通, 이일理一에서 나온 것으로 볼 수 있다.[63] 후지와라 세이카는 근세 일본주자학의 개조라고 불리며,[64] 아사미 케이사이는 주자학자로서 야마자키 안사이山崎闇齋(1619~1682) 학파의 일원이었다.[65] 야마자키 안사이 학파는 이일을 통한 주자학의 보편주의에 많은 관심을 기울였다.[66] 사토 잇사이 또한 주자학자였다. 이들은 공통되게 이理 중심의 보편주의에 특히 주목했다는 특징을 갖는다.[67]

이밖에도 위와 같은 논의는 송대 육상산陸象山(1139~1192)과 명대 마리

馬理(1474~1556)에게서도 보였다. 육상산은 동서남북의 방향과 고금의 시간과 상관없이 이 마음과 이 이치는 동일하다고 하였다.[68] 마리는 사람의 정은 동해, 서해, 남해, 북해 모두에서 같지 않음이 없다고 하였다.[69] 이들은 모두 종족과 지역을 넘어서 일리一理, 일심一心의 균등성과 보편성을 강조하였다. 이를 통하여 균등성과 보편성을 강조하고자 하는 경향이 가졌던 논의의 방향을 알 수 있다.

청나라 옹정제(재위 1722~1735)의 『대의각미록大義覺迷錄』 또한 위의 논리들을 공유하였다.[70] 『대의각미록』은 지역과 종족 중심의 고정적인 '중화—이적' 논의를 흔들면서 새로운 보편성과 이에 따른 윤리기준을 제시하였다. 『대의각미록』은 중화문명의 대표적 인물인 순과 문왕을 동이, 서이로 언급하고서 그들의 지역적 이적성이 성덕聖德에 전혀 해가 되지 않았음을 주장했다.[71] 이러한 견해는 오직 문화만을 화이변별의 기준으로 놓는 것이었다. 『대의각미록』은 또한 중화와 이적의 근원이 하나임을 강조하였다. 천하일가天下一家이며 만물일원萬物一源인데 중화와 이적이 어찌 구분이 있겠느냐는 논리였다.[72] 이는 보편성을 강조하는 논의로 인물성동론, 성범심동론을 주장한 낙론의 논리와 흡사하며 인간의 성품과 호랑이의 성품이 동일하다고 주장한 박지원의 「호질虎叱」과도 동일한 논리였다. 이러한 점은 『대의각미록』이 어떠한 이념적 기반에 서 있었는지 말해준다.

옹정제 이후 건륭제(재위 1735~1795)·가경제(재위 1796~1820) 시기를 즈음하여 청나라 지식인들의 『춘추』 인식은 전반적으로 양이攘夷에서 존왕尊王 중심으로 확연히 변화해갔다.[73] 청나라 문학가이자 역사학자이

며 대표적 고증학자인 조익趙翼(1727~1814)은『춘추』는 "존왕을 제일의第
一義로 한다"라고 말하였다.[74] 존왕 중심의『춘추』인식을 본격적으로 발
전시켜간 것은 청대 공양학파였다. 공양학파 장존여莊存與(1719~1788)는
『춘추』의 본질을 지존을 온전히 하는 것에서 찾았다.[75] 그러면서 장존여,
공광삼孔廣森(1753~1787), 유봉록劉逢祿(1776~1829) 등 상주常州의 공양학
파들은『공양전』의 대일통大一統 사상을 강조하였다.[76] 대일통 사상은 왕
이 하나의 질서로 통치하는 세계를 의미하였다. 왕을 중심에 놓고 볼 때,
중화와 이적은 모두 하나의 질서 속에서 통치되는 균등한 존재라는 논리
였다.

이러한 관점을 전제로 장존여의 외손 유봉록은 존왕의 견지에서『춘
추』는 이적을 물리치기 이전에 먼저 제하를 다스렸다고 인식하였다.[77] 이
는『춘추』가 이적을 물리침보다는 오히려 존왕 중심의 내치內治를 더욱 중
시하였음을 말한 것이라고 생각한다. 그러할 때, 이적에 대한 논의는 중
화-이적이라는 송대의 적대적 이원론과는 다소 다른 맥락을 갖게 된다.
오히려 이적의 문제는 내치 속에 포섭되면서 외부 문제가 아닌 내부적인
하나의 사안이 되는 것이다. 그리고 자연히 이적을 적극 교화해 왕의 백
성으로 만들어야 한다는 문화적 화이론이 강조될 것임을 추론해볼 수 있
다. 왕의 처지에서 보면 중화와 이적 모두 같은 백성이라는 논리였다. 예
컨대 유봉록은 문화적 화이론에 충실하여 이적으로 인식된 진나라, 초나
라, 오나라가 각각 중화성을 지녔으며, 하늘이 이들을 중화로 인정하였
음을 언급하였다. 그러면서 예의를 잃어버릴 경우 중국 또한 신이적이 될
수 있다고 경계하였다.[78]

요컨대, 명대 육즙과 사조제에서 보이는 '자천이시지'로부터의 관점은 연암그룹과 일본의 주자학자들, 청나라 옹정제의『대의각미록』에서 보인 균등주의와 보편주의적 관점과 궤를 같이하였다. 이것은『좌전』과『호씨춘추전』이 보여준 종족적·지역적 차별성을 넘어서 시공을 초월하여 존재하는 이理와 천天을 강조한 것이다. 이를 통하여 궁극적으로는 중화와 이적의 균등성을 강조하고자 하였다. 중화와 이적의 구분은 절대적이지 않다는 것이다. 이러한 사유는『공양전』이 보여준 중화·이적관과도 흡사하였다.『공양전』의 문화적 화이론은 이와 천을 통하여 보편주의를 강조하려는 사유경향과 가장 적합하게 짝할 수 있었다.

4 연암그룹의 이적관과『공양전』의 연계성

명대에 보이는 '자천이시지'에 입각한 보편주의적 입장, 18세기 호락논쟁을 통하여 만들어진 노론 낙론계 학맥의 보편주의에 대한 문제의식은 연암그룹 이적관의 논리적 기반이 되었다고 생각한다.[79] 호락논쟁처럼 대규모 학술논쟁으로 중화─이적의 균등 혹은 차별 사실을 분명히 규정하고자 한 경우는 중국이나 일본에서는 그 사례를 찾기 어렵다. 호락논쟁 과정에서 인물성동론을 주장한 낙론 학맥의 홍대용과 박지원은 일리의 보편성을 통하여 사람과 사물의 성性이 같음을 언급하였다.[80]

홍대용의 경우, 이 문제를 더욱 확대 발전시켜서 인물성동을 넘어 인·물과 초목의 성 또한 같음을 주장하였다.[81] 홍대용은 호론湖論에 의하여 오상五常을 갖추지 못한 것으로 치부되던 초목에도[82] 인의예지仁義禮智의 온전한 성을 부여한 것이다. 인륜의 질서를 이적을 넘어 금수와 초목에까지 확대 부여한 점은 일리가 갖는 인륜성의 의미를 강조한 것이며 이는 인간, 이적, 금수, 초목을 하나로 아우르는 인륜적 질서를 상정했음을 의미한다. 낙론의 문제의식이 홍대용에 의하여 한 단계 더 발전한 것이다.[83]

일리一理와 이통理通을 강조하는 것은 종족·지역을 넘어서는 이의 보편성을 통하여 이론적으로 이적 또한 노력 여하에 따라 중화가 될 수 있다는 사실을 전제로 한다. 즉, 중화와 이적의 구분은 본질적이거나 운명적이지 않은 것이다. 이러한 인식은 앞 장에서 살펴보았듯이 중국과 일본의 일부 지식인들에게서도 함께 보였다. 따라서 중화와 이적을 균등하게 보는 보편주의 논의는 연암그룹으로만 한정하기 어려운 동아시아 사상계의 한 현상이었다. 중화와 이적을 균등하게 보고자 하는 이러한 사유는 문화적 화이론을 강조하는 『공양전』과 연관성이 깊다.

『공양전』의 화이론을 연암그룹 인물들과 비교해보면 연암그룹 인물들이 『공양전』의 문제의식에 상당 부분 공감했음을 발견할 수 있다. 우선 박지원의 경우를 살펴보면 다음과 같다. 그의 아들 박종채朴宗采(1780~1835)의 『과정록過庭錄』에 따르면, 박지원은 자신이 지방관으로 있던 안의현에서 '오랑캐의 옷을 입고 백성들에게 임했다'는 것과 『열하일기熱河日記』가 '오랑캐의 연호를 사용한 원고'라는 비판을 받으면서 많은 고초를 당했다.[84] 이에 대해서 박지원은 처남 이재성李在誠(1751~1809)에게 다음과 같이 해명하였다.

나는 예전에 중국을 유람했을 적에 그 노정, 숙박지, 날씨, 일시를 기록하지 않을 수 없었습니다. 그러므로 먼저 압록강을 건너던 날에 범례를 만들어 후삼경자後三庚子라 했고, 다시 스스로 그것에 전傳을 붙여서, "어째서 후後라고 칭했는가? 숭정기원후崇禎紀元後이기 때문이다. 어째서 삼三인가? 기원후 세 번째 돌아왔기 때문이다. 숭정 연호는 어째서 숨겼는가? 장차 압록강을 건너게 되기 때문이다" 하였습니다. 붓을 던지고 웃으며 말하기를, "옛날에는 피리춘추皮裏春秋가 있더니, 지금은 곽외공양鄅外公羊이 되었구나" 하였습니다. 아직 일찍이 『공양전』의 문체를 구차히 빌린 것을 스스로 슬퍼하지 않은 적이 없었습니다.[85]

박지원은 『열하일기』 첫머리 글인 「도강록渡江錄」에서 자신이 글 첫머리에 후삼경자라고 쓴 이유를 설명하였고, 중국에서 숭정 연호를 사용할 수 없는 이유로 중국에 청나라 사람들이 살기 때문임을 들었다. 그럼에도 박지원 자신이 몰래 숭정이라는 연호를 고집하는 이유를 대명의리론의 관점에서 설명하였다.[86] 곽외공양은 '가죽 밖의 공양'이라는 말로 『열하일기』의 「도강록」 서문에 나오는 대목이 『공양전』의 자문자답 형식을 따르는 것임을 박지원 스스로 밝힌 것이다.[87] 박지원이 겸손하게 가죽 밖의 『공양전』일 뿐 『공양전』의 실체는 없다고 말했지만, 스스로 『공양전』의 『춘추』 의리를 강하게 의식하지 않았나 생각된다. 이는 박지원이 중화의 도리라는 것은 지역·인물에 있지 않고 문화적인 것에 있음을 언급한 부분에서 엿볼 수 있다.

박지원은 순임금은 동이 사람이며 문왕은 서이 사람이라고 하였다.[88]

이어 그는 공자가 왜 이적의 땅인 구이九夷에 거처하고자 했는지를 물었다. [89] 이적과 지역을 분리하고자 하는 시도였다. 그러면서 박지원은 진정 『춘추』 정신에 입각한 이라면 자신에게 다음과 같이 비판했어야 한다고 말하였다.

> 그대는 나를 위하여 지금 『춘추』를 행하는 자들에게 말해주시오. 왜 나를 다음과 같이 책망하지 않느냐고 말이오! "그대가 전에 유람한 곳은 이에 삼대 이래의 성제명왕聖帝明王과 한·당·송·명이 영토로 삼은 땅이다. 지금 비록 불행히 이적들이 차지하는 바 되었지만, 그 성곽·궁실·인민들은 진실로 그대로 있고, 정덕·이용·후생의 도구들도 진실로 그대로 있고, 최崔·노盧·왕王·사謝의 명문 씨족들도 진실로 폐해지지 않았고, 관關·낙洛·민건閩建의 학문도 진실로 민멸되지 않았다. 저 이적들이 진실로 중화가 이익이 된다는 것을 알았기 때문에 빼앗아 차지하기에 이른 것이다. 자네는 어찌 예로부터 본래 있었던 훌륭하고 아름다운 법제와 중화의 존숭할 만한 관례와 업적을 모두 얻어 가져와 책으로 전부 저술하여 한 나라의 쓰임으로 하지 않는가? 그대는 이런 일은 아니 하고서 단지 피폐의 사신을 따라다니기만 하였는가? 지금 그 기술은 박잡駁雜하고 실속 없는 말과 한때 방랑한 자취 아님이 없으니, 어찌 다른 사람들에게 자랑할 수 있겠는가? 단지 스스로 뜻만 잃고 덕만 망칠 따름이다." [90]

이 말은 진정 『춘추』의 정신에 충실한 이라면 지역이나 종족을 고려하지 않고 중화문물과 제도의 수용에만 집중할 것이라는 설명이었다. 시대를 구분하기 위하여 불가피하게 사용한 강희, 건륭, 열하와 같은 연호와 지명에 집착할 것이 아니라 중화의 제도 자체에 집중하여 그것을 조선에 도입하기 위하여 노력했을 것이라는 주장이다. 이는 박지원이 가졌던 문화적 화이론의 모습을 보여준다. 이를 통하여 박지원이 구상했던『춘추』의리가 당시 조선의 보수적 지식인들이 가졌던 지역·종족 중심의『춘추』의리와는 구분된다는 사실을 알 수 있다. 또한 이것은 중화와 이적의 구분에는 엄격하였지만, 그 구분에는 공정하고자 했던『공양전』의 정신과 관련성이 깊다.

홍길주洪吉周(1786~1841)의 「춘추묵송春秋黙誦: 오자사찰래빙吳子使札來聘 이십유구년二十有九年」은『공양전』과의 관련성을 직접적으로 보여주었다는 점에서 주목이 필요하다. 이 문제를 논하기에 앞서 홍길주의『춘추』인식이 중요한 이유를 설명하고자 한다. 박지원과 관련 있는 인물들 가운데『춘추』에 가장 많은 관심을 가졌던 이들은 홍인모洪仁謨(1755~1812), 홍석주洪奭周(1774~1842), 홍길주의 풍산홍씨 일가였다. 이 가문은 노론 낙론계 안에서도 학맥상 박지원과 긴밀하게 결합되어 있었다. 박지원은 당시 낙론계 학맥의 주요 세 가지 흐름 가운데 이재李縡(1680~1746) 학맥보다는 어유봉魚有鳳(1672~1744)과 박필주朴弼周(1665~1748) 학맥의 영향권 안에 있었다.[91]

박지원의 장인인 이보천李輔天(1714~1777)이 어유봉의 제자였으며, 어유봉의 손자 어유림魚用霖(1721~1774)이 박지원의 고모부였다. 또 박필주는 박지원의 재종조부였다. 풍산홍씨가의 홍상한洪象漢(1701~1769)은 어유봉의 제자이자 사위였다. 그의 아들 홍낙성洪樂性(1718~1798) 또한 어유봉의 문인이었고, 홍낙성의 아들과 손자들이 홍인모와 홍석주, 홍길주였다. 그러한 점에서 박지원은 풍산홍씨 가문과 밀접한 사상적 공감대를 가졌을 정황을 짐작해볼 수 있다. 함종어씨와 풍산홍씨 가문의 인물들은 이재 계열의 낙론 보수파와는 거리가 있었으며, 낙론 안에서 비교적 비판적이고 진보적인 색채를 띠었다.[92]

홍인모는 조선에서 『좌전』만이 유행하는 것을 한탄하여 1798년(정조 22)에 『공양전』과 『곡량전』 가운데 좋은 문장들을 선별하여 『춘추공곡합선春秋公穀合選』이라는 문헌을 만들었다. 홍인모의 아들 홍석주도 「춘추문답春秋問答」(『연천집淵泉集』 권24)과 「춘추비고春秋備考」(『연천집』 권37)라는 글을 남겼다. 홍길주는 『춘추묵송春秋黙誦』이라는 글에서 『춘추』에 대한 이해를 심화하였다.[93] 홍길주는 연배가 어려서 연암그룹의 교유활동에는 직접 참여하지는 못했지만, 박지원을 매우 존경하였다.[94] 그러한 점에서 보면, 그는 풍산홍씨 일원 가운데 박지원과 사상적으로 가장 긴밀한 관련성을 가졌다고 할 수 있다. 이처럼 이 시기 풍산홍씨가는 조선의 사상계 내에서 『춘추』에 대하여 매우 높은 식견을 지녔다고 할 수 있다. 특히 그들이 『좌전』과 『호씨춘추전』을 통한 『춘추』 이해에서 일부 벗어나 『공양전』과 『곡량전』에 관심을 보였다는 점은 중요한 특징이라고 할 수 있다.

이러한 『춘추』에 대한 학술적 배경을 가졌던 홍길주는 이적 문제에서 『호씨춘추전』보다는 『공양전』과 『곡량전』의 해석을 따랐다.

『공양전』과 『곡량전』은 모두 공자가 계자季子를 어질게 여긴 것이라고 하였지만 호안국은 폄하하는 말이라고 하였다. 성인聖人의 은미한 뜻을 비록 감히 알 수는 없지만, 나는 반드시 『공양전』과 『곡량전』의 말을 따르겠다. 성인의 마음은 대공大公하여 사심私心이 없다. 오나라는 이적의 나라이지만 계자 같은 현인이 있었기에 성인은 바야흐로 장차 급히 오나라를 가상히 여겨 중국에 나아가게 하였다. 어찌 폄하하는 말이 있었겠는가! 혹자는 말하기를, "『춘추』를 지은 것은 이적을 물리치기 위함이었다. 이적에게 선한 점이 있어도 칭찬할 수 있겠는가?" 하였다. 내가 말하기를, "이것이 『춘추』가 『춘추』인 이유이다. 대저 중국이 중국인 것은 예의 때문이고, 이적이 이적인 것은 예의가 없기 때문이다. 중국이면서도 예의를 버리는 경우는 중국이라는 이름 때문에 그것을 중국으로 여길 수 없다. 그러므로 비록 천자 나라인 주나라나 부모 나라인 노나라라고 하더라도 성인은 그 잘못을 덮을 수 없다. 이적이지만 예의를 행하는 경우, 설마 이적이라는 이름 때문에 그것을 이적이라고 여길 수 있겠는가! 그러므로 『춘추』는 성인의 마음이며, 성인의 마음은 대공하여 사私가 없는 것이라고 말하는 것이다"라고 하였다. 호안국은 계자가 나라를 사양하여 혼란을 일으켰으니 『춘추』는 현자를 질책함을 갖추었던 까닭에 그것을 폄하한 것이라고 여겼다. 아! 그 또한 성인을 알지 못하는구나! 대저 수백 년 동안 단발하고 문신을 새겼던 나라에서 태어나 시서예악詩書禮樂을 모르다가, 진실로 한 가지의 선善함을 갖게 되었다면 성인은 바야흐로 아름다운 점을 칭찬하느라 겨를이 없었을 것이다. 계자가 나라를 사양한 일은 진실로 아직 중용을 얻은 것은 아니다. 그러나 성인이 사람을 취함에 어찌 일찍이 조금 도에 합치되지 않았다고 해서 대선大善한 일을 버린 적이 있었던가! 천승千乘의 나라를 가벼이 여기는 것은 군자도 어려워하는 바인데, 하물며 이적에 있어서랴! 후세의 군자는 진실로 자기와 같은 부류이면 아첨하여 그 사람의 악한 점도 모르고, 진실로 같은 부류가 아니면 비록 큰 절개가 다른 사람들보다 크게 낫다고 해도 반드시 그것을 덮어 숨기려고 한다. 심한 경우에는 선(善)한 점에 나아가서 샅샅이 뒤져서 반드시 그 결점을 찾아낸 뒤에야 흡족해한다. 아! 그 또한 『춘추』의 뜻과는 다르구나![95]

『공양전』과 『곡량전』은 오나라 계자(계찰季札)를 칭찬하였다. 특히 『공양전』은 공자가 계자를 현명하다고 평가한 이유를 상세히 설명하였다.[96] 하지만 이에 대한 호안국의 견해는 달랐다. 호안국은 나라를 사양하고 혼란을 일으킨 것은 계찰이었기에 공자가 계찰을 폄하한 것이라고 해석하였다.[97] 호안국의 이러한 평가에는 이적에 대한 본질적인 폄하 의식이 자리 잡았던 것으로 보인다. 홍길주는 지역과 종족을 넘어서 철저히 예의, 즉 문화적 견지에서만 중화와 이적을 구분하였다. 그러한 점에서 홍길주는 『공양전』의 중화─이적 관점을 더욱 많이 따랐던 것으로 보인다.

이러한 인식을 가졌기에 홍길주는 중원지역과 중화종족의 고정된 실체를 상정하지 않았다. 그는 오직 예의의 유무에 따라서 중화와 이적은 수시로 그 이름을 바꿀 수 있다고 생각하였다. 그는 매우 원칙적 의미에서 문화적 화이론을 주장하였다.

> 하늘이 덮고 있는 것은 수억만 구역이니, 중원이 그 안에 처하는 것은 진실로 광활한 벌판에 있는 집 한 채일 뿐이다. 또한 옛날에는 작았다느니, 지금은 넓다느니 할 것이 어디 있겠는가! 이것이 중원이 중원이 된 소이인 것이니 왜인가? 익주·옹주·회수·대산 사이에 사는 사람들로 하여금 모두 머리카락을

풀어헤치고 이를 시커멓게 한다면 그들을 한꺼번에 이적이라고 불러도 괜찮을 것이다. 하늘이 덮고 있는 수억만 구역의 사람들이 이제삼왕二帝三王의 법복을 모두 입고 이 이제삼왕의 가르침을 모두 익힌다면 하늘이 덮고 있는 모든 땅을 통틀어 하나의 중원이라 불러도 괜찮을 것이다.[98]

홍길주의 이 말은 홍대용의 다음과 같은 언급과도 의미가 일치한다. 홍대용은 중화—이적 구분에서 예의 여부에만 주목하였다.

이적의 이적된 소이는 또한 무엇이겠습니까! 어찌 예의도 없고 충효도 없으며 성품이 살벌殺伐을 좋아하고 행동은 금수와 같기 때문이 아니겠습니까! 저 아비를 거역한 자식과 임금을 쫓아낸 신하는 예의도 없고 충효도 없으며 살벌을 좋아하고 금수와 같은 무리이니 어떻습니까! 오늘날의 이적과 같은 경우 중국에 오래 거처함으로써 먼 계획에 힘쓰고 점차 예를 숭상하고 대략 충효를 본받았으니 살벌한 성품과 금수와 같은 행동이 그 처음의 일어남처럼 심하지 않다면 중국이 이적만 못하다고 이른다고 해도 또한 어찌 불가하겠습니까![99]

홍길주뿐만 아니라 성대중 또한 『공양전』의 의견을 따랐다. 성대중은 계찰에 대하여 호의적인 인식을 가졌다.

오나라 계찰은 더욱 다른 점이 있었다. 당우삼대唐虞三代의 음악과 아송雅頌과 열국의 풍風을 처음 보고서 환히 알았는데 마치 자신이 만든 것처럼 하였으니 만약 상지上智의 사람이 아니었다면 이와 같을 수 있었겠는가! 만일 중국에 태어났다면 마땅히 정나라 자산子産보다 훌륭했을 것이다. 부자夫子도 또한 일찍이 그가 예에 익숙하다는 것을 허여하였고 그의 장례에 가서 보고 직접 비문을 썼으니 —부자는 오나라에 간 적이 없다—그를 중시함이 이와 같았다.[100)]

　성대중은 계찰이 당우삼대의 음악과 아송, 열국의 풍을 처음 듣고서 그 나라들의 정치에 대해서 알았으니 훌륭한 인물이라고 하였다. 근기남인 이익의 경우에는 호안국의 의견, 즉 계찰이 나라를 양보해서 난을 발생하게 하였다는 것에는 찬성하지 않았다.[101)] 하지만 그는 『춘추』가 계찰을 폄하한 이유를 계찰이 역적을 토벌하지 않고 왕위를 자신이 승계하지 않은 것에서 찾았다.[102)] 이러한 이익의 견해는 『공양전』과 『곡량전』의 의견을 존중한 홍길주의 뜻과는 다소 달랐다고 생각한다.
　앞서 언급했듯이 청나라 학술계에서는 『춘추』 해석에서 양이의 문제보다는 존왕이 문제를 강조하면서 공양학이 발전했다. 공양학은 존왕에 집중함으로써 이적을 외부화하지 않고 내부 문제로 인식하고 포섭하고자 하였다. 그럼으로써 이적을 교화하기 위하여 문화적 측면을 중심으로 한 화이론을 발전시켰다. 그러한 측면에서 유봉록은 이적시되던 진나라, 초나라, 오나라의 번영과 중화성을 제시하였다. 이러한 사유는 성대중에게서도 보였다.

　그러나 초나라·진나라·오나라·월나라에 대해서는 끝내 엄격함이 지나

쳤다. 네 나라는 모두 성인의 후예이고, 하물며 오나라는 주나라의 종가로 태
백이 나라를 사양한 것은 백세토록 본받을 만하며, 진중이 융戎을 물리친 공
에 주나라 왕실이 힘입었는데, 이적이라고 낮추어 보아서야 되겠는가! 불행
하게도 황복荒服에 위치하여 언어와 의복이 중국의 풍속과 달라서 마침내 중
국의 배척을 받았으니 어찌 그들의 죄이겠는가! 또한 그들이 이적이지만 역
시 후세의 흉노와 말갈에 비교할 바는 아니다. 진실로 중국에 나아가게 할 수
있다면 나아가게 하는 것이 옳다. 중국의 제후로 참람한 짓과 시역弑逆을 하
여 이적과도 나란히 하지 못할 자가 많았는데도 도리어 그들은 중국으로 대
우해주고서 네 나라는 곧 물리치니 네 나라가 유독 원한을 갖지 않을 수 있겠
는가![103]

성대중은 초나라, 진나라, 오나라, 월나라가 갖는 중화성에 주목하고
서 이 나라들을 두둔하였다. 연암그룹의 인물들이 춘추공양학파와 교류
하여 이러한 사유를 발전시켜갔다는 증거는 찾기 어렵다. 하지만 연암그
룹은 호안국과는 다른 인식을 발전시켜나갔으며, 이러한 인식은 『공양
전』과 청대 공양학파의 중화—이적을 인식하는 방식과 매우 유사하였다.
그러한 점에서 중국과 조선에서 일어난 어떠한 연계성을 추론해볼 수 있
다. 그 연계성을 통하여 이 시기 동아시아 지식인들이 화이론에 대하여
공통의 문제의식을 발전시켜갔다는 것을 알 수 있다.

요컨대, 박지원은 문화적 화이론을 주장함으로써 『공양전』과 연관성을
보여주었으며, 홍길주는 오나라 계찰에 대해서 『좌전』·『호씨춘추전』보다
는 『공양전』의 주장을 선호하였다. 이것은 화이론에서 홍길주가 『공양전』

에 동조했다는 측면에서 주목할 수 있다. 성대중 또한 홍길주와 흡사한
의견을 보여주었다. 여기에는 종족과 지역을 고려하지 않고, 오직 문화적
측면에서 이적관을 형성한 연암그룹의 입장이 반영되어 있었다. 그 당시
청나라 사상계에서는 공양학이 발전하고 있었다. 공양학의 이적관은 문
화적 화이론의 성격을 띠었다. 공양학은 이적시된 진나라, 초나라, 오나
라의 번영과 중화성을 제시하였는데, 이것은 성대중에게서도 보였다. 이
를 통하여 이 시기 조선과 중국에서 동시적으로 일어났던 문화적 화이론
의 다양한 양상을 살펴볼 수 있다.

5 연암그룹 이적관의 사상적 계보

이 글에서는 연암그룹의 포용적 이적관이 『춘추』 자체에 위배되는 것은
아니었음을 말하고자 하였다. 이를 위해서 『춘추』의 두 가지 이적관을 설
명하였고, 이것이 기초했던 사상적 토대를 '자친이시지'의 관점에서 설
명하고자 하였다. 그리고 이것이 『공양전』 및 청대 공양학과 연결되는 것
을 살펴봄으로써 같은 시기 동아시아 사상계에서 일어났던 포용적인 이
적관의 양상들을 드러내고자 하였다. 이 글의 내용을 요약하면 다음과
같다.

　『춘추』의 이적관은 두 가지 모습을 지녔다. 첫 번째는 문화적 화이론이
며, 두 번째는 종족적·지역적 화이론이다. 후천적 노력을 강조하는 문화
적 화이론은 주로 『공양전』에서 보였다. 『공양전』은 중화와 이적의 구분을

엄격히 하였지만, 이 구분을 종족적·지역적으로 규정하지 않고 문화적 측면을 중심으로 하였다. 그러하기에 중국 또한 예의를 잃어버리면 신이적이라고 말할 수 있었다. 반면에 『좌전』과 『호씨춘추전』은 중화와 이적을 선천적 의미의 종족적·지역적 관점에서 구분하려는 경향이 강했다. 이 두 가지 이적관은 이후 동아시아 화이론 전개에 중요한 영향을 미쳤다. 조선의 지식인들은 주로 『좌전』과 『호씨춘추전』에 입각한 종족적·지역적 화이론에 많은 영향을 받았다.

그러한 가운데 18세기 후반 연암그룹을 중심으로 기존의 『좌전』·『호씨춘추전』과는 구별되는 문화적 화이론 중심의 포용적 이적관이 등장하였다. 이것은 갑자기 그리고 유일하게 조선에서 등장한 것은 아니었으며, 명나라와 일본의 사상계에서도 흡사한 모습이 보였다. 명대 육즙과 사조제에게서 보이는 '자천이시지'의 관점은 연암그룹 및 일본의 주자학자들이 중화와 이적의 균등성을 강조하기 위해서 사용한 보편주의적 관점과 논리가 같다. 이것은 『좌전』과 『호씨춘추전』이 보여준 종족적·지역적 차별성을 넘어 어디에서나 동일한 일리—理를 강조하였다. 이로써 궁극적으로는 중화와 이적의 균등성을 강조하고자 하였다.

이러한 관점은 중화와 이적 모두 천지의 소생이라는 한대 하휴의 『공양전』 해석 전통을 계승하는 것이었다. 또한 이 사유의 전통은 청대에 『대의각미록』과 공양학으로 계승되었다. 특히 18세기 후반 청대 공양학은 연암그룹의 활동 시기와 시기적으로 겹쳐서 주목된다. 그 당시 공양학은 존왕을 통한 천하대일통 문제에 집중함으로써 이적을 외부화하지 않고 내부적인 문제, 즉 내치 차원에서 포섭하고자 하였다. 그럼으로써 이적을 교화하기 위하여 문화적 측면을 중심으로 한 화이론을 발전시켰다.

연암그룹과 『공양전』의 이적관을 함께 살펴봄으로써 연암그룹과 『춘추』의 관련성을 더욱 구체적으로 확인해볼 수 있다. 박지원의 문화적 화이론은 『공양전』의 이적관과 거의 흡사한 모습이며, 홍길주는 오나라 계찰에 대해서 『좌전』·『호씨춘추전』보다는 『공양전』의 견해를 선호하였다. 이것은 화이론에서 홍길주가 『공양전』에 동조했다는 측면에서 주목할 수 있다. 성대중 또한 홍길주와 흡사한 의견을 보여주었다. 여기에는 종족과 지역을 고려하지 않고, 오직 문화적 측면에서 이적관을 형성한 연암그룹의 견해가 반영되었다.

이 글은 『춘추』의 이적관이 갖는 다양성에 주목하였다. 그것을 통하여 연암그룹의 북학론이 『춘추』 의리와 무관한 것이 아님을 보여주고자 하였다. 그들의 이적관은 『공양전』의 그것과 흡사하였으며, 논리적으로 '자천이시지'의 관점을 공유한 육즙과 사조제의 논의와 궤를 같이하였다. 이러한 논리는 『대의각미록』, 청대 공양학파, 일본의 주자학자들의 이적관과도 흡사한 것이었다. 이를 통하여 연암그룹 이적관이 지녔던 사상적 계보는 더욱 선명해질 수 있다고 생각한다.

연암그룹의 이적관은 독창적인 것이라기보다는 당시 동아시아의 사상적 변화에 조응하면서 나온 결과였다. 하지만 이 글은 그들 사유 사이의 동일성만을 강조한 까닭에 상호 차이점은 세밀하게 살피지 못하였으며, 더욱이 시대적 차이에 따른 역사적 성격과 의의도 거의 언급하지 못하였다. 이것은 이 글의 중요한 한계이다.

조성산

고려대학교 한국사학과를 졸업하고 같은 대학원 사학과에서 석사·박사학위를 취득했다. 고려대학
교 민족문화연구원 HK연구교수를 거쳐 현재 성균관대학교 사학과 부교수로 있다. 주요 저서로는
『조선 후기 낙론계 학풍의 형성과 전개』(지식산업사, 2007)가 있고, 주요 논문으로는 「18~19세기
조선 봉건·군현제 논의의 역사적 전개」(『역사학보』 236, 2017), 「洪大容의 理氣心性論과 域外春秋
논의」(『역사와 담론』 78, 2016), 「조선후기 성호학파(星湖學派)의 고학(古學) 연구를 통한 본초학(本
草學) 인식」(『醫史學』 24-2, 2015), 「16~17세기 北人 學風의 변화와 事天學으로의 전환」(『조선시대
사학보』 71, 2014), 「조선후기 소론계의 古代史 연구와 中華主義의 변용」(『역사학보』 202, 2009), 「18
세기 후반~19세기 전반 對淸認識의 변화와 새로운 中華 관념의 형성」(『한국사연구』 145, 2009) 등
이 있다.

집필경위

성균관대학교 동아시아학술원과 한림대학교 한림과학원이 공동주최한 〈장기 19세기의 동아시아—
변화와 지속, 관계와 비교(2)〉(2016년 2월 19일) 학술대회에서 「연암그룹의 夷狄 논의와 『春秋』」를
발표하였고, 이를 일부 수정 보완하여 같은 제목으로 『한국사연구』 172(한국사연구회, 2016. 3)에
게재하였다. 이 글은 『한국사연구』 172에 실린 논문을 일부 수정한 것이다.

8

19세기 조선에 수용된 중국의 역사적 인물 도상

◎

고연희

1 역사와 기억

이 글에서 다루고자 하는 것은 19세기 동아시아에 유포된 역사적 인물의 이미지이다. 역사 속 특정 인물에 대한 기억記憶은[1] 대개 만들어진 시각적 이미지(조형造形 이미지)에[2] 의거하는 경우가 많다. 역사 속 특정 인물을 생각할 때, '만들어진 이미지'는 모종의 필수요소로 작동하게 된다는 말이다. 이 글은 역사 속 인물들이 특정의 시각 이미지로 형성·전달되어 기억되는 상황, 다시 말하면 특정한 역사적 인물에 대한 시각적 기억의 공유 양상을 대상으로 한다. 이를 위한 하나의 방법으로 집옥재集玉齋에 소장되었던 청대清代 서적에 실려 있는 삽도 판화版畵의 인물상을 대상으로 중국 역사 속 인물이 어떻게 표현되어 동아시아에 유포되었는지 조사하고자 한다.

집옥재는 1873년 경복궁에 세워졌고, 대한제국 건립 후 집경당緝敬堂 소장 서적 및 신규 수입서적을 두루 보관했던 도서관이다. 집옥재 소장 서적들이 당시 조선의 지식인들에게 어느 정도 영향력을 발휘할 수 있었는지 정확하게 진단하기는 어렵다. 그러나 왕실 차원에서 조직적으로 수입해 들인 집옥재 도서는 19세기 동아시아 서적의 출판과 유통 속에 존재했던 지적자산知的資産의 지평을 파악하게 해주는 자료라는 점에서 집옥재 소장도서의 내용에 대한 면밀한 파악이 필요하다. 이를 인식한 선행 연구자들의 집옥재 도서 및 소장 화보류에 대한 연구성과는 이 글의 작성에 큰 도움이 되었다.[3] 그러나 선행 연구가 화보의 시각자료를 망라하여 살피기는 어려웠던 것으로 보인다.

이 연구는 기존의 도서목록과 도서해제에 의거하여 규장각한국학연구원의 소장 서적을 열람하는 방식을 취하였다.[4] 규장각한국학연구원 소장서적 중 '집옥재集玉齋'라는 인장이 찍힌 서적 가운데 '도圖'(대개 판화도)가 수록된 서적을 기존 해제에서 찾아 열람하고 이에 더하여 추정되는 서적을 추가 조사하여 집옥재 소장의 인물판화도 전체를 조사 대상으로 삼았다.

이 연구는 근대화 이전 동아시아에서 역사적 인물의 도상이 형성된 양상과 그 도상이 말해주는 기억의 구축을 보여줌으로써 서구 근대화 과정에서 발생한 상실喪失의 세계를 암묵적으로 제시할 것을 기대한다.[5] 19세기에 소통된 동아시아 전통의 역사 인물 도상들은, 20세기 전반기 한국의 출판계에 등장한 위인전집 속에서 망각되었기 때문이다.

$\overset{2}{\text{수입서적의 다층적 인물상}}$

집옥재 청대 서적 중 삽도插圖가 실린 서적이 매우 많은데, 그 가운데 인물화 판화 삽도가 수록된 서적을 일람하면, 서적의 장르적 성격에 따라 인물을 표현하는 초점이나 방향이 매우 다르게 나타나는 것을 보게 된다. 인물 도상圖像을 중심으로 편의적 갈래를 지어보면 다음과 같다. ① 인물보人物譜에 선정된 역사 속 (혹은 전설 속) 특정 인물, ② 소설류의 삽도로 제공되는 허구적 인물, ③ 교본용 화보류에 실린 유형화된 인물, ④ 신풍물 및 외국을 전담하는 인물상, ⑤ 의학과 체육학 서적이 보여주는 해부학적 신체 등. 다시 말하면, ①은 과거의 역사적 인물, ②와 ③은 허구적 스토리의 인물, ④는 아시아 외부 공간의 인물, ⑤는 의학과 체육의 수준을 반영하는 인체 이미지이다. 이 글에서는 ①의 인물보에 선정된 '역사 속 인물 도상'을 위주로 살필 것이다. 역사적 인물 도상의 표현 특성과 배경을 설명하기 위하여 여타 서적의 인물 표현법을 아울러 비교하며 이해할 필요가 있다. 이에 이 다섯 가지 갈래에 해당하는 서적들을 먼저 정리하여 보이고자 한다.

① 인물보에 선정된 역사 속(혹은 전설 속) 특정 인물의 도상

- 『삼재도회三才圖會』, 奎中 2888-v.1-107, 奎中 4148 v.1-106
- 『만소당죽장화전晩笑堂竹莊畵傳』, 상관주上官周 편(1743), 19세기 초 간행, 석판본, 奎中 4160 v.1-2
- 『육수당화전毓秀堂畵傳』, 왕지王墀 畵, 點石齋, 1883, 석판본, 奎中 5355-v.1-4
- 『운계산관화고雲溪山館畵稿』, 同文書局, 1879, 석판본, 奎中 5901 v.1-2
- 『능연각공신도凌煙閣功臣圖』, 劉源 畵, 同文書局, 1884, 석판본, 奎中 6422
- 『무쌍보無雙譜』, 金史 저, 석판본, 奎中 6295
- 『검협전劍俠傳』, 王齡 편, 1858, 목판본, 奎中 5960 v.1-2
- 『검협전劍俠傳』, 王齡 편, 海同文書局, 1886, 奎中 5647
- 『역대명장도歷代名將圖』, 筆花館主人 편, 1887, 석각본, 奎中 6081
- 『고사전高士傳』, 王齡 편, 任熊 畵, 1877, 목판본, 奎中 4522 v.1-2
- 『고사전高士傳』, 王齡 편, 任熊 畵, 1886, 석판본, 奎中 4646
- 『열선주패列仙酒牌』, 任淇 편, 任熊 畵, 1886, 석판본 奎中 5645
- 『백효도百孝圖』, 俞葆 편, 俞泰 繪刊, 申報館, 1881, 목판본, 奎中 6430-v.1-2
- 『성유상해聖諭像解』, 梁延年 편, 申報館, 1879, 석판본, 奎中 5503 v.1-4
- 『제감도설帝鑑圖說』, 張居正 저, 紀忠堂, 19세기, 목판본, 奎中 5034-v.1-6
- 『증정회상일기고사增訂繪像日記故事』, 群玉山房, 19세기, 목판본, 奎中 5064
- 『오군명현도전찬吳郡名賢圖傳贊』, 顧沅 輯, 1829, 목판본, 奎中 4085 v.1-8
- 『어월선현상전찬於越先賢像傳贊』, 王齡 편(1857), 沙家英 序, 1877, 목판본, 奎中 4161 v.1-2
- 『어월선현상於越先賢傳』, 王齡 편(1857), 同文書局, 1886, 석판본, 奎中 5515

- 『역대명원도설歷代名媛圖說』, 羅文弨 편(1779), 默石齋, 1879, 활자본, 奎中 5166

- 『백미신영도전百美新詠圖傳』, 顔希源 序(1787), 集腋軒, 1805, 목판본, 奎中 4561 v.1-4

- 『화보채신畵譜采新』, 朱芾 畵, 審經堂, 1886, 석판본, 奎中 5573 v.1-2

② 교본용 화보류에 실린 유형화된 인물 도상

- 『개자원화전芥子園畵傳』, 王槪 편, 鴻文書局, 1888, 奎中 5091 v.1-5

- 『재자원화전芥子園畵傳』, 王槪 편, 1888, 奎中 5092 v.1-3

- 『당시화보唐詩畵譜』, 黃鳳池 편, 日本 忠雅堂, 19세기, 목판본, 奎中 4142- v.1-4

- 『시화방詩畵舫』, 王文濬 序(1880), 點石齋, 1888, 석인본, 奎中 6356-v.1-6

- 『해상명가화보海上名家畵稿』, 徐三庚, 同文書局, 1885, 석판본, 奎中 4162 v.1-2

- 『집고명고화식集古名公畵式』, 草坪山人 편, 同文書局, 1880년대, 석판본, 奎中 6499-v.1-2

- 『역대명공화보歷代名公畵譜』, 顧炳 찬, 崇文書局, 1888, 석판본, 奎中 5500 v.1-4

- 『어제경직도御製耕織圖』, 聖祖 著(1696), 點石齋, 1879, 석판본, 奎中 4533, 奎中 4534

- 『어제경직도御製耕織圖』, 聖祖 著(1696), 文瑞齋, 1885, 석판본, 奎中 5691 v.1-2

- 『삼례도三禮圖』, 聶崇義(宋) 集註, 序(1676), 同文書局, 청대 말기, 奎中 5666-v.1-2

③ 소설류의 삽도로 제공되는 허구적 인물 도상

- 『증각홍루몽도영增刻紅樓夢圖詠』, 曹雪芹 찬, 王墀 畵, 點石齋, 1882, 석인본, 奎中 6078 v.1-2

- 『홍루몽산투紅樓夢散套』, 黃兆魁 찬, 蟾波閣, 1882, 목판본, 奎中 5210 v.1-4

- 『수호도찬水滸圖贊』, 廣百宋齋, 1882, 석인본, 奎中 5671 v.1-2

- 『신설서유기도상新說西游記圖像』, 味潛齋, 1888, 석인본, 奎中 5648 v.1-8

- 『수상서유후전繡像西遊後傳』, 金閶書業堂本, 道德堂, 1798, 목판본, 奎中 5027 v.1-8

- 『수상동주열국지繡像東周列國志』, 馮夢龍, 蔡昊 評點, 江左書林, 1886, 목판본, 奎中 4743-v.1-24

- 『후료재지도설後聊齋誌圖說』, 王韜 찬, 大同書局, 1887, 석인본, 奎中 6113

- 『회도경화록繪圖鏡花緣』, 李汝珍, 點石齋, 1888, 석판본, 奎中 5803 v.1-6

- 『전본수상경화록全本繡像鏡花緣』, 李汝珍, 埽葉山房, 1883, 목판본

- 『수상평요전전繡像平妖全傳』, 馮夢龍 찬, 映旭齋, 목판본, 奎中 5335 v.1-6

- 『염사艶史』, 齊東野人 편, 19세기, 목판본, 奎中 6185

- 『수상반당전전繡像反唐全傳』, 似菊別墅, 19세기, 목판본, 奎中 5343-v.1-5

- 『수상천보도繡像天寶圖』, 隨安散人 서, 1865, 목판본, 奎中 6266 v.1-6

- 『설한비용전전說閑飛龍全傳』, 吳璿 편, 同文堂, 1815, 목판본, 奎中 5867 v.1-16

- 『수상도올한평전전繡像檮杌開評全傳』, 京都藏版, 목판본, 奎中 5772 v.1-12

- 『쟁춘원爭春園』, 一也軒, 1849, 목판본, 奎中 6189 v.1-6

- 『수상해공대홍포전집繡像海公大紅袍全集』, 李春芳 편(1822), 文德堂, 1860, 목판본, 奎中 5830 v.1-11

- 『수상요화전繡像瑤華傳』, 丁秉仁 서(1803), 濤音書屋, 1838, 목판본, 奎中 5917 v.1-12

- 『회도여아영웅전繪圖兒女英雄傳』, 文康 저, 我書室主人평, 燕北閒人原本, 1892, 목판본, 奎中 5920 v.1-20

④ 신풍물 및 외국을 전달하는 인물상

- 『해상중외청루춘영도설海上中外靑樓春影圖說』, 鄒弢 저, 大同書局, 1887, 석판본, 奎中 6418, 奎中 6419

- 『신강승경도申江勝景圖』, 吳友如 畵, 默石齋, 1884, 奎中 5352

- 『흑만풍토기黑蠻風土記』, 立溫斯敦 저, 1879, 목판본, 奎中 6210

⑤ 의학과 체육학 서적이 보여주는 해부학적 신체

- 『역근경도설易筋經圖說』, 梁世昌 서, 同文書局, 19세기, 석판본, 奎中 6225

- 『서의약론西醫略論』, 合信 저, 管茂材 撰, 仁濟醫館, 1857, 목판본, 奎中 4704, 奎中 4705

- 『부영신론婦嬰新說』, 合信 저, 管茂材 撰, 仁濟醫館, 1858, 목판본, 奎中 4832, 奎中 4833, 奎中 4834

- 『서의안과西醫眼科』, 博濟醫局, 1880, 목판본, 奎中 5347

- 『의학입문단대옥안醫學入門丹臺玉案』, 孫文胤 저, 1657, 목판본, 奎中 4799 v.1-6

보고 싶은 역사적 인물

위의 다섯 갈래 중 ① 인물보에 선정된 역사 속 (혹은 전설 속) 특정 인물 도상의 양상을 대상으로 다시 분류해보면, 역사상 보편적으로 주요한 인물이라고 선정한 서적으로 『만소당죽장화전』, 『육수당화전』, 『운계산관화고』, 『무쌍보』가 있고, 명장名將이나 협객劍俠과 같이 특이한 대상을 역대로 선정한 경우로 『역대명장도』, 『검협전』이 있으며, 고사高士 혹은 은자隱者만을 선정한 서적으로 『고사전』, 『열선주패』가 있다. 역대 여성만을 선정한 경우는 『역대명원도설』, 『백미신영도전』, 교육적이고 도덕적인 행실의 인물만 보여주는 경우는 『백효도』, 『성유상해』, 『증정회상일기고사』 등이 있으며, 특별히 제왕을 위한 교육으로 역대 왕들의 행실을 보여주는 『제감도설』이 있다. 또한 특정 시기에만 관련된 인물화보로 『능연각공신』, 특정 지역의 명사를 집성한 초상화보로 『오현명현도전찬』, 『어월선현상전찬』, 『어월선현전』 등이 따로 있다.

　이 가운데 중국 역사 전체에서 보편적 중요성을 전제하여 선정한 인물화보를 먼저 보겠다. 『만소당죽장화전』, 『육수당화전』, 『운계산관화고』, 『무쌍보』가 그것이다. 이보다 일찍 출판된 『삼재도회』도 있는데, 여기서는 『만소당죽장화전』, 『육수당화전』, 『무쌍보』 세 권을 통하여 역사 속에서 보편적으로 보고 싶은 인물이 선정된 양상을 살핌으로써 인물선정의 기본적 양상을 파악하도록 하겠다.[6] 『만소당죽장화전』은 상관주上官周 (1665~1743년 이후)가 과거 역대의 인물 중 120명을 뽑아 그 모습을 판화도로 그려 소개한 화보이다. 수록된 120명 중 76명은 한漢에서 송末에 걸친 인물이고 44명은 명明의 건립공신이다. 이 서적의 수록 인물 구성에서 명나라 공신의 비중이 큰 것은 명나라 설립의 정통성을 주장하는 의도가 반영된 결과이다. 명나라 공신 44명 이전에 수록한 76명은 자랑스럽게 공인될 만한 과거의 인물들이다. 상관주는 76명 중 정치와 예술 등에서 영향력이 있는 38명을 시대순으로 전반부에 먼저 싣고, 문학과 학문으로 이름이 있는 38명을 다시 시대순으로 그 뒤에 실었다. 『만소당죽장화전』의 전반부 76명을 책의 구성에 맞추어 보이면 〈표 1〉과 같다.

〈표 1〉을 보면 정치 예술의 방면에서 한漢 16명, 진晋 4명, 당唐 7명, 송宋 9명, 명明 2명을 꼽은 후 다시 문학과 학문의 방면에서 진시晋詩 1명, 한시漢詩 1명, 당시唐詩 16명, 당문唐文 2명, 송문宋文 6명, 송宋 12명을 꼽았다. 책의 서문에서 상관주는 자신이 보고 싶은 역사 속 인물을 추렸노라고 했다.

> 평생 송독하여 얻은 것을 모았는데 ⓐ 한, 위, 진, 당, 송, 원, 명 이래로 모든 명철한 군주와 장상, 명신에서부터 충신, 효자, 열녀, 문인, 하사 및 산림에 있는 고상한 은자, 규원, 도사, 승려의 부류에 이르기까지 어떤 대상이라도 마음에 맞는 사람이 있으면 곧바로 책에 그림을 그려놓았다. ⓑ 어떤 것은 고본古本을 탐색하여 그 형사形似를 얻은 것도 있고 어떤 것은 상상으로 두었다가 그 아름다운 내면을 표현한 것도 있었다. 한 해가 지난 지 오래되어 어느 정도 권질을 이루게 되자 가끔 꺼내어 나에게 보여주었다. 내가 ⓒ 그림을 받아 살펴보니, 몇백 년 이전의 영웅호걸이 완연히 한자리에 모여 있는 듯하였다. 그림 속의 그들을 바라보며 대화를 나누다보면 수염과 눈썹이 살아 움직이는

<표 1> 『만소당죽장화전』에 수록된 인물(명 이전) 76명

시대 · 장르	선정된 인물명
진시晋詩	도연명
한시漢詩	소혜
당시唐詩	왕발, 양형, 노조린, 낙빈왕, 맹호연, 왕유, 이백, 두보, 유장경, 유우석, 이하, 원진, 백거이, 두목, 이상은, 온정균
당문唐文	한유, 유종원
송문宋文	구양수, 소순, 소식, 소철, 증공, 왕안석
송	주돈이, 정호, 정이, 장재, 소옹, 양시, 나종언, 이동, 주희, 장식, 육구연, 진덕수

시대	선정된 인물명
한	유방, 항우, 우희, 장량, 한신, 제영, 동방삭, 사마천, 소무, 반첩여, 엄자릉, 반고, 강시처, 방덕공, 반소, 제갈량
진	사안, 왕희지, 고개지, 혜원
당	적인걸, 장구령, 사마승정, 장순, 안고경, 안진경, 곽자의
송	적청, 채양, 사마광, 류안세, 황정견, 이강, 악비, 문천상, 우겸
명	왕수인, 양계성

것 같아 마음이 숙연해져 더욱 공경심이 일어났다.[7)]

(a)에서 한 개인의 취미에 의지하여 선정된 인물보라고 함으로써 선정의 순수함을 제시했고, (b)에서는 고본을 탐색하기도 하고 상상으로 그리기도 했다고 밝힘으로써 도상의 근거를 제시하였고, (c)에서는 '몇백 년

전 영웅호걸이 완연히 한자리에 모여 있는 듯'하다고 하여 삽도 서적의 흥미로움을 말하였다. 이 서문을 통해서, 당시에 독자들이 공유할 수 있는 역사적 인물의 형상이 요구되고 있었고 서적의 출판과 판매가 이를 겨냥했을 것이라고 감지할 수 있다.

『육수당화전』에는 수록된 인물이 총 120명으로 도석인물류(신선, 승려 등) 40명, 정치 문화적으로 중요한 인물 40명, 그리고 여성 40명이다. 이 서적의 서문은 뛰어난 고인들을 한 집에 모아놓은 듯한 즐거움을 인물보의 가치로 제시하고 있다.

> 두세 번 펼쳐 감상해보니, 어떤 사람은 그 풍도가 삼엄하고, 어떤 사람은 그 정신이 숙연하며, 어떤 사람은 분노에 찬 소리를 질러 만 명의 군졸을 물리치는 듯하고, 어떤 사람은 바람을 타고 하늘 높이 올라가 온 세상을 하찮게 여기는 듯하니, 고인들을 한 집에 모아놓았을 뿐만 아니라 그들을 위하여 뺨에 터럭을 더 그려놓았다고 하겠다. 아! 신묘한 기예로다.[8]

『육수당화전』이 수록한 인물들 중 도석인물과 여성이 아닌 인물 40명을 시대별로 정리하여 〈표 1〉과 비교해보겠다. 40명 중 거반이 『만소당죽장화전』의 76명에 등장하는 인물들이라, 인물보에 소개되는 역사적 인물들의 최종적 교집합을 기대할 수 있기 때문이다.

끝으로 『무쌍보』는 청나라의 금사金史가 한에서 송까지 '무쌍無雙'의 특별한 인물 40인을 추려 그림과 시로 엮은 책이다. 금사의 벗 서함청徐咸淸이 쓴 서문을 보면, 역사적 명인들과 함께 역사를 다시 보는 즐거움을 책

<표 2> 『육수당화전』 제2권의 40명

시대	인물
한	초패왕, 장량, 복생, 소무, 엄자릉, 반고, 방덕공, 제갈공명
진	도연명, 왕우군, 사안석
당	한문공, 유류주, 왕자안, 낙빈왕, 왕마힐, 이청련, 두공부, 유우석, 맹호연, 원미지, 유장경, 장중승, 안로공, 곽자의
송	구양문충공, 소문공, 소동파, 소문정공, 왕문공, 적청, 사마문정, 악무목, 문신공, 우충숙공, 목영
명	송렴, 주전, 왕문성, 양충민공

의 묘미로 들었다.

고금의 인물을 모두 실을 수 없다. 금릉의 김 선생이 무쌍보를 만들었으니, 기간은 한에서 송에 이른다. 오른쪽에는 그림을 그리고 왼쪽에는 시를 적어 넣었으며, 수록된 인물은 40명이다. 그들의 성정과 품행은 일반 사람과는 현격하게 다른데 각각 그 지극함을 극진히 했으니, 이 책은 그림 속에 역사가 들어 있다고 하겠다.[9]

또한 금사의 서문은 "세상의 군자들이 그림을 펴 감상하며 마음에 막히거나 혹은 눈으로 만나 기쁘거나 슬퍼하고 울거나 웃으리니 또한 시교詩敎의 도움이리라"라고 평가를 더하였다.[10] 역사적 명인들과 어울려 여러 가지 감정을 함께 누리면서 과거를 누비는 것이 『무쌍보』의 향유법이었다.

〈표 3〉『무쌍보』에 선정된 인물

시대	인물
한	장량, 항우, 복생, 동방삭, 장건, 소무, 사마천, 동현, 엄광, 조아曹娥, 반초, 반소, 조아趙娥, 손책, 제갈량, 초선
진/남북조	양호, 주처, 녹주, 도연명, 왕맹, 사안, 소약란, 목란
수	초국부인승씨
당	여주창, 적인걸, 안금장, 곽자의, 이백, 이필, 장승업
오대십국	풍도, 진박, 전류, 안민
송	진동, 악비, 문천상

『무쌍보』에 실린 40명의 내용은 위와 같다. 40명 중 16명이 한나라 인물이고, 8명이 위진남북조의 인물이다. 이상에서『만소당죽장화전』,『육수당화전』,『무쌍보』에 모두 선정되어 수록된 인물을 헤아리면 총 10명이다. 장량張良, 항우項羽, 소무蘇武, 엄광嚴光, 제갈량諸葛亮, 도연명陶淵明, 곽자의郭子儀, 이백李白, 문천상文天祥이 그들이다. 즉 이 10명은 세 서적의 최종교집합이다.[11] 이렇게 거듭 선정된 인물들은 근대를 맞이하는 때에 중국에서 가장 기억하고 싶었던 인물이며 혹은 동아시아의 '전통' 시대를 대표하는 인물들이었다고 할 수 있다.

이제 특정 부류의 인물을 선정한 화보들의 양상을 보겠다. 우선 은자隱者 혹은 고사高士라 부를 만한 인물들을 모은『고사전高士傳』이 있다. 저자 황보밀皇甫謐(215~282)이 "나는 고금 팔대의 선비들 중에서 몸을 왕공王公에게 굽히지 않고 이름을 시종 더럽히지 않은 사람을 채록하였는데, 요堯부터 위魏에 이르기까지 모두 90여 명이다"라고[12] 서序를 부친 책으로 인물판화 29명을 제시한『고사전』과 이후 증보된『고사전』이 있다.『고사전』에서 수록한 인물은 순요堯舜부터 한나라에 이르는 고대 시기 인물이며,[13] 앞의 인물화보들에 모두 실린 10명 중 엄광만 포함되어 있다.

둘째로『열선주패列仙酒牌』가 있다. 신선과 같은 역사적 인물들을 포함해 48명을 선정하여 보여주는 책으로[14] 앞의 세 책에서 중시된 인물들과 비교하면 오직 장량이 포함되어 있다.

셋째로 역대의 장군將軍이나 검협劍俠과 같은 용감한 인물을 모은 인물화보『역대명장도歷代名將圖』와『검협도劍俠圖』가 있다.『역대명장도』에는 주周에서 명나라까지의 장수가 수록되어 있다.[15] 앞에서 제시한 인물보 세 권에서 모두 선정된 인물 중 곽자의郭子儀가『역대명장도』에 다시 실렸다. 한편 검협을 선정한『검협도』에는[16] 상기한 인물 중 다시 실린 인물이 없다. 검협과 같은 영웅들에 대한 특별한 애호는 따로 존재했던 점을 알 수 있다. 이 글에서 자세히 다루지는 않지만 검협은 조선 후기에도 각별한 애호를 받았던 인물상이다.

끝으로 인물화보에 채택된 여성을 보면,『만소당죽장화전』의 76명 중에는 우희虞姬, 제영緹縈, 반첩여班倢伃, 강시처薑詩妻, 반소班昭(조대가曹大家), 소혜蘇蕙(소약란蘇若蘭) 6명이 여성이고,『육수당화전』에는 총 120명 중 여성 40명이 따로 수록되어 있다.[17]『육수당화전』에서 여성으로 한 권을 편집한 것은 여성에 대한 화보가 따로 만들어지던 상황이 반영된 것으로 보인다.『육수당화전』에 실린 여성 40명 중에는『만소당죽장화전』에 실린 여성 7명이 모두 포함되어 있다. 한편『무쌍보』의 40명 중 여성은 7명으로 조아曹娥, 반소班昭, 녹주綠珠, 소약란蘇若蘭, 목란木蘭, 초국부인승씨

譙國夫人洗氏, 무명공武明空이다. 그리하여 이상의 네 책에 모두 실린 여성
은 '반소'와 '소약란'이다. 여성들만 따로 집대성한 인물화보로는 여성만
100명을 실은『백미신영도전』, 더욱 방대하게 여성만 311명 실은『역대명
원도설』이 있다. 여성상의 선정과 형상화에 대해서는 별도의 다각적 연구
가 필요할 것으로 보인다.

　이 장에서 열거한바, 인물판화에서 선정된 인물들의 양상을 일괄하여
보면 몇 가지 흥미로운 특성이 드러난다. 첫째,『고사전』,『명장도』,『명원
도』등의 서적명이 보여주듯이 고사, 명장, 그리고 여인에 대한 각별한 관
심이 선명하였다는 점이다. 현실적·규범적인 삶보다는 초월적·격동적
인 삶을 영위한 인물에 대한 애정의 형성이 주목된다. 둘째, 선정된 인물
의 시대적 분포를 보면 한·당에 치중되어 있으며, 송나라는 북송 인물로
채워져 있는 반면 원나라 인물은 거의 선정되지 않았다는 점이다. 이로
보아 근대를 맞이하는 시점의 중국인들에게는 번영했던 고대를 그리워
하고 그 시절을 이끌었던 인물을 기억하고자 하는 성향이 있었다고 말할
수 있다. 이러한 특성은 여성 인물에도 적용된다. 결과적으로, 가장 애호
된 인물은 장량, 항우, 소무, 엄광, 제갈량, 도연명, 곽자의, 이백, 문천상
으로 드러났다. 은자, 무사 등의 특이부류까지 포함하여 다시 살피면, 상
기한 10명 중에서도 장량, 소무, 엄광, 곽자의에 대한 애호가 가장 높았던
것을 알 수 있다. 여성의 경우를 따로 보면 우희, 제영, 반첩여, 강시처, 반
소(조대가), 소혜(소약란)가 거듭 실렸으며 그 가운데 특히 반소와 소혜에
대한 애호가 각별했다.

　조선의 집옥재에서 중국의 인물화보를 열람한 사람이라면 이들의 모

습을 판화도상의 이미지로 거듭 만나게 되었을 것이다. 이 도상들은 중국의 역사와 인물에 대한 공통된 시각적 기억을 유도했다. 이제 그 양상을 구체적으로 살펴보겠다.

$\overset{4}{}$ 역사적 인물의 도상화

1) 상상의 필요성

과거의 인물을 그림으로 그리려면 고증 못지않게 필요한 것이 상상이었다. 『만소당죽장화전』에서 과거 인물 66명을 그린 상관주는 "어떤 것은 고본古本을 궁구하여 그 형사形似를 얻고 어떤 것은 상상으로 두었다가 그 아름다운 내면을 표현했다"라고 했다.[18] 사실, 복식服飾과 같은 것은 고증으로 살필 수 있겠지만 인물의 외모를 고증하기는 어렵다. 특이한 외모가 아니라면 인물의 외형에 대한 기록이 별로 없는 것이 동아시아의 인물 기록에 나타나는 특징 중 하나이기도 하다. 시각예술에서나 문헌기록에서 중국과 한국이 보여주는 신체 표현에 대한 무관심은 여타 문명과 큰 차이이기 때문이다.

『육수당화전』에서는 과거 인물의 형상을 시각적으로 재현하기 위해 상상하는 방법을 서문에서 다음과 같이 설명했다.

징강澄江의 왕운계王芸階 선생은 참으로 이를 겸하였다 할 만하다. 선생이 이전에 주방周昉(당나라 인물화가)을 추종하여 『홍루몽紅樓夢』의 사녀 100폭을 그려 신강申江(현재의 상해)에서 출판하니 일시에 종이가 귀해졌다. 이에 다시 선생이 그린 도석인물, 은일자, 영웅, 협객 등 고인古人 160폭을 판각하여 세상에 내놓으며 나에게 먼저 보여주었다. …… 이전에 어떤 이는 이르기를 "귀신은 그리기 쉽고, 사람은 그리기 어렵다"라고 하였다. 귀신은 형체가 없어 허虛이고, 사람은 형체가 있어 실實로 존재하기 때문이다. 고인의 경우에는 형체가 이미 사라졌지만 정신은 항상 존재하니, 고인을 그리는 것은 허와 실의 사이에 있다고 하겠다. 실을 통하여 허를 추념하고 정신에 바탕을 두어 형상을 그려내지 않는다면, 어떻게 변화가 무궁하고 생생하게 살아 있는 모습으로 그려낼 수 있겠는가.[19]

화가는 역사 속 고인의 형상을 만들고자 정신을 통하여 형상을 그려내야 한다고 이 글은 말하고 있다. 첫 줄에 제시한 징강의 왕운계는 왕지王墀(1820~1890), 즉 『육수당화전』의 편자를 말한다. 왕지가 일찍이 소설 속 인물상을 그려 인기를 얻었고 이에 힘입어 역사적 인물 형상을 제작하였다는 위의 글은 역사적 인물의 형상화 과정에 개입된 흥미로운 측면을 알려주고 있다. 당시 허구적 인물상을 즐기는 풍토 위에서 역사적 인물상이 요구된 정황을 감지하게 해주기 때문이다. 귀신보다 사람을 그리기 어렵다는 말은 『한비자韓非子』의 외저설外儲說에 나오는 말인데, 이를 근거로 역사적 실존인물을 그려낸 공로를 치하했다. 정신을 추념하여 형상을 그려낸다는 방법은 상상의 형상화에 대한 정당화이다.

그런데 인물의 정신적 특성을 어떻게 상상해내는가. 어떤 인물의 정신적 특성은 그 인물의 언행으로 표현된 내용이다. 역사적 인물에 대한 선호는 그 인물의 외모보다는 행적 혹은 인격에 있었다. 이에 그 인물의 모습을 만들 때 후대 사람들에게 기억되는 특정 에피소드로 도상을 만드는 것이 적절한 방법으로 채택되었다. 예컨대 『역대명장도』에서는 인물의 목차에 특정 일화의 제목을 함께 수록했다. 이는 곧 인물 도상에 대한 해설이기도 하다. 여상呂尙(강태공)의 경우에는 '반계좌조磻溪坐釣(반계에서 앉아 낚시를 하였다)'라는 표제를 넣고 낚시하는 인물상을 그렸고, 곽자의는 '면주견추免冑見酋(투구를 벗고 추장을 만나다)'라는 표제를 넣고 투구를 벗고 말을 달리는 인물상을 그렸다. 이러한 표제 처리는 해당 인물의 정신세계를 증명하는 행동을 강조하며 인물상의 근거를 보여주는 방법이다. 그리하여 표제문구가 없더라도 그 인물의 고유한 특정 행위는 해당 인물의 대표적 에피소드를 떠올리면서 그의 정신을 표현하게 된다.

2) 역사인물 도상의 예

이제 『만소당죽장화전』, 『육수당화전』, 『무쌍보』 등의 인물화보에 선정되어 가장 선호된 인물들의 이미지에서 도상화의 구체적 양상을 살피면서 역사적 인물 도상 형상화의 특성을 보겠다. ① 한나라의 책략가이자 충신 장량, ② 한나라의 우직한 충신 소무, ③ 한나라 광무제의 요청을 마다하고 어부로 산 엄광, ④ 대표적 명장 항우, ⑤ 당나라 명장 곽자의, ⑥ 동진의 문인 도잠, ⑦ 당나라 문인 이백, ⑧ 당나라 문인 왕유, ⑨ 여인 중에서 채택된 반소와 ⑩ 소약란의 열 가지 예를 들어보겠다.

① 장량張良(기원전 250~기원전 185)은 유방劉邦을 도와 한나라 건립에

「만소당죽장화전」　　　「육수당화전」　　　「무쌍보」　　　「고사전」 황석공

큰 공을 세운 인물이다. 그의 행적은 『사기史記』와 『한서漢書』에 의거하여
알려져 있다.[20] 『만소당죽장화전』, 『육수당화전』, 『무쌍보』 그리고 『열선
주패』에 모두 장량의 모습이 실렸으며, 심사숙고하며 독서하는 이미지가
주를 이룬다. 『만소당죽장화전』, 『육수당화전』 그리고 『열선주패』에서 장
량은 독서상으로 그려졌다. 유방이 장량을 평하여 "천막 중에 앉아 판단
하여 천리 밖의 승리를 결정한다"[21]라고 했던 말을 떠올리게 하는 지혜로
움을 독서상으로 표현했다고 해서된다. 다만 『무쌍보』에서 진시황을 살
해할 역사와 함께 서 있는 모습으로 책략을 지시하는 영민한 모습이 강조
되었다. 한편 『고사전』의 「황석공黃石公」조에서는 장량이 황석공에게 엎
드린 모습으로 그려져 있다. 황석공이 발을 내밀고 장량이 신발을 올리는
모습이다. 이는 명나라 회화작품과 판화도 및 조선 후기 회화에서 인기를
누린 장량 도상이며, 출처는 장량이 흙다리 위에서 신발을 가져오라는 노
인의 요구에 화를 참으며 무릎을 꿇고 신발을 신겨준 뒤 황석공에게 책을
받아 황제의 스승이 되었다는 『사기』의 이야기이다.

3부 | 연동과 교류: 사유와 문화

『만소당죽장화전』　　『육수당화전』　　『무쌍보』(앞면)　　『무쌍보』(후면)

　② 소무蘇武(기원전 약 140~기원전 60)는 전한시대의 관리로 자는 자경
子卿이다. 중랑장中郞將으로 흉노에 갔다가 일이 잘못되어 북해에 숫양
과 함께 버려졌다. 끝내 항복하지 않고 한나라의 부절을 붙들고 눈과 쥐
를 먹으며 19년을 버텼다. 한 소제昭帝 때 흉노와 화친이 이루어지면서 소
무가 한으로 돌아올 수 있었다. 소무의 행적은『한서』에 전하며,[22] 『문선文
選』에 실린 소무와 이릉李陵의 증답시贈答詩가 유명하다. 이후 이백, 소식
등의 역대 문인이 소무를 주제로 시문을 지었다.『만소당죽장화전』,『육수
당화전』,『무쌍보』의 소무 모습은 두툼한 도포를 입고 부절을 높이 붙들어
세우고 양을 데리고 있는 모습이다. 이는 소무를 표현하는 전형적 도상이
었다. 조선 후기『오륜행실도五倫行實圖』와『만고기관萬古奇觀』에 실린 소
무의 모습이 이미 그러했고, 근대기 중국 회화와 판화도로 제작되는 소무
의 모습도 그러하다. 소무는 절의節義를 지키느라 힘든 시간을 견딘 단일
한 이미지로 고착되었다.

③ 엄광嚴光(생몰년 미상)은 자가 자릉子陵이다. 후한 광무제와 벗이어서 광무제가 간의대부를 권하였으나 엄광은 이를 마다하고 절강성 부춘산富春山에서 낚시하며 일생을 마쳤다. 그 행적은『후한서』에 전한다.[23]『만소당죽장화전』,『육수당화전』,『무쌍보』,『고사전』에 모두 엄광 모습이 판화도로 실려 있다. 도롱이에 삿갓을 쓰고 낚싯대를 붙들고 있거나 낚시를 하는 모습 등 일관된 어부漁夫 도상으로 그 이미지가 고정되었다.

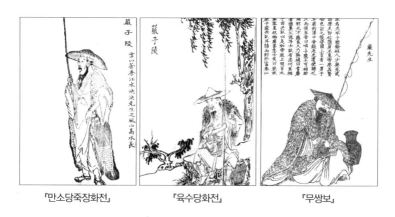

『만소당죽장화전』   『육수당화전』   『무쌍보』

④ 항우項羽(기원전 232~기원전 202)는 진나라 말기에 진나라 소탕에 큰 공을 세우고 초한전쟁에서 서초패왕西楚覇王에 즉위하여 전쟁을 지휘한 용맹한 장수였다. 그러나 장량의 지략으로 결국 유방에게 패하고 스스로 목숨을 끊었다. 항우 이야기는『사기』의 기록에 근거를 둔다.[24]『만소당죽장화전』,『육수당화전』,『무쌍보』등에 모두 항우가 선정되어 모습이 실렸다. 그 모습은 큰 칼을 힘껏 휘두르는 장면으로 항우의 힘과 기상을 보여주는 이미지이다.

『만소당죽장화전』   『육수당화전』   『무쌍보』

⑤ 곽자의郭子儀(197~781)는 당나라 명장이다. 안사의 난을 평정하였고, 이후 회흘의 군사와 연합하여 토번의 침략을 막아냈다. 위기에 빠진 나라를 구해낸 곽자의의 공적이 커서 봉록이 높았고 그 후손들도 모두 영달하였다.[25] 『만소당죽장화전』, 『육수당화전』, 『무쌍보』에 모두 곽자의가 실렸다. 도상으로 실린 행위의 내용은 서로 다른데, 장군의 중후한 풍채와 위엄을 보여준다는 공통점이 있다. 『역대명원도설』에서 곽자의는

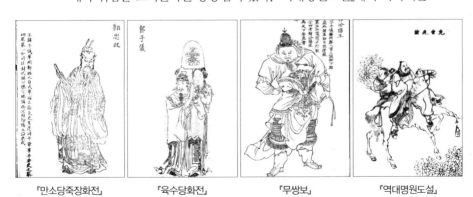

『만소당죽장화전』   『육수당화전』   『무쌍보』   『역대명원도설』

투구를 벗고 적지에 들어가는 모습으로 그려져 있다. 이는 곽자의가 이민족 동맹국과 연합하고자 홀로 적진에 드는 모습이며, 중국에서 애호된 이미지이다.

⑥ 도잠陶潛(365~427)은 도연명陶淵明으로도 불리는 인물로, 이백과 함께 가장 선호된 문인이었다. 도잠의 모습은 그의 문학작품에서 취해졌다. 무현금無絃琴을 안고 있거나, 국화菊花를 꺾으며 남산南山을 바라보노라 읊은 「음주飮酒」 제5수가 반영된 이미지로 그려졌다. 특히 국화와 함께 그려지는 특성이 정착되었던 것으로 보인다.

「만소당죽장화전」　　「육수당화전」　　「무쌍보」(앞면)　　「무쌍보」(후면)

⑦ 이백李白(701~762)은 당나라 시인이다. 스스로 '주신酒神'이라 했다는 호쾌한 분위기가 강조되어 『만소당죽장화전』에서는 술잔을 들고 배를 내민 모습으로, 『육수당화전』과 『무쌍보』에서는 커다란 술동이를 안거나 기대고 주저앉은 모습으로 그려져 있다. 이러한 도상은 『오군명현도전찬

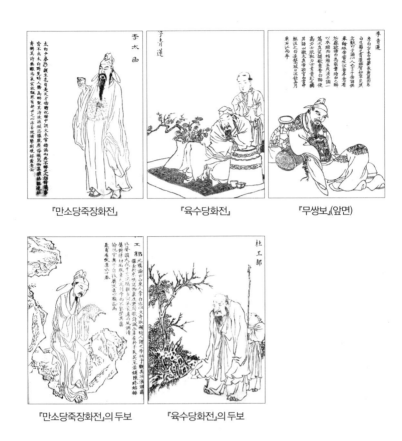

『만소당죽장화전』　　　　　『육수당화전』　　　　『무쌍보』(앞면)

『만소당죽장화전』의 두보　　　『육수당화전』의 두보

吳郡名賢圖傳贊』에서도 유사하다. 오직 이백만이 손에 술잔을 쥐어 높이 든 모습으로 그려져 있고, 훗날의 『해상명가화고』에서도 술잔을 든 형상으로 이백을 그렸다.

　　이러한 이백의 도상은 동시대 시인 두보杜甫와 대조적이다. 『만소당죽장화전』과 『육수당화전』에 실린 두보는 책을 읽고 고민하며 사색하는 모습으로 표현되었다.

⑧ 왕유王維(699~759)는 당나라 시인이자 화가로 문학사와 회화사에서 비중이 큰 인물이다. 『만소당죽장화전』과 『육수당화전』은 모두 왕유를 야윈 뒷모습으로 표현했다. 그의 유명 시문은 그가 중년에 은일하며 자족하는 모습을 읊었다는 특성이 있다. 시서화를 모두 잘했다고 전해지는 섬세한 예술성과 홀로 했던 사색의 시간을 신비롭게 표현한 듯하다. 앞에서 살핀 '항우'의 모습이 그랬듯이, 뒷모습을 보여주는 특징은 청대 인물화보에서 눈에 띄는 양상 중 하나이다.[26]

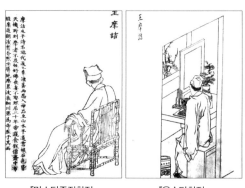

『만소당죽장화전』   『육수당화전』

⑨ 반소班昭(49~117)는 후한시대 여성학자이며 반고班固의 여동생이다. 반고가 완성하지 못한 『한서漢書』를 반소가 완성했다는 점을 반영한 듯 반소의 모습은 독서상讀書像으로 정착되어 있다. 『만소당죽장화전』, 『육수당화전』, 『무쌍보』에서 반소는 책을 보는 미인상으로 표현되어 있다.

| 『만소당죽장화전』 | 『육수당화전』 | 『무쌍보』(앞면) | 『무쌍보』(후면) |

⑩ 소혜蘇蕙(357~?)는 자가 약란若蘭이며 글을 잘 지었다. 남편에게 직금회문시織錦回文詩를 적어 보낸 것이 널리 알려져 있다.[27] 『만소당죽장화전』,『육수당화전』과『무쌍보』에서 모두 소혜를 선정하였고 항상 작고 반듯한 종이 한 장을 들고 있는 모습으로 표현하였다. 회문시를 손에 쥔 모습이 그려진 것으로 보인다. 가장 인기를 누린 동아시아 전통의 여성 이미지들이 독서하거나 글을 쓰는 모습이었다는 점은 특기할 만하다.

| 『만소당죽장화전』 | 『육수당화전』 | 『무쌍보』(앞면) | 『무쌍보』(후면) |

3) 역사인물 도상의 허구성

(1) 역사서사와 인물형상의 허구화

장량의 모습이 황석공과의 일화에 초점이 맞추어져 변화되고 유행된 것은 역사적 인물에 대한 역사적 사실보다 흥미로운 허구적 이야기에 더욱 관심이 기울어졌던 양상을 보여준다. 조선 후기의 고사인물도와 근대기의 고사인물도에 이르도록 인기 있게 그려졌던 장량의 화면은 장량이 황석공에게 신발을 바치는『고사전』의 화면이다.[28] 도잠, 이백과 같이 대문호의 경우 문인들이 술에 취해 있는 모습이 선호되었다. 이들이 학습하고 시를 지었던 역사적 사실보다는, 술에 취하여 음주飮酒를 찬양한 노래나 주선酒仙이라 자칭한 시구가 그 인물을 대표하는 도상이 되었다. 역사를 이야기 대상으로 통속화하고 그 가운데 역사 속 인물은 마치 이야기 주인공인 양 캐릭터로 각색해 향유한 점을 엿볼 수 있다.

역사적 인물들을 흥미로운 이야기의 주인공으로 각색하고, 그 모습은 시각적 즐거움을 유도하는 형상으로 그리면서 이를 도상으로 정착시키는 특성을 좀 더 구체적으로 살피고자 한다. 항우 도상을 보면 용감무쌍한 기상의 표현을 탐구하는 과정이 드러난다. 『무쌍보』에서는 갑옷과 투구의 장식이 치밀하고 뒤돌려 선 자세에 특이한 긴장감이 인상적이다. 『무쌍보』에 실린 항우의 갑옷 장식과 독특한 자세는『능연각공신도』의 장사들 표현과 상통한다. 항우 형상을 만들기 위하여 인기 있는 판화도의 형상을 빌려온 경우라 할 수 있다. 비운의 명장이었다는 역사적 사실을 강조하고자 건장한 장군의 모습을 독자들에게 감각적·환상적으로 전달

『능연각공신도』,
'굴돌통屈突通'.

진청원, 〈이향군소상〉,
絹本設色, 113.5×35.5cm, 中央工藝美術學院.

하려고 한 결과이다. 이러한 인물의 표현에서는 당시 인기 있는 판화화가 진홍수陳洪綬가 사용한 극적 인물 표현법, 소설小說 삽도의 도상圖像에 표현된 주인공 남녀상 등이 혼재되는 양상이 나타난다.

앞에서 살핀 반소와 소혜의 모습은 모두 청대 미인도 혹은 청대 소설 삽도 속 여인들과 다름없는 고운 얼굴과 가는 신체로 그려져 있는 점이 공통적이다. 비교로 제시하는 미인도는 청대소설『도화선桃花扇』의 주인공 기녀 이향군李香君을 그린 청나라 그림이다. 독서하는 여인상이 역사와 소설의 여성상으로 부합하며 부상했던 양상을 볼 수 있다.

(2) 인물 도상의 영향력

조선 후기의 학자 신위申緯가 '상관주 만소당본 소동파상'을 언급한 경우를 보면,[29] 19세기 조선의 문인들에게 상관주가 편찬한 『만소당죽장화전』을 비롯한 중국의 인물화보들이 열람되었던 사정을 알 수 있다. 신위의 아들 신명연申命衍이 〈십이명원도十二名媛圖〉를 그리려고 문학과 도덕을 겸비한 중국 역대 여성상 12명을 모아 스케치하였고, 신위는 그림 속 여인들에게 각각 제화시를 부쳤다.[30] 그림 속 여인들은 이야기를 전달하며 흥미를 불러일으키는 미인의 모습이었을 것이다. 이 그림은 현전하지 않지만 이러한 시화의 향유는 중국에서 출간한 여성 인물화보의 유입이 없었다면 불가한 일이었다.

또한 조선시대 19세기 화가 이재관李在寬(1783~1837)의 미인병풍에 실린 중국 역대 미인들의 모습과 이에 응하여 부쳐진 당시 문인들의 제화시들, 당시 유행했던 협녀俠女의 그림들이 또한 이들 중국 인물화보의 영향을 반영한다.[31] 여성 도상에서 '여성독서상女性讀書像'이 동서양의 근대기 회화사 연구에서 중시되는 근대적 도상 중 하나인데,[32] 가장 인기를 누린 중국 전통의 여성 이미지가 모두 글을 읽는 문식文識의 특징으로 강조된 점은 특기할 만하다.

한편 전반적인 인물화보의 선정인물과 도상은 조선 전기부터 조선 후기 민화 단계에 이르기까지 꾸준히 인기를 누렸던 '고사인물도故事人物圖'의 전개와도 관련이 있다. '고사인물도'는 대개 중국 역대인물 8~10명을 선정하여 보여주는 그림이다. 조선시대에 그려진 고사인물도는 전하는 것이 적지만 관련된 제화시의 내용과 현전하는 20세기 전반기의 병풍을 살피면 전반적으로 일정한 도상이 정착되어 전해진 역사를 만날 수 있다.[33] 도잠의 경우 그의 주요한 문학작품을 생애의 일화로 보여주는 내용의 도상이 그려졌고, 이백의 경우 술잔과 술동이와 함께 취해 있는 모습이 그려지거나 강물의 달을 잡으려다 익사하여 신선이 되었다는 스토리의 희화화된 주인공으로 그려졌다.[34] 중국 인물화보 속 인물선정과 인물도상은 동아시아의 오랜 전통을 반영하면서 동시에 전통을 기억하는 매체로 작용하였던 것을 알 수 있다.

<h2 style="text-align:center">5
역사의 허구화 문제</h2>

19세기에 중국에서 수입되어 집옥재에 소장된 도서 속 시각적 이미지로 제시되는 인물 도상과 인체형상의 표현은 역사·소설·과학 등 다양한 층위에서 존재했다. 그 가운데 중국 과거의 역사적 인물을 보여주는 인물화보에는 인기 있는 인물들을 선정하여 실었다. 여기서 인기는 출간된 후 성공적 판매와 관련이 있었던 것으로 보인다. 이 글에서 주로 살핀 인물화보 『만소당죽장화전』, 『육수당화전』, 『무쌍보』에서 공통적으로 선정한 인물은 장량, 항우, 소무, 엄광, 제갈량, 도연명, 곽자의, 이백, 문천상이다. 은자와 무사 등을 별도로 선정한 인물화보 『검협전』, 『역대명장도』, 『고사전』, 『열선주패』 등을 살피면 장량, 소무, 엄광, 도연명, 곽자의, 이백

등이 거듭 선정된 결과를 알 수 있다. 여인의 경우에는 우희, 제영, 반첩여, 강시처, 반소(조대가), 소혜(소약란) 등이 중시되었고 그 가운데 반소와 소혜가 거듭 실렸다. 여성만을 수록한 인물화보도 수입되어 있었다. 선정된 남녀 인물들을 일괄하면, 특별한 능력과 인격으로 명성을 남긴 인물들이며 한과 당에 치중되는 고대 인물이 많다는 점이 특징적이다.

인물의 모습을 형상화하는 과정을 보면 그 인물을 유명하게 해주는 일화의 서사성이 시각화되는 공통성을 보여준다. 책략가 장량은 황석공소서를 받게 된 과정 혹은 그것을 익히는 모습으로, 항우는 대검을 휘두르는 풍채로, 소무는 부절을 세우고 양을 지키는 모습으로, 엄광은 낚싯대와 함께, 도연명은 무현금이나 국화를 배경으로 두건을 쓴 모습으로, 이백은 술잔을 들거나 술병에 의지한 모습으로, 반소는 『한서』를 들고 소혜는 편지지를 들고 있는 모습으로 그려졌다. 이러한 표현은 각 인물의 도상으로 정착되었다.

학자, 시인, 무사, 총명하고 아름다운 여인상 등은 또한 소설 주인공의 조건이었다. 역사적 인물 도상의 정형회는 소설이나 극의 주인공 형상을 정형화한 유형을 반영했다는 특징을 보여주고 있다. 즉, 당시 소설이 제공하는 환상적 흥미요소, 행위의 과장, 복장의 화려함 등이 역사 속 인물상의 표현에 습합되었다. 허구적 인물상에 대한 추구와 역사 속 인물상에 대한 기억이 시각적으로 혼재했다고 말할 수 있다. 이는 역사적 실존인물의 허구적 도상icon 정립이 가지는 특징이다.

당시 집옥재 인물보 전체상을 보면 여러 신풍물과 외국을 전달하는 인물, 의학과 체육학 서적이 보여주는 해부학적 신체 등이 있었다. 즉 19세기 동아시아에는 서구에서 의학적 신체 해부도, 근육 발달을 위한 체육학적 관점이 유입되었지만, 역사를 바라보는 시각에는 상상과 환상이 오히려 강하게 작용하여 허구적 이미지를 만들고자 하는 측면이 있었다. 이러한 가운데 역사적 인물과 전설이나 신선 이야기에 속하는 인물들이 병존하기도 하고 역사적 실존인물을 신선으로 처리하기도 하였다.

첨언하건대, 이 글에서 살핀 중국 역대인물의 허구적 이미지들을 역사에 대한 표상적 이해, 단편적 허상을 통한 전통의 향유라는 측면에서 보면, 역사의 세계를 마치 매력적인 주인공들이 등장하는 흥미로운 이야기로 미화美化, 통속화通俗化하는 문제로 이어질 수 있다. 이 글은 역사인물 도상의 '허구화'에 대하여 그 대강의 내용을 제시하는 데 그쳤다. 좀더 구체적인 이미지 비교고찰 혹은 역사 인식에 관련된 심도 있는 논의가 가능할 것이다. 또한 곧 이어지는 서구적 근대화 과정 속에서 전통인물에 대한 오래된 기억과 정착된 이미지들이 빠르게 망각되었던 과정이 담고 있는 상실의 의미에 대한 논의도 필요할 것이라 본다.

고연희

성균관대학교 동아시아학과 교수로 재직 중이다. 국문학(한문학)과 미술사(한국회화사)를 전공하여 회화작품의 문학적 내면을 읽어냄으로써 회화작품이 가지는 정치, 사회, 문화적 의미와 기능을 살피고자 한다. 대표 저술은 『조선후기 산수기행예술』(일지사, 2000), 『조선시대 산수화』(돌베개, 2007), 『그림, 문학에 취하다』(아트북스, 2011), 『화상찬으로 읽은 조선시대 사대부 초상화』(한국학중앙연구원, 2016) 등이며, 공저로 『한국학 그림을 그리다』(태학사, 2014), 『신사임당, 그녀를 위한 변명』(나산기획, 2016) 등이 있다.

집필경위

이 글은 2017년 1월 12~13일에 성균관대학교 동아시아학술원의 대동문화연구원이 개최한 학술대회 〈17~19세기 지식 정보의 계보와 빅데이터, 동아시아 사회 다시 읽기〉에서 규장각한국학연구원 소장 시각자료 조사사업의 결과 일부를 발표한 뒤, 이후 「歷史的 人物에 대한 記憶과 圖像−集玉齋가 소장한 中國서적의 揷圖를 중심으로」, 『대동문화연구』 100호(2017)에 게재한 글이며, 이번 단행본의 기획 의도에 맞추어 일부 수정하였다.

9

동아시아 공덕·사덕 담론과
근대 주체 기획

◎

이행훈

1. 전통적 공사 관념과 덕의 분리

유교철학에서 덕은 인간이 천부한 본성이다. 반대로 덕의 선험성을 부정
하고 후천적 경험에서 발생한다는 견해도 있으나 맹자의 성선설로 대표
되는 유교의 인간관은 덕을 인간 본유의 특성으로 이해한다. 천리로 운위
되는 보편적 도덕에는 본질상 공사 구분이 없다. 『대학』의 여덟 가지 실천
조목이 일의 선후가 아니라 본말인 이유도 사람다움을 모든 일의 근본으

로 사유하기 때문이다. 격물부터 수신, 제가까지는 사적 영역, 치국·평천하는 공적 영역으로 상정해볼 수도 있으나 국가를 가의 확장으로 보았던 유교적 관점에서 공과 사는 연속되며 '내성'과 '외왕', '수기'와 '치인'은 별개가 아니었다.

사전적으로 '공'의 주된 의미는 공평公平, 공정公正, 공공公共, 조정, 국가, 공사公事, 상대에 대한 경칭 등으로 쓰이고 때때로 공共이나 공功과 통용되어 공동共同, 공로功勞 등의 의미로 사용된다. '사'는 사정私情, 사심私心, 사욕私慾, 사유私有, 사사私事, 사통私通, 사저私邸 등 개인적이고 내면적인 것을 지칭하였다. 중국 고전에서 공덕은 대개 상대의 덕을 지칭하며 공덕功德, 공적, 공로의 의미로 쓰였다. 공은 호칭의 하나였고 공덕이 공적 영역의 도덕을 의미하는 용례는 전무하다. 사덕은 공덕에 비해 용례도 많지 않다. 이때 '덕'은 대체로 은덕이나 인정을 가리키며, '무사덕無私德'과 같이 사사로이 은혜를 베풀거나 인정에 이끌리지 않는 인품을 가리켰다.[1]

공사를 대립 개념으로 파악하고 공을 윤리적·정치적 의미로 사용한 용례는 『순자』에 이르러 등장한다.[2] 전국 말기 순자는 "윗사람이 공정하면 아랫사람은 정직하게 바뀐다"[3]라고 했다. 공전公田과 사전私田, 공법과 사법, 공익과 사익, 공의公義와 사리私利, 공립公立과 사립私立, 공당公黨과 사당私黨 등에서 알 수 있듯이 '공사' 관념은 오랜 뿌리를 갖고 있다. 공이 사회적·대외적인 것을 가리킨다면 사는 개인적·내면적인 것을 가리킨다. 공과 사는 이러한 영역적 구분뿐만 아니라 윤리적 가치의 측면에서도 상반된 의미로 사용되었다. 송대 주희는 "좋아하고 싫어함이 이치에 합당한 것이 바로 공정이다"라고 했다.[4] 주자학에서 공은 공정한 하늘의 이치(天理)로서 인간의 사사로운 욕망(私欲)과 대립관계에 놓여 '천리를 보존하고 인욕을 제거한다(存天理, 去人欲)'는 수양론으로 전개되었다. 그러나 한편으로 성이 곧 이라는 인간에 내재한 덕의 보편성과 선천성을 인정함으로써 천리와 인정, 인심과 도심이 둘이 아니라는 태도도 견지한다.

공덕과 사덕의 분리를 촉진한 주요인으로 동아시아 근대전환기에 수용된 서양 윤리와 법의 영향을 들 수 있다. 개인, 가정, 국가(身家國) 관념에서 벗어난 '사회'라는 근대 공공 영역의 출현에 대응하는 윤리의 요청과 근대 '국민 만들기' 프로젝트와 연관된다. 근대 국가 건설의 출발을 인민의 각성으로 보았던 량치차오梁啓超(1873~1929)는 "우리 국민이 가장 결여한 것에 공덕이 그 하나이다"라고 진단하고 『신민설』을 집필하여 공덕의식의 함양을 주장했다.[5]

이 시기 유교가 사덕에 치우쳤다는 사례로 "아버지는 자식을 위하여 숨겨주고 자식은 아버지를 위하여 숨겨주니 정직함이 그 가운데 있는 것이다"[6]라는 공자의 언급이 빈번히 인용되었다. 또 군주가 잘못된 정사를 행하면 간하고 간해도 듣지 않으면 물러난다는 처세 의리는 사적 윤리를 앞세운다는 비판에 직면했고, 위정자의 정치행위가 공적 영역에 미칠 파장을 등한시한다고 비판받았다. 유교가 사덕을 우선시하고 공사 구분에 불철저하다는 인식은 동아시아 근대 공덕·사덕 담론을 형성한 내적 요인이었다.

신채호申采浩(1880~1936)가 『대한매일신보』 주필을 맡은 시기의 다음 기사도 공덕의 결핍을 지적했다. 여기서 공덕은 국가사상, 국가정신, 애국심 등을 가리킨다.

> 타인이 자기 부친의 부정한 행위를 들어 욕하거나 자기 형의 불미한 일을 들어 욕하면 분노하고 애통해하며 자기 부형이 어떻게 했는지는 물어보지도 않고 욕하는 자와 결투를 하려고 한다. 그러나 조국 역사는 타인이 어떻게 조롱하든지 어떻게 모욕하든지 심상하게 들으니 지금 사람이 사덕은 얼마간 남아 있으나 공덕은 결함됨이 이미 심하구나.[7]

> 누구든지 자기 집에 돌아오는 것을 들어온다 하며 다른 사람 집에 향하는 것을 나간다 하거늘 지금 사람들이 항상 하는 말에는 청국에 가면서는 '청국 들어간다'고 하며, 일본에 가면서는 '일본에 들어간다'고 하며 조국에 오는 것을 '내 나라에 나온다'고 하니 언어상에도 주객主客을 분별하지 못하는지.

두 번째 인용은 주체 의식의 부재를 통탄한 것이다. '들어간다'와 '나온다'라는 말은 어디까지나 자신을 기준으로 한다. 이웃과 왕래할 때는 멀쩡하던 용법이 중국과 일본에 대해서는 정반대로 바뀌었다. 주객이 뒤엉키는 일상적 언어 습관은 중화주의의 잔재와 신흥 강국으로 부상한 일본에 대한 경외 때문이다. 앞의 공덕과 사덕, 뒤의 주객 인식 문제 모두 근대적 주체 기획과 맞물려 있다. 신채호가 '아我와 비아非我'를 화두로 꺼낸 이유도 주체를 상실한 세태를 일깨우려는 시도의 하나였다.

이 글에서는 근대 주체 기획의 한 단면으로 한·중·일을 중심으로 한 동아시아 근대 공덕·사덕 담론을 분석한다. 시기는 량치차오가 「논공덕」

을 발표한 1903년과 「논사덕」 연재를 마친 1904년을 기점으로 하여, 1903
년까지 일본에서 출판된 공덕 관련 서적 출판 사정을 검토하고, 『신민설』
의 「논공덕」과 「논사덕」을 통해 량치차오의 근대 주체 기획과 관련된 도덕
의 의미망을 고찰한다. 한국은 근대에 발간된 신문과 잡지의 1910년까지
논설을 중심으로 그 용례를 추적하여 전개과정을 탐색한다. 한국 근대 전
환기 공덕·사덕 담론은 량치차오의 『신민설』에서 적잖은 영향을 받았다.
학계에서는 량치차오의 『신민설』에 주목하면서도 신민의 자질과 덕목으
로 논의되었던 '공덕' 개념의 형성 배경에 관해서는 별다른 관심을 기울이
지 않았다.[8]

그런데 량치차오가 '공덕'을 근대 주체 기획의 일환으로 강조한 배경에
메이지 일본의 영향이 지대해 보인다. 일본은 앞선 근대 국가 수립 과정
에서 국민의 필수 덕목으로 공덕을 강조했다. 1900년 중반에는 일본 유학
생 조직이 창간한 잡지에서도 공덕 담론이 펼쳐지고 국내 신문에도 간간
이 실렸다. 따라서 한국의 공덕 담론은 량치차오와 더불어 일본의 영향을
고려해야 한다.

2 메이지 일본의 공덕 양성 운동

근대 일본의 정치적 변동 과정에서 발화한 공사 개념은 공덕과 사덕 담론
의 전사로 환기할 필요가 있다. 오규 소라이荻生徂徠(1666~1728)는 사람들
이 모두 함께하는 것을 '공', 자기가 혼자서 하는 것을 '사'로 구분하고, 군

자라도 사가 없을 수 없으나 천하 국가를 다스릴 때 공을 존중하는 것이 위에 서는 자의 도리라고 강조했다. 아울러 공이 바로 선이고 사가 바로 악이 아니라 공과 사는 각각 영역과 규모를 달리할 뿐이며, 정치와 사회 차원에서 공이 사보다 우선할 따름이라고 주장했다.[9] 마루야마 마사오丸山眞男(1914~1996)는 일본 유교사상사에서 진행된 규범과 자연의 연속적 구성의 분해과정이 소라이학에 이르러 규범[道]의 공적(정치적)인 것으로까지 승화됨으로써 사적(내면적) 생활의 모든 엄격주의rigorism로부터 해방되었다고 평가한 바 있다.[10]

후쿠자와 유키치福澤諭吉(1835~1901)는 1875년 저술한 『문명론의 개략』에서 공덕과 사덕을 구분했다. 먼저 덕이란 서양 말의 모럴로서 마음의 예절이고, 지란 지혜를 가리키는 것으로 서양 말의 인터렉트로서 사물을 생각하고 이해하는 작용으로 구별했다. 또한 덕의에 두 종류 구별이 있는데 정실, 결백, 겸손, 율의律儀 등과 같이 일심 안에 존재하는 것을 '사덕私德'이라 하고 염치, 공평, 정중, 용강勇强과 같이 외물에 접하여 인간의 교제에서 드러나는 작용을 '공덕'이라 했다. 자기 일신의 마음가짐과 관련되는 사덕과 사람들 사이의 관계에 관련된 공덕으로 구별한 것이다. 야만미개시대에는 사덕이 효능을 발휘하지만 문명 발전에 따라 점차 공덕이 부각된다는 그의 주장은 인민의 지력 향상이 문명개화의 급선무라는 인식과 맞닿는다. 후쿠자와의 지덕 구분은 메이지유신으로 촉발된 급격한 사회변동에 따른 도덕주의의 부상에 대한 대항적 성격도 지닌다.[11] 이후 공덕은 일본 국민이 지녀야 할 최우선의 도덕으로 국가 차원에서 강조되었고, 1900년대 들어서는 공덕 양성을 촉구하는 각종 서적이 출판 보급되었다. 량치차오가 일본 망명 중 발표한「논공덕」(1902)의 전사가 궁금해지는 까닭이다.

1892년 칸자와 신사쿠寒沢振作는「군신의 관계」에서, 당시 유행하는 '충군애국'이란 말의 '애국'은 서양에서 전래한 신어라는 점을 밝히고 '친자, 부부, 형제, 붕우'와 관련한 도덕은 사덕, '충군·애국'은 공덕으로 구분했다. 공덕 개념에 서양 윤리가 침윤했음을 확인할 수 있는 대목이다. 특히 일본의 과거 도덕교육이 사덕에 치우쳤으나 세계 각국이 교류하는 현시대에는 공덕이 더욱 긴요하다는 역설은 량치차오의 공덕 주장과 맥락을 같이한다. 애국심을 강조하기 위해 소개한 야마자키 안사이山崎闇齋(1618~1682)의 일화는 공맹의 유교를 국가 울타리 밖으로 소거하기에 충분했다.

> 옛날에 야마자키 안사이 선생이 그 문인을 향해 지금 만약 중국의 공자가 총대장이 되어 증자와 맹자를 좌우에 비장으로 하여 대군을 이끌고 우리나라를 공격해오면 너희는 어떻게 처치하겠느냐고 물었다. 문인들은 갑작스러운 질문인데다 일어나기 어려운 일이라 답변이 궁색해졌다. (선생은) 이것이 바로 평생 공덕 연구가 부족했음을 증명해 보여주는 것이다. 만약 평소에 연구의 공을 쌓아뒀더라면 조금의 주저함도 없이 맨 앞에 나아가서 대장과 비장을 베어 죽이고 머리를 잘라 국난을 구제하는 데 나는 조금의 거리낌도 없으리라고 하였다.[12]

칸자와는 국가가 위기에 직면할 때에 유교, 불교, 기독교의 진리보다 국가를 중시해야 공덕의 표출이고 애국심이며 대화혼大和魂이라고 주장했다. 유교의 충효윤리가 근대 국가 수립과정에서 군주에서 국가로 정향할 수 있었던 데에는 '애국(심)'이라는 서양 국가사상의 영향이 있었고, '공덕'은 이를 담아내는 일종의 기제였다. 일본 근대의 대표적 민족주의자인 구가 가쓰난陸羯南(1857~1907)은 「진보주의와 공덕」에서 문명의 진보와 서구 문명국가의 입헌정체를 소개했다. 자연 상태에서 상호 투쟁하는 인간이 자신의 권리를 이양하여 설립한 국가는 인류가 만든 최고 단체이니, 국민은 국가에 대해 최대 존경을 표해야 한다고 역설했다.[13] 이처럼 사회진화론과 사회계약론의 색채가 짙게 배어 있는 공덕 담론의 초점은 애국심과 국가사상 함양에 있었다.

우치무라 간조内村鑑三(1861~1930)는 「공덕과 사덕의 분리」에서 일본인의 도덕 감정과 관련하여 흥미로운 문제를 제기하였다. 일본인은 대체로 정치가의 행위를 국가적 도덕을 지칭하는 정치상의 도덕과 개인의 도덕을 지칭하는 사적 행위의 도덕 둘로 나누어 보면서 정치가의 사적 행위는 정치문제에서 논외로 치부한다고 분석했다. 그런데 우치무라는 공덕을 사덕과 분리해서 논할 수 있는가, 사람을 평가하는 데에 정치적·국가적으로 치밀하지만 사적 행위, 개인적 도덕에 대해서는 소홀히 하는 일본인의 관념을 건전하다고 할 수 있는가 하는 의문을 제기한다.[14] 사덕을 개인 영역으로, 공덕을 공적 영역으로 구분하는 세태 속에서 양자의 관계에 대한 진지한 성찰을 요구한 것으로 주목할 만하다.

타케히코 유모토湯本武比古가 '공덕양성풍속개량연설회'에서 행한 연설을 토대로 한 단행본 『공덕양성의 지침公德養成之栞』은 공덕과 관련한 제반 담론을 담았다. 본문은 공덕과 사덕, 공덕과 역사, 일본 현재의 공덕, 공덕과 경제, 공덕과 법률, 국가의 공덕 양성, 공덕의 적(惡魔), 공덕양성의 재료, 헌법에서의 개념, 국가의 작용, 행정법, 형법, 민법, 상법, 상호경계의 일, 공덕과 제반 과학의 관계, 적극적 공덕, 제국교육회의 의견, 공덕과 관련한 일언 등 총 21장으로 구성하였다.[15] 공익을 넓히고 세무를 개발하며 국헌을 중시하고 국법을 준수하는 일 등은 공덕의 영역으로 구분하고 부모에 대한 효, 형제간의 우애, 부부간의 화합, 붕우간의 믿음, 공검 등은 사덕으로 구분했다. 공덕은 윤리적·규범적 영역을 넘어 사회·국가의 이익과 밀접하게 연관되는 것으로 강조되었다. 메이지 일본은 국가적으로 '공덕양성연설회'를 수시로 열었고, 관련 서적의 출판이 성행하는 가운데 사회와 국가를 위한 공덕이 국민 기본 소양으로 자리매김하였다.

특히 국민의 충성심과 효도를 '국체의 정화'이자 '교육의 근원'으로 규정한 「교육에 관한 칙어」(1890. 10. 31) 반포는 공덕 양성 운동을 국가적 차원으로 끌어올린 계기라고 할 수 있다. 공덕 양성은 가정교육은 물론이고 학교교육으로도 제도적으로 밑받침되었다.[16] 1899년 발행된 고등소학 수신교과서 「공덕」(제24과) 항목을 보면, 사회적 존재인 인간이 자신의 이익과 행복을 국가로 확장하는 것을 공덕으로 가르쳤다.[17] 1901년에는 아동의 공덕을 양성하기 위한 창가가 제작 보급되었고,[18] 1903년 도쿄에서 열린 제3회 전국연합교육회에서는 공덕 양성을 국가적 급무로 선언했으며, 전국의 교육자를 대상으로 가사를 모집하여 창가를 제작 보급했다.[19]

일본은 근대화의 중요한 추진력으로 소리의 통합을 도모하여 거기에 국민정신을 주입하고자 했다. 창가는 신분, 성별, 지역 등에 상관없이 국민 모두가 함께 같은 노래를 부르며 그것이 부국강병, 식산흥업, 문명개화라는 메이지의 국가적 과제에 도움이 된다는 관념에서 창출되었다.[20] 한편 공덕 결핍이 일본 국민의 가장 큰 결점이므로 평소 생활에서 실천해야 한다고 할 때, 공덕은 공중도덕의 준수와 세속 풍습의 개량을 지시했다.[21] 1902년 출판된 『공덕양성지우』는 공덕 양성을 사회적 과제로 삼아 신문에 연재한 공덕 양성 사례 100여 건을 한데 엮어 소학교와 중학교는 물론 가정교육 교재로 만든 것이다. 공덕과 사덕, 공덕과 역사, 공덕과 정치법률, 공덕과 경제, 공덕과 가정교육, 공덕과 학교교육, 공덕결핍의 원인, 공덕양성법 등을 간략히 기술하고 공덕 양성 실례에 많은 분량을 할애했다. 실례는 동정심 결핍, 사교 예의 결여, 공공물 훼손, 공유재산 사적 소비, 공적 약속의 파기, 책임 회피, 공권력의 남용, 공공심 결여, 풍기문란 등으로 구분하여 사례를 제시하고, 학생의 공덕을 함양하기 위한 방안 40조를 부록으로 달았다.[22] 신문사 내 공덕양성회가 주축이 된 유사한 실례 모음집이 이듬해 다른 신문사에서도 출판되었다.[23]

이밖에도 다양한 교육용 교재가 아동용, 가정용으로 제작 보급되었고, 여학생용 소학수신교과서에서도 공덕 항목을 포함하여 가르쳤다.[24] 국가적·제도적으로 추진된 일본의 공덕 양성 운동은 개인의 도덕규범과 사회적·국가적 공익을 실현하기 위해 요청되는 공중도덕 등을 구체화하여 학교교육은 물론 미취학 아동을 대상으로 한 가정교육부터 시작했다. 문명의 진보와 국가의 부강을 책임질 국민 기본 소양으로서 공덕은 량치차오의 『신민설』을 일관하는 주제이다.

3 『신민설』의 공덕·사덕 담론

서양 근대 시민사회 윤리와 국가사상은 동아시아 근대사회 형성 과정에서 유교적 윤리가 미처 담보하지 못한 근대적 공공성을 보충했다. 량치차오의 『신민설』은 무술변법에 실패한 후 일본 망명 시절 1902년부터 약 6년에 걸쳐 신문에 연재한 글을 모은 것이다.[25] 집필 목적은 결국 서구와 같은 민족제국주의국가 지향에 있었고, 관건은 중국 인민이 새로운 국민으로 거듭나는 것이었다. 그는 신민이 갖추어야 할 첫째 덕목으로 공덕을 제시했다. 세부 조목으로 국가사상, 진취모험, 권리사상, 자유, 자치, 진보, 자존, 합군合羣, 생리분리生利分利, 의력毅力, 의무사상 등을 강조했는데, 이후 발표한 「논사덕」은 초기 논점과 불일치한다. 유교가 사덕에 편중되었다고 비판하며 공덕을 첫째 덕목으로 강조했던 「논공덕」과 달리 「논사덕」에서는 공덕이 사덕을 바탕으로 한다고 주장을 선회한 것이다. 비록 1년여의 짧은 기간에 나타난 관점의 변화이지만 이후 중국학술사상사에 관한 그의 인식과 연결된다는 점에서 주목된다.

공사 관념의 오랜 뿌리에도 불구하고 덕을 공사 영역으로 구분하는 논의는 지극히 근대적인 현상이다. 량치차오는 도덕의 본체는 하나지만 밖으로 발현하면 공사로 구분할 수 있다고 보았다. 사덕이 개인 영역에 속한다면 공덕은 사회·국가와 관계한다. 사덕이란 '독선기신' 같은 것으로 사람다움을 실현하는 필수 덕목이고, 공덕은 사회를 이롭게 하는 것으로 단체를 이루는 불가결한 요소가 된다.[26] 공덕의 필요성은 중국이 비록 일찍이 도덕 발달을 이루었으나 사덕에만 치우쳤을 뿐 공덕은 거의 결여되어 있었다는 인식에서 출발한다. 『논어』나 『맹자』 같은 책이 국민의 목탁木鐸이자 도덕의 근원이지만, 그 안에 담긴 교훈은 사덕이 9할이고 공덕은 1할에도 못 미친다는 것이다.[27] 특히 사덕의 과도한 발달이 공덕의 발달을 가로막는 하나의 원인이고, 구체적으로는 '자신을 단속하고 과오를 적게 하려는 소극적인 도덕(束身寡過主義)'이 공덕의 발달을 저해하고 진취적 기상도 막았다고 지적했다.[28] 또한 사덕만 갖추고 공덕을 결여한 사람을 사회의 좀벌레로 혹평하고, 사회에 대한 공헌 없이 자기 한 몸 깨끗이 하는 것은 사회가 제공하는 온갖 이익을 누리면서 그 대가는 지불하지 않는 채무자와 같다고 비판했다. 중국의 쇠락 원인도 권리를 누리기만 하고 의무를 다하지 않는 사람이 너무 많은 데서 찾았다. 유교 윤리와 정치사상을 사덕의 영역으로 국한하는 발상은 시대변화에 적극 대응하는 진취적인 태도가 필요하다는 판단 때문이다.

사람다움의 실현이 궁극적 이상일지나 사회와 국가에 아무런 도움을 주지 못한다면 그런 도덕은 단지 개인의 삶을 영위하는 데에 지나지 않는다. 현시대는 다양한 단체가 조직되고 사회를 이루므로 사덕만으로는 부족하고 공덕이 필수라는 주장이다. 량치차오는 인간을 사회적 동물로 규정하고, 사회와 국가가 올바로 서기 위해서 공덕이 필요하다고 주장한다.[29] 사회는 공덕을 갖춘 국민들로 구성된 유기체이다. 일신의 욕망과 고통을 혼자 힘으로 해결할 수 없기에 단체를 이루어 서로 의지해 자존한다는 의식이 바로 공공관념公共觀念이다.[30] 개인과 사회와 국가 전체가 서로 경쟁하는 시대이며, 우승열패가 대원칙이 된 시대에 개인과 사회, 국가가 유기체처럼 조직되기 위해서 필요한 덕목이 바로 공덕이다.[31]

량치차오는 근대 국가 건설이 신민 창출 여하에 있고, 신민 창출은 공덕 유무에 달려 있다고 보았다. 이때 공덕은 유교 도덕과 구별된다. 그는 중국의 구윤리를 서양의 신윤리와 비교하면서 군신, 부자, 형제, 부부, 붕우의 오륜은 개인과 개인이 교섭할 때의 덕이며, 신윤리가 중시하는 것은 개인과 단체의 관계라고 했다.[32] 윤리를 신구로 구분할 수 있었던 것은 사회의 진보에 따라 도덕도 진보한다고 생각했기 때문이다. 유신과 혁명을 외치면서 도덕을 새롭게 하자는 주장이 없는 것은 도덕 또한 발전하고 진화한다는 사실을 모르기 때문이라고 했다. 공자와 맹자가 다시 태어나도 덜어내고 보태는 일을 할 수밖에 없다는 단언은 도덕의 본체는 하나이지만 사회적 발현은 공사로 구분할 수 있다는 전제와 맞닿는다. 시대의 변화에 걸맞은 공덕 함양이 정당화되는 이유이다.

이처럼 공덕만 강조한 시기는 1902년 『신민설』을 연재하기 시작하고 나서 1903년 3월 미국 방문 직전까지이다. 「논공덕」 다음에 이어지는 국가사상, 권리사상, 자유, 자치 등도 모두 공덕 실행 방안에 관한 것이다. 그런데 「논사덕」의 주장은 종전과 다르다. 자신이 공덕을 힘주어 말한 것은 사덕이 불필요해서가 아니라 이미 충분했기 때문이고,[33] 동서를 막론하고 도덕은 다 공공의 안녕과 이익에 도움이 되며, 공사라는 것도 임시로 부르는 명사로서 체험과 실천의 법문에 불과하니, 포괄하면 덕은 하나일 뿐 공사가 따로 없다고 주장한다.[34] 공덕과 사덕을 적극 구별하던 견지에서 다시 양자가 본래 일체임을 강조하는 방향으로 선회한 것이다. 여기에는 무술변법 실패로 이루지 못한 입헌공화 이상을 실현하기 위해 과도적 개명전제가 필요하다는 정치적 판단이 주효하게 작동했다. 아울러 만주정부를 부정하는 혁명파의 파괴적·폭력적 행태를 부도덕한 것으로 규정하고 정치행위자의 도덕을 논제로 삼아 사덕이 공덕의 근원이며, 공덕은 사덕의 확충이라고 주장하기에 이르렀다.[35] 그는 1903년부터 만주정부를 전복하려는 '혁명' 노선을 파괴주의로 지칭하며 비판했다.

> 지금 파괴를 주장하는 자들은 경제학상의 분업을 예로 들어, 우리의 작은 몸으로는 세상의 모든 일을 다 맡아서 할 수 없으므로, 우리는 시세의 요구에 따라 파괴사업에 전념하고 파괴 뒤의 건설 책무는 뒤의 군자를 기다릴 것이니, 내 걱정은 필요 없다고 한다. 그 마음은 얼마나 대범한가! 그러나 나는 파괴 후에 건설이 있어야 할 뿐 아니라, 파괴 전에도 역시 건설이 있어야 한다고 생각한다. 그렇지 않다면 날마다 파괴를 말해도 파괴의 목적은 끝내 달성할 수 없을 것이다.[36]

이른바 파괴 전의 건설은 도덕의 건설을 가리킨다. 정치행위자는 파괴와 건설을 함께 고려해야 하며, 양자 모두 도덕을 도외시해선 안 된다는 것이다. 이때 사덕은 정치행위자들을 향한 요청이다. '국민 만들기'에 개인의 사덕 배양이 중요하며, 그 일에 종사하려면 스스로 사덕 배양을 가장 중요하게 생각해야 한다는 것이다.[37] 정치적 주장과 더불어 사덕을 제창하게 된 근본 원인은 국민의 사덕에 큰 결함이 있어서 날마다 공덕을 강조해도 효과가 없었기 때문이다. 이제 사덕은 공덕과 대립하지 않고 공덕의 토대로 재인식되었다.[38] 그는 전제정치, 청조의 패권, 수차례 패전, 궁핍한 생계, 무능력한 학술 다섯 가지를 사덕 타락의 원인으로 들고 사덕을 고양하는 데에 양명학이 일정한 역할을 할 수 있으리라 기대했다. 중국 역대 학술에서 만명晩明 선비들의 기상이 전보다 특히 뛰어났던 것은 왕학王學 때문이고,[39] 칸트철학과 불교유식철학 그리고 양명학과 주자학을 비교하면서 양명학이 칸트철학과 유사하면서도 우월하다는 주장을 펼치기도 했다.[40] 공평무사한 마음을 방해하는 모든 이기심을 뿌리 뽑는 왕양명王陽明(1472~1528)의 '발본색원론'에 주목했고, 우주 전체로 확대할 수 있는 진리의 마음 회복을 사덕 함양의 첫 번째 방법으로 삼았다. 그 과녁은 사회에 만연한 공리주의였다.[41] 양명학에 기댄 사덕의 재건이 유학의 부활은 아니었다. 도덕은 사회를 이롭게 하는 것이고,[42] 국가 사회의 효용에 복무해야 한다는 태도에는 변함이 없었다. 신민이 갖춰야 할 국가 사상, 국가정신과 더불어 타국에 대해서는 배타적일 수밖에 없는 애국심이 양심에서 우러난 절대 선으로 규정되기 때문이다. 만물일체의 우주적 진리와 화협하기 어려운 근대적 국가주의가 공덕·사덕 담론 속에서 불편한 동거를 하게 된 것이다.

4 공덕의 결핍, 미완의 국가

한국 역대 문헌에서 공덕, 사덕 용례는 찾기 어렵다. 『조선왕조실록』에 보이는 공덕은 '공의 덕과 용의를 사랑하여(愛公德容),'[43] '공의 덕망을 존경하여(尊公德望),'[44] '다행히 공의 덕을 입어(幸蒙公德)'[45] 등 모두 상대의 덕을 지칭할 뿐 공적 영역의 도덕을 의미하지 않는다. 사덕 용례는 단 한 차례 나타나는데 안총安寵을 무죄 석방함으로써 조정의 명을 봉행하거나 사덕을 베푸는 면에서 모두 온당치 못했다는 승지 김한동金翰東의 상소에 서다.[46] 이처럼 사적 영역에 국한한 도덕을 뜻하는 용례 또한 찾아보기 어렵다. 덕을 사사로이 한다는 게 사덕의 일반적 용법이었는데, 이는 대한 제국기 『황성신문』의 한 논설에서도 발견된다. 일본을 비판한 논설의 요지는 중국과 러시아로부터 한국을 보호한다는 명분이나 '사덕'을 베푼다는 일본의 주장이 실제로는 항구 요지와 광산, 철도, 삼림 등 주요 이권을 탈취해 자국의 이익을 도모하는 획책에 불과하다는 분석이다.[47] 이때 사덕은 일제의 침탈 야욕을 은폐하는 외교적 수사에 불과하다.

공덕도 국제문제 인식에서 등장하는데, 필리핀군도자치설을 다룬 기사에서다. 세계 문명 강국의 제국주의적 침탈은 우승열패의 결과일 뿐 그 가운데 '문명한 공덕(文明公德)'은 허상에 불과하다고 비판한다. 앞선 제국주의 국가와 마찬가지로 미국이 필리핀에 자치권을 줄 리 만무하며, 침략은 있어도 평화는 없고 강권은 있어도 공리公理는 없는 냉혹한 국제 현실을 직시한 사례다.[48]

앞서 언급한 바와 같이 도덕 개념을 개인 영역의 사덕과 사회, 국가 영역의 공덕으로 구분한 발상은 동아시아 근대 전환기의 특이한 현상이다. 한국에서도 공덕의 결핍이 국가 존립마저 위태롭게 하는 요인으로 인식되었는데, 가정 내의 친친親親은 지나친 반면 국가사상이나 조국애(애국심)는 부족한 것을 유교의 폐단으로 지적했다. 유교 계열의 『황성신문』에도 공덕을 저버리고 사리사욕에 눈먼 부패한 유림을 비난한 기사가 적지 않다. 다음에 인용한 기사 첫머리에는 "금일 망국의 책임은 다른 데 있지 않고 완미하고 어리석은 수천 명의 촌학구村學究가 실로 나라를 망하게 하였다"라는 량치차오의 말을 빌리면서, 이들을 국민 진화의 장애물, 국가·국민·성문聖門의 죄인으로 지목했다.

> 여러분이 평일에 공맹의 말을 암송하며 공맹의 도를 배운다고 하면서 공맹이 세상을 구하고 대중을 구제하신(救世濟衆) 혈성주의血誠主義도 위반하며 시대의 변화에 따라 적의하게 하신(因時制宜) 활용 방법에도 아득하며 정의공덕正義公德의 대도를 배반하여 물리치고, 배를 채우는 사욕으로 한 푼의 가치도 없는 사소한 권한과 작은 이익을 널리 얻으려고 국민 진화에 일대 장애물을 일으키니 이는 국가의 죄인과 국민의 죄인이 될 뿐 아니라 이미 성문聖門의 죄인이다.[49]

그러나 이 시기 신문논설에는 사덕보다 공덕 관련 기사가 많다. 국민의 공덕 함양이 절실하다는 판단에서다.[50] 금일 우리 인류사회의 공덕퇴패頹敗를 각성하기 위해 집필했다는 안국선의 정치소설 『금수회의록』(1908) 광고도 흥미롭다.[51] 사회·국가 영역의 공덕 양성 요청이 1900년대 대중매체에 빈번한 사정은 사회의 성장과 근대국가 건설 요구를 반영한다. 공덕이 인간의 존재론적 특성이며 근대 문명국가의 원동력이라는 인식이 담론을 확장하는 가운데 대한의 공덕 결여를 비판하는 논조가 주를 이루었다. 한 사설은 입헌정치 완수의 제일 요건이 공덕심이며, 메이지 유신 이후 쇠퇴한 공덕심 양성이 일본인이 생각하는 급무인 반면 대한사회에서는 공덕심을 찾아보기 어렵다고 말한다. 가장 큰 요인은 벌열제도인데, 인물보다 계급을 기준으로 하는 폐습이 여전히 사회에 만연하기 때문이라고 진단했다.[52] 한국의 나쁜 민족성으로 동족을 서로 아끼고 사회를 단합하는 공덕성公德性 부재를 들면서, 수백년래로 상류사회가 각기 당파를 세워 국가의 안위와 생민의 휴척은 뒤로하고 사사로이 권력과 이익을 다투어 국력이 퇴락하고 사회가 부패할 수밖에 없다는 기사도 보인다.[53] 과거 사회의 분열과 부패 원인으로 공리公理의 불명확함과 공덕의 부재로 각자 사리를 추구하는 습관이 지목되었다.[54]

일제가 공덕을 외교적 수사나 공중질서 준수 등 식민 통치의 일환으로 강조했다면, 역으로 식민의 상황에 처한 조선인들은 공덕으로 제국의 국권 침탈에 대항하기도 했다. 대한협회는 1908년 9월 14일 내각대신 이완용에게 질의서를 보내 동양척식주식회사의 설립으로 나라의 권리를 모두 빼앗기게 되리라는 우려를 전달했다. 특히 20세기는 관존민비의 적폐를 타파함에 따라 국민이 국가 조직의 기초이므로 정부가 국민 여론을 경청하여 정사를 시행하는 것이 이른바 '공덕'이고 정의이니 민론과 공의를 존중하라고 질타했다.[55] 1909년 내각당국자의 매국적 행위는 '사덕이 패괴敗壞'한 데서 원인을 찾았으니, 량치차오가 사덕을 공덕의 토대로 다시 주장한 바와 일맥상통한다.[56] 당시 국내 상황은 공덕·사덕을 막론하고 부끄러움을 모르는 자가 많아서 관리는 매국 행위를 기꺼이 하고 인민은 타인의 노예가 되어도 이를 달갑게 여기며,[57] 대한사회의 가장 큰 병폐인 공덕이 부재해 국가가 망하든 인민이 멸하든 세상이 자기를 비웃든 상관하지 않고 자신의 영달만 취하는 매국노를 낳았다고 진단했다.[58]

자신과 가족만 위하는 자사병自私病과 구태와 구습만 묵수하는 고식병

姑息病으로 사회가 부패하는 가운데 국가와 민족을 위한 공덕심은 찾아볼 수 없었다.[59] 따라서 대한사회의 유신 방책은 정계, 사회, 관제, 법제, 재정, 군제, 산업, 학술 등 개량에 앞서 인심을 혁신하는 근본적 개량이 필요하다고 보았다. 국가는 인민의 총합이고 인민의 힘이 곧 국력이라는 인식 하에 상류사회는 물론이고 시정의 아낙네들까지도 국가사상이 투철하여 스스로 국권과 국토를 보전하는 서구열강처럼 자주와 공덕 그리고 단합심을 국민의 필수 덕목으로 강조하였다.[60]

아래 인용문에는 개인, 사회, 국가로 대별하는 서양 윤리와[61] 일본 후쿠자와 유키치의 공덕과 사덕 구분, 량치차오의 사덕과 공덕의 일치화가 종합 반영되어 있다.

> 도덕의 기원은 반드시 사람과 사람의 상호 교제에서 비롯하지만 그 발달에는 완연히 일정한 순서가 자연히 있다. 첫째는 개인적 도덕이고 둘째는 가족적 도덕이고 셋째는 국가적 도덕이고 넷째는 사회적 도덕이다. 이 네 가지 도덕 가운데 첫째와 둘째를 가리켜 '사덕'이라 하고, 셋째와 넷째를 가리켜 '공덕'이라 한다. 사덕은 곧 자기 일개인의 덕을 기르는 것이다. 그러므로 그 관계함이 극히 좁지만 공덕은 이와 반대로 넓어서 국가와 사회에 관계되는 것이므로 그 영향 범위가 실로 작지 않다. 이렇게 말하면 공덕과 사덕이 완전히 별개인 듯이 들리겠지만 실제로 사덕을 닦지 못한 사람은 공덕을 지킬 수 없으니 사덕을 공덕의 맹아라고 말해도 옳다. 공덕이란 국가와 사회의 행복과 이익을 증진하며 또한 그 안녕과 질서를 보전하는 것으로서 그 범위 또한 국가와 사회의 광대함을 따라 점점 확장된다. 그러므로 세상이 진보함에 따라

공덕이 더욱더 중요하게 되는 게 도리이다.[62]

    도덕의 발생 원인을 사람 사이의 교제로 보고 개인, 가족, 국가, 사회의 순으로 도덕이 발달한다고 보았으며, 개인과 가족은 사덕, 국가와 사회는 공덕으로 구분하였다. 도덕 발달의 차서에서 국가 뒤에 사회를 배치한 점이 주목된다. 혈연, 지연, 언어, 문화를 공유하는 국가와 달리 사회는 이익과 가치를 공유하는 사람들의 단체로서 인위적인 노력이 필요하기 때문이다. 대개 사회란 중인의 지혜와 힘을 결합하여 각기 사업에 관한 목적에 도달하려는 것이니, 야만족은 사회를 이루지 못하고 문명족은 사회가 반드시 성대하다는 언급도 유사한 맥락이다.[63] 전근대 전제군주정체의 신가국 관념의 사회와 근대 소사이어티로서 사회는 다르다. 사회단체를 형성하기 위해서는 법률이 완비되어야 하는데 우리 사회에는 완전한 법인法人이 없다는 탄식도 이런 배경에서 나왔다.[64]

    그러나 공덕이 사회 국가의 이익을 증대한다는 언설에는 도덕적 행위의 기준을 효용성에 두는 공리주의적 사고가 전제되어 있어 주의가 필요하다. 행위의 결과가 사회와 국가에 어떤 이익을 줄지 미리 타산하는 것은 양심의 선악 판단에 따라 행동하는 것과 다르다. 이익단체를 설립하는 것은 개인일 때보다 단체일 때 얻는 이익이 크다는 판단이 전제된다. 그러나 적자생존과 우승열패의 경쟁원리를 공리公理로 인식한 근대는 인류의 무한 경쟁시대를 열었다. 공리가 시대정신이 된 세태에서 공의와 정리를 외치는 목소리는 작지만 더 큰 무게를 지닌다.

현금은 세계 인류가 지력과 재력과 무력으로 경쟁하는 시대이다. 따라서 시국 관념이 있고 시무를 연구한 자는 모두 공리功利를 주장하며 기술을 높이고 장려하며 심한 자는 공의와 정리를 완전히 무시하고 오직 권모술수[權謀手假] 사용을 장기로 인정하는 자가 대다수를 차지한다. 이는 국가와 사회에 대해서 지독한 악마惡魔가 되는 것이다. …… 금일 사회의 풍습을 개량하여 국민의 행복을 이루려고 한다면 진실한 도덕과 정대한 의리로 선봉을 삼아 발본색원拔本塞源의 수단을 행하지 않으면 구국구민救國救民의 실효가 결코 없다고 생각한다. …… 지금은 사회가 발달하고 인지가 개명한 시대이다. 정의와 공덕이 아니고는 공중의 신용을 얻지 못할 것이다.[65]

공덕을 통해 공익을 추구하는 가운데 인륜을 상실한다면 그것이 진정한 공덕일 수 있을까. 남정철南廷哲(1840~1916)은 『맹자』 「양혜왕장」을 강의하면서 의리 문제와 관련해 서양 사람들은 국가에 이로운 것을 공덕이라 하고 사회에 이로운 것을 공익이라 하여 열강이 세계에 웅비하게 된 까닭은 모두 이 도를 준용했기 때문이라고 했다.[66] 서양의 부강 원인을 공덕에서 찾은 것인데, 문제는 공덕과 공익이 국익으로 직결될 때 자칫 배타적인 국가사상을 용인하게 된다는 점이다. 이득년李得年(1833~1950)은 인민이 공공사회에 대한 지식이 박약하므로 일반 국민의 양심공덕과 정의대도를 표준으로 하여 국민의 계발과 통일을 목적으로 하는 사회를 조직하고 한반도에 흩어진 조선을 환기하여 자국사상을 발휘하게 해야 한다고 주장했다.[67] 강매姜邁는 공덕이 시행 단위에 따라 마음이 바르게 되고 집안이 편안해지며 국가가 다스려지게 하는 천하의 달도達道로 중시했으나, 20세기는 경쟁의 시대이고 약육강식·우승열패가 이미 관례가 되었으니 맹자가 말한 금수를 이끌어 사람을 먹게 하고 사람이 장차 서로 먹는 일이 불행히도 가까워졌다고 경계했다.[68] 진보의 신화와 경쟁의 도가니에서 공덕·사덕 구분은 무의미한 일이 되고 만다. 량치차오나 박은식朴殷植(1859~1925)은 발본색원하여 본래 마음을 회복한다는 양명학에 기대를 걸었다.

신채호는 개인에 대한 도덕은 사덕으로, 사회나 국가에 대한 도덕은 공덕으로 나누면서 공덕과 사덕의 대소경중을 유가 도덕이 전도했다고 비판했다. 군신의 의와 부자의 은과 부부의 예와 붕우의 신 모두 개개인이 서로 관계하는 사덕일 뿐이고, 국가와 사회에 대해서는 어떻게 하라는 가르침이 없으니 국민에게 사덕은 있어도 공덕은 없다는 것이다.[69] 「이십세기 신국민」에서는 사회와 국가를 위한 공공심과 공덕을 촉구하면서 평등, 자유, 정의, 의용毅勇, 공공公共 사상을 신국민의 덕목으로 제시했다.[70] 애국심을 강조하면서도 역사 인식이 결여된 정치행위자의 애국심은 오히려 나라를 해롭게 할 수 있다고 경계했고,[71] 수백 년 동안 성행한 한시가 사회 공덕을 형성하기는커녕 그사이 우리나라 시만 사라져서 국민사상을 높이고 국민정신을 단합할 수 없음을 안타까워했다.[72] 신채호는 『조선상고사』(1924) 「총론」에서 역사는 '인류 사회의 아와 비아의 투쟁이 시간으로 발전하고 공간으로 확대되는 심적 활동의 상태의 기록'이라고 선언하고, 우리 안의 적 또한 '비아'로 규정했다. 친일과 매국의 역사는 아직도 청산되지 않은 채 남아 있다. 올바른 역사 인식에 기초한 도덕 건립이 필요한 이유이다.

도덕의 변용과 주체 기획

동아시아 근대 전환기 공덕 담론은 유교 윤리가 사회적 기능을 다하지 못한 데서 돌출했다. 그 빈 공간을 채운 건 서양의 국가사상과 시민사회 윤리였다. 그러나 량치차오가 중국을 계몽하기 위해 꺼내든 공덕에 만족하지 못하고 사덕을 재차 강조한 대목에 주목할 필요가 있다. 공리公理가 사라지고 공리功利만 추구하는 근대가 남긴 어두운 과거를 반복하지 않기 위해서 근대 주체 기획 속의 도덕 담론과 그 의미론을 되새겨볼 필요가 있다. 본래 하나인 도덕을 공덕과 사덕으로 구분한 것은 위기의식의 산물이었다. 도덕 본체가 훼손되면 공덕과 사덕이나 주체와 타자 구분도 무의미해진다. 사덕에 바탕을 두지 않은 공덕이 부정될 수밖에 없는 이유이다. 인륜이 무너지면 가정도 사회도 국가도 의지할 곳이 없게 된다. 그 균열의 근저에 자리한 탐욕과 이기심을 조정하는 일은 미룰 수 없다. 사회·국가의 이익과 결부된 도덕 효용성론은 역으로 도덕이나 윤리에 대한 무관심을 가져왔다.

유교 윤리가 개인과 가족의 사적 영역에만 국한된 것은 아니었다. 맹자가 말한 '친친親親, 인민仁民, 애물愛物'은 인간이라는 유적 존재마저 초월한 범우주적 사랑을 담고 있다. 자연의 항상성과 만물을 생성하는 덕은 인간 삶의 규범성을 기초하는 원리였고 천인합일의 능동적 실천을 주문했다. 그러나 근대 자연과학의 발달과 이성주의는 자연에 대한 외경심마저 걷어내 지배 대상으로 만들었다. 선천적 본성으로 논의되던 도덕이 후천적 경험과 학습의 산물로 여겨지면서 인간 본유의 가치가 퇴색했다. 유교 윤리는 사덕에 치우치고 공덕을 결여했다는 담론 속에서 도덕은 민족과 국가의 이익에 기여해야 한다는 근대 주체 기획과 만나 더욱 흔들렸다.

　메이지 시기 일본은 공덕양성운동을 국가적 차원에서 전개하여 만세일계 천황에 대한 충성과 국가주의를 가속화했다. 『신민설』에서 기획된 근대 주체의 시대적 한계는 친친, 인민, 애물의 교훈을 축소하여 국가에 복무하는 국민 양성에 귀속시켰다는 데에 있다. 한국의 경우에는 일제강점으로 개인의 자유와 권리 신장이 원천적으로 차단되고 시민사회 또한 발달하기 어려웠다. 국가가 망하는 상황에서 근대 주체 기획은 민족으로 수렴되어갔다. 인을 중심으로 한 사랑의 관계 맺음 대신에 천황과 국가에 대한 충효만 남아 유교 윤리의 기형을 초래했다. 동아시아 근대 전환기 유교 윤리의 왜곡은 역사적 전변의 과실을 떠안은 주체에 대한 물음을 남겼다.

이행훈

성균관대학교 한국철학과를 졸업하고 동 대학원에서 「최한기의 운화론적 세계관과 근대성에 관한 연구」로 박사학위를 받았다. 현재 한림대학교 한림과학원 HK교수로 있다. 주요 연구 분야는 조선후기 실학, 근대 전환기 지식체계의 변동, 한국 근대 철학, 한국 개념사 등이다. 저서로는 『학문의 고고학』(소명출판, 2016), 『한국의 근현대, 개념으로 읽다』(푸른역사, 2016, 공저), 『개념의 번역과 창조』(돌베개, 2012, 공저), 『동서양 역사 속의 소통과 화해』(학고방, 2011, 공저), 『한국철학사』(새문사, 2009, 공저), 『한국실학사상사』(심산, 2008, 공저) 등이 있다.

집필경위

이 글은 한림대학교 한림과학원 주최 《개념과 소통》 특집 기획 워크숍 '주체의 고고학(2017. 3. 31)'에서 발표하고, 『동양철학연구』(제90집, 2017)에 게재한 원고를 수정·보완한 것이다.

1장

1) 또한 정치문화는 역사의 창조물이며 정치문화에 규정된 개인과 집단의 행위를 통한 노력과 발전에 영향을 받는다. 새로운 요구가 축적되거나 낡은 요구들이 변형되면 새로운 정치문화가 형성되기 때문이다(Keith Michael Baker, "Introduction", K. M. Baker et al., *The Political Culture of the Old Regime(The French Revolution and the creation of modern political culture* v.1), Oxford: Pergamon Press, 1987, p. xii).

2) 비교사의 의의에 대해서는 미야지마 히로시, 배항섭·이경구 엮음, 『19세기 동아시아를 읽는 눈: 지속과 변화, 관계와 비교』(너머북스, 2017)의 머리글(14~16쪽)에서도 언급한 바 있다.

3) 19세기의 대표적 민란인 1862년 민란에 대해서는 망원한국사연구실 19세기농민항쟁분과, 『1862년 농민항쟁』, 동녘, 1988 참조.

4) 19세기에 빈발한 민중운동에서도 총포나 칼, 죽창이 사용되었지만 이른바 왕조를 부정하는 변란變亂 내지 병란兵亂이 아닌 일반 민란에서는 총이나 칼은 물론 죽창을 포함한 살상무기가 사용된 사례가 거의 없다. 1862년에 전국 80여 개 고을에서 일어난 민란 가운데 함평민란에서 죽창이 사용되었다는 기사가 있으나(국사편찬위원회, 『용호한록』 3, 1979, 57~58쪽; 국사편찬위원회, 『임술록壬戌錄』, 66쪽), 함평민란의 주도자였던 정한순은 죽창이 아니라 노약자들의 죽장竹杖이라고 주장하였다(『용호한록』 3, 73쪽). 또 이른바 "죽창"이라는 것도 사람을 찌르는 데 사용된 것이 아니라, 사람을 구타하는 도구로 사용되었다고 했으며(『용호한록』 3, 58쪽), 민란 당시 난민이 '죽창'으로 누군가를 찌르는 모습을 목격한 사람도 없다는 점은 안핵사의 조사에서도 확인되었다(『용호한록』 3, 91쪽). 이러한 점으로 미루어 봤을 때 함평민란에서 난민들의 무기로 죽창이 사용되었다는 것은 사실이 아닌 것으로 보인다. 이는 동학농민전쟁은 물론 광양란이나 이필제란과 같은 변란에서 처음부터 죽창이 무기로 사용되었고, 무기고의 총포까지 사용되었다는 점과 크게 대조되는 모습이다(『용호한록』 4, 217쪽). 다만 1890년에 일어난 나주민란에서는 죽창이 사용되었다는 암행어사의

보고가 있다(『各司謄錄』 54, 129쪽, 136쪽).

5) 주모자가 자수하여 수감되기도 했다(국사편찬위원회, 『용호한록』 3, 74쪽).

6) 국사편찬위원회, 『임술록』, 탐구당, 1972, 1쪽.

7) 김준형, 『1862년 진주농민항쟁』, 지식산업사, 2001, 118~119쪽.

8) 국사편찬위원회, 위의 책, 1972, 41쪽; 국사편찬위원회, 위의 책, 1979, 116쪽.

9) 국사편찬위원회, 위의 책, 1979, 85쪽; 국사편찬위원회, 위의 책, 1972, 68~69쪽, 112~114
   쪽, 135~138쪽.

10) 오횡묵, 김현구 옮김, 『고성부총쇄록』, 고성문화원, 2007, 578~579쪽, 606~612쪽; 배항섭,
   「19세기 향촌사회질서의 변화와 새로운 공론의 대두」, 2014, 114~116쪽.

11) 대표적인 사례로는 1894년 4월 9일 전라도 무장현을 점령한 농민군이 성(城) 안팎의 7개 큰
   마을 인가를 모두 불태웠다고 한 사례(「남유수록」, 『동학농민전쟁사료총서』 3, 195~196쪽),
   600여 호가 불탄 것으로 보고된 경상도 성주, 온 고을이 불탔다고 보고된 경상도 하동(『승정
   원일기』, 고종 31년 10월 1일), 역시 온 성과 관아가 불타버렸다는 충청도 한산(『巡撫使呈報
   牒』, 『동학농민전쟁사료총서』 16, 111쪽), 그밖에 불에 탄 관아 건물이 44칸, 인가가 470호인
   것으로 보고된 전라도 용담현(『巡撫先鋒陣謄錄』, 『총서』 14, 256쪽) 등을 들 수 있다. 그 정
   도가 과장된 부분도 적지 않으리라 생각되지만, 적어도 대부분 지역에서 농민군들이 화공
   을 주요한 공격 수단으로 활용했음은 분명하다. 이는 일본의 잇키, 특히 19세기의 잇키에서
   도 마찬가지였다.

12) 『국역비변사등록』, 철종 13년 5월 22일.

13) 국사편찬위원회, 『용호한록』 3, 74쪽.

14) 반농민군 측의 농민군 살상은 이와 달리 적지 않았다. 1894년 농민전쟁 당시 희생된 농민군
   숫자에 대해 동학농민전쟁을 일으킨 천도교 측 기록인 『천도교창건사』에서는 살해당한 자
   를 20만 명으로(이돈화, 「제2편: 해원신사」, 『천도교창건사』, 천도교중앙종리원, 1933, 69쪽),
   오지영의 『동학사』에서는 피해자를 20만~30만 명으로 추정했다(오지영, 『동학사』, 영창서
   관, 1940, 176쪽). 조경달은 전투 중에 혹은 체포되어 감옥에 있다가 죽거나, 체포된 뒤 처
   형된 농민군 등을 합하여 5만 명에 가까울 것으로 추정하였다(趙景達, 『異端の民衆反亂—
   東學と甲午農民戰爭』, 岩波書店, 1998, 313~317쪽). 이러한 숫자가 얼마나 정확한지는 확
   인하기 어렵지만, 좀 더 많은 농민군이 희생되었음을 강조하는 것이 일반적인 분위기다. 그
   러나 농민군 희생자 수가 과장되었을 개연성이 크며, 가장 큰 전투에서도 전사자가 수백 명
   을 넘지 않는다는 점으로 미루어볼 때 살상된 농민군이 3만 명을 넘지는 않았을 것으로 본

다. 전사한 농민군보다는 오히려 체포되거나 포로로 잡힌 후 처형된 숫자가 많았을 것으로 보이며, 농민군이 관리나 일반인을 살해한 것에 비해 훨씬 많은 것은 분명하다.

15) 「양호초토등록」, 『동학농민전쟁사료총서』(이하 『총서』) 6, 61쪽. 국왕은 이들의 죽음을 위로하여 모두 더 높은 관직으로 추증했다(『일성록』, 고종 31년 7월 18일).

16) '彼徒訴志', 「양호초토등록」, 『총서』 6, 66~67쪽. 「양호초토등록」, 『동학란기록』 상, 207쪽에는 '賊黨訴志'로 명기되어 있다.

17) 「昌山後人曹錫憲歷史」, 『총서』 10, 132~133쪽; 「순무선봉진 등록」, 『동학란기록』 상, 501쪽; 『갑오군정실기』 1, 10월 11일, 10월 13일.

18) 황현, 「오하기문」, 『동학농민전쟁사료총서』 1, 사운연구소, 1996, 257쪽.

19) 최봉길, 「세장연록」, 『동학농민전쟁사료총서』 2, 사운연구소, 1996, 263쪽.

20) 황현, 「오하기문」, 『동학농민전쟁사료총서』 1, 사운연구소, 1996, 283쪽.

21) 물론 반농민군 측에서 정부에 보고한 내용 가운데는 농민군이 무고한 양반이나 평민을 살해했다는 보고가 없지 않지만, 다른 자료에서는 확인할 수 없는 것으로 보아 과장되거나 소문을 전하는 경우가 대부분이었던 것으로 보인다. 예를 들면 「수록隨錄」이나 「남유수록」 등에는 1894년 4월 9일 전라도 무장현을 공격한 농민군들이 이교吏校 등 관속배를 닥치는 대로 죽였다거나 10여 명을 죽였다는 기록이 있으나(「隨錄」, 『동학농민전쟁사료총서』 5, 194쪽; 「남유수록」, 『동학농민전쟁사료총서』 3, 196쪽), 다른 기록에서는 이교들의 죽음과 관련한 내용이 보이지 않으며, 죽은 자들의 인적 사항 등도 확인되지 않기 때문에 과장되었거나, 사실 확인 없이 풍문으로 들은 것을 기록해둔 것으로 보인다. 또 강릉에서도 1894년 9월 말에 봉기한 농민군들이 "창고를 불사르고 인민을 위협하며 따르지 않는 자가 있으면 그 집을 태우고 사람을 죽였다. 또한 포목·해산물·가축 등의 상인들을 회유하여 그 재물을 빼앗고 사람들을 죽여서 태워버렸다. 산골짜기 길의 행상 중에 죽은 자가 수백 명"이었다고 기록하였으나, 역시 다른 자료에서는 확인되지 않는다(李會源, 「臨瀛討匪小錄」, 『동학농민전쟁사료총서』 12, 255쪽).

22) 『갑오군정실기』 3(고궁박물관 소장), 11월 2일. 또 한 지방 유생의 일기에는 1894년 7월 18일 경상도 하동을 점령한 농민군 500~600명이 지역 주민들을 상대로 선악에 대한 상벌을 시행하여 2명을 살해하였다는 기록이 있으나, 역시 다른 자료에서는 확인되지 않는다(『甲午日記』 7월 18일, "河東市 東徒五六百名入來 賞善罰惡 殺二人云", 김봉곤, 「서부경남지역의 동학농민혁명 확산과 향촌사회의 대응」, 『남명학연구』 41, 2014, 172쪽에서 재인용).

23) 조광, 「19세기 후반 서학과 동학의 상호관계에 관한 연구」, 『동학학보』 6, 2003, 72~73쪽.

24) 김진소, 『천주교 전주교구사』, 빅벨, 1998, 538~561쪽.

25) 같은 책, 556~558쪽. 충청도 광정 일대에서 죠조 신부가 청군과 농민군에게 체포되어 처형된 사례가 있지만, 그를 처형한 것은 청 장군 섭지초의 부하들이었다(김진소, 543쪽, 553쪽).

26) 국사편찬위원회, 『동학난기록』 하, 탐구당, 1959, 379~380쪽.

27) 『갑오군정실기』 1, 10월 9일.

28) 「梧下記聞」, 『叢書』 1, 210쪽.

29) 『갑오군정실기』 1, 9월 28일, 10월 7일.

30) 『갑오군정실기』 1, 10월 2일.

31) 保坂智, 「百姓一揆」, 『岩波講座: 日本通史 13』(近世 3), 岩波書店, 1995, 102~107쪽.

32) 잇키의 무기에 대해서는 藪田 貫, 『國訴と百姓一揆の研究』, 校倉書房, 1992; 內田滿, 「得物から竹槍へ」, 保坂智 編, 『民衆運動史 1: 一揆と周縁』, 靑木書店, 2000 참조.

33) 保坂智, 앞의 글, 118~120쪽.

34) 須田努, 「暴力·放火という実践行爲」, 新井勝紘 編, 『民衆運動史 4: 近代移行期の民衆像』, 靑木書店, 2000, 36~38쪽. 호사카 역시 잇키가 종래의 연구자들이 주장해온 것처럼 비폭력적이지만은 않았음을 지적한 바 있다(保坂智, 『百姓一揆と義民の研究』, 吉川弘文館, 2006, 16~17쪽).

35) 같은 책, 38~43쪽. 총포에 의한 살상은 아니었지만 영주 측의 가혹한 보복은 이전부터도 자행되었다. 예를 들면 1690년 日向國 延崗藩 山陰村에서 300호의 남녀 1,400명 정도가 가담한 逃散 잇키가 진압된 후 영주 측에서는 잇키를 주도한 백성들을 하리츠케(磔刑: 원래는 신체를 판이나 지상에 넓게 펴고 못으로 박아 죽이는 처벌 형식이었으나 에도시대에는 기둥에 묶고 좌우의 옆구리를 창으로 찔러 죽였다) 4명, 참수 2명 등 잔혹한 방식으로 처형하였다(保坂智, 앞의 책, 118쪽).

36) 深谷克己, 「世直し一揆と新政反對一揆」, 安丸良夫·深谷克己, 『日本近代思想大系』 21, 岩波書店, 1989, 442~444쪽.

37) 같은 책, 429~432쪽; 須田努, 「暴力·放火という実践行爲」, 新井勝紘 編, 『民衆運動史 4: 近代移行期の民衆像』, 靑木書店, 2000, 36~38쪽.

38) 이노우에井上勝生도 에도시대 3,200건 정도의 잇키 가운데 죽창으로 인명을 살해한 사건은 1820년대 전후의 2건밖에 없다고 하였다. 그러나 반란군에 대한 처벌 면에서는 일본이 더 엄혹했다고 한다. 井上勝生, 『開国と幕末変革』, 講談社, 2002, 84쪽, 110쪽.

39) 후카야 가쓰미深谷克己에 따르면 일본 근세에서 백성잇키를 정당화한 '총백성의식'은 막번

제의 지배사상에 근거한 것이었으며, 이 때문에 거기에는 막번체제적인 천민신분에 대한 신분차별 의식이 내포되어 있었다. 여기에 더하여 영주들이 백성잇키의 진압에 천민 신분을 동원시킨 점 등도 영향을 미치면서 '총백성의식'을 기반으로 한 영주에 대한 저항의식이 강해질수록 그것을 기반으로 한 차별의식도 증폭된다는 모순관계가 있었다고 하였다(深谷克己, 「百姓一揆の思想」, 『思想』 584, 1973(藪田 貫, 深谷克己 編, 『展望 日本歷史 15: 近世社會』, 東京堂出版, 2004, 290~312쪽에 재수록).

40) 部落解放硏究所 編, 『(新編)部落の歷史』, 大阪: 解放出版社, 1995, 156~161쪽.

41) 深谷克己, 위의 책, 429~432쪽.

42) 部落解放硏究所 編, 위의 책, 177~178쪽.

43) 국사편찬위원회, 『壬戌錄』, 27쪽.

44) 「박봉양경력서」, 『동학농민전쟁사료총서』 7, 사운연구소, 1996, 540쪽.

45) 황현, 「오하기문」, 『동학농민전쟁사료총서』 1, 사운연구소, 1996, 342쪽.

46) 조경달은 동학농민전쟁과 1837년 오오시오 헤이하치로大塩平八郎의 난을 비교 분석하여 인명살상을 억제하고 타인의 재산을 훼손하지 말라고 한 동학농민군과 달리 오오시오난에서는 사욕私慾을 추구하는 '부자들'과 그들에게 협조한 사람들을 모두 '죽일' 대상으로 여겼다는 점에서 오오시오난이 동학농민전쟁에 비해 더욱 폭력적이었다고 하였다(趙景達, 「朝鮮の民本主義と民衆運動─近世日本との比較」, 趙景達・須田努 編, 『比較史的にみた近世日本─「東アジア化」をめぐって』, 東京堂出版, 2011). 그러나 인명살상 면에서는 두 사건 간에 큰 차이가 없으며, 양자 모두 중국의 그것과 비교할 때 매우 적은 것이다.

47) 谷川道雄, 森正夫 編, 『中國民衆叛亂史 3: 明末~淸 1』, 平凡社, 1982, 57쪽.

48) 이준갑, 「민간전설을 통해 본 명말청초의 四川社會와 張獻忠─전설의 역사학적 접근─」, 『중국사연구』 69, 2010, 320쪽.

49) 佐藤文俊, 『明末農民反亂の硏究』, 硏文出版, 1985, 131~133쪽.

50) William T. Rowe, *China's Last Empire: The Great Qing*, Cambridge, Mass: Harvard University Press, 2009. eBook Collection(EBSCOhost), Web. 6 Dec. 2016, pp. 150~158.

51) *Ibid.*, pp. 178~179, pp. 181~182.

52) *Ibid.*, pp. 156~157.

53) 18세기 중반 중국의 1년 세입은 은 4,000만 냥이 조금 넘었다(Mark C. Elliott, Emperor Qianlong: Son of Heaven, Man of the World, New York: Pearson Longman, 2009,

p. 326).

54) 谷川道雄, 森正夫 編, 『中國民衆叛亂史 3: 明末~淸 1』, 平凡社, 1982, 184쪽.

55) 같은 책, 187~191쪽.

56) Hung Ho-fung, *Protest with Chinese Characteristics: Demonstrations, Riots, and Petitions in the Mid-Qing Dynasty*(Columbia University Press, 2011), pp. 155~156, pp.165~166.

57) *Ibid.*, p.158.

58) Jonathan D. Spence, *God's Chinese son: the Taiping Heavenly Kingdom of Hong Xiuquan*, New York: W. W. Norton, 1996, pp. 133~134; 조병한 편저, 『태평천국과 중국의 농민운동』, 인간, 1981, 73쪽, 221쪽; 김성찬, 「태평천국과 염군」, 『강좌중국사Ⅴ』, 지식산업사, 1989, 91쪽.

59) Jonathan D. Spence, *op. cit.*, pp. 129~133.

60) *Ibid.*, pp. 224~227, pp. 237~238; 趙矢元·馮興盛 주편, 중국사연구회 옮김, 『중국근대사』, 청년사, 1990, 54~57쪽.

61) 菊池秀明, 「太平天國における不寬容-もう一つの近代ヨーロッパ受容」, 『東アジア近現代通史 1: 東アジア世界の近代』, 岩波書店, 2010, 306쪽. 기구치는 태평천국의 폭력을 수반하는 종교적 정열의 원인을 중국 사회에 숨어 있는 '난폭한 힘'과 '근대유럽의 특질(서구중심주의에서 오는 문명/야만의 이분법과 그에 입각하여 정당화되는 비서구에 대한 문명화와 그를 위한 폭력-필자)' 두 갈래에서 찾고 있다(菊池秀明, 앞의 책, 316쪽).

62) Jonathan D. Spence, *op. cit.*, p. 137, p. 141.

63) 김성찬, 「新世紀 初頭(2000~2012年) 中國 太平天國史學界의 苦惱와 實驗的 挑戰」, 『中國近現代史研究』 55, 2012, 14~15쪽.

64) Jonathan D. Spence, *op. cit.*, p. 244; 김성찬, 「태평천국과 염군」, 『강좌중국사Ⅴ』, 1989, 117쪽.

65) William T. Rowe, *op. cit.*, p. 198.

66) *Ibid.*, p. 209.

67) 우드사이드는 "유교사상이 팽배했던 아시아에서는 (가톨릭과 위그노가 서로 이단시하고 학살과 방화를 일삼으며 프랑스 전역을 피로 물들였던) 위그노 전쟁Huguenot wars과 같은 사건은 일어나지 않았다. 간혹 국가가 일방적으로 불교를 탄압한 경우는 있었을지라도—9세기 중국 또는 15세기 한국이 그러했듯이—, 유럽만큼 규모가 큰 성전聖戰이나 종교심문

이 자행되지는 않았다. 성 바르톨로뮤St. Bartholomew의 학살사태처럼 대중이 직접 이
단자를 척결하겠다며 나서는 일도 중국과 한국, 베트남 역사 속에는 존재하지 않는다"라
고 하였다(Alexander Woodside, Territorial Order and Collective-Identity Tensions
in Confucian Asia: China, Vietnam, Korea Author(s): *Daedalus*, Vol. 127, No.
3(Summer 1998), p. 194). 그러나 중국에서 종교적 교파 간의 투쟁과 상호 학살은 서구에
비해 약했을지 몰라도 민중운동 주체 측의 인명살상과 폭력은 서구에 비해 적지 않았다.

68) J. F. C. Harrison, *The Common People: A History from the Norman Conquest to the Present*, London: Collins, 1984, pp. 88~89.

69) *Ibid.*, pp. 95~96.

70) *Ibid.*, pp. 90~92.

71) Norman Cohn, *The Pursuit of the Millennium: Revolutionary Millenarians and Mystical Anarchists of the Middle Ages*, Pimlico, 2004, p. 203.

72) J. F. C. Harrison, *op. cit.*, p. 103.

73) *Ibid.*, p. 96.

74) Norman Cohn, *op. cit.*, p. 215, p. 218.

75) A. Raath and S. de Freitas, "Rebellion, Resistance, and a Swiss Brutus?", *The Historical Journal*(48-1, Mar. 2005), p. 5.

76) Tom Scott, Robert W. Scribner, *The German Peasants' War: A History in Documents*, Atlantic Highlands, N. J.: Humanities Press International, 1991, pp. 299~301.

77) Wolfgang Menzel(translated from the fourth German edition by George Horrocks), *Germany: from the Earliest Period*(v. 2), with a supplementary chapter of recent events by Edgar Saltus, New York: Co-operative Publication Society, 1899?, p. 887; Tom Scott, Robert W. Scribner, *The German Peasants' War: A History in Documents*, Atlantic Highlands, N.J.: Humanities Press International, 1991, p. 158.

78) Norman Cohn, *op. cit.*, p. 264, pp. 269~270.

79) *Ibid.*, p. 263.

80) *Ibid.*, p. 220, p. 267.

81) 谷川道雄, 森正夫 編, 앞의 책, 1982; 오금성, 「명말·청초의 사회변화」, 『강좌중국사 Ⅳ』,

지식산업사, 1989, 91~139쪽; 최갑순, 「명·청대의 농민반란」, 『강좌중국사 Ⅳ』, 지식산업사, 1989, 181~204쪽; 박원호, 「명말·청초의 농민반란」, 오금성 외, 『명말·청초사회의 조명』, 한울, 1990, 85~124쪽.

82) Freedman, Maurice, *Lineage Organization in Southeastern China*(Reprinted with Corrections 1965), London: University of London, Athlone Press, 1970, pp. 114~125; 中島樂章, 「明代鄕村の紛爭と秩序」, 汲古書院, 2002, 189~191쪽. 중국 정부의 이러한 태도는 조선에서는 상상하기 어려운 것이다. 명·청과 조선에서 보이는 이러한 정책 차이는 양국의 사회편성 원리나 정치운영 원리 등을 해명하는 데 중요한 의미를 지니는 것으로 보인다. 역시 체제나 이념, 지리적 환경 등과 관련하여 비교사적으로 접근해야 할 중요한 과제이다.

83) 홍성하, 「1841~1842년 종인걸의 난을 통해 본 청대 지방사회」, 배항섭·손병규 편, 『임술민란과 19세기 동아시아 민중운동』, 2013 참조.

84) S. N. Eisenstadt, *Comparative Civilizations and Multiple Modernities A Collection of Essays*, Brill Academic Publishers, 2003, pp. 444~446.

85) *Ibid.*, 2003, p. 442.

86) 세튼Mark Setton은 동학사상의 평등주의까지도 유교적 인민주의Populism와 평등주의 Egalitarian적 경향으로부터 유래한다는 매우 설득력 있는 의견을 제시하였다. See Mark Setton, "Confucian Populism and Egalitarian Tendencies in Tonghak Thought", *East Asian History* 20(December 2000), pp. 121~144.

87) Bae Hang seob, Foundations for the Legitimation of the Tonghak Peasant Army and Awareness of a New Political Order, *Acta Koreana*, Vol. 16, No. 2(December 15), 2013, pp. 399~430.

88) 나머지 조항은 다음과 같다. ② 忠孝雙全 濟世安民(충과 효를 함께 갖추어 세상을 구제하고 백성을 편안히 한다), ③ 逐滅倭夷 澄清聖道(일본 오랑캐를 몰아내 없애고, 성인의 도리를 맑고 깨끗이 한다), ④ 驅兵入京 盡滅權貴 大振紀綱立定名分 以從聖訓(군사를 몰아 서울로 들어가 권세 있고 지위가 높은 자들을 모두 없애버린다. 기강을 크게 떨치고 명분을 바르게 세워 성인의 가르침을 따른다)(「大韓季年史」, 『총서』 4, 363쪽; 「時事新報」, 明治 27年 6月 8日, 『총서』 22, 292~293쪽, 295쪽).

89) 배항섭, 「제1차 동학농민전쟁 시기 농민군의 진격로와 활동 양상」, 『동학연구』 11, 2002 참조.

90) 김윤식, 「속음청사」 상, 국사편찬위원회, 1960, 311쪽; 「주한일본공사관기록」 1, 국사편찬위

원회, 1986, 19쪽; 「동비토록」, 『동학농민전쟁사료총서』 6, 사운연구소, 1996, 176쪽.

91) 이범석, 「경란록」, 『동학농민전쟁사료총서』 2, 313쪽.

92) Bae Hang seob, *op. cit.*, pp. 413~416.

93) 다산茶山은 "오직 하늘만이 사람을 살리기도 하고 또 죽이기도 하니 사람의 생명은 하늘에 매여 있다"라고 하였다(『흠흠신서』 1, 「序」). 이는 인명을 강조하는 것으로, 맹자도 강조한바, "천하를 얻지 못할지언정 한 사람의 무고한 사람도 죽일 수 없다"라는 유교적 인명관人命觀을 바탕으로 살옥殺獄을 바라보고 있음을 읽을 수 있다(유교적 인명관에 대해서는 심희기, 「『흠흠신서』의 법학사적 해부」, 『사회과학연구』 5-2, 영남대학교 사회과학연구소, 1985, 33~38쪽).

94) 「양호초토등록」, 『총서』 6, 68쪽.

95) Wunder, Heide, "'Old Law' and 'Divine Law' in the German Peasant War", *The Journal of Peasant Studies*, Vol. 3, No.1(October 1975); 瀬原義生, 『ドイツ中世農民史の研究』, 未來社, 1988, 437~479쪽, 특히 452~453쪽; 前間良爾, 「ドイツ農民戰爭」, 『中世の農民運動』, 學生社, 1975, 118~120쪽.

96) Norman Cohn, *op. cit.*, pp. 198~204.

97) 조승래, 「18세기 말 영국의 토지개혁론」, 『서양사론』 55, 1997.

98) Theodore shanin, "The peasant dream: Russia 1905~1907", edited by Raphael Samuel and Gareth Stedman Jones, *Culture, Ideology, and Politics: Essays for Eric Hobsbawm*, London: Routledge&Kegan Paul, 1982, pp. 227~243.

99) 이와 관련한 대표적 연구로는 Jonathan D. Spence, *op. cit.* 참조.

100) '천조전무제도'는 원칙상 가족구성원의 수에 따라 토지를 배분하고자 하였으며, 그에 대한 정당성의 근거로는 "천하의 사람들이 아무것도 사유하지 않고 모든 것을 上主(하느님)에게 돌려드리면 상주께서 이들을 운용하여 천하의 대가족이 어디에서나 균평(均平)해지고 사람마다 옷을 잘 입고 배불리 먹을 것이다"라고 하여 '하느님의 뜻'에서 찾았다(조병한 편저, 앞의 책, 60쪽, 112~113쪽; 김성찬, 「태평천국 평균이념의 전개와 그 근대적 변모—『천조전무제도』 평균론의 『자정신편』에 대한 영향」, 『동양사연구』 76, 2001; 김성찬, 「종족공동체의 유산과 태평천국의 평균이념」, 『명청사연구』 37, 2012, 153~154쪽).

101) 이와 관련하여 서구의 종교폭동에서 폭력은 신의 정의를 실현하기 위한 수단일 뿐만 아니라, 다른 편-인간이 아닌 괴물-이 구사하는 악마적인 힘으로부터 이 편을 구하는 정화의 수단이기도 했기 때문에 살육도 신의 이름으로 행해졌으며, 거기에 따르는 죄의식은 없었

다고 한 아를렛 파르주의 지적이 참고된다(나탈리 제몬 데이비스·아를렛 파르주 편집, 조형준 옮김, 『여성의 역사 3-하』, 701~702쪽).

102) 鈴木中正, 『千年王國的民衆運動の硏究: 中國·東南アにおける』, 東京大學出版部, 1982, 566쪽. 천년왕국에서만이 아니라 십자군전쟁을 비롯한 무수한 '성전(聖戰)'이 '신의 뜻'으로 파괴와 살상을 자행해왔다.

103) Benjamin B. Weems, *Reform, Rebellion and the Reavenly Way*, The Univ. of Arizona Press, 1964, p. 19; 윤대원, 「이필제란 연구」, 『한국사론』(서울대학교 국사학과) 16, 1987, 166쪽; 장영민, 「1871년 영해 동학란」, 『한국학보』 47, 일지사, 1987, 124쪽; 배항섭, 『조선후기 민중운동과 동학농민전쟁의 발발』, 경인문화사, 2002, 75쪽. 윔스는 이필제가 공격하여 지방관을 죽인 곳을 문경이라고 하였으나 영해가 올바르다.

104) 홍경래란의 사상적 기반과 의미에 대해서는 Kim Sun Joo, Marginality and Subversion in Korea: The Hong Kyongnae Rebellion of 1812, Seattle: University of Washington Press, 2007, pp. 89~104; Anders Karlsson, Challenging the Dynasty-Popular Protest, Chŏnggamnok and the Ideology of the Hong Kyŏngnae Rebellion, *International Journal of Korean History*, Vol. 2, 2001. 12, pp. 253~277 참조.

105) 홍경래란에 대한 대표적 연구 성과로는 정석종, 「홍경래란의 성격」, 『한국사연구』 7, 1972; 고동환, 「1811~1812년 평안도 농민전쟁」, 『한국사 10: 중세사회의 해체 2』, 한길사, 1994; 고석규, 「서북지방의 민중항쟁」, 『한국사 36: 조선 후기 민중사회의 성장』, 국사편찬위원회, 1997; 오수창, 『조선후기 평안도 사회발전 연구』, 일조각, 2002; 권내현, 「홍경래, 왕조에 도전한 평민 지식인」, 『내일을 여는 역사』 21, 2005 참조.

106) 정석종, 앞의 글, 199쪽.

107) 이재수란에 대해서는 김옥희, 『제주도신축년교난사』, 천주교제주교구, 1980; 박광성, 「1901년 제주도 민란의 원인에 대하여-신축 천주교 박해 사건」, 『인천교육대논문집』 제2집, 1967; 정진옥, 「1901년 제주민란에 관한 일고-소위 신축교난의 발생 원인을 중심으로」, 『한국학논집』 3, 1983; 박찬식, 「한말 제주지역의 천주교회와 濟州敎 案」, 『한국근현대사연구』 제4집, 1996; 현광호, 「프랑스의 시각에서 본 1901년 제주민란」, 『한국민족운동사연구』 83, 2015 참조.

108) Boudewijn Walraven, "Cheju Island 1901: Records, Memories and Current Concerns", *Korean Histories*, Vol. 1.1(www.koreanhistories.org), 2009, p. 13.

109) 신동규, 「근세 일본 '島原·天草의 亂'에 보이는 天草四郎의 신격화와 그 영향」, 『일본사상』

13, 2007, 123쪽.

110) 五野井隆史, 『島原の乱とキリシタン』, 吉川弘文館, 2014, 181~254쪽.

111) E. P. Thompson, *Customs in Common*, Penguin Books, 1993, pp. 6~7.

112) James C. Scott, *Domination and the Arts of Resistance: Hidden Transcripts*, New Haven: Yale University Press, 1990, pp. 92~94.

113) Paul H. Freedman, *Images of the Medieval Peasant*, Stanford University Press, 1999, p. 298.

114) 鶴卷孝雄, 『近代化と 傳統的 民衆世界』, 東京大出版會, 1991, 4~32쪽, 59~64쪽; 鶴卷孝雄, 「民衆運動と社會意識」, 朝尾直弘 外 編, 『日本通史 16巻』, 岩波書店, 1994, 220쪽, 244쪽.

115) 시마바라의 난에 가담한 자들이 모두 기도교도인이었던 것은 아니다. 어쩔 수 없이 참가하게 된 사람들도 있었으며, 기독교인들이 지도자로 내세운 아마쿠사 시로天草四郎의 종교적 권위도 점차 약화되었다. 반란군이 시마바라성에서 농성할 때는 낭인浪人 40명 정도가 대책을 논의하며 반란군을 지휘했다(신동규, 「근세 일본 '島原·天草의 亂'에 보이는 天草四郎의 신격화와 그 영향」, 『일본사상』 13, 2007, 145~146쪽).

2장

1) 명·청 교체에 따른 중심의 붕괴와 이후 동아시아 각국에서 독자 의식이 강화되는 양상에 대해서는 인하대학교 한국학연구소 편, 『중국 없는 중화』, 인하대학교출판부, 2009 참조.

2) 홍대용에게 영향을 미친 사상 전반에 대해서는 박희병, 『범애와 평등』 제2장, 돌베개, 2013 참조. 홍대용의 사상 전반에 대한 최근의 성과는 문석윤 외, 『담헌 홍대용 연구』, 사람의 무늬, 2012 참조.

3) 박희병, 위의 책, 2013; 이경구, 「湛軒의 知識人 交遊와 知性史的 位置」, 『담헌 홍대용 연구』, 사람의 무늬, 2012; 문석윤 외, 위의 책, 2012.

4) 『해체신서』는 독일의 쿨무스Johann Adam Kulmus(1689~1745)가 1722년에 펴낸 『해부도표*Anatomishce Tabellen*』를 네덜란드 의사 딕텐Gerardus Dicten(1696~1745)이 네덜란드어로 번역한 *Tabulae Anatomicae*(1734) 또는 *Ontleedkundige Tafelen*을 스기타 겐파쿠 등이 한문으로 재번역하여 간행한 책이다.

5) 片桐一男, 「解說」, 『人物叢書: 杉田玄白』, 吉川弘文館, 1971 및 芳賀徹, 「十八世紀日本の 知的戰士たち」, 『日本の名著 22 杉田玄白·平賀源內·司馬江漢』, 中央公論社 1971 참조. 애초에 이러한 스기타 겐파쿠 상像이 형성된 배경의 원점에는 1869년 후쿠자와 유키치의 주선으로 『난학사시蘭學事始』가 출판된 상황이 관계되어 있다. 관련해서는 각주 10) 참조. 이후 『난학사시』와 『해체신서解體新書』는 国書刊行会 編(1914), 『文明源流叢書』 제1권과 제2권, 大日本思想全集刊行会(1934), 『大日本思想全集』 제12권에 수록되었으며, 이를 계 기로 이들 두 책은 적극적으로 평가되기 시작했다.

특히, 스기타가 『해체신서』 번역작업의 어려움과 그 극복과정을 토로한 『난학사시』는 이하 일련의 책들에 거듭 소개되어 일반 대중에게 파급되었다. 藤田德太郎 外 編, 『日本精神文 化大系』 第10卷, 金星堂, 1938; 吉田三郎, 『日本敎育家文庫』 第9卷, 啓文社, 1939; 板沢 武雄, 『杉田玄白の「蘭学事始」: 附·日本民族の海外発展史』, 日本放送出版協会 ラヂオ新 書 5, 1940; 田制佐重, 『日本科学史夜話』, 日新書院, 1941; 中貞夫(著)·木下大雍(絵), 『杉 田玄白の生涯: 日本科学の先駆者』, 小学館, 1942; 毎日新聞社, 『日本文化を築いた十偉 人』, 毎日少年ライブラリー, 1953; 福田清人(著), 坂本玄(絵), 『日本の偉人: 日本のとび らをひらいた人びと』, あかね書房, 小学生偉人全集 8, 1963 등. 즉 『난학사시』는 중화사상 에서 벗어나 근대일본의 과학·학문으로 가는 통로를 마련한 선구자 스기타의 '미담'으로, 20 세기 초라는 비교적 이른 시기부터 주목받아 유통되어왔다고 할 수 있다.

한편, 이와 비교하여 『해체신서』는 주로 제2차 세계대전 이후에 비로소 의학사·과학사 분 야에서 본격적으로 다루어지기 시작했다. 三枝博音 編, 『日本科学古典全書』 第8卷, 朝日 新聞社, 1948; 石原明, 『日本の医学: その流れと発展』, 至文堂, 1959 등이 출판된 데 이 어 1973년 무렵부터 본격적인 복각판과 현대어 번역이 나왔다. 芳賀徹 編, 『日本の名著 22 杉田玄白·平賀源内·司馬江漢』, 中央公論社, 1971; 小田野直武(画)·大鳥蘭三郎(校註), 『解体新書 1~5』, 講談社, 1973; 出版科学総合研究所, 『解体新書 巻1~4』, 1977; 日本世 論調査研究所, 『解体新書 巻之 1~4』, 日本医学の夜明け, 1978; 酒井シヅ 現代語訳, 『解 体新書』, 講談社, 1982 등.

6) 『난학사시蘭學事始』에 대한 선행연구는 각주 5)에서 언급한 상황의 영향 아래 이루어져왔 다. 杉本つとむ 飜譯·解説, 『蘭学事始: 鎖国の中の青春群像』, 社会思想社, 1985와 同, 『知の冒険者たち: 「蘭学事始」を読む』, 八坂書房, 1994 및 岡本さえ 編著, 『アジアの比較 文化: 名著解題』, 科学書院, 2003; 片桐一男, 『知の開拓者杉田玄白: 「蘭学事始」とその 時代』, 勉誠出版, 2015 등이 대표적이다.

이와 같이 스기타를 근대일본의 의학·과학 등을 포함한 문명의 출발점으로 평가하는 가운데 『해체신서解體新書』에 대한 연구가 의학사 분야에서 다루어졌다. 中原泉, 「解体新書の手足剖出図異聞」, 『日本歯科医史学会会誌』 19(3), 1993, 91~96쪽; 石出猛史, 「江戸の腑分」, 『千葉医学雑誌』 74(1), 1998, 1~7쪽; 二宮陸雄, 『新編·医学史探訪: 医学を変えた巨人たち』, 医歯薬出版, 2006; 川嶌真人, 「近代医学を築いた開拓者達」, 西日本臨床医学研究所, 2010 등.

한편, 『해체신서』의 서지학적 의미, 의학용어의 어원, 해부도 관련 연구들도 나왔다. 張厚泉, 「漢語の増加現象と近代漢語の形成:蘭学から洋学への近代西洋文明の把握」, 『國語學』 52(3), 2001, 89~90쪽; 樋口輝雄·中原泉, 「解體新書」 緑版と黄版の書誌学的考察」, 『日本歯科医史学会会誌』 24(2), 2001, 137~144쪽; 藤本十四秋, 「解体新書と, 付図を描いた小田野直武」, 『川崎医療短期大学紀要』 29, 2009, 13~18쪽.

그러나 스기타의 사상에 대해 그것이 왜 '일본 근대문명의 기원'인지, 즉 그가 중화·성인 등의 개념을 비롯한 화이관을 어떻게 이해했는지, 난방의학과 어떻게 대비하면서 비판했는지에 대해 분석한 연구는 보이지 않는다.

7) 한국에서는 스기타의 『광의지언』이 간략하게 소개된 정도였다(정하미, 「일본의 서양학문의 수용」, 『일본문화연구』 4, 2001). 그리고 스기타의 전기가 나왔으며(이종각, 『일본 난학의 개척자 스기타 겐파쿠』, 서해문집, 2013) 이후 스기타의 대표작 『해체신서』가 번역되었고(스기타 겐파쿠 외, 김성수 옮김, 『해체신서』, 한길사, 2014), 『난학사시』를 번역하고 스기타의 난학을 연구한 단행본도 발간되었다(이종찬, 『난학의 세계사』, 알마, 2014). 또 이 글의 주된 텍스트인 『광의지언』의 전문이 해제와 함께 번역되었다(이예안 해제·김정희 옮김, 「스기타 겐파쿠(杉田玄白), 『광의지언(狂醫之言)』(1775)」, 『개념과소통』 17, 2016).

8) 박희병, 「淺見絅齋와 洪大容」, 『대동문화연구』 40, 2002.

9) 홍대용이 저술한 『건정동필담』이 화제가 되자 당시 노론 산림이던 김종후가 문제를 제기하였고 두 사람은 서신을 주고받으며 논쟁을 벌였다. 스기타 역시 『해체신서』를 번역한 후에 논쟁이 있었다. 스기타가 벌인 논쟁은 『광의지언』 초반부에 등장하는 한의漢醫의 도발적인 문제제기에서도 확인할 수 있다.

10) 홍대용의 문제적 저작들은 20세기 초반까지 널리 보급되지 못하고 주로 가문과 주변 인물들의 필사 형태로 전해졌다. 저작 내용에도 왜곡이 있었는데 특히 서학과 관련한 일부 내용들은 삭제되거나 다르게 서술되었다. 정조 말년부터 불거진 서학 탄압의 분위기가 작용했던 것으로 추측된다. 홍대용의 저술은 20세기 초 실학 연구가 흥기하자 새삼 주목받았다.

1939년에 5대손 홍영선洪榮善과 홍명희, 정인보 등이 참여하여 『담헌서』(연활자본, 내집4권·외집10권·부록)를 출간하고 20세기 후반에 그 책이 영인, 국역되자 광범위하게 읽히고 연구되었다. 그러나 영인, 국역의 저본이 된 '연활자본 『담헌서』'는 다른 판본이나 저술, 예컨대 한글본 연행록인 『을병연행록』이나 새로 발견된 『건정동회우록』 등과 차이가 많아 정밀한 대조가 필요하다. 대조 연구는 최근에 이루어지고 있다(조창록, 「홍대용 연행록 중 西學 관련 내용의 改削 양상」, 『대동문화연구』 84, 2013).

한편 일본에서 스기타 겐파쿠 연구는 메이지유신 직후인 1869년에 후쿠자와 유키치가 막부 말기까지 필사본 형태로 전해지던 「화란사시和蘭事始」(「蘭東事始」)를 스기타의 후손 렌케이廉卿와 함께 『난학사시蘭學事始』로 출간하면서 촉발되었다. 후쿠자와는 책의 서문에서 출판 배경에 관해, 메이지유신 직후의 도쿄 유시마성당 뒤편 노점에서 난학자 간다 다카히라神田孝平가 우연히 먼지투성이의 「화란사시」를 발견한 것을 빌려 읽고 감동하여 『난학사시』로 출간하게 되었다고 밝혔다. 또한 후쿠자와는 스기타, 마에노 료타쿠 등이 네덜란드어 기초도 모르고 해부학 지식도 없는 상태였는데도 『타펠 아나토미아』라는 책을 '망망대해에서 노 없는 배를 젓는' 불굴의 의지로 『해체신서』로 번역해냄으로써 '우리 양학 역사'의 출발점을 마련했다고 벅찬 감격을 토로했다(東京 林茂香, 1890, 1~4쪽). 유시마성당은 1690년 5대 쇼군 도쿠가와 쓰나요시 때 공자묘로 건립된 이후 1797년 하야시 라잔林羅山의 사숙 자리에 막부 직할의 쇼헤이자카 학문소가 있던 자리다. 메이지유신 직후 유학이 구학문으로 치부되고 이와 대조적으로 신학문으로서 양학이 부상하는 상황에서 그런 과거의 영화가 스러진 '유학 관련 장소'에서 '난학사시'를 우연히 발견했다는 매우 극적인 이야기다. 이후 일본에서 스기타는 이 두 저서를 중심으로 근대의학·과학의 원류인 동시에 근대학문·문명의 원조로 강조되어왔다.

11) 1721년(경종 1)에 노론은 세제(훗날 영조)의 대리청정을 주장하다 정계에서 축출되었다. 이른바 '신축환국'이다. 이듬해 임인년에는 목호룡의 고변으로 귀양 가 있던 노론 대신들과 관련자 수백 명이 죽거나 벌을 받았다. 이 사건이 '임인옥사'이다.

12) 박제가, 정민 등 옮김, 『정유각집』 상, 돌베개, 2010, 245쪽.

13) '오쿠이시奥医師'는 에도 막부의 직명職名이다. 쇼군과 그 가족의 진료를 담당한 의사로 '오쿠이奥医'라고도 한다.

14) 김종후는 민우수閔遇洙의 수제자였다. 민우수와 그의 문인들은 호론의 주장을 서울에서 대변하는 이른바 '서울의 호론[洛中湖]'으로 불렸다. 따라서 두 사람의 논쟁은 호론의 전통적 화이관과 낙론의 수정주의적 화이관 인식과 연동하고 있었다.

15) 『湛軒書』內集 卷3,「直齋答書」.

16) 『湛軒書』內集 卷3,「與金直齋鍾厚書」.

17) 『湛軒書』內集 卷3,「又答直齋書」.

18) 김문용은 필자와 다른 견해를 제시하였다. 홍대용은 문화적 화이관과 지역적 화이관을 완전하게 분리하지 못하였으므로 중화의 정통은 중국의 한인들에게 계승된다고 보았다. 종래의 중국문화 중심주의는 손상되지 않았으며 화이론은 폐기되지 않았다는 것이다. 화이론의 전환은 따라서 「의산문답」에서 제기되었다는 것이다(김문용, 『홍대용의 실학과 18세기 북학사상』, 예문서원, 2005, 164~166쪽).

19) 이하에서 『해체신서』 인용 시 한글 번역은, 초판본 キュルムス(著)・杉田玄白・前野良沢・中川淳庵・桂川甫周(訳)・小田野直武(画), 須原屋市兵衛, 1974를 저본으로 하고, 芳賀徹 編, 1971과 스기타 겐파쿠 외, 김성수 옮김, 2014를 참조했다. 초판본은 日本国立国会図書館デジタルコレクション(http://dl.ndl.go.jp/info:ndljp/pid/255 8887)에서 볼 수 있다. 이하 인용 쪽수는 김성수 옮김, 2014의 쪽수만 표시한다. 70쪽.

20) 김성수 옮김, 2014, 69~71쪽.

21) 김성수 옮김, 2014, 69쪽.

22) 김성수 옮김, 2014, 71~72쪽.

23) 『난학사시』에서도 다음과 같이 서술했다. "이렇게 4년간 원고를 열한 번이나 고쳐 쓰면서 인쇄소에 넘길 원고를 완성해 『해체신서』 번역 작업을 끝낸 것이다. '해체解體'라는 말은 그때까지 사용하던 '후와케腑分け'라는 말 대신에 새로운 용어로 고안해낸 것이다"(이종각, 2013, 231쪽).

24) 원문은 "凡一身可格致者二矣. 一則固結而可攝. 一則流動而不可攝."

25) 김성수 옮김, 2014, 109쪽.

26) 원본의 그림 중에는 미세한 나머지 육안으로 알아볼 수 없는 것도 있었으며, 그럴 때 스기타는 '현미경을 써서 모사'하기도 했다. 김성수 옮김, 2014, 76쪽. 원문에서 '현미경'은 "顕微鏡(ヲホムシメガネ)."

27) 김성수 옮김, 2014, 79~81쪽.

28) 『湛軒書』內集 卷4, 補遺,「醫山問答」; 이하 인용문 동일.

29) 『湛軒書』內集 卷3,『直齋答書』;『答秀野書』.

30) '근각'이라고 선전했지만 실제로는 간행되지 않았고 스기타가 저술한 직후부터 필사본이 유포되었다.

31) 『광의지언』의 한문 원본은 『日本思想大系 64-洋学 上』(岩波書店, 1976)에 수록된 神宮文庫藏 寫本, 일본어 번역문은 같은 책 및 芳賀徹, 1971에 수록된 것, 한글 번역은 이예안 해제, 김정희 번역, 2016을 참조했다. 이하 인용문에서는 한글 번역의 쪽수만 표시한다. 226쪽.

32) 이예안 해제, 김정희 번역, 2016, 227쪽.

33) 이예안 해제, 김정희 번역, 2016, 228~229쪽.

34) 이예안 해제, 김정희 번역, 2016, 230쪽.

35) 후쿠자와는 메이지유신 직후에 스기타의 사상을 '난학'으로 부각하고 일본의 서양학문 수용의 시초로 자리매김했다. 그리고 대일본제국헌법과 교육칙어가 발포된 1890년에 맞추어 『난학사시』 재판을 간행하여 스기타의 위업을 기렸다.

3장

1) 미야지마 히로시(宮嶋博史), 「동아시아 속의 한국 족보」, 『동아시아 족보의 문화사; 족보의 형태와 그 문화적 의미』, 성균관대학교 대동문화연구원 국제학술회의 발표집, 2016. 1. 14, 1~10쪽.

2) 미야지마 히로시, 「조선시대의 신분, 신분제 개념에 대하여」, 『대동문화연구』 42, 성균관대학교 대동문화연구원, 2003, 289~308쪽.

3) 丘源媛, 「18세기 중엽~20세기 초 중국의 '官修家譜'—中國第一歷史檔案館에 소장된 『淸代譜牒檔案』을 중심으로」, 『대동문화연구』 91, 성균관대학교 대동문화연구원, 2015, 93~136쪽. 청대 한군팔기호적漢軍八旗戶籍에서 관수족보를 편찬하려는 시도도 그들이 특수한 신분으로 청 정부의 관리대상이 된 것이 한 이유가 아닐까 생각한다.

4) 사실 '사족士族'이라는 호칭은 1869년 메이지정부가 각 번藩의 번사藩士 족속을 이르는 호칭으로 일반화하였다. 근세의 류큐왕국에 신분제가 정비되어가는 과정에서 이들은 그냥 '사무레(士)' 혹은 '케모찌(系持)', '유캇츄(ユカッチュ)'라 불렸다. 그러나 본문에서는 유사한 신분의 비교라는 관점에서 당분간 '사족'으로 통칭한다.

5) 손병규, 「13~16세기 호적과 족보의 계보형태와 그 특성」, 『대동문화연구』 71, 성균관대학교 대동문화연구원, 2010, 7~41쪽.

6) 김경란, 「조선 후기 가족제도 연구의 현황과 과제」, 『조선 후기사 연구의 현황과 과제』(강만길 교수 정년기념), 창작과비평, 2000, 376~406쪽. 일반론은 대표적으로 최재석, 「門中組

織,『韓國家族制度史研究』, 일지사, 1991(4쇄), 670~768쪽에서 비롯되었다.

7) 미야지마 히로시, 「동아시아세계 속의 한국 족보」, 『대동문화연구』77, 대동문화연구원, 2012, 7~28쪽. 일본은 '家'를 '이에'라고 하지만 오키나와에서는 '야'라고 한다.

8) 田名眞之, 「琉球家譜の成立と門中」, 歷史学研究会 編, 『系図が語る世界史』, 青木書店, 2002, 91~117쪽; 琉球家譜目録データベース(http://www.geocities.jp/ryukyu_history/ryukyukafu/). 류큐는 1500년 전후에 통일국가를 형성하여 중앙집권적 통치체제를 강화하기 시작했으며, 17세기 후반~18세기 초에 신분제적 체계를 갖춘다.

9) 比嘉朝進, 『士族門中家譜』, 沖縄 球陽出版, 2005年 再版. 이 책에는 "沖縄の代表的士族の元祖から現在の当主まで"라는 부제가 붙어 있듯이 오키나와 출신의 몇몇 유명 사족 문중을 네 계통으로 분류하여 성씨별로 '본가本家'와 '분가分家'를 망라했다. 하나의 씨명氏名을 갖는 문중에는 그 중국식 씨명 이외에 여러 '가명家名'이 만들어졌다.

10) 조수미도 이 점에 의문을 제시했다(조수미, 「근세 류큐의 문츄(門中) 형성에 대한 연구—사족문츄를 중심으로」, 서울대학교 인류학과 석사학위논문, 2000; 「오키나와의 문츄화(門中化) 현상」, 『비교문화연구』 제7집 2호, 서울대학교 비교문화연구소, 2001 참조).

11) 比嘉朝進, 앞의 책, 2005.

12) 『向姓家譜寫及び眞壁・田島家の歴史』, 文進印刷株式會社, 1996 영인.

13) 『麻氏又吉家世系家譜解説』, 上之山印刷, 1982; 『麻姓世系譜 多和田門中』, 那覇出版社, 1983 영인.

14) 『久米 毛氏家譜』, 久米國鼎會, 1992 영인.

15) 『平姓家譜 正統』, 미상, 복사본.

16) 大浜永亘, 『嘉善姓一門と八重山歴史, 嘉善姓一門世系圖』, 先島文化研究所, 1988. 이 성씨는 집단거주지가 20세기 초까지 존재했으나 17세기 초의 기독교인 박해와 관련되어 번창하지 못한 것으로 이해된다.

17) 田名眞之, 앞의 논문, 2002, 91~117쪽.

18) 미야지마 히로시, 앞의 논문, 2012, 7~28쪽.

19) 사주四柱의 역술과 관련이 있을까?

20) 모헌상의 부 홍성弘盛도 친운상親運上이다. 전처는 里之子親雲上의 딸이고 후처는 築登之親雲上의 딸로 후처의 아버지가 한 단계 낮은 위치이기는 하나 크게 보아 같은 신분이다.

21) 화교 출신인 구미사족久米士族의 모씨 가보 가운데에는 장남부터 이후 아들들을 먼저 나열하고 딸은 장녀부터 뒤로 기록한다. 중국 족보의 영향일지도 모르지만 동일 성씨로 분가

한 다른 가보에는 출생 순으로 기록한다.

22) 특히 마씨 타와다가 가보에 그러한 기록이 많다. 마씨 11세 진장은 전처소생인 장남 진안이 후처와 그 소생 등과 사이가 좋지 않아 울면서 다른 집으로 떠나보냈는데, 하인처럼 일하면서 열심히 재화를 축적하여 장남으로서 다시 가계를 잇게 되었다는 구전을 실었다. 또한 14세 진욱은 류큐 가금歌琴의 고수로 일본 가고시마에 가서 영주 앞에서 공연한 적이 있는데, 미남이었기 때문에 부인들에게 며칠을 감금당하여 귀국 날짜가 늦어졌다는 이야기를 적었다. 단지 이 가보는 후대에 일본어로 활자화된 것으로 원본 그대로를 옮겼는지는 확신할 수 없다.

23) 河村只雄, 『南方文化の探究』, 創元社, 1939, 88~89쪽.

24) 파비앙 드릭슬러Fabian Drixler는 일본의 가보를 마치 대나무 줄기에 마디마다 여러 개 잎이 붙어 있는 트리 형상에 비유했다(2006년도 성균관대학교 동아시아학술원 주최 역사인구학 학술회의 발표).

25) 田名眞之, 앞의 논문, 2002, 91~117쪽.

26) 조수미, 앞의 논문, 2000.

27) 18세기 초에 류큐의 관제가 제정되어(1706) 王子, 按司 등으로 불리는 왕족 밑으로 사족들에 대한 9품18계의 위계제도가 확립되었다(高良倉吉, 『琉球王国の構造』, 吉川弘文館, 1987, 132~133쪽 참조). 사족에는 친방親方라 불리는 정1품~종2품의 상급사족이 있고 정3품~종7품의 중급사족이 있는데, 그것도 親雲上, 里之子親雲上, 筑登之親雲上의 등급이 있었다. 이하 하급사족으로 정8품~종9품의 里之子, 筑登之와 無位의 仁屋, 子가 있었다(宮里朝光 監修, 『沖縄門中大事典』, 那覇出版社, 1998 참조).

28) 1983년에 『麻姓世系譜; 多和田門中』이라는 서명으로 정리된 또 하나의 마씨 가보가 있는데, 이것은 사실 9개 계통 가운데 吉里系 계통 계보만 현존하는 것이다. 나머지 계보들은 태평양전쟁으로 소실되어 자료조사에 기초해 복원한 것이다. 본문에서는 분석 대상에서 제외하나 사자嗣子의 선택에 특이한 점이 있어 언급해둔다. 즉, 13세 진필의 사자로 15세 진백이, 14세 진영의 사자로 17세 진영이 가통을 잇는 사례를 발견할 수 있다. 세대, 항렬을 고려치 않는 입후立後 현상은 친족집단의 부계질서에 전혀 부합하지 않는다. 한 줄기 가계의 계승만 중요할 뿐이다. '문중'이라는 개념으로 여러 계통의 가계를 수합해놓았지만, 가계를 사자로 잇는 당시 개념은 아니라고 할 수 있다.

29) "因本宗之從兄眞矢無嗣, 同治十二年癸酉七月十七日請旨, 繼其家統"(16세 眞隆의 세표도).

30) "繼祖父家業, 拜授中城間切和字慶地頭職"(『久米 毛氏家譜』, 久米國鼎會, 1992년 영인).

31) '무케' 여성을 처로 둔 4세 경주의 자식들은 5세 경국景國, 경청景淸, 경지景持다. 6세 경정 景政의 자식들이 7세 경동景董, 경정景定도 무케 여성을 처로 두었다.

32) "康熙二十年辛酉月, 蒙御免, 而移居於首里王府"(3세 景當).

33) 사자 경정의 생부 경지는 친운상이고 생모도 사족의 여성인데, 본가 형제들에게서 찾을 수 없다.

34) 1845년에 청원하여 사자를 인정받았다. 경의가 31세 때였다.

35) 왕국 중심부의 首里, 那覇, 久米, 泊에 적을 두는 사족들을 '町方'라 불렀다.

36) 田名眞之, 앞의 논문, 2002, 91~117쪽.

37) 같은 글.

38) 같은 글.

39) 井上徹, 「中国の近世譜」, 『系図が語る世界史』, 歷史學研究會編, 靑木書店, 2002, 121~147쪽.

40) 손병규, 앞의 논문, 2010, 7~41쪽.

41) 일반 호적과 달리 예외적으로 청대 한군팔기호적漢軍八旗戶籍에 호주의 부와 조祖가 기록 되는 것을 발견할 수 있다. 신분적 파악의 의도가 있으나 부계에 한정된다.

42) 손병규, 앞의 논문, 2010, 7~41쪽.

43) 盧明鎬 등 편저, 『韓國古代中世古文書研究』 하, 서울대학교출판부, 2000 수록 호적자료 사진 35~65쪽.

44) 미야지마 히로시, 『안동권씨성화보』를 통해서 본 한국 족보의 구조적 특성」, 『대동문화연 구』 62, 성균관대학교 대동문화연구원, 2008, 201~241쪽.

45) 宮嶋博史, 「東洋文化研究所所藏の朝鮮半島族譜資料について」, 『明日の東洋學』 7, 東京 大 東洋文化研究所, 2007.

46) 손병규, 「조선 후기 국가적인 신분규정과 그 적용」, 『역사와 현실』 48, 한국역사연구회, 2003, 31~52쪽.

47) 과거 준비생으로 군역 연기가 가능한 자의 의미이다(이준구, 「幼學과 그 지위」, 『조선 후기 신분직역변동연구』, 일조각, 1993, 126~164쪽 참조).

48) 심재우, 「조선 후기 단성현 법물야면 유학호의 분포와 성격」, 『역사와 현실』 41, 한국역사연 구회, 2001, 32~65쪽; 송양섭, 「19세기 幼學層의 증가양상 -『단성호적대장』을 중심으로-」, 『역사와 현실』 55, 한국역사연구회, 2005, 323~346쪽.

49) 손병규, 「戶籍大帳 職役欄의 軍役 기재와 '都已上'의 통계」, 『대동문화연구』 39, 성균관대학교 대동문화연구원, 2001, 165~196쪽.

50) 두 지역에서 문중이라는 용어와 함께 그 발음도 공유하는 것은 묘한 우연이다. '문중門中'의 일본어 발음은 '몬츄'이지만 오키나와에서는 '문츄'라고 발음한다(조수미, 앞의 논문, 2000 참조).

4장

1) 韓明基, 「17세기 초 銀의 유통과 그 영향」, 『규장각』 15, 서울대학교 규장각, 1992; 권내현, 「17세기 후반-18세기 전반 조선의 은 유통」, 『역사학보』 221, 역사학회, 2014.

2) 田代和生, 『近世日朝通交貿易史の研究』, 創文社, 1981.

3) Kwon Nae-Hyun, Chosŏn Korea's trade with Qing China and the circulation of silver, Acta Koreana 18-1, Academia Koreana, 2015.

4) 李憲昶, 「1678-1865년간 貨幣量과 貨幣價値의 推移」, 『경제사학』 27, 경제사학회, 1999; 李憲昶, 「조선시대 銀 유통과 소비문화」, 『명청사연구』 36, 명청사학회, 2011; 李正守, 「16세기 중반-18세기 초의 貨幣流通 실태 - 生活日記類와 田畓賣買明文을 중심으로-」, 『조선시대사학보』 32, 조선시대사학회, 2005; 이정수·김희호, 『조선의 화폐와 화폐량』, 경북대학교출판부, 2006.

5) 안드레 군더 프랑크, 이희재 옮김, 『리오리엔트』, 이산, 2003.

6) 권내현, 앞의 논문, 2014, 13쪽.

7) 李正守, 앞의 논문, 2005, 122쪽.

8) 李憲昶, 앞의 논문, 1999, 29쪽.

9) 『비변사등록』 134책, 영조 34년 1월 5일.

10) 「金銀銅鉛」, 『萬機要覽』 財用編 4.

11) 『숙종실록』 권36, 숙종 28년 1월 11일(계사).

12) 『비변사등록』 79책, 영조 2년 1월 24일; 호조 외에 병조에서도 1694년 약 40만 냥의 은을 확보하고 있었다. 『英祖實錄』 권13, 영조 3년 10월 22일(갑진).

13) 『비변사등록』 57책, 숙종 32년 7월 14일.

14) 권내현, 앞의 논문, 2014, 23쪽.

15) 유승주·이철성, 『조선 후기 중국과의 무역사』, 경인문화사, 2002, 57쪽; 권내현, 앞의 논문, 2015, 170쪽; 『비변사등록』 37책, 숙종 9년 10월 12일.

16) 『비변사등록』 34책, 숙종 4년 윤3월 24일.

17) 『승정원일기』 95책, 정조 22년 5월 2일.

18) 『하멜표류기』, 강준식, 『우리는 코레아의 광대였다』, 웅진출판, 1995, 부록에 수록된 246쪽의 번역문.

19) 『조선왕국기』, 강준식, 앞의 책, 부록에 수록된 276쪽의 번역문.

20) 강준식, 앞의 책, 279쪽.

21) 黑田明伸, 정혜중 옮김, 『화폐시스템의 세계사—'비대칭성'을 읽는다』, 논형, 2005, 61쪽.

22) 이정수, 앞의 논문, 114~116쪽.

23) 宋贊植, 『李朝의 貨幣』, 春秋文庫 9, 한국일보사, 1975; 宋贊植, 『朝鮮後期 社會經濟史의 研究』, 一潮閣, 1997에 재수록; 원유한, 『조선후기 화폐사』, 혜안, 2008, 63~67쪽.

24) 元裕漢, 「李朝後期 淸錢의 輸入 流通에 대하여」, 『사학연구』 21, 한국사학회, 1969.

25) 「錢貨」, 『度支志』 外篇8, 版籍司.

26) 원유한, 앞의 책, 35~42쪽.

27) 권내현, 「숙종 대 지방통치론의 전개와 정책 운영」, 『역사와 현실』 25, 한국역사연구회, 1997.

28) 이욱, 「숙종대 상업정책의 추이와 성격」, 『역사와 현실』 25, 한국역사연구회, 1997.

29) 『숙종실록』 권8, 5년 9월 21일(계축).

30) 정수환, 『조선후기 화폐유통과 경제생활』, 경인문화사, 2013, 210~222쪽.

31) 田代和生, 앞의 책, 328쪽.

32) 이헌창, 「금속 화폐 시대의 돈」, 『화폐와 경제 활동의 이중주』, 두산동아, 2006, 63쪽.

33) 1750년대 일본 은 유입은 단절되었지만 18세기 말이 되면 국내 생산도 크게 줄어들었다. 『정조실록』 권37, 17년 6월 21일(임오).

34) 『인조실록』 권28, 11년 11월 4일(임진).

35) 『효종실록』 권15, 6년 12월 13일(계해).

36) 『효종실록』 권6, 2년 3월 13일(경인).

37) Richard von Glahn, Fountain of Fortune: Money and Monetary Policy in China, 1000–1700, Berkeley and Los Angeles: University of California Press, 1996, pp. 108~109.

38) 『비변사등록』 34책, 숙종 4년 윤3월 24일.

39) 「錢法」, 『大明律直解』.

40) 장수비 · 조남철 · 강형태, 「조선시대 상평통보의 성분 조성과 미세조직을 통한 재료학적 특성 연구」, 『보존과학회지』 31-3, 한국문화재보존과학회, 2015, 320쪽.

41) 『訓局謄錄』 5, 己未 2월 18일.

42) 「戶典」, 『續大典』; 「錢貨」, 『萬機要覽』 財用編 4.

43) 『승정원일기』 16책, 숙종 10년 5월 12일; 18책, 숙종 16년 10월 7일. 이들 기록에서는 "當初 鑄錢時 大錢一文之重 以二錢爲式", "後面下端 書二字 此則以明錢一文重二(錢)之意也" 라고 하여 1문의 무게를 2전으로 규정했다.

44) 『비변사등록』 34책, 숙종 4년 윤3월 24일.

45) 『승정원일기』 14책, 숙종 5년 3월 27일.

46) 조선 후기 물가 변동의 실상에 대해서는 兪眩在, 「조선 후기 鑄錢정책과 財政활용」, 서울대학교 박사학위논문, 2014, 230~234쪽 참고.

47) 『비변사등록』 35책, 숙종 5년 2월 3일, 9월 15일.

48) 「國幣」, 『續大典』 권2, 戶典.

49) 『비변사등록』 92책, 영조 8년 8월 1일.

50) 이헌창, 앞의 논문, 1999, 7쪽.

51) 원유한, 앞의 책, 109쪽.

52) 이헌창, 앞의 논문, 1999, 30쪽.

53) 『비변사등록』 81책, 영조 3년 윤3월 6일.

54) 田代和生, 앞의 책, 328쪽.

55) 『승정원일기』 51책, 영조 18년 6월 19일.

56) 『비변사등록』 135책, 영조 34년 10월 29일.

57) 일본 은의 수입량은 田代和生, 앞의 책, 328쪽의 내용을 기준으로 재정리한 것이다. 17세기 말에서 18세기 전반 조선의 대청 사행은 매년 2~3회였는데 여기에서는 2회로 잡았다. 한 번 사행에 소비된 은도 10만~20만 냥인데 10만 냥으로 계산하였다. 따라서 20만 냥은 17세기 후반~18세기 전반 조선에서 청으로 매년 유출된 은의 하한선에 가깝다고 할 수 있다.

58) 음영으로 표시된 부분에서 순수 조선 은과 비축된 일본 은을 양적으로 구분하기는 어렵다. 조선에서 생산된 광은이 다수 사용되었다는 서술 자료로 당대 분위기를 파악하는 선에서 머물 수밖에 없다.

59) 『비변사등록』 81책, 영조 3년 6월 4일.

60) 『승정원일기』 45책, 영조 12년 4월 19일.

61) 『영조실록』 권90, 33년 11월 3일(신묘).

62) 『정조실록』 권16, 7년 7월 18일(정미).

63) 『승정원일기』 68책, 영조 39년 2월 12일.

64) 「燕行錄」, 『櫟翁遺稿』 권8, 辛丑(1721) 윤6월 1일.

65) 『비변사등록』 85책, 영조 5년 6월 22일; 157책, 영조 51년 윤10월 25일.

66) 『승정원일기』 45책, 영조 11년 12월 5일, 영조 12년 4월 19일; 47책, 영조 47년 4월 19일 등.

67) 『비변사등록』 171책, 정조 11년 10월 5일.

68) 「無貨無穀」, 『星湖僿說』 권16, 人事門.

69) 『승정원일기』 49책, 영조 16년 2월 14일.

70) 『승정원일기』 64책, 영조 33년 11월 3일; 76책, 영조 50년 10월 20일.

71) 『승정원일기』 76책, 영조 51년 윤10월 25일.

72) 『승정원일기』 45책, 영조 11년 12월 5일.

73) 『승정원일기』 44책, 영조 11년 4월 2일.

74) 『승정원일기』 45책, 영조 11년 12월 5일, 영조 12년 4월 19일.

75) 『비변사등록』 81책, 영조 3년 5월 11일; 88책, 영조 6년 11월 17일; 『승정원일기』 45책, 영조 11년 12월 10일.

76) 『승정원일기』 51책, 영조 18년 6월 19일.

77) 『승정원일기』 68책, 영조 39년 2월 12일.

78) 『日省錄』, 정조 20년 1월 15일.

79) 「金銀銅鉛」, 『萬機要覽』 財用編 4.

80) 『승정원일기』 51책, 영조 18년 6월 30일.

81) 『승정원일기』 51책, 영조 18년 4월 17일.

82) 『승정원일기』 90책, 정조 16년 10월 4일.

83) 「進賀謝恩陳奏兼冬至行書狀官李在學聞見事件」, 『同文彙考』 補編 권6, 使臣別單 6.

84) 공인된 규격을 갖춘 은화의 발행에 대한 구상은 박지원朴趾源(1737~1805)에게서도 나타 난다. 연암은 우의정에 오른 김이소金履素(1735~1798)에게 축하 편지를 보내 화폐에 대한 자신의 견해를 별지 형태로 소상하게 밝혔다. 그는 시중에 있는 관민의 국내산 은을 모두 정부가 거두어들여 천마天馬, 주안朱雁 형태의 5냥, 10냥 단위의 화폐로 만들어 돌려줄 것 을 제안하였다. 「賀金右相履素書」, 『燕巖集』 권2, 煙湘閣選本. 실학자들의 금은화 통용론

에 대해서는 元裕漢, 「實學者의 貨幣思想發展에 대한 考察—金·銀貨의 通用論을 中心으로—」, 『東方學志』 23·24, 연세대학교 국학연구원, 1980 참고.

5장

1) 宮崎市定, 「明淸時代の蘇州と輕工業の發達」, 『宮崎市定全集』 13, 岩波書店, 1992, 1951年原刊, 84쪽.

2) 趙岡, 『中國城市發展史論集』, 聯經出版社, 1995, 139쪽.

3) 영국의 경우 17세기 후반부터 정기시가 상설시장으로 변모하였다고 한다. 이영석, 『영국사 깊이 읽기』, 푸른역사, 2016, 59쪽.

4) 大塚久雄, 『歷史と現代』, 朝日新聞社, 1979, 67~68쪽.

5) Clifford Geertz, "The Bazaar Economy: Information and Search in Peasant Marketing", *The American Economic Review*, Vol. 68, No. 2, 1978. 이슬람 바자르의 구조와 역사에 대해서는 坂本勉, 「イスラーム都市の市場空間とイスファハーン」, 佐藤次高·岸本美緒 編, 『市場の地域史』, 山川出版社, 1999 참조.

6) 조선시대의 경우, 한상권의 연구에 따르면 임란 이후 발달을 보이기 시작한 장시는 숙종 시기 화폐유통과 함께 본격적인 발전을 개시하여 산곡山谷지역까지 확산되었다. 그러나 18세기 초까지 장시場市는 고립·분산적이었으나 1730~1740년대 사이에 급격한 발달을 보여 양적인 증가와 함께 장시와 장시 사이에 상호 연계관계가 형성되기 시작했다고 한다. 반면 1770년을 정점으로 하여 그 후에는 장시 수가 감소하는데, 이러한 현상은 삼남三南지역에서 현저했다고 한다. 위의 연구에 따르면 이러한 현상은 장시 밀도가 높은 전라도에서 가장 먼저 일어났고, 그다음이 경상도, 충청도의 순서라고 한다. 그리고 대읍大邑에서는 장시 수가 감소하고 중읍中邑의 경우 전라도에서는 다소 감소한 반면, 경상도에서는 약간 증가하였고, 소읍小邑은 두 도에서 모두 조금 증가하고 잔읍殘邑은 거의 변동이 없다고 한다. 이러한 장시 수의 감소 현상은 시장권의 확대로 이제까지 고립적으로 발전해온 장시들 사이에 상호 흡수 현상이 일어난 결과이며, 규모가 작은 장시가 규모가 큰 장시[大場]로 통합되는 양상이었다고 한다. 다만 위의 논문을 보는 한, 조선시대 장시는 농촌시장이 확대되는 현상이라는 점에서는 중국의 경우와 발전 양상에서 유사점이 있다고 할 수 있다. 다만 강남지역의 경우 정기시가 점점 상설시가 된 반면 조선의 경우는 정기시의 장시 개최일이 축소

되고 있었지만 상설시로 발전한 예는 아직까지 찾기 어렵다는 점에서 차이가 있지 않을까 생각된다. 한상권, 「18세기 말~19세기 초의 장시발달에 대한 기초연구」, 『한국사론』 7, 1981 참조. 한편, 미우라 요코三浦洋子의 연구에 따르면 조선시대 후기에도 지역에서는 상설시는 찾아보기 어렵고 행상인 위주의 시장구조였다고 한다. 三浦洋子, 「食料システムと封建制度の影響: 日本と韓国の比較」, 『千葉經濟論叢』 30, 2004. 장시에 관한 이헌창의 연구에서는 조선 후기 장시와 중국의 사례를 비교했다(이헌창, 「조선 후기 충청도 지방의 시장망과 그 변동」, 『경제사학』 19, 1994, 43~44쪽). 다만 정기시에서 상설시로 전환하는 것이야말로 시장 네트워크의 발전도를 측정하는 주요한 척도라고 생각되며, 이러한 점에서 볼 때 아직까지 정기시가 주축이었던 조선 후기의 사례와 상설시가 점점 주축이 되어갔던 동시대 중국의 경우에는 질적 차이가 있었다고 생각한다.

7) 강남지역을 중심으로 시진市鎭을 비롯한 시장망의 발달에 관한 기존의 연구로는 김종박, 「명청시대 강소지구 시장개설과 상품유통망」, 『상명사학』 5, 1997; 「명청시기 강남지역 상품경제와 시진의 성격」, 『인문과학연구』 13, 2003; 「명청시기 농촌경제와 시진」, 『상명사학』 10, 2006; 「명청시기 농촌경제와 시진의 형성」, 『인문과학연구』 16, 2005와 민경준, 「강남 絲綢業市鎭의 객상활동과 객상로」, 『부대사학』 21, 1997; 「명청대 江南 면포업시진의 객상과 商路」, 『부대사학』 23, 1999; 「明淸代 江浙市鎭의 방직업 생산·유통구조−太湖 남안의 견직업 시진을 중심으로」, Journal of China Studies 제1집, 2006; 「淸代 강남 해항 劉河鎭의 성쇠와 무역상인」, 『인문학논총』 13-1, 2008 참조. 중국 학계의 연구사에 대해서는 范金民, 『江南社會經濟史硏究入門』, 復旦大學出版社, 2012, 84~144쪽; 王家範 主編, 『明淸江南史硏究三十年』, 上海古籍出版社, 2010 참조. 일본 학계 연구사에 대해서는 川勝守, 『明淸江南市鎭社會史硏究』, 汲古書院, 1999, 「序章」, 「第3節 明淸市鎭史硏究の回顧と展望」 참조.

8) 加藤繁, 『支那經濟史考證』 上, 「唐宋時代の草市及び其の發展」, 東洋文庫, 1952 참조. 궈정중郭正忠의 연구에 따르면, 송대 역시 농가부업이 발전하였고 이것이 초시의 발전과 연결된다는 점은 명·청시대와 거의 같다. 송대의 경우 소금, 차, 술, 초醋 등의 상품화율이 높았고(郭正忠, 1997, 8쪽) 견직업 역시 농가부업으로서 활발히 생산한 것도 명·청시대와 동일하지만, 면포업이 아직까지 성립되지 않았다는 점에서 차이가 있다. 송대 시진과 농가 부업에 대해서는 郭正忠, 『兩宋城鄕商品貨幣經濟考略』, 經濟管理出版社, 1999 참조. 그리고 각주 11)에서 보듯이 아직까지 송대에는 동전과 미곡을 교환수단으로 사용하였고, 명·청시대는 고액화폐인 은이 동전과 함께 활발히 사용되었다는 점에서 송대와 명·청시대 간에 상품 교역에는 양적 차이가 있었다고 생각된다. 이러한 요소가 송대보다 16세기 이후 시

진이 더욱 활발히 증가하게 된 계기가 되었다.

9) 弘治, 『吳江志』 卷2 「市鎭」, "人烟湊集之處謂之市鎭 …… 有朝市有夕市, 市鎭之設, 其來尙矣. …… 城有縣市, 在鄕有四鎭, 及凡村落之大者, 商賈之往來, 貨物之貿易, 紅塵瀚然, 自朝至莫無虛日云."

10) 乾隆, 『吳江縣志』 卷4 「鎭市村」. 명·청시대 오강현吳江縣의 경제성장에 대해서는 洪璞, 『明代以來太湖南岸鄕村的經濟與社會變遷: 以吳江縣爲中心』 참조.

11) 郭正忠, 『兩宋城鄕商品貨幣經濟考略』, 다만 송대에는 아직까지 농촌시장에서 교환수단은 동전이 아닌 미곡인 경우가 많았다고 한다. 宮澤知之, 『宋代中國の國家と經濟: 財政·市場·貨幣』, 創文社, 1998, 58쪽, 67쪽 참조. 송대에도 은이 화폐로 사용되었지만 생산량이 제한되어 한계가 있었다. 송대 은 사용에 대해서는 王成文, 『宋代白銀貨幣化硏究』, 雲南大學出版社, 2011 참조. 일반적으로 명대는 영락연간(1403~1424) 이후부터 미곡의 가격 표시는 동전과 은으로 했는데, 특히 가정연간(1522~1566)을 계기로 미가 표시는 동전에서 은으로 이행하였다. 홍성화, 「명대 통화 정책 연구 - 동전과 사주전을 중심으로」, 『사총』 86, 2015 참조. 그리고 청대에 들어와서는 건륭연간인 18세기 후반부터 동전 표시로 다시 전환되었다. 岸本美緒, 『淸代中國の物價と經濟變動』, 硏文出版, 1997, 363쪽 참조.

12) 劉石吉, 『明淸時代江南市鎭硏究』, 中國社會科學出版社, 1987, 157쪽. 화북지역에서도 정덕연간부터 정기시가 본격적으로 발전하여 그 뒤 가정연간과 만력연간에 정점을 이루었던 것은 강남지역과 궤를 같이한다고 할 수 있다. 山根幸夫, 『明淸華北定期市の硏究』 第1章 「明淸時代華北における定期市」, 汲古書院, 1995 참조. 그밖에도 청대 하남지역의 정기시에 관한 것은 陳樺 主編, 『多元視野下的淸代社会』, 黃山書社, 2008, 鄧玉娜, 「淸代河南集鎭的 發展」 참조. 한편 광동지역은 정기시가 활발히 발전한 지역 가운데 하나인데, 역시 명대 후반 주현당 평균 허시墟市의 숫자는 10개 전후였는데 청대 후반에는 30개 정도였고, 20세기가 되어서 약 37개로 증가하였다고 한다. 박기수, 「淸代 廣東 廣州府의 경제작물 재배와 농촌시장의 발전」, 『명청사연구』 13, 2000, 4쪽 참조.

13) 吳建華, 『明淸江南人口社會史硏究』, 群言出版社, 2005, 264쪽.

14) 趙岡, 『中國城市發展史論集』, 155~162쪽.

15) 같은 책, 162~166쪽.

16) 시바 요시노부, 임대희 외 옮김, 『중국도시사』, 서경문화사, 2008, 210쪽.

17) 森正夫編, 『江南デルタ市鎭硏究: 歷史學と地理學からの接近』, 名古屋大學出版會, 1992, 52쪽.

18) 森正夫編,『江南デルタ市鎭研究: 歷史學と地理學からの接近』, 54쪽.

19) 曹樹基,『中國人口史(淸時期)』, 復旦大學出版社, 2000, 311쪽.

20) 王衛平,『明淸時期江南城市史硏究』, 人民出版社, 1999, 62쪽. 리보중李伯重은 1850년대 강남8부의 인구 구성에 대해서 성진城鎭 인구는 전체의 20% 정도이며, 농촌에서 비농업인구는 10%였다고 추정했다. 李伯重,『多視角看江南經濟史』, 三聯書店, 2003, 245~247쪽. 한편 차오수지는 건륭연간 성진 인구는 288만 명이고 전체의 16.3%라고 추정했다. 曹樹基, 2000, 757쪽.

21) 龍登高,『江南市場史』, 淸華大學出版社, 2003, 37쪽.

22) 北村敬直,『淸代社會經濟史硏究』, 朋友書店, 1981, 제2장「明末·淸初の地主について」

23) 道光,『蘇州府志』卷10「田賦」.

24) 乾隆,『甫里志』卷5「風俗」.

25) D. H. 퍼킨스, 양필승 옮김,『중국경제사』, 신서원, 1997, 137쪽.

26) 范金民,『江南社會經濟史硏究入門』, 90쪽.

27) 樊樹志,『明淸江南市鎭探微』, 復旦大學出版社, 1990, 5쪽.

28) 樊樹志,『明淸江南市鎭探微』, 99쪽.

29) 正德,『姑蘇志』卷18「乡都」「市鎭村附」.

30) 光緖,『松江府續志』卷2,「疆域」二「鎭市」.

31) 馮夢龍,『醒世恒言』卷18,「施潤澤灘闕遇友」.

32) 홍성화,「명대 후기 상업관행 속에서의 정보와 신용」,『중국학보』59, 2009 참조. 필자가 이 논문에서 밝혔듯이 명대 상인들은 시장 내의 정보가 지닌 비대칭성을 해결하는 방법으로 법이나 제도적 보증보다는 거래자 간의 개별적 신용을 두텁게 하는 쪽으로 점차 발전해 나갔다. 즉 중국 근세의 거래자들은 시장의 모든 사람을 무차별적으로 신뢰한 것이 아니라, 자신이 오랫동안 알고 친숙한 사람들 가운데 신뢰할 수 있는 거래 상대를 선택하는 경향이 두드러졌다고 지적하였는데, 이는 앞서 인용한 기어츠의 '바자르 경제' 속에서 단골화 Clientelization와 같은 성격이라고 생각된다. 반면 일본 에도江戶시대인 18세기 중반 에도의 포목점 에치고야三越에서는 아는 사람이든 모르는 사람이든 같은 가격으로 팔아야 한다는 관행이 성립되었다고 한다(로버트 벨라, 박영신 옮김,『도쿠가와 종교-일본 근대화와 종교윤리』, 현상과인식, 1994, 43쪽). 이 점은 근세 중국의 상업관행과는 크게 다른 측면이다.

33) 天野元之助,「農村の原始市場」,『中国農業の諸問題』下, 技報堂, 1952, 87쪽.

34) 민경준,「명청대 江南 면포업시진의 객상과 商路」 참조.

35) 민경준, 「江南 絲綢業市鎮의 客商활동과 客商路」;「明淸代 江浙市鎮의 방직업 생산·유통 구조-太湖 남안의 견직업시진을 중심으로」 참조.

36) 명·청시대 풍교진에 대해서는 徐卓人 編, 『楓橋』, 蘇州大學出版社, 2002 참조. 풍교진은 장강 중류 호광지역에서 생산된 미곡이 강남에서 집산되는 지역으로 많은 부분은 소주에서 소비되었지만 다시 풍교를 거쳐 상해로 가거나 사포乍浦를 거쳐서 복건으로 수송되었다. 蔡世遠, 「與浙江黃撫軍請開米禁書」, 『淸經世文編』 卷44, "福建之米, 原不足以供福建之食, 雖豊年多取資於江·浙, 亦猶江·浙之米, 浙之食, 雖豊年必仰給於湖廣. 數十年來, 大都湖廣之米, 輳集於蘇郡之楓橋. 而楓橋之米, 間由上海, 乍浦以往福建. 故歲頻祲, 而米價不騰." 이런 의미에서 동시대 에도시대 오사카가 미곡 집산지로서 '천하의 부엌' 역할을 하였다면, 이와 유사한 역할을 중국에서는 풍교진이 하였다고 할 수 있다.

37) 葉夢珠, 『閱世編』 卷4 「宦蹟」 一.

38) 청초 화정현華亭縣(송강부의 치소)에서 시방의 매매 가격은 2,000량에 이를 정도로 고가였다고 한다. 董含, 『三岡識略』 卷12 「煞神」, "子族人有市房一所, 運判以二千金買之."

39) 曹自守, 「吳縣城圖說」(顧炎武, 『天下郡國利病書』 「蘇州備錄」 下), "蘇城衡五里, 縱七里, 周環則四十有五里."

40) 劉石吉, 『明淸時代江南市鎭硏究』, 120~127쪽 참조.

41) 蘇州 山塘鎭에 대해서는 大木康, 『蘇州花街散步-山塘街の物語』, 汲古書院, 2017 참조.

42) 劉鳳, 「閶西築城論」(顧炎武, 『天下郡國利病書』 「蘇州備錄」 下), "山塘至楓橋爲一城."

43) 시바 요시노부, 『중국도시사』, 123쪽.

44) 劉石吉, 『明淸時代江南市鎭硏究』, 123쪽 참조.

45) 弘治, 『吳江志』 卷2 「市鎭」, "縣市在吳淞江上, 西濱太湖, 去郡城盤門四十五里 …… 舊經云, 城無十里之方市, 無千家之聚. 今民生富庶城內外接棟, 而居者烟火萬井, 亭榭與釋老之宮, 掩映如畫, 其 運河支河貫注入城, 屈曲旁通, 舟楫甚便. 其城內及四門之外, 皆市廛闤闠, 商賈輻輳, 貨物騰涌, 壟斷之人居多." 여기에서도 현시는 기본적으로 상설시였다는 점을 알 수 있다.

46) 葉夢珠, 『閱世編』 卷2 「學校」 5.

47) 일례로 성택과 엄묘, 노허는 모두 홍치연간에 '촌'이었는데, 가정연간에 성택과 엄묘는 시가 되었고, 건륭연간에 성택과 노허는 '진'으로 승격하였으며, 엄묘는 여전히 시의 상태였으나 도리어 동치연간에 엄묘는 하락하여 촌이 되었다. 劉石吉, 『明淸時代江南市鎭硏究』, 126쪽 참조.

48) 乾隆, 『震澤縣志』 卷4 「疆土」 「鎭市村」.

49) 民國, 『嘉定縣續志』 卷1 「疆域志」 「市鎭」.

50) 民國, 『嘉定縣續志』 卷1 「疆域志」 「市鎭」. 스키너에 따르면 중국 농촌에서는 하루 종일 열리는 시장은 매우 드물고 단지 몇 시간 동안 열렸다고 한다. W. 스키너, 양필승 옮김, 『중국의 전통시장』, 신서원, 2000, 41쪽.

51) 劉石吉, 『明淸時代江南市鎭研究』, 120~127쪽 참조.

52) 石原潤, 『定期市の硏究』, 名古屋大學出版會, 1987, 163쪽.

53) 天野元之助, 『中国農業の諸問題』 下, 76~77쪽. 한편 강남지역과 달리 명대부터 청 말까지 화북 농촌지역에서는 정기시를 중심으로 교역이 발전하였다. 야마네 유키오山根幸夫에 따르면 현성 내에서 열리는 것은 성집城集, 향촌에서 열리는 것은 향집鄕集으로 나뉜다고 하고, 성집은 매일 열리는 경우가 많은데 향집은 격일부터 매우 다양하였다고 한다. 나아가 그는 상업 활동이 활발한 시집(=대집)과 그렇지 못한 시집(=소집)으로 구분했다. 山根幸夫, 1995, 제1장 참조. 광동지역 역시 정기시가 가장 발전한 지역으로 꼽히는데, 불산진의 경우를 제외하고 광동지역에는 격일로 열리는 정기시를 다수 찾을 수 있지만 아직까지 상설시까지 발전하지는 않았다고 생각된다. 天野元之助, 『中国農業の諸問題』 下, 80쪽 참조.

54) 天野元之助, 『中国農業の諸問題』 下, 98쪽.

55) 石原潤, 『定期市の硏究』, 145쪽. 반면 조선시대 후기 하삼도下三道와 경기도의 경우 장시권의 평균면적이 100㎢, 장시로부터 멀리 떨어져 있더라도 거의 20리(10km) 정도였다(이헌창, 1994, 7쪽). 이렇게 본다면 조선 후기 정기시의 긴밀도는 청대보다도 오히려 명대의 사례에 더 가깝다고 생각된다.

56) 斯波義信, 『중국도시사』, 210쪽.

57) 1920년대 중국 농촌에 대한 로싱 벅의 조사에 따르면 특히 연해지역의 농산물 상품화율은 52.6%에 달했다고 한다. J. L. Buck, *Chinese Farm Economy: a Study of 2866 Farms in Seventeen Localities and Seven Provinces in China*, Nanking, 1930, p. 199 참조. 반면 1930년대 일본의 상품화율은 각각 대경영 35.3%였으나 소경영은 53.2%였다고 한다. 栗原百壽, 『日本農業の基礎構造』, 農山漁村文化協會, 1980, 221쪽 참조.

58) 森正夫, 「明淸時代江南三角洲的鄕鎭志與地域社會-以淸代爲中心的考察」, 『中華民國史專題論文集第五屆硏討會』 제1책, 國士館, 2000.

59) Gilbert Rozman, *Urban Networks in Ch'ing China and Tokugawa Japan*, Princeton University Press, 1974, p. 273, p. 218.

60) G. W. Skinner, "Regional Urbanization in Nineteenth Centry China", in *The City in Late Imperial China*, Stanford University Press, 1977, p. 229. 오승명 역시 청 전기 도시화율을 5% 정도로 추산했다(吳承明, 『中國的現代化: 市場與社會』, 三聯書店, 2001, 152쪽). 스키너에 따르면 전체 중국의 도시화율은 1843년 5.1%, 1893년 6.0%였다. 지역별 도시화율은 표 참조.

청말 중국의 지역별 도시화율 (단위: %)

지역	1843	1893	지역	1843	1893
① 장강 하류	7.4	10.9	⑤ 장강 중류	4.5	5.2
② 영남	7.0	9.7	⑥ 북중국	4.2	4.8
③ 동남 연해	5.8	6.4	⑦ 장강 상류	4.1	4.7
④ 북서 중국	4.9	5.4	⑧ 운남·귀주	4.0	4.5

* 출처: 스키너, 1977, 229쪽.

61) 劉石吉, 『明淸時代江南市鎭硏究』, 136쪽.

62) 시바 요시노부, 『중국도시사』, 306쪽.

63) 홍성화, 「청대 전기 강남지역 농촌 면방직업의 선대제 생산에 대하여」, 『명청사연구』 9, 1998.

64) 錢泳, 『履園叢話』 卷23, 「雜記」 上, 「換棉花」.

65) W. 스키너, 『중국의 전통시장』, 55쪽.

66) 安良城盛昭, 『幕藩体制社会の成立と構造』, 有斐閣, 1986. 安良城은 특히 「太閤檢地の歷史的意義」에서 타이코 켄치太閤檢地 이전의 일본 사회를 장원제하의 가부장적 노예제 사회(=중세)로 파악하고, 태합검지를 통하여 장원제가 해체되어 소농민 경영이 자립하는 계기가 되었으며, 기존의 중층적 토지소유관계가 영주와 농민 양자로 재편됨으로써 봉건제=막번체제가 성립되어 일본 사회가 근세로 진입했다고 평가했다.

67) 大石愼三郞, 「藩域經濟圈の構造-信州上田藩の場合」, 『商経法論叢』 12-3, 1962.

68) 山口啓二·佐々木潤之介, 『体系·日本歷史』 4, 日本評論社, 1971, 80쪽.

69) 大岡敏昭, 『武士の絵日記 幕末の暮らしと住まいの風景』 角川ソフィア文庫, 2014, 28쪽.

70) 伊藤好一, 『近世在方市の構造』, 隣人社, 1967.

71) 岡村治, 「寄居六齋市の構成: 寛永期市定を史料に用いて」, 『歷史地理学調査報告』 6, 1994.

72) 가와카츠 마모루川勝守 역시 강남지역의 도시적 집락(=진)은 에도시대 자이고마치과 유사하다고 지적한 바 있다. 川勝守, 『明淸江南市鎭社會史硏究』, 683쪽.

73) 宮本又郞·上村雅洋, 「德川經濟の循環構造」, 速水融·宮本又郞 編, 『日本經濟史Ⅰ-經濟社會の成立 17~18世紀』, 岩波書店, 1988.

74) 齋藤修, 「大開墾·人口·小農經濟」, 速水融·宮本又郞 編, 1988.

75) 홍성화, 「19세기 淸朝의 경제성장과 위기」, 『역사학보』 232, 2016.

76) Gilbert Rozman, *Urban Networks in Ch'ing China and Tokugawa Japan*.

77) 16세기 잉글랜드는 동시대 중국과 유사하게 농촌시장이 발달했지만, 시간이 지날수록 농촌시장의 숫자는 감소했다. 徐浩, 『18世紀的中國與世界: 農民卷』, 遼海出版社, 1999, 207~208쪽 참조.

78) 사이토 오사무, 박이택 옮김, 『비교경제발전론-역사적 어프로치』, 해남, 2013, 175쪽. 한편 자오강趙岡에 따르면 각각의 도시화율은 잉글랜드(1801) 30.6%, 일본(1868) 16.5%, 중국(1893) 7.7%라고 추산했다. 徐浩의 설명에 따르면, 1만 명 이상의 도시 인구가 차지하는 비율이 1750년대 17%였는데, 1801년 23%, 1851년에는 37%에 달하였다고 한다. 徐浩, 『18世紀的中國與世界: 農民卷』, 237쪽.

79) Gilbert Rozman, *Urban Networks in Ch'ing China and Tokugawa Japan*, p. 273, p. 218. 앞서 각주 60)에서 보듯이 스키너의 연구에서도 중국 전체의 도시화율은 각각 1843년 5.1%, 1893년 6.0%였다. 그렇다면 농촌시장의 보급이 활발해졌는데도 도시화율이 낮은 것은 어째서일까? 시바 요시노부에 따르면 시진이 인구가 증가했다고 하더라도 하위 시진의 경우 인구 규모가 작기 때문에 도시화율에 영향을 주지 못했다고 한다(시바 요시노부, 『중국도시사』, 120쪽). 그밖에도 만약 정기시가 농촌 구석구석까지 확대되지 않았다면 농민들이 시장에 접근하기 위하여 도시부로 이주하지 않을 수 없었을 텐데, 농촌시장이 확대되어 그럴 필요가 없어졌다고 할 수 있다. 즉 농촌시장의 확대가 반대로 도시로의 인구이동을 어느 정도 억제하는 기능도 하지 않았을까 생각된다. 이렇게 보면 정기시가 축소되기 시작한 일본 에도시대나 잉글랜드가 도리어 도시화율이 높아진 것도 충분히 설명될 수 있을 것이다.

80) 시바 요시노부, 『중국도시사』, 268쪽.

81) 趙岡, 『中國城市發展史論集』, 140~143쪽.

82) F. W. Mote, "A Millenium of Chinese Urban History: Form, Time, and Space Concepts in Soochow", Robert A. Kapp, ed., *Rice University Studies: Four Views on China*, 59-4, 1973.

83) 개별 시장권의 분산성은 시장 통합도가 낮은 현상과도 연결된다고 생각된다. 시바 요시노부는 행정도시의 서열화와 진 이하 지역마을의 서열화가 도시화의 산물이면서도 하나의 상하 체계로 연결되어 있지 않으며, 나아가 중국 도시체제가 단일한 통합 체제를 이루지 않았다고 서술했다. 시바 요시노부, 『중국도시사』, 63쪽, 118쪽 참조.

84) 重田德, 『淸代社會經濟史硏究』, 岩波書店, 1975, 27쪽. 한편 葉夢珠, 『閱世編』卷1「水利」에서는 다음과 같이 서술했다. "崇禎十四年(1641) …… 蓋松民貿利, 半仰給於織紡. 其如山左荒亂, 中州糜爛 …… 布商裵足不至, 松民惟有立而待斃, …… 商旅不行, 物價騰湧." 그리고 嘉慶『珠里小志』卷1「界域」에서도 "商賈雲集, 貿販甲于他鎭. …… 朱家角, 商賈湊聚, 貿易花布. 京洛標客, 往來不絶, 今爲巨鎭"이라고 했다. 즉 강남지역의 소농들은 면방직업을 부업으로 살아갔는데, 그 판매는 강남지역 내의 수요가 아니라, 객상客商들에 의한 외부 수요에 대응하기 위한 것이었다. 반대로 호남 등의 미곡 식량 역시 지역 내에서 자급자족이 아니라 객상들이 호남지역의 미곡을 구입하여 강남지역에 판매함으로써 유지될 수 있었다. 즉 공급과 소비가 지역 시장권 안에서 충족되지 않고 외부 수요를 위한 생산과 유통이 이루어진 개방적 시장구조였다. 기시모토 미오는 호남지역이 '지주적 시장'이라면, 반면 강남지역은 생산자가 판매자로 직접 시장에 나선다는 점에서 양자 간에 차이가 있으며, 두 지역 모두 개방적 시장구조라는 점에서 공통적이라고 지적했다. 나아가 이러한 청대의 개방적 시장구조와 해외에서의 은 유입의 관계를 논했다. 기시모토 미오에 따르면 명 중기 이후, 개방적 시장구조로 인하여 외부의 화폐 수요에 의지하지 않을 수 없게 되었으며, 중국으로 막대한 은이 유입된 현상의 배후에는 이러한 개방적인 시장구조가 존재했다고 지적했다. 岸本美緖, 1997, 260~263쪽 참조.

85) 山本博文, 『參勤交代』, 講談社, 1998.

86) 鈴木浩三, 『江戶商人の經營と戰略』, 日本経済新聞出版社, 2013 참조.

87) Wang Yeh-chien, "Secular Trends of Rice Prices in the Yangzi Delta", 1638~1935, Rawski and Li eds., *Chinese History in Economic Perspective*, University of California Press, 1992, pp. 52~54.

88) 宮本又郎, 『近世日本の市場經濟』, 有斐閣, 1988, 398쪽.

89) 홍성화, 「청중기 전국시장과 지역경제」, 『역사와 세계』48, 2015.

90) 徐新吾, 「中國和日本棉紡織業資本主義萌芽的比較硏究」, 『歷史硏究』, 1981-6.

91) 사이토 오사무(齋藤修), 박이택 옮김, 『비교경제발전론─역사적 어프로치』.

92) 齋藤修, 『プロト工業化の時代─西欧と日本の比較史』, 日本評論社, 1985.

93) 가지무라 히데키의 연구에 따르면, 18세기 이래 조선에서는 목면이 1,500여 개 시장(정기시)에서 판매되는 주요한 상품 가운데 하나였다고 한다(141~142쪽). 면작을 하지 않으면서 시장에서 면화를 구입하여 자급용이나 면포를 직조하는 농민들도 상당수 있었다고 한다(168쪽). 다만 이러한 경우에도 가내부업적 가내수공업(170쪽)으로 농민들은 완성된 면포를 구입하기보다는 면화를 구입하여 면포를 직접 제조하려는 경향이 강했다고 하며, 이에 대해서 "자급자족 체제를 유지하기 위한 상품 교환이 행해졌다"(169쪽)고 가지무라는 평가했다. 이 점은 청대 강남지역의 면포 생산과 많은 측면에서 유사하며 많은 시사점을 내포한다. 梶村秀樹, 「이조 말기 면업의 유통 및 생산구조」, 『한국근대경제사 연구: 이조 말기에서 해방까지』, 사계절, 1983 참조.

94) トマス C. スミス, 大島真理夫譯, 『日本社会史における傳統と創造—工業化の内在的諸要因1750~1920年』, ミネルヴァ書房, 2002, 제1장 「前近代經濟成長」 참조.

95) 高橋美由紀, 『在郷町の歴史人口学—近世における地域と地方都市の發展』, ミネルヴァ書房, 2005.

96) 伊藤好一, 『近世在方市の構造』, 隣人社, 1967, 「結語」. 에도시대 정기시 쇠퇴의 원인에 대한 모리야 요시미守屋喜美의 연구에 따르면, 정기시를 지탱하던 농촌지역의 소야庄屋 계층 등의 유력 농민들[豪農層]이 조카마치로 유입되어 점포 상인으로 변신하였기 때문에 정기시가 쇠퇴하였다고 지적하였다. 이는 유력 농민층이 영주 권력에 포섭되는 과정을 보여준다고 할 수 있다. 守屋喜美, 「近世後期商品流通研究の一前提」, 『歴史學研究』, 276, 1963 참조. 이런 의미에서 에도시대 농촌은 촌락공동체 사회였다고 할 수 있는 반면 동시대 중국은 '기층시장권'을 중심으로 한 시장 사회(W. 스키너, 『중국의 전통시장』, 72쪽)였다고 할 수 있다. 16세기 중엽 농촌시장[市鎭]의 확대와 보급은 명 초 촌락 중심 사회에서 시장중심 사회('시장 공동체')로 변모시킨 가장 중요한 계기였다. 또한 스키너는 근대 시기에 들어와서 기층시장권이 점차 소멸됨에 따라 근대 시기에는 이전의 기층시장권을 중심으로 한 사회에서 촌락 중심 사회로 다시 변모했다고 지적했다(W. 스키너, 2000, 146~147쪽). 명 초 농촌사회의 구조에 대해서는 伊藤正彦, 『宋元郷村社会史論』, 汲古書院, 2010, 終章 「明初里甲制体制の歴史的特質−宋元史研究の視角から」 참조. 중국 근세 이후 시장과 농촌 공동체에 대한 여러 논의에 대해서는 安冨歩·深尾葉子, 「研究フォーラム 市場と共同体−中国農村社会論再考」, 『歴史と地理』 581, 2005 참조.

97) 佐藤常雄·大石慎三郎, 『貧農史觀を見直す』, 講談社, 1995 91쪽. "에도시대의 봉건사회를 가장 단적으로 나타내는 시스템은 재(在, 촌)와 정(町, 도시)의 분리"라고 한다.

98) 徐浩, 「18世紀的中國與世界: 農民卷」, 241~242쪽.

99) 伊藤好一, 「江戸地廻り経済の展開」, 柏書房, 1966.

100) W. 스키너, 「중국의 전통시장」, 134쪽, 135쪽.

101) 姜守鵬, 「明淸社會經濟結構」, 東北師範大學出版社, 1992, 167~171쪽.

102) 中村哲, 「江戸後期における農村工業の發達-日本経済近代化の歴史的前提としての」, 「經濟論叢」140, 1987, 6쪽.

103) 山本進, 「開港以前の中国棉紡織業─日本との技術比較を中心に─」, 「歴史の理論と教育」69, 1987, 20쪽.

104) 谷本雅之, 「日本における在来的經濟發展と織物業-市場形成と家族經濟」, 名古屋大学出版會, 1998.

105) 徐新吾, 「鴉片戰爭前中國棉紡織手工業的商品生産與資本主義萌芽問題」, 江蘇人民出版社, 1981.

106) 이 점은 제사업의 경우에서도 마찬가지로 확인할 수 있다. 徐新吾·韋特孚, 「中日兩國繰糸工業資本主義萌芽的比較研究」, 「歷史研究」, 1983-6 참조.

107) 후스胡適(1891~1962)는 그의 자전自傳에서 조상이 휘주부 적계현 출신 차상茶商인데 타향의 촌락에 가서 점포를 열고 확장하여 작은 촌락을 '소시진小市鎭'으로 변모시키곤 했다고 했다. 즉 전형적인 외부수요에 따른 농촌시장 확대 과정이라고 할 수 있다. 그렇지만 150여 년 동안 여전히 상해현 주변 천사진에서 가족끼리 영업하는 작은 차상의 규모를 결코 벗어날 수 없었고, 자본금도 100량 수준에 불과하였다. 일반적으로 100량 정도는 청대에서 흔히 중인中人의 재산(葉夢珠, 「閱世編」「學校」1)으로서 특정 지역의 시장 네트워크를 장악할 정도로 결코 성장하지 못했다. 이런 후씨胡氏 차상이 근대 시기 이후 상해로 이주한 뒤 크게 성장하여 자본금이 약 3,000량까지 성장할 수 있었다고 그는 회고했다(胡適, 「胡適自傳」「故鄕和家庭」). 아마도 이러한 후씨 차상이 극적으로 변화한 배경에는 분산적인 농촌시장 네트워크와 근대적이고 집중적인 상해의 시장 네트워크에서 오는 차이가 있었다고 할 수 있다. 근대 상해지역의 기업활동과 유통구조에 대해서는 久保亨, 「戰間期中國の綿業と企業經營」, 汲古書院, 2005, 제2장「上海新裕(溥益)紡-技術者主導の經營改革」참조.

108) 홍성화, 「청대전기 강남지역 농촌 면방직업의 선대제 생산에 대하여」 참조.

109) 葉夢珠, 「閱世編」卷7「食貨」4 "吾邑地産木棉, 行於浙西諸郡, 紡績成布, 衣被天下, 而民間賦稅, 公私之費, 亦賴以濟, 故種植之廣, 與粳稻等."

110) 「閱世編」卷4「名節」2에서는 남편을 잃은 교씨喬氏 사례에서, 교씨가 남편이 죽은 뒤에 자

신의 재산을 모두 친척에게 나누어주었지만 방직업을 몇 년 한 뒤 자급하기에 충분한 재산을 갖게 되었다는 사례(數載紡績之餘, 稍置田產以供饘粥)를 서술했다. 청 말 도후의 『조핵租覈』에서는 소작농이라도 온 가족이 열심히 일하면 고용노동보다 낫다는 서술을 했다. 陶煦, 『租覈』「量出入」, "佃農而一家, 夫耕婦饁, 視傭耕者爲勝." 청대 강남지역의 면방직업 수익에 대해서는 方行, 「淸代江南農民棉紡織的平均收益」, 『中國經濟史硏究』, 2010-1기 참조.

111) R. 벨라, 『도쿠가와 종교 - 일본근대화와 종교윤리』 참조.

112) 太田健一, 「幕末における農村工業の展開過程: 岡山藩児島地方の場合」, 『土地制度史學』 2-2, 1960; 內田豊士, 「岡山県南部地域における農民層の分解」, 『岡山大学大学院文化科学研究科紀要』 13-1, 2002.

113) 中村哲, 「江戸後期における農村工業の發達-日本経済近代化の歴史的前提としての」, 6~7쪽.

114) 徐新吾, 「中國和日本棉紡織業資本主義萌芽的比較研究」.

6장

1) 이에 관한 연구사의 개괄은 문명기, 「근대 일본 식민지 통치모델의 전이와 그 의미-'대만모델'의 관동주·조선에의 적용 시도와 변용」, 『중국근현대사연구』 53집, 2012, 199~201쪽 참조. 좀 더 최근의 연구 동향을 파악하기 위해서는 日本植民地硏究會 編, 『日本植民地硏究の論點』, 岩波書店, 2018의 관련 장절 참조.

2) 松田利彦, 「近代日本植民地における'憲兵警察制度'に見る'統治樣式の遷移-朝鮮から關東州·滿洲國'へ」, 『日本研究』(國際日本文化研究センター) 35, 2007.

3) 예컨대 문명기, 「식민지 '문명화'의 격차와 그 함의-의료부문의 비교를 통해 보는 대만과 조선의 '식민지근대'」, 『한국학연구』(고려대학교 한국학연구소) 46호, 2013; 문명기, 「일제하 대만·조선 공익제도 비교 연구-제도운영과 그 효과」, 『의사학』 23-2, 2014; 문명기, 「일제하 대만·조선 공의제도에 대한 비교사적 접근-제도외적 측면을 중심으로」, 『한국학논총』(국민대학교 한국학연구소) 42집, 2014 등은 의료위생 부문에서 동일한 제도가 어떻게 상이한 통치효과를 낳았는지를 분석했다.

4) 遠藤正敬, 「滿洲國統治における保甲制度の理念と實態-'民族協和'と法治國家という二つの國是をめぐって」, 『アジア太平洋討究』 20, 2013, 39쪽.

5) 邱玟慧, 「淸代閩臺地區保甲制度之硏究(1708~1895)」, 國立臺灣師範大學 歷史學硏究所 碩士學位論文, 2007, 152~153쪽.

6) 만주국 보갑제와 민국 보갑제의 도입에 관해서는 본문에 맡긴다. 중국 남부, 해남도, 필리 핀에서의 실시 상황에 대해서는 中村哲, 「植民地統治組織としての保甲制」, 中村哲, 「植 民地統治法の基本問題」, 日本評論社, 1943, 157쪽, 161~162쪽 참조. 중일전쟁 기간 일본 점령지역, 예컨대 상해의 사례에 대해서는 張濟順, 小濱正子 譯, 「近代に移植された傳統 -日本軍政下上海の保甲制度」, 「近きに在りて」 28호, 1995, 27~28쪽 참조. 관동주의 사례 에 대해서는 「馬賊ノ情勢其他レカ警戒ニ關シ關東都督府民政長官報告ノ件」(公文雜纂· 明治四十參年·第一卷·內角一), 明治 43年 9月 27日(JACAR) 참조.

7) 邱玟慧, 「淸代閩臺地區保甲制度之硏究(1708~1895)」, 39쪽.

8) 이때 강희제는 장정에 부과되는 정은 총액을 1711년 현재의 정액 약 335만 냥으로 고정한다 (구범진, 「명·청 시기 세역의 은납화와 은 재정의 '함정'」, 「관악사론」 제2집, 2016, 39쪽).

9) 송정수, 「향촌조직」, 오금성 외, 「명청시대 사회경제사」, 이산, 2007, 121쪽.

10) 戴炎輝, 「淸代臺灣之鄕治」, 聯經, 1979, 79쪽에 따르면 대만의 경우 건륭 30년(1765) "대만 에 대해서는 지방관에 명하여 보갑을 편성하라"는 중앙정부 지시가 있었고, 가경 이후 간헐 적으로 보갑을 재조사했지만, 제대로 실행되지는 못하여 유명무실해졌다.

11) 邱玟慧, 「淸代閩臺地區保甲制度之硏究(1708~1895)」, 18~19쪽, 45쪽.

12) 聞鈞天, 「民國時期保甲制度硏究」, 262쪽.

13) 청대 보갑제에 관한 연구동향은 邱玟慧, 「淸代閩臺地區保甲制度之硏究(1708~1895)」, 3~28쪽에 잘 정리되어 있다.

14) 邱玟慧, 「淸代閩臺地區保甲制度之硏究(1708~1895)」, 35~36쪽.

15) 聞鈞天, 「民國時期保甲制度硏究」, 260쪽에서는 경찰, 세수 및 호구 재조사 삼자는 서로 맞 물리면서 일종의 '연쇄관계'에 있었다고 표현했다. 다만 세수는 대체로 지방관들이 보갑과 는 무관한 서리나 아역衙役·지보地保 등을 동원하여 해결했으므로 경찰이나 호구 재조사 에 비하면 보갑제와 직접적 연관성은 떨어지는 편이다.

16) 金鐘博, 「明末淸初期 里甲制의 폐지와 保甲制의 시행」, 「中國史硏究」 19집, 2002, 161~162쪽, 201~203쪽. 탄정입지의 전국적 시행은 인두세의 제도적 소멸이라는 중요한 의미가 있었다(구범진, 「명·청 시기 세역의 은납화와 은 재정의 '함정'」, 39쪽).

17) 邱玟慧, 「淸代閩臺地區保甲制度之硏究(1708~1895)」, 51~52쪽.

18) 같은 글, 166~167쪽.

19) 같은 글, 260~271쪽.

20) 이 점에 대해 戴炎輝, 『淸代臺灣之鄕治』, 81쪽은 전체 인구에 대해 행한 것이 아니라 보갑제 운영상 핵심적 역할을 수행하던 총리나 간호墾戶에 대해 행한 것이라고 해석했다.

21) 聞鈞天, 『民國時期保甲制度硏究』, 263~264쪽.

22) 황육홍은 2급제에 의한 편성보다 3급제(=1,000호 단위)로 편성해야 한다고 주장했는데, 이는 상호 구원이나 공동방위에서 대규모 조직이 좀 더 유리했기 때문이다(송정수, 「향촌조직」, 114쪽).

23) 邱玟慧, 위의 글, 208~212쪽.

24) 崑岡 等修, 劉啓瑞 等纂, 『(光緖朝)欽定大淸會典事例(九)』, 卷158(戶部·戶口·保甲), 3b/7146쪽, 邱玟慧, 위의 글, 50쪽에서 재인용.

25) 邱玟慧, 위의 글, 69~86쪽.

26) 같은 글, 54~56쪽.

27) 『복건성례福建省例』에 따르면 '근신노성勤愼老成'하고 '신가은실身家股實'하며 '인민이 신복信服하는 인물'을 보내어 신민紳民이 공거公擧하여 충당하게 되어 있었다(戴炎輝, 『淸代臺灣之鄕治』, 82쪽).

28) 邱玟慧, 위의 글, 60~61쪽.

29) 물론 보수가 지급되는 경우가 없지는 않았다. 하지만 이는 유사시에 임시적으로 편성되는 보갑국 운영에서나 가능한 일이었다(邱玟慧, 위의 글, 59쪽).

30) 邱玟慧, 위의 글, 61쪽. 대만의 경우, 보갑 간부는 차역差役으로 간주되지 않도록 규정되어 있었지만, 지방관은 이들을 사실상 노복으로 간주하는 경우도 적지 않았다. 이 때문에 어느 정도 지위가 있는 집에서는 보갑 간부에 나아가려 하지 않는 경우가 생겼고, 그 결과 실제 임명된 자들 중에는 '시정의 무뢰'가 없지 않았다(戴炎輝, 『淸代臺灣之鄕治』, 86~88쪽).

31) 邱玟慧, 앞의 글, 57~58쪽.

32) 1886년 개간 집단인 김광복金廣福의 사례에 대해서는 吳學明, 『金廣福墾隘硏究』(上), 新竹縣立文化中心, 2000, 110~116쪽을 참조. 청 말 대만의 망족인 무봉霧峰 임가林家의 사례에 대해서는 문명기, 「淸末 臺灣의 番地開發과 族群政治의 終焉」, 『중국근현대사연구』 30집, 2006, 89~90쪽 참조. 역시 청 말 대만의 망족인 판교板橋 임가林家의 사례에 대해서는 王世慶, 『淸代臺灣社會經濟』, 聯經, 1994, 565~567쪽 참조.

33) 단련은 대만의 경우 함풍연간에 본격적으로 보급되었다. 단련은 보갑의 방위력을 강화하기 위해 보갑과 짝을 이뤄 시행되었다. 즉 보갑을 기초로 하여 각 호에서 단용團勇을 차출하고

이들에게 군사훈련을 시켜 지역을 방위하게 함으로써 관군의 부족을 보완했다. 따라서 단련은 본질적으로 민병과 유사했다(戴炎輝, 「淸代臺灣之鄕治」, 89쪽).

34) Ching-Chih Chen(陳淸池), "The Japanese Adaptation of the Pao-Chia System in Taiwan, 1895~1945", *The Journal of Asian Studies*, Vol. 34, No 2, 1975, p. 412.

35) 洪秋芬, 「日據初期臺灣的保甲制度(1895~1903)」, 『中央硏究院近代史硏究所集刊』 21, 1992, 451쪽.

36) 中島利郞·吉原丈司 編, 『鷲巢敦哉著作集 Ⅲ』, 綠蔭書房, 2000(원제: 鷲巢敦哉, 『臺灣保甲皇民化讀本』, 臺灣警察協會, 1941[제3판]), 120쪽. 와시즈 아쓰야(1896~1942)에 대한 간략한 설명은 鍾淑敏, 「臺灣警察界第一寫手―鷲巢敦哉」, 『臺灣學通訊』 88, 2015, 8~9쪽 참조.

37) 矢內原忠雄, 『帝國主義下の臺灣』, 岩波書店, 1988(1929), 120쪽, 175쪽.

38) 문명기, 「일제하 대만·조선 공의제도에 대한 비교사적 접근―제도외적 측면을 중심으로」, 『한국학논총』(국민대학교 한국학연구소) 42집, 2014, 331~340쪽.

39) 蔡龍保, 『殖民統治之基礎工程―日治時期臺灣道路事業之硏究(1895~1945)』, 國立臺灣師範大學 歷史系, 2008, 255~256쪽은 도로 건설에 보갑민이 대거 동원된 결과, 시정촌도市町村道 이상의 단위면적당 도로는 대만과 조선이 1:0.27, 시정촌도 이상의 인구 1,000명당 도로는 1:0.36으로 대만이 3배였다는 점을 제시했다.

40) 문명기, 「일제하 대만 보갑제도의 재정적 효과, 1903~1938」, 『중국근현대사연구』 75, 2017, 21쪽.

41) 洪秋芬, 「日治初期葫蘆墩區保甲實施的情形及保正角色的探討(1895~1909)」, 237~239쪽.

42) 邱玟慧, 「淸代閩臺地區保甲制度之硏究(1708~1895)」, 61쪽; 王興安, 「殖民統治與地方精英―以新竹·苗栗地區爲中心(1895~1935)」, 國立臺灣大學 碩士學位論文, 1999, 61~62쪽.

43) 臺灣總督府 警務局 編, 『臺灣總督府警察沿革誌(二)』, 1933, 640~644쪽.

44) 臺灣總督府, 『民政事務成績提要』(第22編, 1916年分), 1917, 362~363쪽.

45) 蕭明治, 「日治時期臺灣煙酒專賣經銷商之硏究」, 167~180쪽.

46) 같은 글, 184~192쪽.

47) 持地六三郞, 『臺灣殖民政策』, 富山房, 1912, 79~80쪽; 藍奕靑, 『帝國之守―日治時期臺灣的郡制與地方統治』, 國史館, 2012, 49~53쪽.

48) 이 표에 대한 상세한 설명은 문명기, 「대만·조선의 '식민지근대'의 격차―경찰부문의 비교를 통하여」; 「일제하 대만·조선 공의제도에 대한 비교사적 접근―제도외적 측면을 중심으로」; 「일제하 대만 보갑제도의 재정적 효과, 1903~1938」 등에 맡긴다.

49) 민족문제연구소 편, 『일제하 전시체제기 정책사료총서』(제국의회설명자료, 제2권), 한국학

술정보, 2000, 218쪽.

50) 문명기, 「일제하 대만 보갑제도의 재정적 효과, 1903~1938」 7~8쪽.

51) 張立彬, 「日據時期臺灣城市化進程硏究」, 東北師範大學 碩士學位論文, 2004, 16쪽과 20쪽에 따르면 식민지시대 대만 도시 거주 인구의 비율은 1920년 18.4%에서 1941년 33.9%로 증가했다.

52) 臺灣總督府 警務局 編, 「保甲制度及附錄」, 36쪽.

53) 규정상 보갑연합회가 개최하는 회의에는 반드시 경찰관이 입회하도록 되어 있었다. 한 파출소 내에 몇 개 보를 묶어 보갑연합회를 설치하고, 이 연합회에 보갑사무소와 보갑서기를 두는 것이 일반적이었다. 실제로도 그렇게 운영된 점에 관해서는 蔡慧玉, 「保正·保甲書記·街莊役場─口述歷史(李金鎭·陳榮松·陳金和)」, 「臺灣史硏究」 2-2, 1995, 189쪽 참조.

54) 洪秋芬, 「日治前期臺灣保甲和街莊基層行政組織關係之探討─兼論滿洲國的保甲制度」, 14쪽. 이에 대한 생생한 사례에 대해서는 施添福, 「日治時代臺灣地域社會的空間結構及其發展機制─以民雄地方爲例」, 22쪽 참조.

55) 와시즈 아쓰야의 보갑제와 경찰의 관계에 대한 다음 언급은 그런 의미에서 시사하는 바가 크다. "경찰의 위신이 잘 서 있지 않으면 토비소탕이나 기타 사건에 보갑과 장정단이 큰 공헌을 할 수 없다는 점은 역사가 잘 증명하고 있다. …… 지방행정관의 위력이란 걸 거의 보지 못한 청나라 때 보갑이 부진했던 것은 당연하다"(中島利郞·吉原丈司 編, 「鷲巢敦哉著作集 Ⅲ」, 110쪽).

56) 藍奕靑, 「帝國之守─日治時期臺灣的郡制與地方統治」, 86~87쪽.

57) 持地六三郞, 「臺灣殖民政策」, 80쪽.

58) 臺灣總督府 警務局 編, 「保甲制度及附錄」, 41~47쪽.

59) 보갑 간부의 직무 관련 규정과 수행한 직무에 관해서는 洪秋芬, 「日治初期葫蘆墩區保甲實施的情形及保正角色的探討(1895~1909)」, 245~264쪽; 王學新, 「日治時期臺灣保甲制度的經濟分析」, 54~64쪽 등을 참조.

60) 臺灣總督府, 「民政事務成績提要」(1907年分), 1908, 91쪽.

61) 中島利郞·吉原丈司 編, 「鷲巢敦哉著作集 Ⅲ」, 綠蔭書房, 2000, 103쪽.

62) Ching-Chih Chen, "The Japanese Adaptation of the Pao-Chia System in Taiwan, 1895-1945", pp. 413-415는 경찰기구의 강화와 더불어 행정조직의 강화도 보갑제의 성공 요인으로 들었다. 구체적으로 보면, 1870년에 현 이하의 준semi행정기구로서 약 138개 보堡·리里가 존재한 반면 1900년대 초에는 450개 가장街莊이 존재했고, 이는 대만총독부가

현 이하 레벨의 행정체계인 가장을 만들어 공식적 관료기구로 편입함으로써 효과적인 행정적 통제를 가능케 했음을 의미한다.

63) 洪秋芬, 「日治前期臺灣保甲和街莊基層行政組織關係之探討－兼論滿洲國的保甲制度」, 中央研究院 臺灣史研究所 編, 『「日本帝國殖民地之比較研究'國際學術研討會論文集』, 2008 및 遠藤正敬, 「滿洲國統治における保甲制度の理念と實態－'民族協和'と法治國家という二つの國是をめぐって」 등.

64) 만주국 보갑제에 관한 연구가 국내에서도 발표되었고(윤휘탁, 「滿洲國' 時期 日帝의 對民支配의 實相－保甲制度와 관련하여」, 『東亞硏究』 30, 2013), 風間秀人, 「農村行政支配」 淺田喬二·小林英夫 編, 『日本帝國主義の滿洲支配』, 時潮社, 1986도 참고가 된다.

65) 加藤豊隆, 『滿洲國警察小史－滿洲國權力の實態について』, 財團法人 滿蒙同胞援護會 愛媛縣支部, 1968, 98쪽.

66) 中島利郎·吉原丈司 編, 『鷲巢敦哉著作集Ⅲ』, 綠蔭書房, 2000(原題는 鷲巢敦哉, 『臺灣保甲皇民化讀本』, 臺灣警察協會, 1941[제3판]), 133쪽; 遠藤正敬, 「滿洲國統治における保甲制度の理念と實態」, 41쪽.

67) 洪秋芬, 「日治前期臺灣保甲和街莊基層行政組織關係之探討－兼論滿洲國的保甲制度」, 14쪽; 遠藤正敬, 「滿洲國統治における保甲制度の理念と實態」, 43쪽.

68) 遠藤正敬, 「滿洲國統治における保甲制度の理念と實態」, 44~46쪽.

69) 경비 면에서도 '현재 보갑경비는 대부분 실질적으로 자위단 봉급에 지출되어 그 액수는 현 예산에 필적할 정도'의 상황이 나타났다(風間秀人, 「農村行政支配」, 267쪽).

70) 和田喜一郎·橫地譽富, 「錦州省錦縣における農村行政組織と其の運營現態」, 『滿鐵調査月報』 17-3, 1937. 3, 30쪽.

71) 善生永助, 「濱江省阿城縣の保甲行政組織と其の運營狀態(一)」, 『滿鐵調査月報』 17-11, 1937. 11, 78쪽; 野間清·山本純愚, 「海城縣における農村行政組織と其の運營現態」, 『滿鐵調査月報』 17-3, 1937, 96쪽 등.

72) 野間清·山本純愚, 「海城縣における農村行政組織と其の運營現態」, 68~69쪽, 風間秀人, 「農村行政支配」 267쪽에서 재인용.

73) 윤휘탁, 「滿洲國' 시기 일제의 대민지배의 실상－보갑제도와 관련하여」, 233~235쪽; 風間秀人, 「農村行政支配」, 267쪽.

74) 예컨대 善生永助, 「濱江省阿城縣の保甲行政組織と其の運營狀態(一)」, 80쪽은 "단원의 일당도 전년도의 2엔을 9엔으로 증가시켰고, 태반이 직업적 자위단원으로서 오로지 훈련된

자만을 편성시키고" 있다고 보고했고, 野間淸·山本純愚, 「海城縣における農村行政組織と其の運營形態」, 97~98쪽 역시 직업적 자위단원을 없애는 방법으로 고안된 자위단원의 교대제나 무급제가 실제로는 엄격히 집행되지 않고 있음을 당국자 말을 빌려 보고했다.

75) 윤휘탁, 「滿洲國' 時期 日帝의 對民支配의 實相—保甲制度와 관련하여」, 246~247쪽.

76) 같은 글, 250~253쪽.

77) 吉林省公安廳公安史硏究室·東北淪陷十四年史吉林編寫組 編譯, 『滿洲國警察史』에 수록된 〈民間槍械彈藥回收統計表〉에 따르면 강덕 5년(1938)에는 무기류 22만 1,161정, 탄약 118만 1,865발, 강덕 6년(1939)에는 무기류 14만 3,047정, 탄약 75만 1,259발, 강덕 7년(1940)에는 무기류 10만 8,577정, 탄약 52만 9,987발 등이 회수된 것으로 보고되었다. 후기로 갈수록 무기류와 탄약의 회수량이 줄어들었지만, 그렇다고 해서 무기류와 탄약의 유입이 없었다고 단정하기는 곤란한 수치이다. 무기류와 탄약의 회수는 궁극적으로 비적의 활동을 억제하기 위함인데, 『滿洲國警察史』, 530쪽에 수록된 〈匪賊出現和討伐成果表〉에 따르면 대동원년(1932)에서 강덕 7년(1940)에 이르기까지 해마다 변동은 있지만 '비적' 출현은 지속적 현상이었다.

78) 이 표에 관련된 상세한 논증은 문명기, 「보갑의 동아시아—20세기 전반 대만·만주국·중국의 기층행정조직 재편과 그 의미」, 『중앙사론』 47집, 2018, 125~126쪽에 맡긴다.

79) 경찰비 a와 경찰비 b의 차이는, 경찰비 a가 국비만을 계상한 데 반해 경찰비 b가 성지방비와 현기비까지를 경찰비에 포함시킨 데서 오는 차이로 판단된다. 따라서 전체 경찰비를 생각할 경우에는 경찰비 b가 상대적으로 실제 지출된 경찰비에 가깝다고 판단된다. 다만 이는 추측에 불과하므로 여기서는 두 종류의 경찰비를 병렬한다.

80) 만주사변 이전 만주지역에는 이미 중국의 여타 지역에 비해 상당히 규모를 갖춘 경찰 조직이 정비되어 있었고(韓延龍·蘇亦工 等著, 『中國近代警察史』(上), 426~431쪽), 만주국 경찰 중 중국계 경찰관은 만주지역 각성의 각급 경찰관서의 경찰관을 거의 그대로 인수했다. 1931년 1월 만주지역의 경찰력 규모는 봉천성 2만 7,785명, 길림성 1만 6,510명, 흑룡강성 1만 1,408명, 열하성 5,857명, 합계 6만 1,560명이었고(吉林省公安廳公安史硏究室·東北淪陷十四年史吉林編寫組 編譯, 『滿洲國警察史』, 32쪽), 만주국이 인수한 중국계 경찰관 총수는 5만 9,533명에 달했다(윤휘탁, 「民族協和'의 허상—만주국 경찰의 민족 구성과 민족 모순」, 236~237쪽).

81) 물론 직접적으로 비교하기는 힘들지만 서울 금천경찰서를 포함한 2010년대 한국의 일개 경찰서의 인력 규모는 평균 200~300명이라고 한다.

82) 만주국을 제외한 지역의 경찰비는 〈표 2〉와 동일한 자료에 근거했고, 만주국의 경찰비는 〈표 4〉 만주국의 면적·인구와 경찰력·경찰비 중 '경찰비 b'의 값을 사용했다.

83) 吉林省公安廳公安史硏究室·東北淪陷十四年史吉林編寫組 編譯, 『滿洲國警察史』, 230~237쪽.

84) 이 표에 대한 상세한 논증은 문명기, 「보갑의 동아시아-20세기 전반 대만·만주국·중국의 기층행정조직 재편과 그 의미」 『중앙사론』 47집, 2018, 128~129쪽에 맡긴다.

85) 윤휘탁, 「'만주국' 시기 일제의 대민지배의 실상-보갑제도와 관련하여」, 219쪽.

86) 대만 경찰의 일상생활에서의 미시적 통제에 대한 설명은 문명기, 「대만·조선의 '식민지근대'의 격차-경찰부문의 비교를 통하여」, 83~85쪽 참조.

87) 1934년의 상황은 〈표 6〉 보갑제와 경찰(1934. 12)에 따름.

88) 1935년의 상황은 遠藤正敬, 『近代日本の植民地統治における國籍と戶籍-滿洲·朝鮮·臺灣』, 明石書店, 2010, 265쪽; 윤휘탁, 「'만주국' 시기 일제의 대민지배의 실상-보갑제도와 관련하여」, 224쪽(자위단원 항목)에 의거함.

89) 반면 보갑제의 조직 상황 자체는 1935년이 전성기였다고 한다(遠藤正敬, 「滿洲國統治における保甲制度の理念と實態」, 43~44쪽). 하지만 이미 살펴본 대로 1934년과 1935년의 조직 상황은 보위단원의 증가를 제외하면 대동소이했다.

90) 윤휘탁, 「'滿洲國' 시기 日帝의 대민지배의 실상-보갑제도와 관련하여」, 244~246쪽.

91) 楊華, 「南京國民政府時期山東保甲制度硏究(1928~1945)」, 『樂山師範學院學報』 25-7, 2010, 98쪽. 王先明, 「從自治到保甲: 鄕制重構中的歷史回歸問題-以20世紀三四十年代兩湖鄕村社會爲範圍」, 『史學月刊』 2008년 2기, 71~72쪽.

92) 遠藤正敬, 「滿洲國統治における保甲制度の理念と實態」, 40쪽.

93) 冉綿惠·李慧宇, 『民國時期保甲制度硏究』, 四川大學出版社, 2005, 61~62쪽.

94) 韓延龍·蘇亦工 等著, 『中國近代警察史』(下), 541쪽.

95) 「浙江警務視察報告」 『內政公報』 제8권 제14기(1935), 韓延龍·蘇亦工 等著, 『中國近代警察史』(下), 541쪽에서 재인용.

96) 冉綿惠·李慧宇, 『民國時期保甲制度硏究』, 59~60쪽.

97) 같은 책, 61~63쪽.

98) 『內政年鑑(警政篇)』, 361쪽.

99) 冉綿惠·李慧宇, 『民國時期保甲制度硏究』, 66쪽.

100) 『內政年鑑(警政篇)』, 366~400쪽.

101) 「剿匪區內各縣區公所組織條例」에 따르면 현과 보갑 사이를 연결함으로써 보갑제 추진의 '유력한 지주'로 규정된 구는 현마다 4개 이상 10개 이하로 설치하게 되어 있었고, 구공소에는 구장 1명, 구원 1~2명 및 구내의 '향망과 업무능력'을 갖춘 자를 구보조원으로 빙용할 수 있었다(『內政年鑑(警政篇)』, 364쪽).

102) 민국 원년, 즉 1912년의 호구 통계에 따르면 중국 전체의 호당 평균 구수는 5.5명이었고(『內政年鑑(警政篇)』, 404쪽), 민국 17년, 즉 1928년의 호구 통계에 따르면 호당 평균 구수는 5.242명이었다(『內政年鑑(警政篇)』, 412쪽).

103) 문명기, 「일제하 대만 보갑제도의 재정적 효과, 1903~1938」, 4쪽.

104) 冉綿惠 · 李慧宇, 『民國時期保甲制度硏究』, 73~121쪽에는 1937년의 보갑 관련 통계가 제시되어 있지만 여기서는 지면의 제한으로 생략한다.

105) 冉綿惠 · 李慧宇, 『民國時期保甲制度硏究』, 73~121쪽에 의거함. 강소성, 수원성, 남경시, 북평시는 일본군에 점령된 상태이기 때문에 1943년도 통계가 없다.

106) 葛劍雄 主編, 侯楊方 著, 『中國人口史(第6卷: 1910~1953), 復旦大學出版社, 2005의 제6장 (全國人口數字的來源和估計, 225~280쪽)에서는 민국연간에 행해진 몇 차례 인구 조사나 다양한 저술에서 제시된 민국시대 중국 인구 수치를 검토했는데, 민국연간의 '4만만동포四萬萬同胞'라는 관용구에서 보이듯이 대부분 자료나 저술이 민국연간의 인구를 4억 전후로 파악해왔다. 따라서 표에 제시된 중국 인구 2억 1,559만 33명은 실제 인구의 대략 절반에 해당한다.

107) 호구와 인구는 『內政年鑑(警政篇)』, 402~467쪽, 즉 1931년의 호구와 인구를 기준으로 했다.

108) 경찰인력과 경찰비는 中華民國內政部年鑑編纂委員會 編, 『內政年鑑(警政篇)』, 99~246쪽에 의거했고, 호구와 인구는 中華民國內政部年鑑編纂委員會 編, 『內政年鑑(警政篇)』, 402~467쪽에 의거했다(『內政年鑑(警政篇)』의 성시별 호구와 인구 통계는 주로 1931년도 조사 결과이다).

109) 1930년대 초 은원과 엔화의 환율 중 은원 항목은 朱瑩俊, 「1930년대 초 南京國民政府의 金換本位制 도입 시도와 그 의미」, 서울대학교 동양사학과 석사학위논문, 2013, 54쪽에 의거했고, 엔화 항목은 日本銀行調査局 編, 『本邦經濟統計』(昭和 7·8·9年)의 「외국위체상장급은괴상장外國爲替相場及銀塊相場」의 뉴욕(紐育, 전신) 항목의 '연중(환율)'에 의거했다.

110) 王先明, 「從自治到保甲: 鄕制重構中的歷史回歸問題-以20世紀三四十年代兩湖鄕村社會爲範圍」, 73쪽에 따르면 전체 경찰력의 부족도 문제이지만 도시와 농촌 간의 격차 역시 중대한 문제였다. 즉 청 말부터 경찰력은 성도나 상업도시 등 주요 도시에만 배치되고 "광대한 농촌에서의 경찰 배치는 극히 적었다. 도시와 농촌 경찰 분포의 불균형은 청 말 지방 경찰행

정 발전에서 가장 두드러진 문제"였으며, 민국연간에 들어서도 상황은 거의 바뀌지 않았다.

111) 王先明, 「從自治到保甲: 鄕制重構中的歷史回歸問題-以20世紀三四十年代兩湖鄕村社會爲範圍」, 72쪽; 冉綿惠, 『民國時期四川保甲制度與基層政治』, 社會科學文獻出版社, 2010, 51~52쪽 등.

112) 劉魁·曾耀榮, 「民國時期保甲長群體構成與人事嬗遞」, 『求索』 2016년 7기, 163쪽.

113) 劉魁·曾耀榮, 「民國時期保甲長群體構成與人事嬗遞」, 164~165쪽; 王先明, 「從自治到保甲: 鄕制重構中的歷史回歸問題-以20世紀三四十年代兩湖鄕村社會爲範圍」, 74쪽; 張濟順, 小濱正子 譯, 「近代に移植された傳統-日本軍政下上海の保甲制度」, 35쪽 등.

114) 필자에게는 보갑제 운영의 불철저를 질책하고 그 개선을 거듭 독촉하는 장제스의 모습이 호구 재조사에 태만하다고 지방관들을 질책하던 건륭제의 모습과 꽤 닮은 것처럼 비친다.

115) 식민지시대 대만 재정의 상대적 풍부함에 대해서는 문명기, 「대만·조선총독부의 초기재정 비교 연구」, 『중국근현대사연구』 44집, 2009 참조.

116) 目黑五郎·江廷遠, 『現行保甲制度叢書』, 保甲制度叢書普及所, 1936(增補版), 「自序」.

117) 실제로 鶴見祐輔 著, 一海知義 校訂, 『正傳後藤新平3(臺灣時代, 1898~1906)』, 藤原書店, 2005, 194~195쪽은 "왕안석 이하 역대 정치가로서 기강을 바로잡고 국세國勢를 부강하게 만들려던 이들은 하나같이 보갑에 착안하지 않은 자가 없었다. 불가사의한 것은 이제까지 한 명도 성공한 자가 없다는 것이다"라고 지적하면서 "백작(=고토)은 송대 이후 중국 역대의 정치가가 꿈꿔왔으나 이루지 못한 것을 일본인의 손으로 비로소 성취했다"라고 지적했다. 또한 "아마도 보갑제는 백작(=고토)이 대만에 남긴 여러 제도 중 가장 독창적인 제도일 것"이라고도 말했다.

118) 鶴見祐輔, 『正傳·後藤新平 3』, 197쪽.

119) 이러한 이해는 근세 이래 일본 지방자치론의 통설적 이해와도 일치한다. 즉 근세 이래의 자치단체의 기본 성격은 "막번체제의 와해로부터 근대 천황제로의 전개라고 하는 정치사회 레벨의 대전환에도 불구하고" 전전까지 지속되다가 전후의 고도 성장기에 이르러 자치단체의 개별성·고유성이 소멸되었다는 인식이 일본 지방자치론의 통설적 이해이기도 하다(松澤裕作, 『明治地方自治體制の起源』, 東京大學出版會, 2009, 8~9쪽).

120) 足立啓二, 『專制國家史論-中國史から世界史へ』, 柏書房, 1998, 54~58쪽.

121) 施添福, 「日治時代臺灣地域社會的空間結構及其發展機制-以民雄地方爲例」, 4~7쪽.

122) 周婉窈, 『臺灣歷史圖說(史前至一九四五年)』(二版), 聯經, 1998, 142~144쪽. 반면 식민지 조선에 대하여 '작은 메이지유신' 운운하는 비유나 유사한 표현은 (과문한 탓인지도 모르겠

으나) 존재하지 않는 것 같다. 식민지 대만의 기층행정과 식민지 조선의 기층행정을 견주어 보는 것 역시 흥미로운 비교가 될 수 있을 터인데, 이에 대해서는 다른 원고를 준비 중이다.

7장

1) 연암그룹과 그 인물들에 대해서는 유봉학, 『燕巖一派 北學思想 研究』, 일지사, 1995; 오수경, 『연암그룹 연구』, 월인, 2003 참조.

2) 이에 대해서는 다음 연구들을 들 수 있다. 박기석, 『『熱河日記』와 燕巖의 對淸觀』, 『서울여자대학교 논문집』 5, 1997, 223~225쪽; 이현식, 「연암 박지원 문학 속의 백이 이미지 연구」, 『동방학지』 123, 2004, 340~344쪽; 이현식, 「『도강록서』, 『열하일기』를 위한 위장」, 『동방학지』 152, 2010, 179~198쪽; 박수밀, 「『渡江錄』에 나타난 경계의 인식론」, 『한국한문학연구』 56, 2014, 404~418쪽.

3) 박종채, 김윤조 역주, 『역주 과정록』, 태학사, 1997, 140~141쪽.

4) 韓愈, 『昌黎先生文集』 권11 「原道」.

5) 『공양전』, 『곡량전』, 『좌전』은 각각 독특한 이적관을 가졌다. 이를 두 가지로 대별해보면, 『공양전』과 『곡량전』이 이적을 문화적 교화에 따라 중국화할 수 있는 대상으로 보았던 데 비해서 『좌전』은 이적을 금수와 같이 보아서 적대적으로 대했다. 이에 대한 상세한 설명은 小倉芳彦, 『中國古代政治思想研究』, 青木書店, 1970, 324~335쪽; 홍승현, 「고대 중국 華夷觀의 성립과 성격」, 『중국사연구』 57, 2008, 211쪽 참조. 이 글에서는 이 연구들을 전제로 해서 『춘추』 이적관의 복수성을 논하였다.

6) 다음 연구들은 연암그룹의 북학사상과 일본 지식인들의 사유를 비교하였다는 측면에서 중요한 연구사적 의의가 있다. 박희병, 「淺見絅齋와 洪大容」, 『대동문화연구』 40, 2002, 398~410쪽; 김호, 「조선 후기 華夷論 再考−域外春秋論을 중심으로−」, 『한국사연구』 162, 2013, 150~158쪽. 이 연구들이 주로 차이점에 주목한 데 비해서 이 글에서는 차이점보다는 공통점에 주목하였고, 일본 지식인들뿐만 아니라 중국 지식인들 또한 다루었다.

7) 洪大容, 『湛軒書』 外集 권7 「吳彭問答」.

8) 張維, 『谿谷漫筆』 卷1 「公羊穀梁二傳多有關春秋大義之語」.

9) 李植, 『澤堂集』 別集 卷14 雜著 「示兒孫等」.

10) 洪奭周, 『淵泉集』 卷18 「公穀合選序」.

11) 『공양전』의 권도 승인과 패자 긍정에 대해서는 日原利國, 『春秋公羊傳の硏究』, 創文社, 1976, 216~234쪽, 280~312쪽; 濱久雄, 『公羊學の成立とその展開』, 國書刊行會, 1992, 98~103쪽; 박동인, 「春秋 公羊學派 理想社會論의 정치 철학적 함의-董仲舒·何休·康有爲를 중심으로」, 『퇴계학보』 124, 2008, 172~182쪽 참조. 곡량학의 법가주의적 성격에 대해서는 김동민, 『춘추논쟁』, 글항아리, 2014, 226~237쪽 참조.

12) 홍승태, 「『胡氏春秋傳』과 朝鮮의 龍柏祠」, 『중앙사론』 33, 2011, 132~137쪽; 박인호, 「한주 이진상의 춘추학-『춘추집전』과 『춘추익전』을 중심으로-」, 『한국학논집』 60, 2015, 108~114쪽 참조.

13) 용백사에 대해서는 홍승태, 앞의 논문 참조.

14) 호안국은 『춘추』의 대의로 알인욕遏人欲, 존천리存天理를 제시하고서 이를 토대로 『춘추』를 해석하고자 하였다(박지훈, 「南宋代 春秋學의 華夷觀: 『春秋胡氏傳』을 中心으로」, 『경기사학』 6, 2002, 376쪽; 김동민, 「胡安國의 『春秋』 해석을 통해 본 宋代 春秋學의 특징」, 『동양철학』 43, 2015, 58~64쪽). 그러한 이유로 주희는 정호程顥(1032~1085), 정이程頤(1033~1107)의 학문을 계승한 호안국의 춘추학을 인정하고 높이 평가하였다(박지훈, 앞의 논문, 377쪽; 홍승태, 앞의 논문, 130~132쪽).

15) 姚培謙 撰, 『春秋左傳杜注』 권27 정공 4년.

16) 姚培謙, 『春秋左傳杜注』 卷4 閔公 元年; 姚培謙, 『春秋左傳杜注』 卷14 襄公 4年; 姚培謙, 『春秋左傳杜注』 卷27 定公 4年; 姚培謙, 『春秋左傳杜注』 卷12 成公 4年.

17) 吉本道雅, 「中國古代における華夷思想の成立」, 『中國東アジア外交交流史の硏究』(夫馬進 編), 京都大學, 2007, 9쪽; 渡邊英行, 『古代〈中華〉觀念の形成』, 岩波書店, 2010, 281~282쪽.

18) 이에 대해서는 박지훈, 앞의 논문, 364~367쪽; 박지훈, 「宋代 華夷論 硏究」, 이화여자대학교 사학과 박사학위논문, 1989, 26~39쪽 참조.

19) 박지훈, 앞의 논문, 2002, 380쪽.

20) 胡安國, 『春秋傳』 卷1, 「二年春公會戎于潛」(박지훈, 앞의 논문, 2002, 368쪽 각주 19)와 369쪽 각주 25)에서 재인용).

21) 胡安國, 『春秋傳』 卷13 僖公 32年; 胡安國, 『春秋傳』 卷21 襄公 7年(김동민, 앞의 논문, 2015, 66쪽 각주 41)에서 재인용).

22) 胡安國, 『春秋傳』 卷20 成公 9年; 胡安國, 『春秋傳』 卷25 昭公 17年; 胡安國, 『春秋傳』 卷16 宣公 3年.

23) 胡安國, 『春秋傳』卷14 文公 8年.

24) 胡安國, 『春秋傳』卷12 僖公 23年; 胡安國, 『春秋傳』卷9 莊公 23年.

25) 洪大容, 『湛軒書』內集 권3 「直齋答書」.

26) 金履安, 『三山齋集』권10 「華夷辨 上」.

27) 洪大容, 『湛軒書』內集 권3 「又答直齋書」.

28) 韓元震, 『南塘集拾遺』권6 「拙修齋說辨」.

29) 호론湖論이 기질의 차별성을 강조했다는 설명은 조성산, 「조선 후기 낙론계 학풍의 형성과 전개」, 지식산업사, 2007, 271~272쪽 참조.

30) 이에 대해서는 조성산, 「조선 후기 소론계 古代史 연구와 中華主義 변용」, 『역사학보』202, 2009, 59~80쪽; 조성산, 「조선 후기 성호학의 '지역성' 담론」, 『민족문화연구』60, 2013, 27~41쪽 참조.

31) 조선 후기 중화의식과 지리의 상관성에 대한 논의는 배우성, 「조선 후기 中華 인식의 지리적 맥락」, 『韓國史研究』158, 2012, 159~191쪽 참조.

32) 渡邊英行, 앞의 책, 282쪽.

33) 日原利國, 앞의 책, 257~262쪽.

34) 홍승현, 앞의 논문, 211쪽.

35) 『公羊傳』권24 昭公下 昭公 23년.

36) 이에 대해서는 홍승현, 「漢代 華夷論의 전개와 성격」, 『동북아역사논총』31, 2011, 193쪽 각주 6); 小倉芳彦, 앞의 책, 329쪽 참조.

37) 渡邊英行, 앞의 책, 42쪽.

38) 박지훈, 앞의 논문, 2002, 379쪽.

39) 반고와 하휴의 이적 논의에 대해서는 渡邊義浩・김용천 옮김, 『후한 유교국가의 성립』, 동과서, 2011, 152~157쪽; 홍승현, 앞의 논문, 2011, 217~229쪽 참조.

40) 陸楫, 『蒹葭堂稿』卷3 「華夷辯」(李昭鴻, 「陸楫及其《古今說海》研究」, 中國文化大學 博士學位論文, 2011, 43쪽에서 재인용).

41) 謝肇淛, 『五雜組』卷3 「地部 一」.

42) 이 글에서 언급된 육즙의 생애와 사상에 대해서는 李昭鴻, 앞의 논문, 11~45쪽 참조.

43) 陸楫, 『蒹葭堂稿』卷6 「論治者類欲禁奢以爲財節」(李昭鴻, 위의 논문, 38쪽 각주 112)에서 재인용).

44) 김영진, 「朝鮮後期의 明清小品 수용과 小品文의 전개 양상」, 고려대학교 박사학위논문,

2004, 58쪽.

45) 謝國楨, 『明淸筆記談叢』, 上海古籍出版社, 1981, 23~25쪽.

46) 조선 후기 문인들과 사조제의 『오잡조』와 관련성에 대해서는 한영규, 「19세기 경화사족의 學藝 취향과 晩明思潮」, 『인문과학』 48, 2011, 293~294쪽; 김채식, 「李圭景의 『五洲衍文長箋散稿』 研究」, 성균관대학교 박사학위논문, 2009, 157~159쪽 참조.

47) 김채식, 위의 논문, 157~159쪽.

48) 陸楫, 『兼葭堂稿』 卷3 「華夷辯」(李昭鴻, 앞의 논문, 44쪽 각주 151)에서 재인용).

49) 陸楫, 『兼葭堂稿』 卷3 「華夷辯」(李昭鴻, 앞의 논문, 44쪽 각주 152)에서 재인용).

50) 각주 20) 참조.

51) 이들의 명대 문화의 수용에 대해서는 고연희, 「17C 말 18C 초 白岳詞壇의 明淸文學 受容 樣相」, 『東方學』 1, 1996, 91~98쪽; 고연희, 「17C 말 18C 초 白岳詞壇의 明淸代 繪畫 및 畫論의 受容 양상」, 『東方學』 3, 1997 참조. 나아가 이러한 명대 문화 수용은 19세기 경화사족들에게서도 활발하게 보였다. 이에 대해서는 한영규, 앞의 논문 참조.

52) 그들 학맥이 명대 당송고문파에 주목한 것도 이것과 관련이 있었다. 그들의 명대 당송고문에 대한 관심은 조성산, 앞의 책, 217~234쪽 참조.

53) 조성산, 앞의 책, 184~186쪽.

54) 韓元震, 『南塘集』 卷20 「答權亨叔別紙」 丁卯 八月.

55) 田愚, 『艮齋先生文集前編』 卷15 雜著 「識感」 己丑.

56) 洪大容, 『湛軒書』 內集補遺 卷4 「毉山問答」.

57) 朴趾源, 『燕巖集』 卷12 「虎叱」.

58) 成大中, 『靑城雜記』 卷3 「醒言」.

59) 일본의 경우를 지적한 사례는 다음 글을 참조할 수 있다. 황준걸, 이영호 옮김, 『일본 논어 해석학』, 성균관대학교출판부, 2011, 90~92쪽.

60) 『日本思想大系 28: 藤原惺窩 林羅山』, 岩波書店, 「惺窩答問」, 1975, 227쪽.

61) 『日本思想大系 31: 山崎闇齋學派』, 岩波書店, 「中國辨」, 1980, 416쪽.

62) 『日本思想大系 46: 佐藤一齋 大鹽中齋』, 岩波書店, 「言志錄」, 1980, 227쪽.

63) 다음 연구들은 연암그룹의 인물균 사상이 주자학 본연의 이통理通과 이일理一로부터 가능하다고 보았다. 유봉학, 앞의 책, 86~100쪽; 김호, 앞의 논문, 159쪽.

64) 金谷治, 「藤原惺窩の儒學思想」, 『日本思想大系 28: 藤原惺窩 林羅山』, 岩波書店, 1975, 449~470쪽.

65) 丸山眞男, 「闇齋學と闇齋學派」, 『日本思想大系 31: 山崎闇齋學派』, 岩波書店, 1980, 601~674쪽.

66) 야마자키 안사이 학파의 주자학 연구에 대해서는 朴鴻圭, 『山崎闇齋の政治理念』, 東京大學出版會, 2002, 37~104쪽 참조.

67) 문화적 차원에서만 자기정체성을 논하는 경우와 지역과 종족을 매개로 일본의 우수성을 강조하는 경우가 일본에서 함께 나타났다. 이理의 보편성을 강조한 후지와라 세이카, 아사미 케이사이, 사토 잇사이뿐만 아니라 예문禮文만을 중화 이적의 구분에 적용하고자 했던 오규 소라이狄生徂徠(1666~1728), 아메노모리 호슈雨森芳洲(1668~1755) 등은 문화 중심의 자기정체성 논의를 전개했던 데 비해서 야마가 소코山鹿素行(1662~1685), 쿠마자와 반잔熊澤蕃山(1619~1691)은 일본의 지역과 종족을 중심으로 일본의 우수성을 선양하는 자기정체성 논의를 전개하였다(카츠라지마 노부히로, 「근세(조선왕조 후기·토쿠가와 일본)의 한일 자타의식의 전회(轉回)」, 『일본근대학연구』 10, 2005, 17~18쪽, 20쪽). 이러한 현상은 문화적 화이론과 지역·종족적 화이론의 상호 갈등과 긴장들을 보여준다.

68) 陸九淵, 『象山集』 卷33 「象山先生行狀」.

69) 馬理, 『周易贊義』 卷2 「同人」.

70) 『大義覺迷錄』에 대해서는 민두기, 「〈大義覺迷錄〉에 대하여」, 『진단학보』 25, 1964; 조너선 스펜스, 이준갑 옮김, 『반역의 책』, 이산, 2004; 조성산, 「18세기 후반~19세기 전반 '朝鮮學' 형성의 전제와 가능성」, 『동방학지』 148, 2009, 193~195쪽 참조.

71) 雍正帝, 『大義覺迷錄』(近代中國史料叢刊 第三十六輯, 文海出版社, 1967) 卷1, 4쪽.

72) 雍正帝, 『大義覺迷錄』(近代中國史料叢刊 第三十六輯, 文海出版社, 1967) 卷2, 178쪽.

73) 이하 관련 내용에 대해서는 蕭敏如, 「從滿漢到中西: 1644~1861 淸代春秋學華夷觀硏究」, 國立臺灣大學 文學院 中國文學硏究所 博士論文, 2008, 219~238쪽을 참조하여 정리하였다.

74) 趙翼, 『陔餘叢考』 卷2 「春不書王」(蕭敏如, 앞의 논문, 220쪽에서 재인용).

75) 莊存與, 『春秋正辭』 卷2 「王伐」(蕭敏如, 앞의 논문, 222쪽에서 재인용).

76) 蕭敏如, 앞의 논문, 223쪽.

77) 劉逢祿, 『劉禮部集』 卷4 「釋九旨例下: 貶絕例」(鄭卜五, 「劉逢祿《春秋公羊經何氏釋例》其 「義例」之見解硏究」, 『經學硏究集刊』 第二期, 2006, 236쪽에서 재인용).

78) 劉逢祿, 『劉禮部集』 卷5 「秦楚吳進黜表序」(蕭敏如, 앞의 논문, 235~236쪽 재인용).

79) 유봉학, 앞의 책, 86~100쪽.

80) 각주 56), 57) 참조.

81) 洪大容, 『湛軒書』 內集 卷1 「心性問」; 洪大容, 『湛軒書』 內集 卷4 補遺 「毉山問答」.

82) 尹鳳九, 『屏溪集』 「行狀」.

83) 유봉학, 앞의 책, 95~96쪽.

84) 박종채, 김윤조 역주, 『역주 과정록』, 태학사, 1997, 139~140쪽; 朴趾源, 『燕巖集』 권2 「答李仲存書」.

85) 朴趾源, 『燕巖集』 卷2 「答李仲存書」.

86) 朴趾源, 『燕巖集』 卷11 熱河日記 「渡江錄」.

87) 『公羊傳』의 문답체 방식의 특징에 대해서는 野間文史, 『春秋學-公羊傳と穀梁傳』, 研文出版, 2001, 70쪽 참조.

88) 朴趾源, 『燕巖集』 卷2 「答李仲存書」, "舜東夷之人也 文王西夷之人也 由今之爲春秋者 其將爲舜文王曲諱其所生之地耶."

89) 朴趾源, 『燕巖集』 卷2 「答李仲存書」, "然夫子嘗欲居九夷 由今之道者 聖人何爲欲居其所攘之地乎."

90) 朴趾源, 『燕巖集』 卷2 「答李仲存書」.

91) 이에 대해서는 조성산, 앞의 책, 293~294쪽 참조.

92) 이 문단의 서술은 조성산, 앞의 책, 292~295쪽 참조.

93) 洪吉周, 『峴首甲藁』 卷7 「春秋黙誦」. 홍길주의 『춘추묵송』에 대해서는 최식, 「沆瀣의 現實認識과 春秋黙誦」, 『漢文學報』 15, 2006 참조.

94) 홍길주는 특별히 박지원을 존경하였다(洪吉周, 『縹礱乙幟』 卷6 「與李醇溪書」; 洪吉周, 『縹礱乙幟』 卷5 「讀燕巖集」). 이에 대해서는 조성산, 「18세기 후반~19세기 전반 對淸認識의 변화와 새로운 中華 관념의 형성」, 『한국사연구』 145, 2009, 69쪽 각주 2) 참조.

95) 洪吉周, 『峴首甲藁』 卷7 「春秋黙誦: 吳子使札來聘 二十有九年」.

96) 『公羊傳』 卷21 襄公 29年.

97) 胡安國, 『春秋傳』 卷23 「吳子使札來聘」.

98) 洪吉周, 『沆瀣丙函』 卷1 「釋夢」.

99) 洪大容, 『湛軒書』 內集 卷3 「又答直齋書」.

100) 成大中, 『靑城雜記』 卷3 「醒言」.

101) 李瀷, 『星湖僿說』 卷18 經史門 「漢文三讓」.

102) 李瀷, 『星湖僿說』 卷25 經史門 「責備賢者」.

103) 成大中, 『靑城雜記』 卷3 「醒言」.

8장

1) 여기서 '기억記憶, memory'은 역사학적 관점을 반영한다. '역사란 무엇인가'에 대하여 '과 거의 사실을 밝히는 작업', '계급투쟁의 전개', '과거와 현대의 대화'라는 등의 관점이 있어왔 으나 1980년대 이래로 홀로코스트에 대한 논쟁으로 '기억'이 역사학의 새로운 화두가 되면 서 기억을 변화시키는 미디어(혹은 권력)에 의하여 역사 자체가 변화한다는 역사관의 제시 가 포함된다. 혹은 기억을 통하여 진실을 되살리려는 노력도 있었다. 역사학에서 기억의 문 제는 Jacques le Goff, *Histoire et mémoire*, Paris: Gallimard, 1988의 영역본 *History and Memory*, Columbia University Press, 1992 외에 많은 연구가 있으며, 국내 연구 로는 육현승, 「미디어와 기억: 미디어 역사적 발전에 따른 기억에 대하여」, 『에피스테메』 4, 2010, 77~99쪽 참조.

2) '조형造形이미지'는 '그래픽 이미지graphic image'를 말한다. 이는 여러 층위의 이미지 중 조형적으로 드러나는 하위의 이미지이다. 이 글에서는 이를 '이미지'라고 줄여 쓰겠다. 이미 지의 분류에 대하여는 W. J. T. Mitchell, *Iconology- Image, Text, Ideology*, University of Chicago, 1986에 근거한다.

3) 집옥재의 도서 전반에 대하여 이태진, 「奎章閣 中國本圖書와 集玉齋 圖書」, 『민족문화논 총』 16호, 1996, 169~188쪽; 집옥재 화보서적에 대하여는 황정연, 「高宗年間 緝敬堂의 운 용과 宮中 書畵收藏」, 『文化財』 40, 2007, 208~214쪽; 「高宗年間(1863~1907) 宮中 書畵收 藏의 전개와 변모양상」, 『美術史學研究』 259, 2008, 79~116쪽; 최경현, 「朝鮮 末期와 近代 初期의 山水畵에 보이는 海上畵派의 영향: 上海에서 발간된 畵譜를 중심으로」, 『美術史論 壇』 15, 2002; 「19세기 후반 上海에서 발간된 畵譜들과 韓國畵壇」, 『한국근현대미술사학』 19, 2008, 7~28쪽 등이 있다. 이후 고연희, 「규장각에 소장된 회화자료의 양상」, 『규장각 그 림을 그리다』, 규장각한국학연구원, 2015, 380~391쪽에서 집옥재 소장 화보를 정리하였으 나 현재 조사결과에 비하면 소략하다.

4) 『집옥재서적목록(集玉齋書籍目錄)』, 『집옥재서적조사기(集玉齋書籍調査記)』, 『집옥재목록 외서책(集玉齋目錄外書册)』 등 20세기에 작성된 목록 및 2015년부터 3년간 규장각한국학 연구원 회화자료 조사에 참여한 연구원들의 정리와 사진촬영, 김종태, 윤지양, 김수진의 해 제작업에 도움을 받았다.

5) 이러한 망각은 역사경험에 대한 왜곡이 되며, 서구 중심적 근대화의 진보 속에서 동아시아 가 상실한 내용 중 하나가 된다. 배항섭, 「동아시아를 바라보는 시각」, 『동아시아연구 어떻

게 할 것인가』(성균관대학교출판부, 2016), 69~104쪽 참조.

6) 『운계산관화고』는 실린 인물 이름을 밝히지 않고 시문으로만 소개하기에 해당 인물의 정체를 선명하게 파악하는 데 어려움이 있다. 『삼재도회』는 인물선정의 특성이 별로 없다. 그리하여 이들은 이 글의 논의에서 제외한다.

7) 楊于位의 서문, 「晚笑堂竹莊畫傳」, "自漢魏晉唐宋元明以來, 凡明君哲后將相名臣, 以迄忠孝節烈文人學士, 山林高隱閨媛仙釋之流, 凡有契於心, 輒繪之于册. 或求求古本而得其形似, 或存之意想而挹其丰神. 歷年旣久, 積成卷袠若干, 間舉以示余. 余受而覽之, 宛若聚千百載英雄豪傑, 于一堂晤對之下, 鬚眉欲活, 爲之肅然起敬."

8) 蔡廷槐, 「毓秀堂畫傳序」, "茲復將所繪釋道隱逸·英雄·俠客·諸古人百六十幀, 梓於傳世, 先以示余. 展翫再三, 若者森嚴其度, 若者靜穆其神, 若者喑噁叱咤, 辟易萬夫, 若者御風凌雲, 睥睨一世, 不啻聚古人於一堂, 而爲之頰上添毫. 嘻, 神哉 技矣."

9) 徐咸清, 「無雙譜自敘」, "古今人物, 不勝載矣. 南陵金先生, 製爲『無雙譜』, 始於漢迄于宋, 右圖左詩, 得四十人, 性情品行, 迴異尋常, 各極其致, 斯爲畫中之史乎."

10) 金史, 「無雙譜自敘」, "…… 世之君子, 按圖披覽, 窒於心者, 或以目遇之, 歡悲啼笑, 亦詩敎之一助與!"

11) 위의 세 책 중 두 책에만 실린 경우로 확대해보면 漢의 東方朔, 司馬遷, 班固, 龐德公, 班昭, 伏生, 晉의 謝安, 王羲之, 唐의 狄仁傑, 孟浩然, 劉禹錫, 元稹, 韓愈, 柳宗元, 宋의 歐陽脩, 蘇洵, 蘇軾, 蘇轍, 王安石, 司馬光, 明의 王守仁, 楊繼盛 등이 있다.

12) 皇甫謐, 「高士傳序」, "謐采古今八代之士, 身不屈於王公, 名不耗於終始, 自堯至魏, 凡九十餘人."

13) 『고사전』에 수록된 인물은 被衣, 王倪, 齧缺, 巢父, 許由, 善卷, 子州支父, 壤父, 石戶之農, 蒲衣子, 披裘公, 江上丈人, 小臣稷, 弦高, 商容, 老子李耳, 庚桑楚, 老萊子, 林類, 榮啟期, 荷蕢, 長沮桀溺, 石門守, 荷篠丈人, 陸通, 曾參, 顏回, 原憲, 漢陰丈人, 壺丘子林, 老商氏, 列禦寇, 莊周, 段幹木, 東郭順子, 公儀潛, 王斗, 顏斶, 黔婁先生, 陳仲子, 漁父, 安期生, 河上丈人, 樂臣公, 蓋公, 四皓, 黃石公, 魯二征士, 田何, 王生, 摯峻, 韓福, 成公, 安丘望之, 宋勝之, 張仲蔚, 嚴遵, 彭城老父, 韓順, 鄭樸, 李弘, 向長, 閔貢, 王霸, 嚴光, 牛牢, 東海隱者, 梁鴻, 高恢, 臺佟, 韓康, 丘訢, 矯慎, 任棠, 贄恂, 法真, 漢濱老父, 徐稺, 夏馥, 郭太, 申屠蟠, 袁閎, 姜肱, 管寧, 鄭玄, 任安, 龐公, 姜岐, 荀靖, 胡昭, 焦先. 이 책에 대하여는 김장환, 「皇甫謐『高士傳』研究」, 『중국어문학논집』 11, 1999, 121~143쪽 참조.

14) 『열선주패』에 수록된 인물은 廣成子, 嫦娥, 老子, 關令尹, 王子晉, 弄玉, 任光, 黃初平, 琴高, 桂父, 黃安, 毛玉姜, 黃石公, 張良, 孫登, 謝自然, 東方朔, 劉政, 清平吉, 鍾離權, 衛叔卿, 劉綱, 蔡經, 壺公, 梅福, 張道陵, 女丸, 徐福, 陵陽子明, 蘇仙公, 鄧伯元, 陳安世, 陶安公, 郭璞, 葛洪, 陶弘景, 王烈, 薛昭, 許飛瓊, 張果, 葉法善, 藍采禾, 許宣, 韓湘, 盧眉娘, 羅郁, 陳搏, 林逋이다.

15) 『역대명장도』에 수록된 인물은 周나라의 呂尚, 孫武, 孫臏, 樂毅, 李牧, 田單, 漢나라의 韓信, 樊噲, 周亞夫, 李廣, 衛青, 霍去病, 蔡遵, 王霸, 馮異, 耿弇, 寇恂, 賈復, 吳漢, 馬援, 藏宮, 班超, 耿恭, 張奐, 虞詡, 張飛, 趙雲, 張遼, 典韋, 許褚, 鄧艾, 周瑜, 吳나라의 太史慈, 甘寧, 晉나라의 王濬, 陶侃, 周處, 朱伺, 毛寶, 王鎭惡, 周訪, 檀道濟, 王濬, 陶侃, 周處, 朱伺, 毛寶, 王鎭惡, 周訪, 檀道濟, 劉宋의 沈慶之, 宗慤, 南齊‧梁나라의 周山圖, 周盤龍, 羊侃, 元魏의 楊大眼, 北朝周의 韋孝寬, 隋나라의 韓擒虎, 史萬歲, 長孫晟, 沈光, 唐나라의 柴紹, 尉遲恭, 薛仁貴, 郭子儀, 李光弼, 白孝德, 南霽雲, 雷萬春, 韓遊瓌, 崔寧, 李嗣業, 馬燧, 渾瑊, 李晟, 李愬, 石雄, 柴再用, 五代의 周德威, 王彦章, 宋나라의 曹彬, 曹瑋, 狄青, 楊延昭, 宗澤, 岳飛, 韓世忠, 楊存中, 劉錡, 吳玠, 吳璘, 曲端, 王德, 畢再遇, 李寶, 魏勝, 明나라의 伯顏, 史弼, 徐達, 常遇春, 李文忠, 傅友德, 沐英, 沈希儀, 俞大猷, 戚繼光, 秦良玉이다.

16) 『검협도』에 수록된 인물은 老人化猿, 夫餘國主, 嘉興繩技, 車中女子, 僧俠, 西京店老人, 蘭陵老人, 盧生, 聶隱娘, 刑十三娘, 紅線, 田膨郎, 崑崙奴, 許寂, 丁秀才, 潘將軍, 宣慈寺門子, 李龜壽, 賈人妻, 虯鬚叟, 韋洵美, 李勝, 乖崖劍術, 秀州刺客, 張訓妻, 潘扆, 洪州書生, 義俠, 任愿, 花月新聞, 俠婦人, 解洵娶婦, 郭倫觀燈, 李鑒夫, 靑邱子, 頂缸和尚, 李福達, 門客, 大鐵椎, 高髻女尼, 偉男子, 琵琶聲女, 燕赤霞, 俠女, 佟客, 毛生, 葛衣人, 了奴姉妹, 遊客鐵丸, 水先生, 逆旅少年, 末坐客, 柳生, 衛女, 遠客, 王客, 空空兒, 珠兒, 黃瘦生, 周櫟園姬, 道人, 童之杰, 河海客, 余客, 俠女子, 柳南, 老僧, 相士, 飛劍將軍, 張靑奴, 朱振玉, 奚成章이다.

17) 『육수당화전』에 실린 여성 40명은 娥皇女英, 織女, 西施, 董雙成, 虞姬, 麗娟, 班倢仔, 曹大家, 緹縈, 趙飛燕, 賈午, 蔡文姬, 卓文君, 大喬小喬, 孫夫人, 莫瓊樹, 謝道韞, 姜詩妻, 綠珠, 薛濤, 馮小憐, 樂昌公主, 蘇若蘭, 瑩娘, 壽陽公主, 吳絳仙, 武則天, 梅妃, 飛鸞輕鳳, 關盼盼, 育娘, 朱淑貞, 雪兒, 寵姐, 真珠, 杜韋娘, 楚蓮香, 泰弱蘭, 琴操, 凝香兒이다.

18) 楊于位의 서문, 『晚笑堂竹莊畵傳』 "或考求古本而得其形似, 或存之意想而挹其丰神."

19) 蔡廷槐,「毓秀堂畵傳序」. "若澄江王芸階先生, 洵能兼之矣. 先生前繪紅樓夢仕女百幅 追踪周昉, 刊於申江, 一時紙貴. 玆復將所繪釋道·隱逸·英雄·俠客·諸古人百六十幀, 梓於傳世, 先以示余. …… 昔人云, "畵鬼易, 畵人難." 鬼無形而虛, 人有形而實也. 若古人則其形已往, 其神常存, 在虛實之間, 非課實以追虛, 由神以構形, 焉能變化無窮, 奕奕生動."

20) 司馬遷,「史記」卷55,「留候世家 第25」;「漢書」卷40,「張良傳」

21) 司馬遷,「史記」,「高祖本紀」"夫運籌帷幄之中, 決勝千里之外, 吾不如子房."

22)「漢書」卷54,「蘇武傳」

23)「後漢書」卷83,「逸民列傳」'嚴光.'

24)「史記」卷7,「項羽本紀」

25)「新唐書」卷137,「郭子儀列傳」

26)「능연각공신도」의 인물상을 연구한 Anne Burkus-Chasson, "Visual hermeneutics and turning the leaf, A genealogy of Liu Yuan's Lingyuange," *Printing and Book Culture in Late Imperial China*, University of California Press, 2005, pp. 371~415 는 유원劉源의 공신도功臣圖들이 역사에서 벗어나 소설적 예술성으로 독자에게 다가든다고 설명했고, 특히 뒷모습이 그려지는 것은 연극적 요소와 당시 유행한 진홍수陳洪綏의 인물표현 흐름을 반영한 것으로 해석했다.

27)「晉書」,「列女傳」수록.

28) 장량이 황석공에게 신발을 올리는 도상은 조선 영조 때의 그림책(日本 大華文和館에 소장된『藝苑合珍』)에서부터 많은 민화류 병풍, 사찰 벽화에서 상당한 유행을 보여준다. 유미나,「이교납리도, 장량 고사의 복합적 표상」한국민화학회 편,『민화, 어제와 오늘의 좌표』 2016, 104~117쪽.

29) 申緯,『警修堂全藁』册3,「穠齋拾草序」"紅豆主人曾寄來坡像硏背本. 余舊有松雪本, 又傳摹元人笠展本, 上官周晚笑堂本, 凡爲公像者四." 밑줄 친 부분은『만소당죽장화전』의 소동파상을 칭하는 것으로 보인다.

30) 申緯,『警修堂全藁』册22,「題十二名媛圖」

31) 19세기 이재관과 신명연의 미인도에 대하여는 고연희,「19세기 남성문인들의 미인도 감상- 재덕을 겸비한 미인상의 추구」『한국근현대미술사학』26, 2013 41~64쪽;「이재관이 그린 미인도」『문헌과 해석』64, 문헌과 해석사, 2013, 111~124쪽 참조.

32) Ellen Widner, Kang-i Sun Chang ed., *Writing Women in Late Imperial China*, Stanford University Press, 1997은 1993년의 심포지엄 Women and Literature in

Ming–Qing China Conference 이후 여성독서상에 대한 지속적인 연구가 집적된 결과물이다. 대개 명 · 청대 황실 위주로 그려진 여성상들에 특이하게 출현하는 다양한 독서여성상의 현상을 다루었다.

33) 조선시대 인물화의 정형화 양상과 조선 말기 및 근대기 유형화된 고사인물도의 양상에 대하여는 권민경, 「조선 말기 민화의 고사인물 연구」, 이화여자대학교 석사학위논문, 2009; 고연희, 「민화 고사인물도 – 대문호를 중심으로」, 『민화연구』 4, 계명대학교 민화연구소, 2015, 7~31쪽 참조.

34) 고연희, 위의 글, 2015.

9장

1) 중국철학서전자화계획中國哲學書電子化計劃, Chinese Text Project에서 공덕과 사덕을 키워드로 텍스트를 검색한 결과 공덕은 160여 건, 사덕은 5건의 용례를 검출했다.

2) 미조구치 유조 외, 김석근·김용천·박규태 옮김, 『중국사상문화사전』, 책과 함께, 2011, 483쪽 참조.

3) 『荀子』, 「正論」, "故上者下之本也 …… 上公正則下易直矣."

4) 『朱子語類』 卷26, "只是好惡當理, 便是公正."

5) 梁啟超, 『新民說』 제5절, 「論私德」, "我國民所最缺者, 公德其一端也."

6) 『論語』, 「子路」, "葉公語孔子曰, 吾黨有直躬者, 其父攘羊而子證之. 孔子曰, 吾黨之直者, 異於是, 父爲子隱, 子爲父隱, 直在其中矣."

7) 「談叢」, 『大韓每日申報』, 1909. 12. 1.

8) 동아시아 근대 연구에 비교사상적 관점이 필요한 이유이다. 개념사의 공시적 접근도 유용하다. 서구에서 발원한 '윤리'라는 번역어의 동아시아 유통 과정에 주목한 이혜경의 「유학과 문명, '倫理'를 둘러싸고 주도권을 다투다」(『개념의 번역과 창조』, 돌베개, 2012)도 윤리학의 중국 수용 양상을 개념사의 시각에서 다루면서 량치차오의 공덕과 사덕의 구분을 후쿠자와 유키치의 『문명론의 개략』의 영향으로 추정한 바 있다.

9) 정순우 외, 『한국과 일본의 공공의식 비교 연구』, 한국학중앙연구원출판부, 2016, 84쪽.

10) 마루야마 마사오, 김석근 옮김, 『일본정치사상사연구』, 통나무, 1998, 226쪽 참조.

11) 고야스 노부쿠니, 송석원 옮김, 『일본 내셔널리즘 해부』, 그린비, 2011, 94~108쪽 참조.

12) 寒沢振作, 『国の栄』, 金港堂, 1892, 88~89쪽.

13) 陸羯南, 『原政及国際論』, 日本新聞社, 1893, 34~39쪽.

14) 内村鑑三, 『警世雑著』, 民友社, 1896, 3~7쪽.

15) 湯本武比古 閱, 八木原真之輔, 『公德養成之栞』, 開発社, 1901.

16) 足立栗園, 『学校と家庭』, 積善館, 1901, 67~78쪽.

17) 教育研究所 編, 『高等小学修身教典 生徒用』 卷1, 普及舍, 1899, 52~53쪽. 일본에서는 밀과 벤담의 저술이 일찍이 시부야 키이소澀谷啓蔵의 『利用論』(山中市兵衛, 1880)과 무쓰 무네미쓰陸奥宗光의 『利學正宗』(山東直砥, 1883)으로 번역 출판되었다. 따라서 공덕 담론이 유행한 요인의 하나로 행위의 도덕적 기준을 유용성에 둔 공리주의의 영향도 고려해야 한다.

18) 田沼書店 編, 『公德唱歌』, 田沼書店, 1901.

19) 帝国教育会 編, 『公德養成国民唱歌』, 松声堂, 1903.

20) 임경화, 「식민지 조선에서의 창가, 민요 개념 성립사」, 『개념의 번역과 창조』, 푸른역사, 2012, 159쪽. 임경화에 따르면 "조선에서도 19세기 말부터 기독교계 사립학교 등의 선교사들이 주도하여 독자적인 창가교육을 활발하게 전개했다. 이미 1896년 11월 21일의 독립문 정초식에서 왕실의 무궁한 번영과 태평독립을 기원하는 이국가 등이 배재학당의 학생들에 의해서 '올드랭 사인'에 맞춰 제창되었다"(같은 책, 181~182쪽).

21) 言文一致研究会 編, 「公德養成」, 『言文一致』, 吉岡書店, 1901, 199~202쪽.

22) 五十嵐清蔵, 菊池豹次郎, 『公德養成之友』, 1902.

23) 読売新聞社 編, 『公德養成之実例』 附 英人之気質, 文学堂, 1903

24) 谷口流鷲, 『公德と公民 補習及家庭用』, 盛林堂 1903. 高島平三郎, 『教育漫筆』, 元々堂, 1903; 『高等小学修身書 女生用』 卷1, 文部省, 1904.

25) 량치차오는 그의 나이 30세인 1902년 2월 8일 '신민설'을 연재하기 시작하여 10일에는 「논공덕」을 『신민』 제3호에 게재하였다. 「논사덕」은 1903년 10월 4일, 11월 2일 그리고 이듬해 2월 14일에 『신민』 제38~41호, 제46~48호에 발표되었다(李國俊 編, 『梁啓超着述系年』, 复旦大學出版社, 1986, 65쪽, 77쪽 참조).

26) 梁啓超, 『新民說』 제5절 「論公德」, "道德之本體, 一而已. 但其發表於外, 則公私之名立焉. 人人獨善其身者, 謂之私德; 人人相善其群者, 謂之公德, 二者皆人生所不可缺之具也. 無私德則不能立. …… 無公德則不能團"(이하 「論公德」으로 표기).

27) 「論公德」, "吾中國道德之發達, 不可謂不早. 雖然, 偏於私德, 而公德殆闕如. 試觀論語孟

子諸書, 吾國民之木鐸, 而道德所從出者. 其中所敎, 私德居十之九, 而公德不及其一焉."

28) 「論公德」, "要之吾中國數千年來, 束身寡過主義, 實爲德育之中心點, 範圍旣日縮日小, 其間有言論行事, 出此範圍外."

29) 「論公德」, "公德者何. 人群之所以爲群, 國家之所以爲國, 賴此德焉以成立者也. 也者, 善群之動物也(此西儒亞里士多德之言)人而不群, 禽獸奚擇."

30) 梁啓超, 『新民說』 제13절 「論合群」, "公共觀念之缺乏凡人之所以不得不群者, 以一身之所需求, 所欲望, 非獨力所能給也. 以一身之所苦痛, 所念難, 非獨力所能捍也. 於是乎必相引相倚, 然後可以自存. 若此者, 謂之公共觀念."

31) 梁啓超, 『新民說』 제18절, 「論私德」, "享學公例, 必內固者, 乃能外競. 一社會之與他社會競也, 一國民之與他國民競也, 苟其本社會本國之機體未立之營衛未完, 則一與敵遇而必敗"(이하 「論私德」으로 표기).

32) 「論公德」, "今試以中國舊倫理, 與泰西新倫理相比較, 舊倫理之分類, 曰君臣, 曰父子, 曰兄弟, 曰夫婦, 曰朋友. 新倫理之分類, 曰家族倫理, 曰社會(卽人群)倫理, 曰國家倫理. 舊倫理所重者, 則一私人對於一私人之事也. (一私人之獨善其身, 固屬於私德之範圍. 卽一私人與他私人交涉之道義, 仍屬於私德之範圍也. 此可以法律上公法私法範圍以證明之.) 新倫理所重者, 則一私人對於一團體之事也."

33) 「論私德」, "論德而別擧其公焉者, 非謂私德之可以已, 夫私德者, 當久已爲盡人所能解悟, 能踐履."

34) 「論私德」, "故無論泰東, 泰西之所謂道德, 謂其有贊於公安公益者云爾. …… 公云, 私云, 不過假立之一名詞, 以爲體驗踐履之法門. 就汎義言之, 則德一而已, 無所謂公私."

35) 「論私德」, "公德者, 私德之推也. 知私德而不知公德, 所缺者只在一推, 蔑私德而謬託公德, 則並所以推之具而不存也. 故養成私德, 而德育之事, 思過半焉矣."

36) 「論私德」, "今之言破壞者, 動引生計學十分勞之例, 謂吾以眇眇之躬, 終不能取天下事而悉任之. 吾毋寧應於時勢, 而專任破壞焉. 旣破壞以後, 則建設之責, 以俟君子, 無待吾過慮也. 此其心豈廓然而大公也耶. 顧吾以爲不惟於破壞後, 當有建設, 卽破壞前, 亦當有建設. 苟不爾者, 則雖日言破壞, 而破壞之目的, 終不得達."

37) 「論私德」, "欲鑄國民, 必以培養個人之私德爲第一義. 欲從事於鑄國民者, 必以自培養其個人之私德爲第一義."

38) 「論私德」, "私德與公德, 非對待之名詞, 而相屬之名詞也. …… 夫所謂公德云者, 就其本體言之, 爲一團體中人公共之德性也. …… 若是乎今之學者, 日言公德, 而公德之效弗睹

者, 亦曰國民之私德有大缺點云爾."

39)「論私德」, "晚明士氣, 冠絕前古者, 王學之功, 不在禹下也."

40)「近世第一大哲康德之學說」. 이에 관해서는 김영진,「량치차오의 칸트철학 수용과 불교론」,
『한국불교학』55집, 2009; 김제란,「양계초 사상에 나타난 서학 수용의 일단면」,『한국사상
과 문화』46집, 2009의 연구가 참고할 만하다.

41)「論私德」, "其稱名借號, 未嘗不曰, 吾欲以共成天下之務, 而其誠心實意之所在, 以爲不如
是, 則無以濟其私而滿其欲也. …… 夫功利主義, 在今且蔚成大國, 倡之爲一學說, 學者
非惟不薰稱, 且以爲名高矣."

42)「論公德」, "道德之精神, 未有不自一群之利益而生者. …… 公德者, 諸德之源也. 有益於
群者爲善, 無益於群者爲惡."

43)『선조실록』, 1574. 10. 1.

44)『선조실록』, 1587. 3. 1.

45)『영조실록』, 1736. 6. 17.

46)「西澗院任之約束, 無非渠斷案, 而發縱指使之窩主, 待以高士; 脅從趨利之殘孽, 偏被刑
配, 査庭此擧, 其於奉朝令施私德, 均無當矣."

47)「大凡天下에 有道의 國은 刑賞이 行ᄒᆞ고 無道의 國은 刑賞이 不行ᄒᆞ야」,『皇城新聞』,
1899. 5. 17.

48)「非律賓羣島自治說」,『皇城新聞』, 1906. 11. 1.

49)「甚矣라 頑固陋儒의 弊害」,『皇城新聞』, 1910. 3. 22.

50) 한국고전번역원에서 제공하는 한국고전종합 데이터베이스에서는 公德이 총 1,556건, 사덕
은 총 8건 검색된다. 공덕 용례는 대개가 공적·덕업의 의미로 쓰였으며, 사덕과 짝을 이루
어 공적 영역 또는 공공의 도덕을 가리키는 용례는 발견하기 어려웠다. 그러나 '公私'를 검
색하면 사례가 1만 3,744건 나오며 공사 관계, 공사천公私賤, 공사에 치우침이 없음 등 공
사 관념은 매우 오랜 역사 속에서 형성되었음을 알 수 있다. 한국언론진흥재단에서 제공하
는 고신문 데이터베이스를 검색하면 서적 광고나 동일 기사의 반복을 감안하더라도 공덕은
174건에 이르는 반면 사덕은 5건 남짓이며, 한국사 데이터베이스에서 한국근대잡지를 검색
하면 공덕 56건, 사덕 5건의 기사가 확인된다. 검색 결과상으로는 신문과 잡지 모두 공덕과
사덕 용례는 1905년 이후 출현했다.

51)「滑稽小說 禽獸會議錄」,『大韓每日申報』, 1908. 3. 5.

52)「韓國興復은 英雄崇拜에 在ᄒᆞᆷ」,『大韓每日申報』, 1907. 6. 11~12.

53) 「探偵과 通譯의 行悖」, 『大韓每日申報』, 1908. 10. 8.

54) 「敬告社會上 僉君子」, 『皇城新聞』, 1909. 1. 29.

55) 「本會歷史」, 『대한협회회보』 제6호, 1908. 9. 25.

56) 「嗟乎內閣當局者」, 『大韓每日申報』, 1909. 12. 17.

57) 「無恥會社」, 『大韓每日申報』, 1909. 10. 1.

58) 「善惡種類의 分別」, 『皇城新聞』, 1908. 3. 26.

59) 「我韓의 腐敗ᄒ 原因」, 『皇城新聞』, 1908. 7. 7.

60) 「根本的改良」, 『皇城新聞』, 1908. 3. 12.

61) 이와 관련된 서양 윤리 언급을 다음에서 볼 수 있다. "西人之論曰倫有三焉, 在於國在於社會在於簡人也. 君臣之各盡其職, 國之倫也. 公德與本業, 社會之倫也. 簡人之倫, 各在於簡人身上也"(「成均館擥會時講說」, 『대동학회월보』 제2호, 1908. 3. 25).

62) 茳丹山人, 「實業과 公德」, 『태극학보』 제19호, 1908. 3. 24, 14~15쪽.

63) 「各團體에 對ᄒ 觀念」, 『皇城新聞』, 1908. 8. 7.

64) "盖此社會의 腐敗不振ᄒᄂ 原因을 論ᄒ면 民智의 程度가 尙屬蒙昧ᄒ야 團合의 利益을 不知ᄒᄂ 故라ᄒ며 …… 今日我韓社會의 種種病証이라엇지 完全ᄒ 法人의 性格을 具有ᄒ 者가 有ᄒ리오."(「社會前途의 指南」, 『皇城新聞』, 1908. 8. 23).

65) 「敬告各社會人士」, 『皇城新聞』, 1909. 3. 5.

66) 「講義錄」, 『대동학회월보』 제9호, 1908. 10. 25.

67) 李得年, 「我韓社會觀」, 『대한흥학보』 제6호, 1909. 10. 20, 11~12쪽.

68) 姜邁, 「重公德排虛飾論」, 『대한학회월보』 제6호, 1908. 7. 25, 22~24쪽.

69) 『단재신채호전집』 제7권, 「도덕」, 628쪽 참조.

70) 「二十世紀新國民(續)」, 『大韓每日申報』, 1910. 2. 26.

71) 申寀浩, 「歷史와 愛國心의 關係(續)」, 『대한협회회보』 제3호, 1908. 6. 25, 6쪽.

72) 「天喜堂詩話(續)」, 『大韓每日申報』, 1909. 11. 25.

참고문헌

1장

김옥희, 『제주도신축년교난사』, 천주교제주교구, 1980.

김준형, 『1862년 진주농민항쟁』, 지식산업사, 2001.

김진소, 『천주교 전주교구사』, 빅벨, 1998.

마크 C. 엘리엇, 양휘웅 옮김, 『건륭제: 하늘의 아들, 현세의 인간』, 천지인, 2011.

배항섭, 『조선후기 민중운동과 동학농민전쟁의 발발』, 경인문화사, 2002.

오수창, 『조선후기 평안도 사회발전 연구』, 일조각, 2002.

오지영, 『동학사』, 영창서관, 1940.

오횡묵, 김현구 옮김, 『고성부총쇄록』, 고성문화원, 2007.

윌리엄 로, 기세찬 옮김, 『하버드 중국사 청─중국 최후의 제국』, 너머북스, 2014.

이돈화, 『천도교창건사』, 1933.

조경달, 박맹수 옮김, 『이단의 민중반란』, 역사비평사, 2008.

조너선 D. 스펜스, 양휘웅 옮김, 『신의 아들: 홍수전과 태평천국』, 이산, 2006.

조병한 편저, 『태평천국과 중국의 농민운동』, 인간, 1981.

趙矢元·冯兴盛 주편, 중국사연구회 옮김, 『중국근대사』, 청년사, 1990.

須田努, 『悪党の一九世紀』, 青木書店, 2002.

部落解放研究所(Buraku kaiho kenkyusho) 編, 『(新編)部落の歴史』, 解放出版社, 1995.

趙景達, 『異端の民衆反亂─東學と甲午農民戰爭』, 岩波書店, 1998.

趙景達·須田努 編, 『比較史的にみた近世日本─「東アジア化」をめぐって』, 東京堂出版, 2011.

谷川道雄, 森正夫 編, 『中國民衆叛亂史 3: 明末~淸 1』, 平凡社, 1982.

佐藤文俊, 『明末農民反亂の研究』, 研文出版, 1985.

中島樂章, 『明代鄕村の紛爭と秩序』, 汲古書院, 2002.

瀬原義生,『ドイツ中世農民史の研究』, 未來社, 1988.

前間良爾,「ドイツ農民戰爭」,『中世の農民運動』, 學生社, 1975.

井上勝生,『開国と幕末変革』, 講談社, 2002.

鈴木中正,『千年王國的民衆運動の研究: 中國・東南アにおける』, 東京大學出版会, 1982.

鶴卷孝雄,「近代化と傳統的 民衆世界─轉換期の民衆運動とその思想」, 東京大出版會, 1991.

朝尾直弘 外 編,『岩波講座: 日本通史 16卷』, 岩波書店, 1994.

五野井隆史,『島原の乱とキリシタン』, 吉川弘文館, 2014.

藪田 貫, 深谷克己 編,『展望 日本歴史 15: 近世社会』, 東京堂出版, 2004.

Cohn, Norman, *The Pursuit of the Millennium: Revolutionary Millenarians and Mystical Anarchists of the Middle Ages*, PIMLICO, 2004.

Eisenstadt, S. N., *Comparative civilizations and multiple modernities: A Collection of Essays*, Brill Academic Publishers, 2003.

Elliott, Mark C., Emperor Qianlong: Son of Heaven, Man of the World, New York: Pearson Longman, 2009.

Freedman, Maurice, *Lineage Organization in Southeastern China*(Reprinted with Corrections 1965), London: University of London, Athlone Press, 1970.

Freedman, Paul H., *Images of the Medieval Peasant*, Stanford University Press, 1999.

Harrison, J. F. C., *The Common People: A History from the Norman Conquest to the Present*, London: Collins, 1984.

Hung, Ho-fung, *Protest with Chinese Characteristics: Demonstrations, Riots, and Petitions in the Mid-Qing Dynasty*, Columbia University Press, 2011.

Menzel, Wolfgang(translated from the fourth German edition by George Horrocks), *Germany: from the Earliest Period*(v. 2), with a Supplementary Chapter of Recent Events by Edgar Saltus, New York: Co-operative Publication Society, 1899.

Rowe, William T., *China's Last Empire: The Great Qing*, Cambridge, Mass: Harvard University Press, 2009. eBook Collection(EBSCOhost), Web. 6, Dec. 2016.

Scott, James C., *Domination and the Arts of Resistance: Hidden Transcripts*, New Haven: Yale University Press, 1990.

Scott, Tom, Scribner, Robert W., *The German peasants' War: A History in Documents*,

Atlantic Highlands, N. J. : Humanities Press International, 1991.

Spence, Jonathan D., *God's Chinese Son: The Taiping Heavenly Kingdom of Hong Xiuquan*, New York: W. W. Norton, 1996.

Sun Joo, Kim, Marginality and Subversion in Korea: The Hong Kyongnae Rebellion of 1812, Seattle: University of Washington Press, 2007.

Thompson, E. P., *Customs in Common*, Penguin Books, 1993.

Weems, Benjamin B., *Reform, Rebellion and the Reavenly Way*, The Univ. of Arizona Press, 1964.

고동환, 「1811~1812년 평안도 농민전쟁」, 『한국사 10: 중세사회의 해체 2』, 한길사, 1994.

고석규, 「서북지방의 민중항쟁」, 『한국사 36: 조선 후기 민중사회의 성장』, 국사편찬위원회, 1997.

권내현, 「홍경래, 왕조에 도전한 평민 지식인」, 『내일을 여는 역사』 21, 2005.

김봉곤, 「서부경남지역의 동학농민혁명 확산과 향촌사회의 대응」, 『남명학연구』 41, 2014.

김성찬, 「태평천국과 염군」, 『강좌중국사 Ⅴ』, 1989.

김성찬, 「新世紀 初頭(2000-2012年) 中國 太平天國史學界의 苦惱와 實驗的 挑戰」, 『中國近現代史研究』 55, 2012.

김성찬, 「태평천국 평균이념의 전개와 그 근대적 변모-『천조전무제도』 평균론의 『자정신편』에 대한 영향」, 『동양사연구』 76, 2001.

김성찬, 「종족공동체의 유산과 태평천국의 평균이념」, 『명청사연구』 37, 2012.

박광성, 「1901년 제주도 민란의 원인에 대하여-신축 천주교 박해 사건」, 『인천교육대논문집』 제2집, 1967.

박원호, 「명말·청초의 농민반란」, 오금성 외, 『명말·청초사회의 조명』, 한울, 1990.

박찬식, 「한말 제주지역의 천주교회와 '濟州敎案'」, 『한국근현대사연구』 4집, 1996.

배항섭, 「제1차 동학농민전쟁 시기 농민군의 진격로와 활동 양상」, 『동학연구』 11, 2002.

배항섭, 「19세기 향촌사회질서의 변화와 새로운 공론의 대두」, 2014.

송찬섭, 「1862년 진주농민항쟁의 조직과 활동」, 『韓國史論』 21(서울대 국사학과), 1989.

신동규, 「근세 일본 '島原·天草의 亂'에 보이는 天草四郎의 신격화와 그 영향」, 『일본사상』 13, 2007.

심희기, 「『흠흠신서』의 법학사적 해부」, 『사회과학연구』 5-2, 영남대학교 사회과학연구소, 1985.

오금성, 「명말·청초의 사회변화」, 『강좌중국사 Ⅳ』, 지식산업사, 1989.

윤대원, 「이필제란 연구」, 『한국사론』(서울대학교 국사학과), 16, 1987.

이준갑, 「민간전설을 통해 본 명말청초의 사천사회와 장헌충—전설의 역사학적 접근—」, 『중국사
　　연구』 69, 2010.

장영민, 「1871년 영해 동학란」, 한국학보47, 일지사, 1987.

정석종, 「홍경래란의 성격」, 『한국사연구』 7, 1972.

정진각, 「1901년 제주민란에 관한 일고—소위 신축교난의 발생 원인을 중심으로」, 『한국학논집』
　　3, 1983.

조광, 「19세기 후반 서학과 동학의 상호관계에 관한 연구」, 『동학학보』 6, 2003.

조승래, 「18세기말 영국의 토지개혁론」, 『서양사론』 55, 1997.

최갑순, 「명·청대의 농민반란」, 『강좌중국사 Ⅳ』, 지식산업사, 1989.

현광호, 「프랑스의 시각에서 본 1901년 제주민란」, 『한국민족운동사연구』, 83, 2015.

홍성하, 「1841–1842년 종인걸의 난을 통해 본 청대 지방사회」, 배항섭·손병규 편, 『임술민란과
　　19세기 동아시아 민중운동』, 2013.

保坂智, 「百姓一揆」, 『岩波講座: 日本通史 15』(近世 5), 岩波書店, 1995.

菊池秀明, 「太平天國における不寬容—もう一つの近代ヨーロッパ受容」, 『東アジア近現代通史
　　1: 東アジア世界の近代』, 岩波書店, 2010.

藪田 貫(야부타 유타카), 『國訴と百姓一揆の研究』, 校倉書房, 1992 訴願.

內田滿(우치다 미츠루), 「得物から竹槍へ」, 保坂智 編, 『民衆運動史 1: 一揆と周緣』, 靑木書店,
　　2000.

深谷克己, 「世直し一揆と新政反對一揆」, 安丸良夫·深谷克己, 『日本近代思想大系』 21, 岩波
　　書店, 1989.

須田努, 「暴力·放火という実践行爲」, 新井勝紘 編, 『民衆運動史 4: 近代移行期の民衆像』, 靑
　　木書店, 2000.

Hang seob, Bae, Foundations for the Legitimation of the Tonghak Peasant Army and
　　Awareness of a New Political Order, *Acta Koreana*, Vol. 16, No. 2(December 15),
　　2013.

Kallander, G., "Eastern Bandits or Revolutionary Soldiers? The 1894 Tonghak Uprising
　　in Korean History and Memory", *History Compass*, 8, 2010.

Karlsson, Anders, Challenging the Dynasty—Popular Protest, Chŏnggamnok and the Ideology of the Hong Kyŏngnae Rebellion, *International Journal of Korean History*, Vol. 2, 2001.

Michael Baker, Keith, "Introduction", K. M. Baker et al., *The Political Culture of the Old Regime(The French Revolution and the Creation of Modern Political Culture* v. 1), Oxford: Pergamon Press, 1987.

Raath A., and de Freitas S., "Rebellion, Resistance, and a Swiss Brutus?", *The Historical Journal*(48—1, Mar., 2005).

Setton, Mark, "Confucian Populism and Egalitarian Tendencies in Tonghak Thought", *East Asian History* 20(December 2000).

Shanin, Theodore, "The Peasant Dream: Russia 1905—7", edited by Raphael Samuel and Gareth Stedman Jones, *Culture, Ideology, and Politics: Essays for Eric Hobsbawm*, London: Routledge&Kegan Paul, 1982.

Walraven, Boudewijn, Cheju Island 1901: Records, Memories and Current Concerns, *Korean Histories*, Vol. 1.1(www.koreanhistories.org), 2009.

Woodside Alexander, Territorial Order and Collective—Identity Tensions in Confucian Asia: China, Vietnam, Korea Author(s): *Daedalus*, Vol. 127, No. 3(Summer 1998).

Wunder, Heide, "'Old Law' and 'Divine Law' in the German Peasant War", *The Journal of Peasant Studies*, Vol. 3, No. 1(October 1975).

2장

洪大容, 『湛軒書』

キュルムス(著), 杉田玄白・前野良沢・中川淳庵・桂川甫周(訳), 小田野直武(画), 『解體新書』, 須原屋市兵衛, 1774(日本国立国会図書館 デジタルコレクション http://dl.ndl.go.jp/ info:ndljp/pid/2558887).

杉田玄白, 『狂醫之言』, 神宮文庫藏 寫本, 1775.

杉田玄白, 『蘭學事始』, 天真楼, 1869.

김문용, 『홍대용의 실학과 18세기 북학사상』, 예문서원, 2005.

문석윤 외, 『담헌 홍대용 연구』, 사람의 무늬, 2012.

박제가, 정민 등 옮김, 『정유각집』상, 돌베개, 2010.

박희병, 「淺見絅齋와 洪大容」, 『대동문화연구』40, 2002.

박희병, 『범애와 평등』, 돌베개, 2013.

스기타 겐파쿠 외, 김성수 옮김, 『해체신서』, 한길사, 2014.

이경구, 「湛軒의 知識人 交遊와 知性史的 位置」, 『담헌 홍대용 연구』, 사람의 무늬, 2012.

이예안 해제, 김정희 번역, 「스기타 겐파쿠(杉田玄白)『광의지언(狂醫之言)』(1775)」, 『개념과소통』 17, 2016.

이종각, 『일본 난학의 개척자 스기타 겐파쿠』, 서해문집, 2013.

이종찬, 『난학의 세계사』, 알마, 2014.

인하대학교 한국학연구소 편, 『중국 없는 중화』, 인하대학교출판부, 2009.

정하미, 「일본의 서양학문의 수용」, 『일본문화연구』4, 2001.

조창록, 「홍대용 연행록 중 西學 관련 내용의 改削 양상」, 『대동문화연구』84, 2013.

石出猛史, 「江戸の腑分」, 『千葉医学雑誌』74(1), 1998.

片桐一男, 『人物叢書: 杉田玄白』, 吉川弘文館, 1971.

片桐一男, 「江戸時代, 東西医学の対話――吉雄幸左衛門耕牛を中心として」, 『日本東洋医学雑誌』55(5), 2004.

芳賀徹 編, 『日本の名著 22 杉田玄白.平賀源内.司馬江漢』, 中央公論社, 1971.

『日本思想大系 64-洋学 上』, 岩波書店, 1976.

『日本思想大系 65-洋学 下』, 岩波書店, 1972.

3장

『向姓家譜寫及び眞壁.田島家の歴史』, 文進印刷株式會社, 1996.

『麻氏又吉家世系家譜解說』, 上之山印刷, 1982 영인.

『麻姓世系譜 多和田門中』, 那覇出版社, 1983 영인.

『久米 毛氏家譜』, 久米國鼎會, 1992 영인.

『平姓家譜 正統』, 미상, 복사본.

大浜永亘, 『嘉善姓一門と八重山歷史, 嘉善姓一門世系圖』, 先島文化硏究所, 1988.

比嘉朝進, 『士族門中家譜』, 沖繩 球陽出版, 2005.

盧明鎬 등 편저, 『韓國古代中世古文書硏究』 하, 서울대학교출판부, 2000.

이준구, 「조선 후기 신분직역변동연구」, 일조각, 1993.

崔在錫, 『韓國家族制度史硏究』, 일지사, 1991.

高良倉吉, 『琉球王国の構造』, 吉川弘文館, 1987.

河村只雄, 『南方文化の探究』, 創元社, 1939.

宮里朝光(監修), 『沖繩門中大事典』, 那覇出版社, 1998.

琉球家譜目録データベース(http://www.geocities.jp/ryukyu_history/ryukyukafu/).

丘源媛, 「18세기 중엽~20세기 초 중국의 '官修家譜'― 中國第一歷史檔案館에 소장된 『清代譜 牒檔案』을 중심으로」, 『대동문화연구』 91, 성균관대학교 대동문화연구원, 2015.

김경란, 「조선 후기 가족제도 연구의 현황과 과제」, 『조선 후기사 연구의 현황과 과제』(강만길 교수 정년기념), 창작과비평, 2000.

미야지마 히로시, 「조선시대의 신분, 신분제 개념에 대하여」, 『대동문화연구』 42, 성균관대학교 대동문화연구원, 2003.

미야지마 히로시, 「『안동권씨성화보』를 통해서 본 한국 족보의 구조적 특성」, 『대동문화연구』 62, 대동문화연구원, 2008.

미야지마 히로시, 「동아시아세계 속의 한국 족보」, 『대동문화연구』 77, 대동문화연구원, 2012.

미야지마 히로시, 「동아시아 속의 한국 족보」, 『동아시아 족보의 문화사; 족보의 형태와 그 문화적 의미』, 성균관대학교 대동문화연구원 국제학술회의 발표집, 2016. 1. 14.

손병규, 「戶籍大帳 職役欄의 軍役 기재와 '都已上'의 통계」, 『대동문화연구』 39, 성균관대학교 대동문화연구원, 2001.

손병규, 「조선 후기 국가적인 신분규정과 그 적용」, 『역사와 현실』 48, 한국역사연구회, 2003.

손병규, 「13~16세기 호적과 족보의 계보형태와 그 특성」, 『대동문화연구』 71, 성균관대학교 대동문화연구원, 2010.

송양섭, 「19세기 幼學層의 증가양상―『단성호적대장』을 중심으로―」, 『역사와 현실』 55, 한국역사연구회, 2005.

심재우, 「조선후기 단성현 법물야면 유학호의 분포와 성격」, 『역사와 현실』 41, 한국역사연구회, 2001.

조수미, 「근세 류큐의 문츄(門中) 형성에 대한 연구—사족문츄를 중심으로」, 서울대학교 인류학과 석사학위논문, 2000.

조수미, 「오키나와의 문츄화(門中化) 현상」, 『비교문화연구』 제7집 2호, 서울대학교 비교문화연구소, 2001.

宮嶋博史, 「東洋文化研究所所藏の朝鮮半島族譜資料について」, 『明日の東洋學』 7, 東京大 東洋文化研究所, 2007.

田名眞之, 「琉球家譜の成立と門中」, 『系図が語る世界史』, 歴史学研究会編, 青木書店, 2002.

井上徹, 「中国の近世譜」, 『系図が語る世界史』, 歴史學研究會編, 青木書店, 2002.

4장

『大明律直解』

『同文彙考』

『萬機要覽』

『備邊司謄錄』

『星湖僿說』

『續大典』

『承政院日記』

『櫟翁遺稿』

『燕巖集』

『日省錄』

『朝鮮王朝實錄』

『度支志』

『訓局謄錄』

강준식, 『우리는 코레아의 광대였다』, 웅진출판, 1995.

국사편찬위원회, 『화폐와 경제 활동의 이중주』, 두산동아, 2006.

권내현, 「숙종대 지방통치론의 전개와 정책 운영」, 『역사와 현실』 25, 한국역사연구회, 1997.

권내현, 「17세기 후반-18세기 전반 조선의 은 유통」, 『역사학보』 221, 역사학회, 2014.

宋贊植, 『朝鮮後期 社會經濟史의 研究』, 一潮閣, 1997.

元裕漢, 「李朝後期 淸錢의 輸入 流通에 대하여」, 『사학연구』 21, 한국사학회, 1969.

元裕漢, 「實學者의 貨幣思想發展에 대한 考察-金·銀貨의 通用論을 中心으로-」, 『東方學志』 23·24, 연세대학교 국학연구원, 1980.

원유한, 『조선 후기 화폐사』, 혜안, 2008.

유승주·이철성, 『조선 후기 중국과의 무역사』, 경인문화사, 2002.

俞昡在, 「조선 후기 鑄錢정책과 財政활용」, 서울대학교 박사학위논문, 2014.

이욱, 「숙종대 상업정책의 추이와 성격」, 『역사와 현실』 25, 한국역사연구회, 1997.

李正守, 「16세기 중반-18세기 초의 貨幣流通 실태-生活日記類와 田畓賣買明文을 중심으로-」, 『조선시대사학보』 32, 조선시대사학회, 2005.

이정수·김희호, 『조선의 화폐와 화폐량』, 경북대학교출판부, 2006.

李憲昶, 「1678-1865년간 貨幣量과 貨幣價値의 推移」, 『경제사학』 27, 경제사학회, 1999.

李憲昶, 「조선시대 銀 유통과 소비문화」, 『명청사연구』 36, 명청사학회, 2011.

장수비·조남철·강형태, 「조선시대 상평통보의 성분 조성과 미세조직을 통한 재료학적 특성 연구」, 『보존과학회지』 31-3, 한국문화재보존과학회, 2015.

정수환, 『조선후기 화폐유통과 경제생활』, 경인문화사, 2013.

韓明基, 「17세기 초 銀의 유통과 그 영향」, 『규장각』 15, 서울대학교 규장각, 1992.

黑田明伸, 정혜중 옮김, 『화폐시스템의 세계사-'비대칭성'을 읽는다』, 논형, 2005.

안드레 군더 프랑크, 이희재 옮김, 『리오리엔트』, 이산, 2003.

田代和生, 『近世日朝通交貿易史の研究』, 創文社, 1981.

Nae-Hyun, Kwon, Chosŏn Korea's Trade with Qing China and the Circulation of Silver, Acta Koreana 18-1, Academia Koreana, 2015.

von Glahn, Richard, Fountain of Fortune: Money and Monetary Policy in China, 1000-1700, Berkeley and Los Angeles: University of California Press, 1996.

5장

嘉慶, 『珠里小志』

乾隆, 『吳江縣志』

乾隆, 『震澤縣志』

光緒, 『松江府續志』

道光, 『蘇州府志』

民國, 『嘉定縣續志』

正德, 『姑蘇志』

弘治, 『吳江志』

顧炎武, 『天下郡國利病書』

董含, 『三岡識略』

葉夢珠, 『閱世編』

錢泳, 『履園叢話』

馮夢龍, 『醒世恒言』

胡適, 『胡適自傳』

D. H. 퍼킨스, 양필승 옮김, 『중국경제사』, 신서원, 1997.

R. 벨라, 박영신 옮김, 『도쿠가와 종교 - 일본근대화와 종교윤리 』, 현상과 인식, 1994.

W. 스키너, 양필승 옮김, 『중국의 전통시장』, 신서원, 2000.

梶村秀樹 등, 『한국근대경제사 연구: 이조 말기에서 해방까지 』, 사계절, 1983.

사이토 오사무, 박이택 옮김, 『비교경제발전론 - 역사적 어프로치』, 해남, 2013.

시바 요시노부, 임대희 외 옮김, 『중국도시사』, 서경문화사, 2008.

이영석, 『영국사 깊이 읽기』, 푸른역사, 2016.

姜守鵬, 『明淸社會經濟結構』, 東北師範大學出版社, 1992.

羅婧, 『江南市鎭網絡與江交往力』, 上海人民出版社, 2010.

樊樹志, 『明淸江南市鎭探微』, 復旦大學出版社, 1990.

范金民, 『江南社會經濟史研究入門』, 復旦大學出版社, 2012.

范金民,『賦稅甲天下: 明清江南社會經濟探析』三聯書店, 2013.

范金民,『國計民生: 明清社會經濟新析』江蘇人民出版社, 2018.

徐新吾,『鴉片戰爭前中國棉紡織手工業的商品生産與資本主義萌芽問題』, 江蘇人民出版社,
　　　1981.

徐卓人 編,『楓橋』, 蘇州大學出版社, 2002.

徐浩,『18世紀的中國與世界: 農民卷』, 遼海出版社, 1999.

安濤,『中心與邊緣─明清以來江南市鎮經濟社會轉型研究』, 上海人民出版社, 2010.

吳建華,『明清江南人口社會史研究』, 群言出版社, 2005.

王家範 主編,『明清江南史研究三十年』, 上海古籍出版社, 2010.

王家範,『明清江南史叢稿』, 三聯書店, 2018.

王衛平,『明清時期江南城市史研究』, 人民出版社, 1999.

龍登高,『江南市場史』, 清華大學出版社, 2003.

劉石吉,『明清時代江南市鎮研究』, 中國社會科學出版社, 1987.

李伯重,『多視角看江南經濟史』, 三聯書店, 2003.

趙岡,『中國城市發展史論集』, 聯經出版社, 1995.

曹樹基,『中國人口史(清時期)』, 復旦大學出版社, 2000.

陳樺 主編,『多元視野下的清代社會』, 黃山書社, 2008.

洪璞,『明代以來太湖南岸鄉村的經濟與社會變遷: 以吳江縣爲中心』, 中華書局, 2005.

トマス C. スミス, 大島真理夫譯,『日本社会史における傳統と創造─工業化の内在的諸要因
　　　1750~1920年』, ミネルヴァ書房, 2002.

高橋美由紀,『在郷町の歷史人口学─近世における地域と地方都市の發展』, ミネルヴァ書房,
　　　2005.

谷本雅之,『日本における在来的經濟發展と織物業─市場形成と家族經濟』, 名古屋大学出版
　　　會, 1998.

久保亨,『戦間期中國の綿業と企業經營』, 汲古書院, 2005.

宮本又郎,『近世日本の市場經濟』, 有斐閣, 1988.

大岡敏昭,『武士の絵日記 幕末の暮らしと住まいの風景』, 角川ソフィア文庫, 2014.

大木康,『蘇州花街散歩─山塘街の物語』, 汲古書院, 2017.

大塚久雄,『歷史と現代』, 朝日新聞社, 1979.

北村敬直,『清代社會經濟史研究』, 朋友書店, 1981.

山口啓二, 佐々木潤之介,『体系·日本歷史』4, 日本評論社, 1971.

山根幸夫,『明清華北定期市の研究』, 汲古書院, 1995.

山本博文,『參勤交代』, 講談社, 1998.

森正夫編,『江南デルタ市鎮研究: 歷史學と地理學からの接近』, 名古屋大學出版會, 1992.

石原潤,『定期市の研究』, 名古屋大學出版會, 1987.

速水融·宮本又郎 編,『日本經濟史Ⅰ—經濟社會の成立 17〜18世紀』, 岩波書店, 1988.

安良城盛昭,『幕藩体制社会の成立と構造』, 有斐閣, 1986.

岸本美緒,『清代中國の物價と經濟變動』, 研文出版, 1997.

栗原百壽,『日本農業の基礎構造』, 農山漁村文化協會, 1980.

伊藤正彦,『宋元郷村社会史論』, 汲古書院, 2010.

伊藤好一,『江戸地廻り經濟の展開』, 柏書房, 1966.

伊藤好一,『近世在方市の構造』, 隣人社, 1967.

斎藤修,『プロト工業化の時代—西欧と日本の比較史』, 日本評論社, 1985.

佐藤常雄·大石慎三郎,『貧農史觀を見直す』講談社, 1995.

重田德,『清代社會經濟史研究』, 岩波書店, 1975.

川勝守,『明清江南市鎮社會史研究』, 汲古書院, 1999.

天野元之助,『中国農業の諸問題』下, 技報堂, 1952.

太田出,『中國近世の罪と罰—犯罪·警察·監獄の社會史』, 名古屋大學出版會, 2015.

Buck, J. L., *Chinese Farm Economy: a Study of 2866 Farms in Seventeen Localities and Seven Provinces in China*, Nanking, 1930.

Rozman, Gilbert, *Urban Networks in Ch'ing China and Tokugawa Japan*, Princeton University Press, 1974.

김종박, 「명청시대 강소지구 시장개설과 상품유통망」, 『상명사학』 5, 1997.

김종박, 「명청시기 강남지역 상품경제와 시진의 성격」, 『인문과학연구』 13, 2003.

김종박, 「명청시기 농촌경제와 시진」, 『상명사학』 10, 2006.

김종박, 「명청시기 농촌경제와 시진의 형성」, 『인문과학연구』 16, 2005.

민경준, 「江南 絲綢業市鎭의 客商활동과 客商路」, 『부대사학』 21, 1997.

민경준, 「명청대 江南 면포업시진의 객상과 商路」, 『부대사학』 23, 1999.

민경준, 「明淸代 江浙市鎭의 방직업 생산·유통구조−太湖 남안의 견직업시진을 중심으로」, *Journal of China Studies* 제1집, 2006.

민경준, 「淸代 강남 해항 劉河鎭의 성쇠와 무역상인」, 『인문학논총』 13−1, 2008.

박기수, 「淸代 廣東 廣州府의 경제작물 재배와 농촌시장의 발전」, 『명청사연구』 13, 2000.

이헌창, 「조선후기 충청도 지방의 시장망과 그 변동」, 『경제사학』 19, 1994.

한상권, 「18세기 말~19세기 초의 장시발달에 대한 기초연구」, 『한국사론』 7, 1981.

홍성화, 「청대전기 강남지역 농촌 면방직업의 선대제 생산에 대하여」, 『명청사연구』 9, 1998.

홍성화, 「명대후기 상업관행 속에서의 정보와 신용」, 『중국학보』 59, 2009.

홍성화, 「명대 통화 정책 연구−동전과 사주전을 중심으로」, 『사총』 86, 2015.

홍성화, 「청중기 전국시장과 지역경제」, 『역사와 세계』 48, 2015.

홍성화, 「19세기 淸朝의 경제성장과 위기」, 『역사학보』 232, 2016.

홍성화, 「청대 강남 시진의 경제생활−주가각진의 사례를 중심으로」, 『역사학보』 240, 2018.

方行, 「淸代江南農民棉紡織的平均收益」, 『中國經濟史研究』, 2010−1.

森正夫, 「明淸時代江南三角洲的鄕鎭志與地域社會−以淸代爲中心的考察」, 『中華民國史專題論文集第五屆硏討會』 제1책, 國士館, 2000.

吳承明, 「我國手工業紡織業爲什么長期停留在家庭手工業階段」, 『文史哲』, 1983−1.

王家範, 「明淸江南市鎭結構及歷史價値初探」, 『華東師範大學學報』, 1984−1.

王家範, 「明淸江南消費風氣與消費結構描述」, 『華東師範大學學報』, 1988−2.

王家範, 「明淸江南消費性質與消費效果解析」, 『上海社會科學學術院季刊』, 1988−2.

王家範, 「淸代江南農民的消費」, 『中國經濟史研究』, 1996−3.

徐新吾, 「中國和日本棉紡織業資本主義萌芽的比較研究」, 『歷史研究』, 1981−6.

徐新吾·韋特孚, 「中日兩國繰糸工業資本主義萌芽的比較研究」, 『歷史研究』, 1983−6.

加藤繁, 『支那經濟史考證』 上, 「唐宋時代の草市及び其の發展」, 東洋文庫, 1952.

岡村治, 「寄居六齋市の構成: 寬永期市定を史料に用いて」, 『歷史地理学調査報告』 6, 1994.

宮崎市定, 「明淸時代の蘇州と輕工業の發達」, 『宮崎市定全集』 13, 岩波書店, 1992, 1951年原刊.

内田豊士, 「岡山県南部地域における農民層の分解」, 『岡山大学大学院文化科学研究科紀要』 13-1, 2002.

大石慎三郎, 「藩域經濟圏の構造-信州上田藩の場合」, 『商経法論叢』12-3, 1962.

山本進, 「開港以前の中国棉紡織業―日本との技術比較を中心に―」, 『歴史の理論と教育』69, 1987.

三浦洋子, 「食料システムと封建制度の影響: 日本と韓国の比較」, 『千葉經濟論叢』30, 2004.

守屋嘉美, 「近世後期商品流通研究の一前提」, 『歴史學研究』276, 1963.

安冨歩・深尾葉子, 「研究フォーラム 市場と共同体-中国農村社会論再考」, 『歴史と地理』581, 2005.

中村哲, 「江戸後期における農村工業の發達-日本経済近代化の歴史的前提としての」, 『經濟 論叢』140, 1987.

坂本勉, 「イスラーム都市の市場空間とイスファハーン」, 佐藤次高.岸本美緒 編, 『市場の地域 史』, 山川出版社, 1999.

太田健一, 「幕末における農村工業の展開過程: 岡山藩児島地方の場合」, 『土地制度史學』2-2, 1960.

Geertz, Clifford, "The Bazaar Economy: Information and Search in Peasant Marketing", *The American Economic Review*, Vol. 68, No. 2, 1978.

Mote, F. W., "A Millenium of Chinese Urban History: Form, Time, and Space Concepts in Soochow", Robert A. Kapp, ed., *Rice University Studies: Four Views on China*, 59-4, 1973.

Skinner, G. W., "Regional Urbanization in Nineteenth Centry China", in *The City in Late Imperial China*, Stanford University Press, 1977.

Yeh-chien Wang, "Secular Trends of Rice Prices in the Yangzi Delta", 1638 - 1935, Rawski and Li eds., *Chinese History in Economic Perspective*, University of California Press, 1992.

6장

구범진, 「명·청 시기 세역의 은납화와 은 재정의 '함정'」, 『冠岳史論』 2, 2016.

金鐘博, 「明末淸初期 里甲制의 폐지와 保甲制의 시행」, 『中國史硏究』 19, 2002.

문명기, 「청말 대만의 번지개발과 族群政治의 종언」, 『중국근현대사연구』 30, 2006.

문명기, 「대만·조선총독부의 초기재정 비교연구」, 『중국근현대사연구』 44, 2009.

문명기, 「근대 일본 식민지 통치모델의 轉移와 그 의미―'대만모델'의 關東州·朝鮮에의 적용 시
도와 변용」, 『중국근현대사연구』 53, 2012.

문명기, 「식민지 '문명화'의 격차와 그 함의―의료부문의 비교를 통해 보는 대만과 조선의 '식민지
근대'」, 『한국학연구』(고려대학교 한국학연구소) 46, 2013.

문명기, 「일제하 대만·조선 公醫制度 비교연구―제도운영과 그 효과」, 『醫史學』 23-2, 2014.

문명기, 「일제하 대만·조선 公醫制度에 대한 비교사적 접근―제도외적 측면을 중심으로」, 『한국
학논총』(국민대학교 한국학연구소) 42, 2014.

문명기, 「國運과 家運―霧峰 林家의 성쇠를 통해 본 국가권력의 교체와 지역엘리트의 운명」, 『중
국근현대사연구』 69, 2016.

문명기, 「일제하 대만 보갑제도의 재정적 효과, 1903~1938」, 『중국근현대사연구』 75집, 2017.

문명기, 「보갑의 동아시아―20세기 전반 대만·만주국·중국의 기층행정조직 재편과 그 의미」, 『중
앙사론』 47집, 2018.

민족문제연구소 편, 『일제하 전시체제기 정책사료총서』(제국의회설명자료, 제2권), 한국학술정
보, 2000.

송정수, 「향촌조직」, 오금성 외, 『명청시대 사회경제사』, 이산, 2007.

윤휘탁, 「民族協和'의 虛像―만주국 경찰의 민족 구성과 민족 모순」, 『東洋史學硏究』 1 19, 2012.

윤휘탁, 「滿洲國' 시기 일제의 대민지배의 실상―保甲制度와 관련하여」, 『동아연구』 30, 2013.

朱螢俊, 「1930년대 초 南京國民政府의 金換本位制 도입 시도와 그 의미」, 서울대학교 동양사학
과 석사학위논문, 2013.

葛劍雄 主編, 侯楊方 著, 『中國人口史』(第6卷: 1910~1953), 復旦大學出版社, 2005.

邱玟慧, 「淸代閩臺地區保甲制度之硏究(1708~1895)」, 國立臺灣師範大學 碩士學位論文,
2007.

吉林省公安廳公安史硏究室·東北淪陷十四年史吉林編寫組 編譯, 『滿洲國警察史』, 吉林省公

安廳公安史硏究室, 1990.

戴炎輝, 『淸代臺灣之鄕治』, 聯經, 1979.

藍奕靑, 『帝國之守-日治時期臺灣的郡制與地方統治』, 國史館, 2012.

劉魁·曾耀榮, 「民國時期保甲長群體構成與人事嬗遞」, 『求索』2016年 7期.

聞鈞天, 『中國保甲制度』(民國叢書 第4編 23), 商務印書館, 1935.

蕭明治, 「日治時期臺灣煙酒專賣經銷商之硏究」, 國立中正大學 歷史學硏究所 博士論文, 2010.

施添福, 「日治時代臺灣地域社會的空間結構及其發展機制-以民雄地方爲例」, 『臺灣史硏究』8-1, 2001.

楊華, 「南京國民政府時期山東保甲制度硏究(1928~1945)」, 『樂山師範學院學報』25-7, 2010.

冉綿惠, 『民國時期四川保甲制度與基層政治』, 社會科學文獻出版社, 2010.

冉綿惠·李慧宇, 『民國時期保甲制度硏究』, 四川大學出版社, 2005.

吳文星, 『日治時期臺灣的社會領導階層』, 五南, 2008.

吳學明, 『金廣福墾隘硏究』(上), 新竹縣立文化中心, 2000.

王先明, 「從自治到保甲: 鄕制重構中的歷史回歸問題-以20世紀三四十年代兩湖鄕村社會爲範圍」, 『史學月刊』2008年 2期.

王世慶, 『淸代臺灣社會經濟』, 聯經, 1994.

王兆剛, 『國民黨訓政體制硏究』, 中國社會科學出版社, 2004.

王學新, 「日治時期臺灣保甲制度的經濟分析」, 國史館 臺灣文獻館, 『第五屆臺灣總督府檔案學術硏討會論文集』, 2008.

王興安, 「殖民統治與地方精英-以新竹·苗栗地區爲中心(1895~1935)」, 國立臺灣大學 歷史學硏究所 碩士學位論文, 1999.

張立彬, 「日據時期臺灣城市化進程硏究」, 東北師範大學 碩士學位論文, 2004.

鍾淑敏, 「臺灣警察界第一寫手-鷲巢敦哉」, 『臺灣學通訊』88, 2015.

周婉窈, 『臺灣歷史圖說(史前至一九四五年)』(二版), 聯經, 1998.

中央檔案館·中國第二歷史檔案館·吉林省社會科學院 合編, 『僞滿憲警統治(日本帝國主義侵華檔案資料選編 7)』, 中華書局, 1993.

中華民國內政部年鑑編纂委員會 編, 『內政年鑑(警政篇)』, 商務印書館, 1936.

蔡龍保, 『殖民統治之基礎工程-日治時期臺灣道路事業之硏究(1895~1945)』, 國立臺灣師範大學 歷史系, 2008.

蔡慧玉,「保正·保甲書記·街莊役場-口述歷史(李金鎭·陳榮松·陳金和)」,『臺灣史研究』2-2, 1995.

韓延龍·蘇亦工 等著,『中國近代警察史』(上)(下), 社會科學文獻出版社, 2000.

洪秋芬,「日據初期臺灣的保甲制度(1895~1903)」,『中央研究院近代史研究所集刊』21, 1992.

洪秋芬,「日治初期葫蘆墩區保甲實施的情形及保正角色的探討(1895~1909)」,『中央研究院近代史研究所集刊』34, 2000.

洪秋芬,「日治前期臺灣保甲和街莊基層行政組織關係之探討-兼論滿洲國的保甲制度」, 中央研究院 臺灣史研究所 編,『日本帝國殖民地之比較研究國際學術研討會論文集』, 2008.

「馬賊ノ情勢其他レカ警戒ニ關シ關東都督府民政長官報告ノ件」(公文雜纂·明治四十參年·第一卷·內角一), 明治 43年(1910年)9月27日(JACAR).

加藤豊隆,『滿洲國警察小史-滿洲國權力の實態について』, 東京:滿蒙同胞授護會 愛媛縣支部, 1968.

國務院 民政部 編,『民政年報』(第3次: 康德3年版), 民政部 總務司 資料科, 1936.

國務院 統計處 編,『康德二年末滿洲帝國現住戶口統計』, 1936.

國務院 統計處 編,『滿洲國年報』(第1次), 1933.

國務院 統計處 編,『滿洲帝國年報』(第3次), 1936.

臺灣總督府 警務局 編,『臺灣總督府警察沿革誌(二)』(領臺以後の治安狀況), 1933(南天書局 影印本, 1995).

臺灣總督府 警務局 編,『保甲制度及附錄』, 1920.

臺灣總督府,『民政事務成績提要』(第22編, 1916年分), 1917.

臺灣總督府警務局,『昭和十二年臺灣總督府警察統計書』, 1938.

滿洲國 民政部 警務司,『滿洲國警察概要』, 1935.

目黑五郎·江廷遠,『現行保甲制度叢書』, 保甲制度叢書普及所, 1936(增補版).

山中峰央,「滿洲國'人口統計の推計」,『東京經大學會誌(東京經濟大學)』245, 2005.

善生永助,「濱江省阿城縣の保甲行政組織と其の運營狀態(一)」,『滿鐵調查月報』17-11, 1937. 11.

松田利彦,「近代日本植民地における'憲兵警察制度'に見る'統治樣式の遷移'-朝鮮から 關東州·滿洲國'へ」,『日本研究』(國際日本文化研究センター) 35, 2007.

松澤裕作,『明治地方自治體制の起源』, 東京大學出版會, 2009.

矢內原忠雄,『帝國主義下の臺灣』, 岩波書店, 1988(1929).

矢羽田朋子, 「滿洲國槪觀」, 『(西南学院大学大学院)国際文化研究論集』 9, 2015.

野間清・山本純愚, 「海城縣における農村行政組織と其の運營現態」, 『滿鐵調查月報』 17-3, 1937. 3.

遠藤正敬, 「滿洲國統治における保甲制度の理念と實態-'民族協和'と法治國家という二つの 國是をめぐって」, 『アジア太平洋討究』 20, 2013.

遠藤正敬, 『近代日本の植民地統治における國籍と戸籍-滿洲・朝鮮・臺灣』, 明石書店, 2010.

陸軍省 新聞班, 『(滿洲事變勃發滿四年)滿洲國槪觀』, 1935.

日本植民地研究會 編, 『日本植民地研究の論點』, 岩波書店, 2018.

日本銀行調查局 編, 『本邦經濟統計』(昭和 7・8・9年), 1933~1935.

張濟順, 小濱正子 譯, 「近代に移植された傳統-日本軍政下上海の保甲制度」, 『近きに在りて』 28, 1995.

足立啓二, 『専制國家史論-中國史から世界史へ』, 柏書房, 1998.

中島利郎・吉原丈司 編, 『鷲巣敦哉著作集 III』, 綠蔭書房, 2000(원제: 鷲巣敦哉, 『臺灣保甲皇民 化讀本』, 臺灣警察協會, 1941[第3版]).

中村哲, 「植民地統治組織としての保甲制」, 中村哲, 『植民地統治法の基本問題』, 日本評論社, 1943.

持地六三郎, 『臺灣殖民政策』, 富山房, 1912.

淺田喬二・小林英夫 編, 『日本帝國主義の滿洲支配』, 時潮社, 1986.

平井廣一, 「滿洲國」一般會計目的別歲出豫算の動向-1932~1942年度」, 『經濟學研究(北海道 大學)』 52-4, 2003.

風間秀人, 「農村行政支配」, 淺田喬二・小林英夫 編, 『日本帝國主義の滿洲支配』, 時潮社, 1986.

鶴見祐輔 著, 一海知義 校訂, 『正傳後藤新平3(臺灣時代, 1898~1906)』, 藤原書店, 2005.

和田喜一郎・橫地譽富, 「錦州省錦縣における農村行政組織と其の運營現態」, 『滿鐵調查月報』 17-3, 1937. 3.

Ching-Chih Chen, "The Japanese Adaptation of the Pao-Chia System in Taiwan, 1895-1945", *The Journal of Asian Studies*, Vol. 34, No. 2, 1975.

7장

『公羊傳』

『日本思想大系 28: 藤原惺窩 林羅山』, 岩波書店, 1975.

『日本思想大系 31: 山崎闇齋學派』, 岩波書店, 1980.

『日本思想大系 46: 佐藤一齋 大鹽中齋』, 岩波書店, 1980.

金履安, 『三山齋集』

馬理, 『周易贊義』

박종채. 김윤조 역주, 『역주 과정록』, 태학사, 1997.

朴趾源, 『燕巖集』

謝肇淛, 『五雜組』

成大中, 『靑城雜記』

雍正帝, 『大義覺迷錄』, 近代中國史料叢刊 第三十六輯, 文海出版社, 1967.

姚培謙, 『春秋左傳杜注』

劉逢祿, 『劉禮部集』

陸九淵, 『象山集』

陸楫, 『蒹葭堂稿』

尹鳳九, 『屛溪集』

李植, 『澤堂集』

李瀷, 『星湖僿說』

張維, 『谿谷漫筆』

莊存與, 『春秋正辭』

田愚, 『艮齋先生文集前編』

趙翼, 『陔餘叢考』

韓元震, 『南塘集』

韓元震, 『南塘集拾遺』

韓愈, 『昌黎先生文集』

胡安國, 『春秋傳』

洪吉周, 『縹礱乙幟』

洪吉周, 『沆瀣丙函』

洪吉周,『峴首甲藁』.

洪大容,『湛軒書』.

洪奭周,『淵泉集』.

고연희,「17C 말 18C 초 白岳詞壇의 明淸文學 受容樣相」,『東方學』1, 1996.

고연희,「17C 말 18C 초 白岳詞壇의 明淸代 繪畫 및 畫論의 受容 양상」,『東方學』3, 1997.

金谷治,「藤原惺窩の儒學思想」,『日本思想大系 28: 藤原惺窩 林羅山』, 岩波書店, 1975.

吉本道雅,「中國古代における華夷思想の成立」,『中國東アジア外交交流史の研究』(夫馬進
　　編), 京都大學, 2007.

김동민,『춘추논쟁』, 글항아리, 2014.

김동민,「胡安國의『春秋』해석을 통해 본 宋代 春秋學의 특징」,『동양철학』43, 2015.

김영진,「朝鮮後期의 明淸小品 수용과 小品文의 전개 양상」, 고려대학교 박사학위논문, 2004.

김채식,「李圭景의『五洲衍文長箋散稿』研究」, 성균관대학교 박사학위논문, 2008.

김호,「조선 후기 華夷論 再考-域外春秋論을 중심으로-」,『한국사연구』162, 2013.

渡邊英行,『古代〈中華〉觀念の形成』, 岩波書店, 2010.

渡邊義浩, 김용천 옮김,『후한 유교국가의 성립』, 동과서, 2011.

민두기,「〈大義覺迷錄〉에 대하여」,『진단학보』25, 1964.

박기석,『熱河日記』와 燕巖의 對淸觀」,『서울여자대학교 논문집』5, 1997.

박동인,「春秋 公羊學派 理想社會論의 정치 철학적 함의-董仲舒·何休·康有爲를 중심으로」,
　　『퇴계학보』124, 2008.

박수밀,「『渡江錄』에 나타난 경계의 인식론」,『한국한문학연구』56, 2014.

박인호,「한주 이진상의 춘추학-『춘추집전』과『춘추익전』을 중심으로-」,『한국학논집』60, 2015.

박지훈,「宋代 華夷論 研究」, 이화여자대학교 사학과 박사학위논문, 1989.

박지훈,「南宋代 春秋學의 華夷觀:『春秋胡氏傳』을 中心으로」,『경기사학』6, 2002.

朴鴻圭,『山崎闇齋の政治理念』, 東京大學出版會, 2002.

박희병,「淺見絅齋와 洪大容」,『대동문화연구』40, 2002.

배우성,「조선 후기 中華 인식의 지리적 맥락」,『韓國史研究』158, 2012.

濱久雄,『公羊學の成立とその展開』, 國書刊行會, 1992.

謝國楨,『明淸筆記談叢』, 上海古籍出版社, 1981.

蕭敏如,「從滿漢到中西: 1644～1861 淸代春秋學華夷觀硏究」, 國立臺灣大學 文學院 中國文

學研究所 博士論文, 2008.

小倉芳彦, 『中國古代政治思想研究』, 靑木書店, 1970.

野間文史, 『春秋學–公羊傳と穀梁傳』, 硏文出版, 2001.

오수경, 『연암그룹 연구』, 월인, 2003.

유봉학, 『燕巖一派 北學思想 硏究』, 一志社, 1995.

李昭鴻, 「陸楫及其《古今說海》硏究」, 中國文化大學 博士學位論文, 2011.

이현식, 「연암 박지원 문학 속의 백이 이미지 연구」, 『동방학지』 123, 2004.

이현식, 「『도강록서』, 『열하일기』를 위한 위장」, 『동방학지』 152, 日原利國, 1976, 『春秋公羊傳の
　　硏究』, 創文社, 2010.

鄭卜五, 「劉逢祿《春秋公羊經何氏釋例》其「義例」之見解硏究」, 『經學硏究集刊』 第二期, 2006.

조너선 스펜스, 이준갑 옮김, 『반역의 책』, 이산, 2004.

조성산, 『조선 후기 낙론계 학풍의 형성과 전개』, 지식산업사, 2007.

조성산, 「조선 후기 소론계 古代史 연구와 中華主義 변용」, 『역사학보』 202, 2009.

조성산, 「18세기 후반~19세기 전반 對淸認識의 변화와 새로운 中華 관념의 형성」, 『한국사연구』
　　145, 2009.

조성산, 「18세기 후반~19세기 전반 '朝鮮學' 형성의 전제와 가능성」, 『동방학지』 148, 2009.

조성산, 「조선 후기 성호학의 '지역성' 담론」, 『민족문화연구』 60, 2013.

최식, 「沈潗의 現實認識과 春秋黙誦」, 『漢文學報』 15, 2006.

카츠라지마 노부히로, 「근세(조선왕조 후기·토쿠가와 일본)의 한일 자타의식의 전회(轉回)」, 『일
　　본근대학연구』 10, 2005.

한영규, 「19세기 경화사족의 學藝 취향과 晩明思潮」, 『인문과학』 48, 2011.

홍승태, 「『胡氏春秋傳』과 朝鮮의 龍柏祠」, 『중앙사론』 33, 2011.

홍승현, 「고대 중국 華夷觀의 성립과 성격」, 『중국사연구』 57, 2008.

홍승현, 「漢代 華夷論의 전개와 성격」, 『동북아역사논총』 31, 2011.

丸山眞男, 「闇齋學と闇齋學派」, 『日本思想大系 31: 山崎闇齋學派』, 岩波書店, 1980.

황준걸, 이영호 옮김, 『일본 논어 해석학』, 성균관대학교출판부, 2011.

8장

『史記』

『漢書』

『後漢書』

『劍俠傳』, 奎中 5960.

『劍俠傳』, 奎中 5647.

『高士傳』, 奎中 4522.

『高士傳』, 奎中 4646.

『凌煙閣功臣圖』, 奎中 6422.

『晩笑堂竹莊畫傳』, 奎中 4160.

『無雙譜』, 奎中 6295.

『歷代名將圖』, 奎中 6081.

『列仙酒牌』, 奎中 5645.

『雲溪山館畫稿』, 奎中 5901.

『毓秀堂畫傳』, 奎中 5355.

申緯, 『警修堂全藁』

고연희, 「19세기 남성문인들의 미인도 감상」, 『한국근현대미술사학』 26, 2013.

고연희, 「이재관이 그린 미인도」, 『문헌과 해석』 64, 문헌과 해석사, 2013.

고연희, 「민화 고사인물도 - 대문호를 중심으로」, 『민화연구』 4, 계명대학교 민화연구소, 2015.

고연희, 「규장각에 소장된 회화자료의 양상」, 『규장각 그림을 그리다』, 규장각한국학연구원, 2015.

배항섭·박소현 외, 『동아시아연구 어떻게 할 것인가』, 성균관대학교출판부, 2017.

김장환, 「皇甫謐 『高士傳』 研究」, 『중국어문학논집』 11, 1999.

유미나, 「이교납리도, 장량 고사의 복합적 표상」, 한국민화학회 편, 『민화, 어제와 오늘의 좌표』, 2016.

이태진, 「奎章閣 中國本圖書와 集玉齋 圖書」, 『민족문화논총』 16호, 1996.

최경현, 「朝鮮末期와 近代初期의 山水畫에 보이는 海上畫派의 영향: 上海에서 발간된 畫譜를 중심으로」, 『美術史論壇』 15, 2002.

최경현, 「19세기 후반 上海에서 발간된 畵譜들과 韓國畵壇」, 『한국근현대미술사학』 19, 2008.

황정연, 「高宗年間 緝敬堂의 운용과 宮中 書畵收藏」, 『文化財』 40, 2007.

황정연, 「高宗年間(1863~1907) 宮中書畵收藏의 전개와 변모양상」, 『美術史學研究』 259, 2008.

Burkus-Chasson, Anne, "Visual hermeneutics and turning the leaf, A genealogy of Liu Yuan's Lingyuange", *Printing and Book Culture in Late Imperial China*, University of California Press, 2005, pp. 371~415

Widner, Ellen, Chang, Kang-i Sun ed., *Writing Women in Late Imperial China*, Stanford University Press, 1997.

9장

『황성신문』

『대한매일신보』

『매일신보』

朴晶東, 『初等修身』, 同文社, 隆熙三年四月十五日, 1909.

『단재신채호전집』, 독립기념관 한국독립운동사연구소, 2009.

『백암박은식전집』, 동방미디어, 2002.

고야스 노부쿠니, 송석원 옮김, 『일본 내셔널리즘 해부』, 그린비, 2011.

김미정, 『차이와 윤리: 개화 주체성의 형성』, 소명출판, 2014.

마루야마 마사오, 김석근 옮김, 『일본정치사상사연구』, 통나무, 1998.

미조구치 유조 외 엮음, 김석근·김용천·박규태 옮김, 『중국사상문화사전』, 책과함께, 2011.

미조구치 유조, 고희탁 옮김, 『한 단어 사전 公私』, 푸른역사, 2012.

미조구치 유조, 정태섭·김용천 옮김, 『중국의 공과 사』, 신서원, 2004.

박정심, 『한국근대사상사』, 천년의상상, 2016.

송호근, 『시민의 탄생』, 민음사, 2013.

윤해동·황병주 엮음, 『식민지 공공성 실체와 은유의 거리』, 책과함께, 2010.

이경구, 이행훈 외, 『개념의 번역과 창조-개념사로 본 동아시아 근대』, 돌베개, 2012.

이승환, 『유교 담론의 지형학』, 푸른숲, 2004.

이혜경, 『철학사상』 별책 제7권 5호 『신민설』, 도서출판 관악, 2006.

장인성, 『근대 한국의 국제 관념에 나타난 도덕과 권력』, 서울대학교출판부, 2006.

진관타오·류칭펑, 양일모·송인재·한지은·강중기·이상돈 옮김, 『관념사란 무엇인가』 1, 2, 푸른
　　역사, 2012.

박정심, 「근대 유학인식의 변화에 대한 연구」, 『동양고전연구』 제26집, 2007.

박근갑, 「한국 개념사 방법론 소고-"역사" 개념을 중심으로-」, 『텍스트언어학』 제33권, 2012.

高島平三郎, 『教育漫筆』, 元々堂, 1903.

谷口流鶯, 『公徳と公民 補習及家庭用』, 盛林堂 1903.

教育研究所 編, 『高等小学修身教典 生徒用』 卷1, 普及舎, 1899.

内村鑑三, 『警世雑著』, 民友社, 1896.

読売新聞社 編, 『公徳養成之実例』 附 英人之気質, 文学堂, 1903.

梁啓超, 『飲冰室專集』, 臺灣中華書局印行, 1972.

陸羯南, 『原政及国際論』, 日本新聞社, 1893.

言文一致研究会 編, 『言文一致』, 吉岡書店, 1901.

五十嵐清蔵, 菊池豹次郎, 『公徳養成之友』, 1902.

田沼書店 編, 『公徳唱歌』, 田沼書店, 1901.

井上円了·甫水, 『円了随筆』, 哲学館, 1901.

帝国教育会 編, 『公徳養成国民唱歌』, 松声堂, 1903.

足立栗園, 『学校と家庭』, 積善館, 1901.

八木原真之輔 外, 『公徳養成之栞』, 開発社, 1901.

寒沢振作, 『国の栄』, 金港堂, 1892.

『高等小学修身書 女生用』 卷1, 文部省, 1904.

찾아보기

[ㄱ]

문중門中 88~90, 96, 97, 103, 104, 106, 108,
　113~116
미곡 120, 122, 123, 126~131, 133, 135,
　140, 144, 145, 159, 163
미야세 류몬宮瀬竜門 66
민란 27~30, 33, 37, 46, 52

[ㅂ]

바자르 경제 150, 172
박제가 65
박지원 65, 228, 239, 240, 243, 245~250,
　255, 258
반소班昭 273, 274, 277, 284, 287, 290
반정균潘庭筠 64, 68
방직결합 179, 183
배상제회拜上帝會 40
백련교白蓮敎 25, 39
『백미신영도전百美新詠圖傳』264, 267, 274
『백효도百孝圖』263, 267
별포 124
보갑 간부保甲幹部 187, 193~199, 206,
　220~222, 224
보갑保甲 188~190, 192~194, 197, 201,
　203~205, 214~216, 218, 220, 224
보갑제保甲制 186~199, 201, 204~206, 208,
　210~215, 218, 220~224
「보갑조례」188, 196

본가本家 89, 95, 100, 103~106
부락민部落民 36, 37
분가分家 89, 90, 95, 100, 104, 105
비밀결사 39

[ㅅ]

4대명의 49
사덕 294~312, 314~316
사적 무력私的 武力 194, 198, 199, 204, 207,
　222
사조四祖 109, 110
사조제 238, 239, 245, 258
사족士族 88~91, 95, 96, 101, 102,
　104~109, 114
사토 잇사이 240~242
3급제 192, 211
상관주上官周 263, 267, 268, 275, 288
상인 29, 44, 123~126, 130, 144, 150, 158,
　161, 164~168, 172, 179, 180
상평통보 126, 127, 132~134, 141, 142,
　144, 145
새로운 정부에 반대하는 잇키新政反對一揆 34,
　37
서함청徐咸淸 270
선대제 생산 180, 181
선민의식 43, 57
성대중 239, 240, 253~256, 258